U0143156

The Sovereign and the Scholar:
Government and Learning in Ancient China

君臣之际

祝总斌 著

中国古代的
政权与学术

北京大学出版社
PEKING UNIVERSITY PRESS

图书在版编目（CIP）数据

君臣之际：中国古代的政权与学术 / 祝总斌著.—北京：北京大学出版社，2023.7

（博雅英华）

ISBN 978-7-301-34154-4

Ⅰ.①君… Ⅱ.①祝… Ⅲ.①政治制度—研究—中国—古代　Ⅳ.①D691.2

中国国家版本馆 CIP 数据核字(2023)第 118640 号

书　　　名	君臣之际：中国古代的政权与学术	
	JUNCHEN ZHIJI: ZHONGGUO GUDAI DE ZHENGQUAN YU XUE SHU	
著作责任者	祝总斌　著	
责 任 编 辑	张　晗	
标 准 书 号	ISBN 978-7-301-34154-4	
出 版 发 行	北京大学出版社	
地　　　址	北京市海淀区成府路 205 号　　100871	
网　　　址	http://www.pup.cn	新浪微博：@北京大学出版社
电 子 信 箱	编辑部 wsz@pup.cn	总编室 zpup@pup.cn
电　　　话	邮购部 010-62752015	发行部 010-62750672
	编辑部 010-62767315	
印 　刷　 者	北京中科印刷有限公司	
经 　销　 者	新华书店	
	650 毫米×980 毫米　　16 开本　　21 印张　　304 千字	
	2023 年 7 月第 1 版　　2024 年 1 月第 5 次印刷	
定　　　价	88.00 元	

导　读

陈苏镇

本书所收 17 篇论文,是从祝总斌先生生前发表的近百篇文章中选出的。我们按内容将其分为五编,并分别拟题为"论皇权""说宰相""评吏胥""谈取士""读史记",以便集中呈现他在这些方面的研究成果。祝先生是我的老师。他这些文章,我之前大多读过,从中学到很多东西。现在重读一遍,如同再次聆听先生的教诲,依然感到很有收获。下面,我简要介绍这五组文章的主要内容和学术价值,并对其中体现出的研究方法和学术风格略作说明,供读者特别是刚刚步入史学大门的青年读者参考。

第一编"论皇权"包括三篇文章,集中探讨秦汉以来皇权的发展趋势。祝先生自 20 世纪 80 年代起便开始思考一个问题:"两千多年来,我国封建君主专制权力,从总体上看,究竟是不断加强,还是不断削弱?"当时学界的普遍看法是不断加强,而祝先生认为是不断削弱。

《试论我国封建君主专制权力发展的总趋势》一文,为这一判断提出三方面的根据。一是皇帝虽享有至高无上的权力,但在行使权力时会受到各种政治制度的制约,而这些制度正是历代士大夫们"限制皇帝独断专行的权力,尽可能防止它的弊病、危害"的产物。二是随着制度的发展,皇帝下达诏书、发布命令,所受限制越来越多。如魏晋以后,诏书须由中书省起草,还须经门下省审署,并有权提出异议。唐以后,不经中书起草、门下审署,便不得称诏敕。明清两代的诏书则由内阁或军机处代为起草。多数情况下，是内阁或军机处先对六部、百司的奏请文书进行批答，然后上报皇帝批准。这一制度使皇帝行使权力受到更多限制。三是明清所设六科给事中，负责对诏书进行详审，发现不妥，可以封还，从而又增加了一层限制。

在君主专制权力的上述发展过程中，"人治"虽然一直占主导地位，但比重逐渐缩小，"法治"的比重则相应增加。这一变化主要体现在国家机器的运行机制中。《略论中国封建政权的运行机制》从决策、执行、监察、谏诤、吏胥、人事等方面，深入探讨了这一机制的运行方式和特点，具体描述了统治集团如何通过诏敕下达，各级官府遵照执行或据以颁发各种官文书，及各地各部门向上反馈信息等方式，推动国家机器的有效运行。

《古代皇太后"称制"制度存在、延续的基本原因》则揭示了太后临朝称制现象在中国古代反复出现的原因，指出在幼主即位的情况下，与同姓贵族和异姓大臣相比，皇太后具备"极力维护幼主君位"的主观条件，而且更加名正言顺。

第二编"说宰相"包括四篇文章。《说宰相》是一篇知识性的短文，基于作者对这一问题的深入、系统的研究，简要介绍了中国古代宰相制度的主要特征和演变过程。另外三篇则分别讨论西汉、唐初及明朝的宰相制度。祝先生所著《两汉魏晋南北朝宰相制度研究》一书，早已是大家熟悉的史学名著。这几篇文章是对该书的补充和延伸。

学界长期流行一种观点，将中国古代宰相制度的变化归因于君权、相权之争。祝先生"以为不然"。《西汉宰相制度变化的原因》仔细分析了传统观点所依据的史料，证明西汉的君相矛盾"并非所谓相权过大引起的"，因而皇帝没有削弱宰相权力的动机。进而指出，西汉改革宰相制度主要是为了提高统治效率。一方面，选拔有才干的士人置于左右，以尚书台为中心，建立领尚书事和中朝官制度，令其协助皇帝制定决策。另一方面，建立三公鼎立制度，让三位宰相分工负责，以便更好地处理各种日常政务。唐太宗时，尚书仆射、侍中和中书令作为宰相，因品位崇高不轻易授人，于是出现"以他官居宰相职，而假以他名"的制度，"参议朝政""同平章事""同中书门下三品"等都成了宰相头衔。流行的观点也认为，"皇帝要抓权"，故借此分散相权。《唐初宰相制度变化原因试探》对此质疑。文章首先以房玄龄、魏征、长孙无忌等宰相为例，证明太宗对他们信任有加，不存在嫌其权重的问题，进而指出太宗此举"主要是为了广泛任用人才，使之参与宰相事务，以提高统治质量与效率"。

《试论明代内阁制度的非宰相性质》一文，主旨是证明内阁大学士不是宰相，而是秘书咨询官员。理由是，明代以前的宰相都握有议政权和监督百官执行权，而明代的内阁大学士只有议政权，没有监督百官执行权，基本等同于过去的秘书咨询官员。无论内阁是不是宰相，明代中央政权的运行方式和以往不同，应是事实。

第三编"评吏胥"由两篇文章组成。所谓"吏胥"，也称"胥吏"或"吏"，指官府中负责经办各种文书的低级办事人员。他们是从普通百姓中选拔录用的，地位卑下，但握有一定权力，为国家机器的有效运行发挥着重要作用。

《试论我国古代吏胥的特殊作用及官、吏制衡机制》指出，胥吏制度有许多弊端，因而屡遭抨击，但在君主专制制度下又是不可或缺的。特别是唐宋以后，国家为了保证全国政令的统一，不断颁布大量的法，要求各级官员严格遵守，不得各行其是。但科举出身的官员，熟读"四书""五经"，具备较高的道德和政治素质，对狱讼钱谷等日常琐事和与之相关的大量法、例却比较生疏。吏胥的情况刚好相反。他们长年在基层处理各种具体事务，对相关法、例的熟悉程度远胜官员。因而在具体执法过程中，负责查找和提供相关法、例并提出初步处理建议的是吏胥。官员做出判断时，不能不受吏胥的影响。因此，吏胥具有督促官员奉行王朝法、例的作用。但其政治、道德素质普遍低下，"知利不知义"，容易发生贪污受贿、敲诈勒索等现象，故被置于官员的严格管束之下。二者互相制衡。

《试论我国古代吏胥制度的发展阶段及其形成的原因》将吏胥制度的发展过程分为三个阶段。两汉阶段，吏和官身份无别，故"吏""官"二字内涵相同。士人从基层小吏做起，可以升至二千石、三公等高位。魏晋至唐宋阶段，吏和官出现了身份区别，并逐渐加深。在魏晋南北朝的门阀制度下,士族是"君子",世代高官,庶人是"小人",多任吏胥。吏胥的身份因此下降,受到歧视。到了唐宋,科举出身的官员队伍取代士族,继续担任各级官员。吏胥则由普通百姓充任,大多不学无术,"不知大体",总体素质进一步下降,身份地位也随之下降。及至金、元、明、清,"吏职"和"官职"变得界限分明。金、元重视军功与吏事,吏胥的身份有所提高。明、清继承了吏职、官职明确区分的制度,同时规定充吏是服"役",与官员之"仕"截然不同,致使吏胥身份进一步低落。

第四编"谈取士"包括四篇文章。《〈后汉书·党锢传〉太学生"三万余人"质疑》对东汉太学生曾有"三万余人"一说进行了考证,认为当时的太学房舍容纳不了这么多人,"三万"可能是"三千"之讹。另外三文所论,都是明清时代的八股文取士制度。近代学人对这一制度几乎全持否定态度,甚至斥为愚民政策。祝先生则认为,它在当时历史条件下有不可忽视的积极作用。

《论八股文取士制不容忽视的一个历史作用》指出,科举考试原以"五经"为主,明清的八股考试则以"四书"为主。这一变化降低了考试难度,吸引大量平民努力识字、读书,摆脱文盲、半文盲状态。加之在"乡试"外增加了"童试",使科举出身的士人数目,从之前的数十万人骤增至二三百万人。整个明清社会的文明程度因此得到很大提高。

《"四书"传播、流行的社会、历史背景》系统梳理了科举考试从重"五经"到重"四书"的发展过程及其原因。文章着重指出,宋代选拔官员更看重"思想道德品质的好坏",强调"退小人","用君子",程朱理学由此而生。"四书"及其章句、集注简明扼要,逐渐发展为理学的基本教材,成为士人"明天理,灭人欲",使"心术群归于正"的有力手段。《正确认识和评价八股文取士制度》则对八股文考试的经义、代圣贤立言、八股对仗这三项内容做了系统论述。明确指出,科举以八股文取士,是宋代以后,特别是明清两朝,经过长期摸索,总结经验教训,最后确定、沿用下来的制度。其目的不是为了陷士人于愚昧无知,而是力图以此培养、选拔能掌握孔孟之道、程朱理学,合乎规格的统治人才,以巩固自己的江山。

第五编"读史记"有四篇文章。《〈史记〉导读》是一篇通俗的介绍文章,主要讲了四个问题。一是司马迁的人生经历,二是《史记》的指导思想,三是《史记》在史学和文学方面的杰出成就,四是辨明《史记》中存在的某些非正统思想。另外三篇都是研究论文。

《说"史"——兼试论司马迁〈史记〉的得名问题》是一篇考证文章,主要内容是用史料证明先秦两汉文献中出现的"《史记》",都应理解为"史《记》"或"史〈记〉》",亦即史官所作的《记》。而"记"则是当时国史的通称。司马迁的《史记》原来叫《太史公书》《太史公记》等,直到东汉末年才被简化为《史记》。

《有关〈史记〉崇儒的几个问题》围绕《史记》是"崇儒"还是"以正相反的'异端思想'为指导"这一存在争议的问题,提出三个观点。一是肯定《史记》符合儒家思想,其主旨是为西汉独尊儒术的政策张目。二是《史记》否定"天命"和批判"仁义"虚伪的说法,看似违背儒家思想,实则"是在极力宣扬、体现儒家思想"。三是《史记》"崇势利而羞贱贫""退处士而进奸雄",确实偏离了正统儒学的轨道,但不能因此将其视为"与儒家思想对立的'异端'"。《有关〈史记〉歌颂汉王朝的几个问题》则对《史记》"旨在揭露、批判汉武帝",是"反对汉代专制统治之作"的观点进行了反驳,认为司马迁一生追求"事亲孝,事君忠",即使遭受宫刑后,也未改变对汉武帝的忠诚,《史记》的基本政治倾向则是歌颂、肯定汉王朝、汉武帝。

上述文章深入探讨了和中国古代国家权力结构有关的五个问题。初学者研读此书,不仅可以获得相关知识,还可体会祝先生的学术风格和研究方法。祝先生在《我与中国古代史》一文中,总结他一生从事科研与教学的经验,提出做学问应"厚积薄发","精细读书","论从史出"。这几点在本书中都得到充分体现。

所谓"厚积薄发"主要指知识面要宽。祝先生一生勤奋读书,除中国古代政治史和政治制度史外,在目录学、文献学、音韵学、历史地理学等领域也下过功夫,对文字学、训诂学、考古学、天文历法、哲学宗教、文学艺术等都有所涉猎。就本书内容而言,涉及的时代包括秦汉、魏晋、唐宋、明清。我们知道,祝先生最为熟悉的领域是秦汉魏晋南北朝史,其一生授课和发表论著大多是关于这一时代。但当论及唐宋明清的问题时，他同样可以熟练利用各种原始资料和前人的研究成果，对有关史实进行深入考证和分析，从而提出令人信服的观点。如此宽广的知识基础，在当代学人中并不多见。唯其如此，他才能驾驭像中国封建政权的运行机制和中国古代的宰相制度、吏胥制度、取士制度等时间跨度如此之大的问题，并得出系统、深刻、全面的结论。

"精细读书"是老一代学者经常教导我们的话，意指读书特别是阅读原始资料时要重视细节，抓住有价值的小问题深察、深究。本书的许多精彩之处，便是祝先生"精细读书"的结果。如《史记》载：丞相田蚡"入奏事，坐语移日，所言皆听。荐人或起家至二千石，权移主上"。武帝对此颇为不满。这条史料常被用作"君权、相权矛盾尖锐"的证据。不去深究其他相关记载，仅依据此类言辞夸张的材料发议论、下结论，也是学界常见的做法。祝先生不是这样。他全面搜集了涉及武帝与田蚡之间关系的材料，并加以客观分析，指出田蚡是武帝"尊儒"的重要帮手，得到武帝的重用和信任，作为丞相举荐二千石官也并未越权，武帝对田蚡的不满另有缘由，并非嫌他权重。又如司马迁在《太史公自序》中说他作《史记》的目的是"拾遗补艺，成一家之言"，具体方法是"厥协六经异传，整齐百家杂语"。有学者从字面理解，认为"六经异传"指对儒家经典的不同解说，"百家杂语"指诸子百家的不同学说。祝先生结合上下文及其他相关史料，认为"六经异传"应指六经各传中"用以诠释经文的不同古史传说"，"百家杂语"则指诸子百家著作中的"各种古史传说"，司马迁所欲"整齐"的，是这些古史传说，而非儒家内部和诸子百家的不同学说。掌握这种方法，有助于避免轻率解读史料，也常能帮助我们从常见史料中发掘新的历史信息。

"论从史出"是祝先生特别强调的研究方法。改革开放前，"以论代史"在史学界长期占据主导地位。祝先生从那个时代走来，曾身受其害，因而对其弊端有深刻认识。改革开放后，大环境变了，祝先生便努力追求"论从史出"的境界，"力图大处着眼，小处着手，宏观与微观相结合，将宏观建立在微观基础之上"。本书的内容处处体现出这一研究路数。

如：中国古代的君主专制权力总体上在不断削弱；宰相制度发展的主要动力，不是君权和相权之争，而是提高统治效率；吏胥制度既有弊端，又不可或缺，为国家机器的运转发挥着特殊作用；八股取士之制，受到的批评很多，但对当时社会文明程度的提高和满足国家对统治人才的需要，也有重要的积极作用；《史记》的指导思想是歌颂汉王朝和宣扬儒家思想。这些宏观的"论"，都是从具体的"史"中分析、归纳出来的。而本书的绝大部分内容都是对史料的搜集、排比、考证，为上述结论提供了扎实可靠的基础。历史学未必只是史料学，但首先是史料学。通过对史料的处理，在史实层面推陈出新，提供新的知识和信息，是史学研究的基本功。

以上是我重读祝先生文章的一点体会。挂一漏万，不能充分揭示其学术价值。读者诸君可自行研读、体会、揣摩。

目　录

第一编　论皇权

略论中国封建政权的运行机制　/ 003

试论我国封建君主专制权力发展的总趋势

　　——附论古代的人治与法治　/ 026

古代皇太后"称制"制度存在、延续的基本原因　/ 049

第二编　说宰相

说宰相　/ 065

西汉宰相制度变化的原因　/ 074

唐初宰相制度变化原因试探　/ 096

试论明代内阁制度的非宰相性质

　　——兼略说明代以前秘书咨询官员权力的特点　/ 108

第三编　评吏胥

试论我国古代吏胥的特殊作用及官、吏制衡机制　/ 127

试论我国古代吏胥制度的发展阶段及其形成的原因　/ 152

第四编　谈取士

《后汉书·党锢传》太学生“三万余人”质疑　／189

论八股文取士制不容忽视的一个历史作用　／196

“四书”传播、流行的社会、历史背景　／207

正确认识和评价八股文取士制度　／222

第五编　读史记

《史记》导读　／255

说“史记”

　　——兼试论司马迁《史记》的得名问题　／267

有关《史记》崇儒的几个问题　／281

有关《史记》歌颂汉王朝的几个问题　／305

编后记　／323

第一编

论 皇 权

略论中国封建政权的运行机制[*]

中国古代封建政权，两千多年来一直实行君主专制制度，又处在一个生产、经济发展比较缓慢，幅员广袤，交通、联系薄弱，而且人口众多、民族复杂的社会里，这就决定了它和西方封建政权比起来，具有一种独特的运行机制。

一　决　策

所谓决策，主要指的是由封建政权制定行政、军事、经济、人事等各方面的法律、法令、条例等，习惯统称为"法"。在君主专制制度下，面对千差万别的情况，只有靠频繁的决策，颁布大量的"法"，方能指挥全国政务，以保证统治之巩固与国家的统一。正如顾炎武所说，实行君主专制制度后，"尽天下一切之权而收之在上。而万几之广，固非一人之所能操也，而权乃移于法，于是多为之法以禁防之……"①固然，此法要靠官员参与决策，更要靠官员执行，可是在长期的演变中，连这些官员的参与决策和执行，也都有法约束。② 叶适曾说："吾祖宗（指宋初诸君）之治天下也，事无小大，一听于法，虽杰异之能（指某些官员），不得自有所为，徒借

＊　原载马克垚主编《中西封建社会比较研究》，学林出版社，1997年。
① 《日知录》卷九"守令"。
② 连君主的行动也有法的约束，只不过如果他要摆脱，可以随意摆脱，这是君主专制的特点。参拙作《试论我国封建君主专制权力发展的总趋势》，载《北京大学学报》1988年第2期。

其人之重以行吾法耳。"①其实,两千年封建政权全都推行这一统治方法,而且越往后代越严密。当然,这并不意味当时已是法制社会,因为法虽繁密,却可随君主意志朝令夕改,包括由臣下随时奏请,君主随意批准之更动,从而难免造成前法后法之矛盾冲突。为救此弊,便再立新法来弥补。可是由于社会种种条件以及封建政权本质的作用,君主及参与决策的大臣都高高在上,一般说情况了解不可能深入,新的决策、立法或许可解决旧法某些弊病,但又可能产生一些新的弊病,于是又要再决策、再立法,形成恶性循环。② 可见实质上封建政权还是"人治",③只不过以强调执行决策、立法的形式出现而已。由于本文是探讨运行机制问题,所以不得不着重从形式上切入,而首先研究"决策"这个封建统治机器运行最关键的一环。

决策,是君主专制权力的具体运用和体现。在西方,封建王权虽然也具有专制主义特征,但由于种种原因,总是不同程度地受到各种社会力量(教会、贵族、领主、市民等)的限制。而在中国,封建君主却拥有至高无上的权力。士大夫阶层为了整个王朝的利益,虽然想方设法,包括说服教育君主本人,对王权进行了某些有成效的限制,④但因为在中国社会条件下,士大夫阶层的力量主要就来自王权,他们并未形成一支独立、强大的社会力量,因而直到明清,这种限制还是很不稳定的。君主如果不愿接受某一限制,按制度他就可以随时摆脱。这一特点也就决定了任何决策,其关键人物是君主,最后必须由君主拍板定下来。朱熹说君主

---

① 叶适《水心别集》卷三《官法上》。

② 《清经世文编》卷一二卢崇俊《法令应归简易疏》便说:"国之大弊在于法令繁多。……夫一法立则一弊生,故法愈多而弊愈滋。"

③ 以刑法为例,早在西汉已极繁密,极便有关人员上下其手,《汉书》卷二三《刑法志》成帝诏:"今大辟之刑千有余条,律令烦多,百有余万言。奇请它比,日以益滋,自明习者不知所由。"汉武帝时,法令相互矛盾,"或罪同而论异。奸吏因缘为市,所欲活则傅生议,所欲陷则予死比"。后代律条虽渐减少,但"例"(明、清)大量增加,情况还是一样。如清代"有例不用律,律既多成虚文,而例遂愈滋繁碎。……甚且因此例而生彼例。……辗转纠纷,易滋高下"(《清史稿》卷一四二《刑法志一》)。此亦"人治"反映之一。

④ 参拙作《试论我国封建君主专制权力发展的总趋势》,载《北京大学学报》1988年第2期。

"以制命为职",①便反映了这一特点。

可是由于"人君……一身之精神有限,耳目之见闻不周,人不能尽识也,事不能尽知也,故必择大臣而信任之",②使之参与决策。他们主要是宰相,同时还有秘书咨询官员。

宰相最重要,是"君之辅。一日非其人,天下受其害矣"。③ 其权力有二,一是议政权,一是监督百官执行权。所谓议政权,就是辅佐皇帝决策。"共议国政,此宰相职也。"④以赵宋为例,"旧制,宰相早朝,上殿命坐,有军国大事则议之"。⑤ 议政形式虽远不止这一种,但原则历代是一样的。议论后,一般便由君主拍板决定。

不过,君主与宰相总是处在矛盾的统一之中,一般情况下是统一的。君主挑选比较满意的大臣为宰相,对他们的建议往往采纳,并据以作出决策。但有时难免相互又发生矛盾,政见不一,于是君主便会向左右近臣做些咨询,这是很自然的。咨询多了,他们便逐渐形成一支政治力量。这类左右近臣,各朝分别有宦官、外戚、佞幸、侍从等,但从整个封建政权历史看,起作用最经常,许多时期还有制度、法令依据的,是秘书咨询官员。如西汉的中朝官,东汉的尚书,魏晋南北朝的门下、中书官员,唐宋的翰林学士、中书舍人等。⑥晋制明白规定门下侍中"备切问近对,拾遗补阙";⑦唐代翰林学士称"内相",可以"朝夕召对,参议政事",⑧即其例。

这样,在决策这一最关键环节上,便逐渐形成两组基本的制衡机制,力图保证决策之正确:

①　朱熹《朱文公文集》卷一四《经筵留身面陈四事札子》。
②　丘濬《大学衍义补》卷一《总论朝廷之政》。
③　《胡宏集·中兴业》"官贤"。
④　《新唐书》卷四六《百官志一》。
⑤　《宋朝事实类苑》卷二七《官职仪制·宰相上殿命坐赐茶》。
⑥　明清内阁阁臣、军机处大臣基本上是秘书咨询官员,但在君主倦勤,懒于过问政事时,由于当时特殊制度的决定,有时实际上又等于宰相。此处不具论。
⑦　《晋书》卷二四《职官志》。
⑧　《文献通考》卷五四《职官八》按语。《册府元龟》卷五五二称翰林学士等"词臣"有"献可替否,弼违箴阙"之责。

（1）君主与宰相之间的制衡。君主才干有限，决策失误，宰相可以通过议政，尽量予以纠正；宰相谋略失误，君主可以拒绝接受，另行决策。这是最主要的制衡。

（2）如果秘书咨询官员得宠，常受顾问，就形成君主、宰相和秘书咨询官员三者之间的制衡。宰相谋略失误，君主可通过顾问，据秘书咨询官员意见决策；秘书咨询官员谋略失误，宰相可通过议政、谏争，促使君主予以摈弃。由于此故，宰相与秘书咨询官员难免发生矛盾，但基本上，二者彼此弥补缺陷，相辅相成，这正是封建统治机器运行的一种特殊机制所在。

为了防范于万一，尽可能保证决策质量，即使决策已经君主、宰相议定，秘书咨询官员也无异议，并起草文书下达，有关官员（主要是给事中）还可行封驳之制。

所谓封驳，含义有一发展过程。唐宋以后主要指如下内容：

（1）按制度，体现决策之诏敕必须经给事中审署，颁下执行。如给事中认为诏敕内容亦即决策对统治不利，便可封还诏敕，或驳正其某些违失，送回君主重新斟酌。如《宋史》卷一六一《职官志一》给事中条讲的"若政令有失当，除授非其人，则论奏而驳正之"，[①]便是一例。虽然如果君主坚持不改，诏敕仍需颁下执行，但毕竟可促使君主再一次考虑此决策之利弊得失。

（2）百官所上各类奏章，如经君主批发，即作为决策的一种，付诸实行。[②] 为保证其质量，在这类奏章送交君主前，必须先经有关官员评审。唐宋以后则由给事中"读署奏抄，驳正违失"，"凡章奏……考其稽违而纠治之"。[③] 明代以后又略有变化，凡奏章，均先呈上君主审阅（实际上往往先由内阁"点检题奏，票拟批答"[④]），如蒙批准发下，必须经给事中抄

---

① 参《历代职官表》卷一九。

② 《春明梦余录》卷二五："本章者，臣工所以代面对而陈其衷悃也。一经圣断，大政大法于是寄焉，事綦重也。"《唐律疏议》卷九《职制》："其奏抄御亲画闻……理与制书义同。"

③ 《通典》卷二一《职官三》、《宋史》卷一六一《职官志一》。

④ 《明史》卷七二《职官志一》。这一职权，有似于以往的奏前平审。

发有关部门执行。① 在这个过程中，给事中可以驳正此奏章中之违失，送君主重新考虑，实际上也是帮君主把决策的质量关。所以明太祖针对中外奏章太多，批发不可能都很细致的情况，谕给事中说："朕……日总万几，岂能一一周遍，苟政事有失宜……将为天下之害……卿等能各悉心封驳，则庶事自无不当。"②

封驳，同样涵蕴着一种封建政权运行不可缺少的机制。

二　执　行

王朝决策的执行，是封建政权运行决定性的一环。再好的决策，如不能按期、有效地执行，其作用必将大打折扣，甚至起负作用，所以历代王朝无不十分重视这一环节。明代张居正便说："君者，主令者也；臣者，行君之令而致之民者也。君不主令，则无威；臣不行君之令而致之民，则无法，斯大乱之道也。"③清代魏双凤也说："人君所以鼓动天下者，在乎诏令。而诏令之敷布于天下者，尤贵遵行。苟发之不妄，而持之必行，坚如金石，信如四时，则敷天之下，莫不竦听而悦服。"④在这一方面，历代总结出以下基本经验，并见之于制度、律令：

（1）强调执行的效率、质量。历代王朝的决策除上面提到的草拟诏敕、批发奏章等形式外，就内容说，有的普遍颁行于全国，有的则仅适用于某些地区和部门；有的形成律令、会典等，长期有效，有的则是临时措施，任务完成即自动失效。然而不管怎样，全都要求迅速下达、严格执行、保证质量，至少原则上是如此。如"废格明诏"，即阻碍诏敕推行，在西汉要处死刑。⑤ 如果是"稽""失"（指未能按期完成诏敕规定的任务，

---

① 在内阁票拟之后往往还有一些程序，如先经"部议"，然后题复等。此处从略。
② 《春明梦余录》卷二五。
③ 《明经世文编》卷三二四《陈六事疏》。
④ 《清经世文编》卷九《请诏令宜信疏》。
⑤ 《史记》卷一一八《淮南王安传》。

以及虽完成而有失误），在唐代，有关官吏都要受处罚。① 如《唐律疏议》卷九《职制》规定：执行诏敕"失错"，杖一百，"故违"，徒二年；甚至"稽缓"诏敕下达，重者也要徒一年。

由于各地、各部门情况不同，为执行各类决策，各级官府往往自行颁下文书，布置具体任务，泛称"官文书"，数量极其庞大。下级官府收到后，必须认真执行，如有"稽程""增减"（指改动内容）等，也要受惩罚。② 清代大臣陈宏谋曾强调执行这种官文书的重要性说："上司虽有美意良法，由院司（指具体办事部门）递行，尚系空文。州县接到，则需措办。如州县肯实心措办，则空文无非实事；不然，则实事亦成空文……所关吏治不浅。"③

（2）注意各地区、各部门特点，允许变通。就是说，如果诏敕（包括律令）、官文书的规定或某些内容不适合当地情况，无法执行，或原来可以执行，由于情况发生变化，无法继续执行时，有关官员就必须将情况、问题及时上奏或上申（重要者上奏，次要者上申上级官府）。宋职制令便规定："诸奉制书，及事已经奏，而理有不便者，速具利害奏；事涉机速者，且行且奏"，"诸被受尚书六曹、御史台、寺、监指挥（官文书的一种），而事有未便者，听实封论奏"。④《明律·公式》还规定："若军务、钱粮、选法、制度、刑名死罪、灾异，及事应奏而不奏者，杖八十；应申上而不申上者，笞四十。"⑤ 还规定必须"明白奏闻"，"若有规避，增减紧关情节，朦胧奏准施行，以后因事发露，虽经年远，鞫问明白，斩"。其中因不奏不申，产生严重后果者，要加重惩罚。如军情发生变化，"不速奏闻"，"因而失误军机者，斩"。⑥

对于这些上奏、上申问题，君主与宰相等或有关上司商议后便可另

---

① 参王永兴《唐勾检制研究》（一），上海古籍出版社，1991年。
② 参《大明律》卷三《吏律·公式》。清律同。
③ 《清经世文编》卷二二《吏政八·申饬陕属不阅文稿檄》。
④ 《庆元条法事类》卷四《职制门一》。
⑤ 清律文字全同。《大清律例增修统纂集成》此条下注释说："其事皆严重，应合奏闻。"
⑥ 此条见《大明律》卷一四《兵律·军政》。清律同。

行或改动决策、决定,特殊对待。如地方上本应按诏敕、法令规定,如数交纳钱粮租税,但若遇到各种灾害,上奏或上申后,视情况就可予以减免。唐代赋役令便规定:田地发生灾害,"州县检实,具帐申省(指尚书省)",十分损四以上免租;损六以上免租、调;损七以上,课役俱免。① 明太祖时,饶阳知县"见邑中大饥,民食草实木皮,遂以上闻。帝览其奏,复咨访得晋、冀等州皆饥,乃命尚书刘仁等往各州县振之,蠲其租赋"。② 再如《新唐书》卷一九五《孝友传》:太宗时即墨人王君操为父报仇,杀死仇人,诣州刺史自首。依律本应处死,但因这事涉及孝道,与一般杀人情况不同,"州上状,帝为贷死"。

对于上申问题,上级官府包括宰相机构在收到下级官府申禀(也是官文书的一种)后,一般必须在自己权力范围内作出决定,及时答复。清律便规定:"若各衙门遇有所属申禀公事,随即详议可否,明白定夺回报。若当该(上司)官吏不与果决,含糊行移,互相推调,以致耽误公事者,杖八十。"③以保证上申问题尽快解决,诏敕(包括律令)得以贯彻。当然,如果下级官府并无特殊情况而上奏、上申,也是不允许的,违者受罚。唐律规定,"不应奏而奏者",杖八十;"不应言上而言上"者,杖六十。清律规定,下级"将可行事件不行区处,而作疑申禀",以致"耽误公事者",杖八十。④

另外,对于上奏、上申问题,有些比较复杂,另行做出决策、决定不可能很快,为保证质量,还需要另下文书向有关中央、地方部门,包括上奏、上申单位了解情况或征求意见。如明清君主将上奏文书发交有关"部议",即其形式之一,如钱粮问题发交户部部议,军事问题发交兵部部议,再由各部提出可否意见复奏,由君主最后拍板,而各部在某些情况下又会向其他部门以至地方上巡抚、巡按发去文书,了解情况,以决

---

① 仁井田陞《唐令拾遗》,《赋役令》第十一条,长春出版社,1989年。
② 《明会要》卷五四《食货二》。
③ 《大清律例》卷七《吏律·公式》。
④ 分见《唐律疏议》卷一〇《职制》、《大清律例》卷七《吏律·公式》。

定部议意见。①

这样，整个封建统治机器的运行，就形成由君主诏敕下达，各级官府遵照执行或据以颁发种种官文书，到各地各部门上奏或上申等上下级、平级间的纵向横向频繁交叉的文书网，体现着保证决策执行之效率、质量，以及遇到特殊情况能够灵活变通贯彻的机制。

三　监察与谏诤

任何决策及其执行，往往难免存在这样、那样甚至重大的问题，如不揭露、解决，统治质量就无法保证和提高。而参与决策和执行的君主、宰相以及其他各级官员，或因"当局者迷"，难以发觉；或即使发觉，由于利害关系，讳疾忌医，又不愿承认、揭露，甚至利用手中权力，压制他人揭露；再加上行政官员事务繁忙，即使有人敢于揭露，也往往是心有余而力不足，无法深入追究。为解决这一矛盾，封建政权经过长期摸索，逐步在决策、执行机构之外，另行设立、发展了监察机构和谏诤机构。

监察机构最主要的官员为御史，被视为君主的"耳目之官"。其职责：（一）监察百官，即监察从宰相到各级官员，在决策、执行上的质量、效率问题，这是关于"才"的内容。（二）监察百官的政治、道德品质，是否忠于君主和王朝，遵守法律、法令，廉洁奉公等，这是关于"德"的内容。所以《元史》卷八六《百官志二》明确说：御史台"掌纠察百官善恶，政治得失"。《清会典》卷六九意同，说都察院（明代改御史台为都察院）监察百官是"辨其治之得失，与其人之邪正"。而"人之邪正"之所以成为监察内容，就因为被监察者是参与决策或执行的官员而不是平民，其"人之邪正"关乎"治之得失"。所以监察机构不断扩大，在统治者心目中地位越来越重要，以至如唐文宗所说："御史台朝廷纲纪。一台正则朝廷治。朝廷正则天下治。"②

---

① 参《春明梦余录》卷二五《六科》、《明会典》卷二一三《六科》。
② 《新唐书》卷一一五《狄兼谟传》。

谏诤机构最主要的官员，先后有谏议大夫、拾遗、补阙、正言、司谏、给事中。其职责和御史监察锋芒指向百官不同，而是向君主进谏。如唐谏议大夫"掌侍从规谏"。[1] 所谓规谏，主要指向君主的决策，涉及由此造成的大政失误和用人不当。宋元丰改制后左右谏议大夫的职责为"掌规谏。凡朝政阙失，大臣至百官任非其人，皆得谏正"，[2]便反映了这一精神。由于君主决策是封建统治机器运行最关键的一环，发生问题，及时通过规谏解决，关乎统治利益至巨，所以"谏官"在原则上被看得极重要，"天下之得失……系焉"。[3] 司马光便说："夫以天下之政，四海之众，得失利病，萃于一官，使言之，其为任亦重矣。"[4]从君主的角度，因此便有了"自古纳谏昌，拒谏亡"[5]的说法。

这两个机构最根本的特点，就是独立于决策和执行机构外，以便集中精力毫无牵挂地发挥监察和谏诤作用。明丘濬《大学衍义补》卷八说："六部之职，各有攸司，而都察院惟所见闻，不系职司，皆得以纠察焉。"所谓"六部之职"，按明人用法，实泛指行政百官；而"不系职司"云云，乃指因无具体行政职务，没有得失顾虑，又不分散精力，故可自由弹劾，不限范围。《宋史》卷二九二《孙抃传》载其以右谏议大夫权御史中丞，后又被"命知审官院（负责人事任免等）"，"辞以任言责，不当兼事局，乃止"。明冯琦指出，对地方行政长官，"直指（巡按御史）纠察之，以其身在事外也。今事事皆关白直指，则直指反身在事内，非纠察之旨"。[6] 这些都反映了"不系职司"的特点。《草木子》卷三《杂制》："（元）世祖尝言，中书朕左手，枢密朕右手，御史台是朕医两手的。"元代中书省掌行政，枢密院掌军事，故这话也是监察机构超脱一般军政事务，从而可以有效弹劾之意。当然，在封建政权具体运行中，由于种种原因，包括在君主专制制度下无真正法制可言，御史、谏官兼职者并不罕见，但"不系职司"、不当兼

---

① 《通典》卷二一《职官三》。
② 《文献通考》卷五〇《职官四》。
③ 欧阳修《上范司谏书》，见《宋文鉴》卷一一三。
④ 司马光《谏院题名记》，见《宋文鉴》卷七九。
⑤ 《新唐书》卷一五二《李绛传》。
⑥ 《明经世文编》卷四四〇《答吕新吾方伯》。

职这一原则的正确性,是始终没有动摇的。①

监察机构与谏诤机构的另一重要特点,就是允许"风闻"举弹和言事。所谓"风闻",本道听途说、无确凿证据之意,最早仅适用于弹劾官员,后来也发展到向君主进谏,目的就是以此消除御史、谏官害怕说错话、受惩罚的顾虑,鼓励他们大胆地对决策和执行中存在的问题和有关官员,进行揭发。② 虽然在这一制度的演变过程中,有些御史、谏官利用"风闻",陷害他人,排斥异己,或窃名要誉,因而曾经实行过"风闻"后尚需"核实"的办法,但因为事实上在弹劾、言事之初,势难一一核实,过于严格要求核实,又会阻碍言路,于统治不利,所以原则上"风闻"制度一直存在。明穆宗下谕指责"科道官(即过去的御史谏官)一向放肆,欺乱朝纲",命令吏部等严加追究、贬黜。阁臣赵贞吉上书曰:"我祖宗之制,设立科道,许其风闻言事,或是或不是,尚有执政诸臣酌量可否,取自上裁。"纵有不当,亦止一般"惩戒",不应"一网打尽",请求穆宗"收回成谕"。穆宗虽不同意,但从他继续委任赵贞吉参与主持考察科道官,未再强调"风闻言事"应予以批驳看,原则上他是不得不承认这一制度的。③

"不系职司"和允许"风闻言事"同时也体现了鼓励监察与谏诤,力图保证正确决策与执行的机制。

附带一说,明清的谏官给事中,除"封驳"(已见上文"决策"部分)、"言事"外,还有一项经常任务,就是督促百官在执行君主决策和上级官文书中提高效率。凡诏敕或批准的章奏下给事中,经审核同意(不予"封

---

① 所以历代可据此原则判定是非,如金代陈规上疏,指责当时不重"谏官御史","或兼他职,或为省(尚书省)部所差(指从事行政杂事),有终任不觐天颜,不出一言而去者",因而建议谏官御史"不许兼职及充省部差委"。见《金文最》卷一七《条陈八事疏》。另一方面,据此原则,台谏官也不应过问具体行政事务,明给事中刘斯崍就曾上疏说,御史、谏官"于兵、刑、财用之属,惟察其举否,而白简绳之(指如不胜任,予以弹劾),庖祝不相代也"。指责当时御史、谏官"任者少,而(就兵、刑等事)议者多,章满公车,强半借条陈(行政之事)为职掌(御史谏官之事)矣"。认为此"不可训"。见《春明梦余录》卷二五。

② 详参拙作《魏晋南北朝尚书左丞纠弹职掌考》,载《文史》总第32辑,中华书局,1990年。

③ 分见《春明梦余录》卷四八《都御史》、《明史》卷一九三《赵贞吉传》。又,清初为防挟仇报复、党同伐异,曾禁止风闻言事,其后御史等"畏缩"不言,康熙二十六年(1687)十一月又恢复此制,见《清圣祖实录》卷一三一。

驳")署名后,由他们抄发有关部门执行,同时进行督促。《清会典》卷六九规定,六科给事中不但"掌发科钞",而且"稽察在京各衙门之政事,而注销其文卷"(御史也有此职掌)。所谓文卷,系指各衙门每月两次所造文册。内容是关于是否按规定时限,完成君主决策或上级官文书所下达任务的情况报告,"其逾限有因者,皆令于册内声明;无故逾限者,由科指参"。其实这种督促百官提高统治效率的制度,早在汉代已经出现,叫"录文书期会"。[①] 录,总领;期,要约,指规定任务完成时间;会,合也,到时会合,即完成后登记、注明之意。在很长一个时期内,这一职责都由执行机构本身的官员来掌管,如唐代尚书省的左右丞、左右司郎中、员外郎,九寺五监的主簿、录事等。[②] 很可能由于这些官员本身就是执行机构的成员,履行职责,进行纠弹,难免要受本部门执行长官的左右,所以逐渐便为决策、执行机构以外的御史、给事中所代替。如《唐会要》卷五七《尚书省诸司上·尚书省》:开元二年敕,尚书省有关部门理冤案,"若稽延致有屈滞者,委左右丞及御史台访察闻奏"。这是于原来的左右丞之外,又增加了监察机构官员之例。至明清,更全由"不系职司"的科道官给事中、御史来"稽察""注销"了。这也从一个角度反映了"不系职司"所涵蕴的机制。

四　吏胥的作用

封建统治机器之所以能有效运行,还有一个不可或缺的环节——吏胥的存在与作用。

这里所说的吏胥,指的是中央和地方官府中,具有一定文化水平、遵照官员命令处理具体政务特别是经办各类文书的人员,而不是从事杂务、厮役的一般小吏。这类吏胥两千多年来有一个发展变化的过程。他们与官员在汉代只有官职高低的不同,社会地位则并无差异,由吏胥升

---

① 《后汉书》志第二六《百官三》。
② 参王永兴《唐勾检制研究》(一)。

官员没有任何歧视与限制。① 直到两晋南北朝前期,虽然吏胥地位已经低落,地位最高的也是"浊官",多由被士族轻视的寒族充任,但其中主要成员如三省令史等毕竟仍是流内品官。② 由南北朝后期至唐宋,他们绝大多数又演化为流外官,即便制度上是流内八九品,在官场中仍被视为流外官,归入卑贱的吏职行列。③ 而至明清,吏胥更进一步跌落成为与官员系统(包括流内、未入流即过去的流外)完全不同、界限分明的另一特殊群体。他们由平民作为职役考取或募充,没有官品,役满后(明代规定为九年役满,清代为五年役满),除一部分人通过考核或考试出职为小官外(清代只允许充任从九品和未入流),便须退役为民,"役满不退者……皆治以法"。④ 这和官员(无论流内或未入流)一经入仕,终身迁转,截然不同。

在君主诏敕和各级官文书的执行中,虽然起决定作用的是官员,但吏胥也不可或缺,并且原则上、制度上是相辅相成的。

一般说,官员特别是中高级官员,应具有较高的封建儒学、道德修养和政治、文化素质(见后),其中高官多经过长期磨炼,统治经验丰富,中高级官员或适合参与王朝决策,或适合在一个地区(如省、道、府、县)、一个部门(如部、司)充任长官或佐官,统筹全局,负责根据律令、诏敕内容结合本地区和本部门具体情况作出决断,将律令、诏敕付诸实施。由于各地区、各部门情况千差万别,律令、诏敕内容又往往多样、复杂,这种决断若没有较高的政治、文化素质和统治经验,是无法符合统治利益的。也就是说,这种决断一般只有官员方能作出。

可是仅有官员,统治机器仍无法运转。因为如前所述,以君主为首的封建统治集团必须通过颁布诏敕、官文书指挥全国各地政务。越往后代,这些诏敕、官文书数量越庞大,而且千头万绪、千差万别,涉及税收、

---

① 参陈登原《国史旧闻》第一分册卷一三《以吏为师》,生活·读书·新知三联书店,1958年。

② 如《通典》卷三七《职官十九》"晋官品",三省令史等均流内八品。

③ 参张广达《论唐代的吏》,载《北京大学学报》1989年第1期;王曾瑜《宋朝的吏户》,载(台湾)《新史学》第四卷第一期。

④ 参《清会典》卷一二、《明会典》卷八。

司法等等方面。如在宋代，"因一言一事，辄立一法"，①以致有关官员"摇手举足，辄有法禁"。② 直到清代，群臣依然在呼吁"中外簿书太繁"。③ 对于这些"法"，各级官员必须严格遵守，无论做出任何决断，都不允许与之抵触，④否则将受上司驳斥、惩罚。然而，实际上对这些"法"，官员又绝对无法全面掌握，以致如叶适所说，即使官员精明能干如伊尹、傅说，也"仍为不晓"。⑤ 除了细密、烦琐，官员特别是长官，以一人之身势难周知外，⑥还因为官员，特别是中上级官员不能久任，需要经常调动。⑦ 其所以如此，从积极方面说，是为了培养、锻炼官员作为通才的统治本领。这就是叶适说的："一人之身，内外之官无不遍历，较之以资，取之以望，然后其大者为政事之臣，而其小者亦为侍从之官。其人既已周旋众职，详练世事……其人尚德而寡过……是故可以造居通选而无疑。"⑧同时也符合封建士人希望不断升迁、飞黄腾达的心理。从消极方面说，经常调动，是为了防止官员久任，容易与所任地区、部门形成不正常关系，有害于政务。⑨ 特别是对地方最高级官员（如清代总督、巡抚）来说，则还有防止久任以形成割据的作用。归根到底，全由封建统治利益决定，是长期形成的统治经验。然而这样一来，这些官员对所历地区、部门之各类文书，便只可能有一个概括性、原则性的了解，势难全面、细致掌握。为了解决这个矛盾，自古以来便设置了吏胥。所以清陈宏谋说

---

① 《宋史》卷一九九《刑法志一》。

② 《水心别集》卷一二《法度总论二》。

③ 《清经世文编》卷一五《吏政一》王安国《请省簿书以课农桑疏》。

④ 极个别因与本地情况差距过大，专门上疏请求变通执行，又蒙批准者除外。见本文第二部分。

⑤ 《水心别集》卷一四《吏胥》。

⑥ 宋哲宗时司马光便针对大量敕令格式、尚书六曹文书说："虽有官吏强力勤敏者，恐不能遍观而详览，况于备记而必行之。"见《续资治通鉴长编》卷三八五元祐元年八月丁酉。

⑦ 陆世仪称：古来士人"迁转不常，历官如传舍"。见《清经世文编》卷三《学术三·思辨录论学》。

⑧ 《水心别集》卷三《官法上》。

⑨ 《元史》卷二一《成宗纪四》：大德七年（1303）十月，"行省官久任，与所隶编氓联姻，害政。诏互迁之"。《日知录》卷九：监临地方之官不可以久任，"久则情亲而弊生，望轻而法玩"。

"有官则必有吏",宋叶适则说吏胥"虽尧舜不能废"。①

吏胥的作用为何？就是"行文书,治刑狱、钱谷"。② 这主要是就地方之吏胥而言的。如果再概括一点说,那就是"处官府,职簿书"。③ 关于吏胥"行文书"或"职簿书"之职责,其与官员决断的相辅相成关系,从唐律可看得很清楚。《唐律疏议》卷五《名例》"同职犯公坐"条规定:"长官为一等,通判官为一等,判官为一等,主典为一等,各以所由为首。"这里的前三"等"为官,而主典则是吏胥。所谓"各以所由为首",就是说这四"等"官吏在处理一项事务(刑事、钱谷等)出错时,都有责任,但谁的环节首先出错("所由"),谁就负主要责任。这是因为,唐代官府处理一项事务,一般说有四道程序。最早开始的也可以说是基础的一道程序,是在官员指挥下由主典将涉及这一事务的有关资料(情况、问题所在等),以及处理这类事务应适用的法律条文、判例收集齐全,提供官员参考、决断,这就叫"检、请"。④ 然后由判官、通判官、长官依次下"判",即作出决断(如刑事案件,即判决被告是否犯罪,应判几年等)。如果处理错了,是官决断错了,则由官员负主要责任(具体说,三"等"官中哪一"等"首先决断错了,就以哪一"等"为首,其余为从)。如果是主典的"检、请"错了(如资料不全,法律条文、事例、判例搞错等),因而导致官的决断出错,则首要责任由主典负。关于同职犯公坐的责任谁首谁从,这里不拟深论,援引此律,只是想说明统治机器运行中吏胥的机制,它与官员是相辅相成的。在处理一件事务时,亦即具体执行诏敕、律令、官文书,完成某一任务中,没有决断固然不行,可是正确决断的前提是要资料齐全、情况清楚,应依据的法律条文、判例、事例周详准确,这便绝对离不开吏胥的作用。吏胥人数大大多于官员,有较细的分工。如一般县府,

---

① 分见《清经世文编》卷二四《吏政十·分发在官法戒录檄》、《水心别集》卷一二《法度总论三》。

② 《文献通考》卷三五《选举八》引苏轼语。

③ 参许凡《元代吏制研究》"绪言",劳动人事出版社,1987年。

④ 参见王永兴《关于唐代流外官的两点意见》,载《北京大学学报》1990年第2期;卢向前《牒式及其处理程式的探讨(三)》,载《敦煌吐鲁番文献研究论集》第3辑,北京大学出版社,1986年。

明清时的吏胥分为六房：吏、户、礼、兵、刑、工，①因而对所在房的律令、案例精通、熟悉，从而可以迅速"检、请"，效率较高地辅助官员做出决断。另外，吏胥多为本地人，了解风俗民情，也有利于为经常调动的官员出谋划策。②

这样，经过以上一系列手续，最后方形成了一件文书，将所处理的事务终结。在这一文书中，除了最核心的决断是官员作出，并署名以示承担责任外，其他部分包括草拟文稿等全靠吏胥办理。③ 这就是所谓吏胥的基本任务"行文书"或"职簿书"。毫无疑问，在这文书的形成中，决断是最关键环节（如刑事案件中最后判死刑还是流刑，关系至巨），必须由具有较高政治、文化素质，对诏敕、律令、官文书精神有着较深入理解的官员作出。但其他环节也起着相当重要的作用，特别是在官员出仕不久，缺乏经验，或者沉溺于清闲生活，无心理政的情况下，更其如此。例如在两晋，在玄学清谈影响下，由士族充任之官员对日常政务，往往"望白署空"，即由吏胥收集资料，了解情况，并依法提出处理意见，做成文书送来，官员不看全文，就在预先留下的空白处署名画行。④ 正如《梁书》卷三七《何敬容传》所说，魏晋以后，"尚书丞郎以上，簿领文案，不复经怀，皆成于令史（吏胥）"，就是说，连官员的决断也是吏胥代替作出的。可见，在这段时期，吏胥的作用更大，形成了封建统治机器运行的一个特色，但从总体上看，对吏胥的作用，包括负作用，也不能夸大。虽说由于吏胥政治文化素质、道德修养比较差，在各级官府中，借熟悉律令、案例和情况之机，弄权舞弊之事，所在皆有，远远超出官员所犯同类问题，因而从唐宋以降，指责吏胥危害封建统治的文章、奏疏不胜枚举，可在这同

---

① 如《宛署杂记》卷二《署廨》载：明代宛平县即有"六房"，其中兵、刑、工因事务多，还各分"南科""北科"。

② 《红楼梦》卷四：贾雨村授应天府尹，判一杀人案，一个小吏（"门子"）为他出谋划策，包庇罪犯薛蟠。虽系小说，也是大量官府实情的反映。

③ 在唐代，将涉及某一事务的有关文书收集到，并"连"（粘连）在一起，供官员决断参考，也是吏胥职责，参前揭卢向前文。

④ 参拙作《两汉魏晋南北朝宰相制度研究》第六章第二节（五），中国社会科学出版社，1990年。

时也必须看到,其中不少都出自士大夫官员因权力不同程度地受到吏胥侵夺而发出的愤慨,往往过甚其词,是不能理解得太实的。最主要的是,按制度处理任何事务,吏胥没有决断权,只是具体办事人员,需听从官员指挥。官员握有指挥权特别是决断权,再加上官员的德、才一般都远过于吏胥,因而在与吏胥的关系中,原则上处于主动地位。当然,官员初入仕时,对律令、案例都不熟悉,易为吏胥左右,但是历官一久,情况往往发生变化,不少精明官员便反过来驾驭吏胥,使其为己所用,[1]对其中委实恶劣、跋扈者,还可依法惩办。[2] 像两晋那样厌烦政务、听任吏胥决断的一些官员,从整个封建统治时期来看,毕竟是极少数。何况吏胥中也有正人,并非个个营私舞弊,全对封建统治有害。[3]

总之,在封建统治机器的运行中,官员起主要作用,吏胥起配合作用,二者相辅相成,不可或缺。由于官员处于主动地位,政务出了问题,主要责任也应由官员承担,过于夸大吏胥的负作用,不但开脱或减轻了官员的责任,而且也等于否定了吏胥在封建统治机器运行中的积极作用。

五　人事机制

早在战国时已有人说:"明王立政,不惟其官,惟其人。"[4]意思就是,要治理好国家,不重在机构之庞大,而重在得到和合理地使用人才。所以最后必须探讨人事机制。人事机制最主要的,一是激励机制,一是更新机制。[5]

---

① 参邓小南《宋代文官选任制度诸层面》第二章第三节,河北教育出版社,1993 年。
② 《名公书判清明集》卷一一《公吏门》中此例颇多。
③ 参邓小南《宋代文官选任制度诸层面》第二章第三节。
④ 见伪古文《尚书·周官》。
⑤ 《大学衍义补》卷一一《严考课之法》按语:"吏部职任之大者,莫大于铨选、考课。……自古求贤审官之法,不外乎此二途而已。"按铨选虽非更新机制之全部,然更新机制最后必通过铨选方能体现,故将铨选理解为更新机制也未始不可,而考课即激励机制的主要体现。

激励机制主要体现在历代官员的考绩制度上。《尚书·舜典》中说：通过"考绩"，"黜（惩罚）陟（奖励）幽（不胜任官吏）明（称职官吏），庶绩（各方面政务）咸熙（治理、出色）"。这一原则成为"万世考课之祖"。①

汉代每年进行考绩，共分九等，"岁尽，则（由宰相）奏其殿、最，而行赏罚"。② 唐代，也是每年考绩，分九等（上上、上中……下下），但除考在"私罪"下中、下下，"公罪"（因公事失误违法）下下当年即解除官职外，③一般都要将考绩积至三年（或四年、五年），方行赏罚、黜陟。④ 明代延长考绩时间，三年进行一次，并需六年再考、九年通考后，分三等（称职、平常、不称职），方行黜陟。⑤ 清代也是三年考绩一次，但同时即进行黜陟，没有六年再考、九年通考之制。⑥

其所以逐渐延长考绩、赏罚、黜陟时间，当因时间短了，无法检验出有关官员的真正能力，率尔黜陟，对统治不利。早在东汉，朱浮已说，地方长官"视事日浅，未足昭见其职"。左雄明确表示，反对"责成于期月（章怀注：谓一岁）"。⑦ 曹魏时，刘廙"以为长吏皆宜使小久，足使自展。岁课之能，三年总计，乃加黜陟"，⑧均其证。

历代考绩的标准，原则上是德、才。这从唐代制度看得最清楚。唐规定德的标准有四，曰"四善"（如"德义有闻"等）；才的标准有二十七，曰"二十七最"（如"决断不滞，予夺合理为判事之最"等）。二者相互配

① 《大学衍义补》卷一一《严考课之法》。

② 《后汉书》志第二四《百官一》。每年考绩，又见于豪亮：《〈居廷汉简甲编〉补释》，《于豪亮学术文存》，中华书局，1985年。考绩分九等，据《汉书》卷七八《萧望之传附萧育传》"君课第六"下王先谦《补注》引沈钦韩说。

③ 《唐令拾遗·考课令》第三九、四四条。

④ 参《唐会要》卷八一《考上》、《册府元龟》卷六三五《铨选部·考课一》。

⑤ 《明史》卷七二《职官志一》。

⑥ 参《清会典》卷一一《考功清吏司》。按：明初虽行九年考满黜陟之制，但它不符合官员希冀迅速升迁之心理，其后政治逐渐昏乱，事务烦杂，为调动官员积极性，便出现了"推升（不次拔擢。不等九年、六年，甚至三年，即升迁）之例"。由于标准越来越松，到明代中期已是"九年考满者鲜矣"，"间见翰林、史官、卫经历等，而余不复闻"，见高拱《论考察》，载《明经世文编》卷三〇二。清代改为三年黜陟，大体是承认明中后期现状。

⑦ 分见《后汉书》卷三三《朱浮传》、《后汉书》卷六一《左雄传》。

⑧ 《三国志》卷二一《刘廙传》注引"别传"。

合，加上"善、最不闻"等，构成前述上上、上中至下下九等。① 明清两代没有这么复杂。《明会典》规定考绩一般但称"察其行、能，验其勤惰"。② 清代具体化为"四格"——守、才、政（指勤惰）、年。③ 其中守即操守，指居官清廉的程度，乃属德的范畴。和唐代比，德的标准已严格限制在居官的操守（以及政事勤惰）上，紧紧围绕着统治质量和效率，而不泛指官员品行好坏，如是否"德义有闻"等，从体现激励机制、促进统治机器的有效运行来说，这是一个进步。另外，清代对不称职官员用"六法"来衡量。④ 如"不谨"（指操守不谨，但未到贪污程度）、"罢软无为"（指惩办不力）等，同样体现上述精神。至于官员有"贪""酷"之目，则将予以"特参"，"不入于六法"，因可能判刑，是犯罪问题，⑤故与一般考绩区别。这也是统治经验积累的结果。

激励机制，主要体现在根据考绩所进行的黜陟制度上。以清代为例，凡考绩"入于六法"者，有降级、革职等处分。考绩合格，分三等：称职、勤职、供职。根据等第高下实行记录、加级等赏功之法（具体又分十二等）。如能觐见皇帝，得旨"即升"，便归入"即升班"，指日可以迁官。这一考绩，其主要精神就是激励。主要通过对考绩优异者的提升，激励全体官员，调动他们的积极性，以推动统治机器的有效运行。同时对不称职官员的处分，目的也在通过处分，激励其他官员勤于职守和改正错误。所以同时又规定"开复（恢复原职、原级）之法"，相当宽大："降级留任者，三年无过则开复；革职留任者，四年无过则开复。"⑥清人曾说，严格

---

① 见《唐六典》卷二。丘濬说"盖善以著其德行，最以著其才术"。见《大学衍义补》卷一一《严考课之法》按语。

② 《明会典》卷一二。此单就"考满"之制言。卷一三曰"内外官考满之外，复有考察"，此处不论。可参王天有《明代国家机构研究》第三章第一节，北京大学出版社，1992年。

③ 参《清会典》卷一一《考功清吏司》。

④ 《明会典》卷一二《六法》，乃明代中期"考察"（非"考满"）官员的标准，见《万历野获编》卷一一"大计年分条款""京官考察""外官考察"等条。后发展为"八法"。清乾隆时尚沿用，作为一般三年考绩衡量不称职等官员之标准。嘉庆改为"六法"，将贪、酷剔除。

⑤ 《大清律例增修统纂集成》刑律有"受赃"诸条，是针对贪的；有"断狱"及"故禁故勘平人"等条，是针对"酷"的。

⑥ 参《清会典》卷一一《考功清吏司》。

黜陟，方能使"人才竞奋"，否则，"激劝无凭，治效曷睹"，[1]这和犯贪、酷罪，一般要交刑部判刑，其性质是不同的。

在晋升制度上，在汉代，由于社会经济、文化的限制，统治人才比较少，考绩高第，晋升得实职的比例大。《汉书》卷八三《朱博传》载："故事，选郡国守相高第，为中二千石（九卿等）；选中二千石为御史大夫，任职者为丞相。"[2]是其一证。而至后代，社会经济、文化不断发展，统治人才增多，而实职官位有限，于是便不得不创立或大量推行其他制度，如唐代的爵（王、国公等）、勋（上柱国、柱国等）、散官（开府仪同三司、特进等）。[3] 它们与实职相互搭配、调剂，以达到体现激励机制，推动统治机器有效运行之目的。

当然，激励机制虽大量体现于官员考绩、黜陟上，但也不仅如此，还体现于其他临时重大奖惩上，特别是对经常接近君主的大臣、近臣来说，尤为明显。

除了官员，对吏胥的激励主要表现在出职制度上。如明清吏胥，作为平民服职役期满后，经过一定手续（清代一律需考试合格），便可"注册入于铨选"，成为下级官员（明代上限从七品，清代上限从九品）。[4]

封建统治机器为了维持自己能长期、不断地运行，涵蕴着一定的更新机制，这主要体现在察举、科举制度，即选拔现职官员的接班人上。其特点之一，就是选拔标准十分注重政治、文化素质。

如唐代高宗以后进士科共考三场。一场为帖经，即将体现古代统治经验和道德规范的儒家经书，掩上某页前后，中间露出一行，再裁纸贴去几个字，令考生补出贴去之字，对此，考生只有平时熟读这一经书，达到滚瓜烂熟程度，方能办到。另一场为试杂文（后只考诗赋），是对考生文

---

① 《清经世文编》卷一七梁清标《敬陈用人三事疏》。

② 如"河南守吴公，治平为天下第一，征以为廷尉"，"朱邑为北海太守，以治行第一，入为大司农"，参《西汉会要》卷三九《职官九·考课》其他升迁实职例。

③ 参《文献通考》卷六四《职官十八》。检校官又参岑仲勉《金石论丛》，上海古籍出版社，1981年，第474页。

④ 参《明会典》卷八、《清会典》卷一二。

化素养、文学水平的测试,诗赋"虽曰雕虫小技,而非通知古今之人不能作"。① 第三场是对时务策,要求就古今一些重大政治、经济问题,提出自己的见解。② 此外,吏部还要对科举及第者进行"身、言、书、判"的考察和考试,"四者之中,则判为尤切。盖临政治民,此为第一义。必通晓事情,谙练法律,明辨是非,发摘隐伏,皆可以此觇之"。③ 一般必须四者全合格,方可铨选入仕。

很明显,如严格按照上述标准要求,及第者必定具有一定的政治、文化素质和处理具体政务的能力,入仕后再经过实际的历练,一般说,应该能对封建统治机器的运行,起积极、推动作用。

再如清代科举也考三场。乾隆以后第一场考"四书"文及试贴诗,第二场考"五经"文,第三场是策问五道,内容涉及经史、时务、政治。④ 其中最为关键的一场是考"四书"文。⑤ 所谓"四书"文,内容有三:第一,就"四书",即《论语》《孟子》《大学》《中庸》出题。这"四书",是宋代以来从大量烦琐的儒家经典中精选出来的,简明扼要,比较通俗,而又集中体现儒家君臣、父子之纲,修身、齐家、治国、平天下之道,十分适合培养封建官员接班人的需要。正如朱熹所说:"若理会得此'四书',何书不可读,何理不可究,何事不可处(理)!""果然下工夫,句句字字,涵泳切己,看得透彻,一生受用不尽。"⑥用它们来取士,就可鼓励、促使天下士人精心钻研,注意道德修养,学习统治经验,同时通过考试,将其中优秀者录取,作为封建官员接班人,很显然,这对封建统治十分有利。第二,考"四书"文("五经"文同),要求"代圣贤立言",意即根据题目涉及的古人(如孔子、孟子等),揣摩其心意,代替他发言。由于不许联系该古人以后(包

<hr />

① 《日知录》卷一六"经义论策"。宋毕仲游《西台集》卷一说"习诗赋,必须涉猎九经,泛观子史"("理会科场奏状"),亦此意。
② 参吴宗国《唐代科举制度研究》第七章,辽宁大学出版社,1992年。
③ 《文献通考》卷三七《选举十》按语。
④ 见商衍鎏《清代科举考试述录》第二章第三节,生活·读书·新知三联书店,1958年。
⑤ 钱大昕《十驾斋养新录》卷一八《科场》。
⑥ 《朱子语类》卷一四《大学一》。

括清代）的事情，不许发表自己的见解（否则就不成其为"代圣贤立言"），所以这种办法常被今人批评为脱离实际、禁锢思想。可是就制定它的意图看，却是为了以此督促天下士人认真阅读"四书""五经"，钻研朱熹等人的注释，努力体会原著精神，防止束书不读，拿到题目后望文生义、信口开河、胡乱联系现实的弊病；并且在一定时期，或一定程度上也起到了这个作用。① 对于封建官员接班人的培养、选拔来说，这还是颇为重要的。第三，考"四书""五经"文，还需要在文句上按段落进行对仗。一般需要四组文句，每组两个段落，相互对仗。因共有八个段落，故称八股文。由于是整段整段对仗，难度较大，常被今人批评为限制士人自由表达思想。可是在当时考生众多、录取名额有限的条件下，八股对仗是否工稳，这一标准很具体，容易掌握，因而有利于考官对答题内容大致达到要求的考卷决定录取与否，以及区别等第高下。可以说，这是一种没有办法的办法。正因如此，一俟登第入仕，就可将八股对仗弃之如敝屣，封建王朝不再过问，官府上下也不行用这一文体，道理便在这里。

总之，就清代科举说，应该全面分析八股取士的指导思想，对八股取士体现更新机制，旨在选拔合格的官员接班人的积极作用，不能一概抹杀。当然，和任何制度一样，行之既久，弊病自生，而且很严重，但这无妨于对它的肯定。二者可以并存。否则便无法解释为何八股取士早在明代已迭遭反对，到清代批评者也从未中断，可它前后仍然行用四五百年了。②

更新机制还体现在其他制度上，如致仕制度等。

---

① 清儒管世铭便说：只有代圣贤立言，方能使对圣贤本意的体会，"逼入深细"。梁章钜《制义丛话》卷一引。

② 明清批评八股取士者，参《日知录》卷一六"经义论策""拟题"诸条；陈登原《国史旧闻》第三分册卷四八《八股文》，生活·读书·新知三联书店，1980年。坚持行用八股取士者，参《清代科举考试述录》第63页引乾隆年间"礼部复奏"，生活·读书·新知三联书店，1958年。

六 结 语

决策、执行、监察与谏诤以及吏胥行文书的过程,体现着封建统治机器的种种机制,从而使以君主为首的统治集团意志,得以下达诏书、官文书的形式,支配、推动着整个庞大机器的循环往复,有效运行。而人事方面所体现的机制,则从另一角度,即官吏配备的角度,保证着这一机器运行和长期运行。

必须指出的是,由于封建统治机器毕竟不是真的物质机器,而是由人,即君主、各级官吏构成的一种特殊社会群体,因而它所涵蕴的机制之体现,便受着人的种种因素的影响与支配,具有极大的不确定性。例如在决策上,君主、宰相、秘书咨询官员本应相互制衡,以保证决策的质量,可也不少见君主独断专行、肆意妄为,根本不听宰相、秘书咨询官员建议,或宰相与秘书咨询官员相互争宠、攻讦、掣肘的情形。

在执行上,中央和地方官员本应严格、迅速、准确地执行决策,及时、如实反映执行中发生的情况与问题,可也不少见执行中的"稽、失",效率极低,或相互"踢皮球"推卸责任,特别是上下包庇、隐瞒实情等种种现象。

在监察、谏诤上,有关官员本应铁面无私,按封建原则大胆弹劾、谏诤,可也不少见弹劾一味迎合君主、权臣意愿,或按党派、门户利益,无中生有、排斥异己,或遇谏诤则畏葸不前的。

在吏胥行文书上,吏胥本应辅助、配合官员处理政事,可也大量见他们上下其手、营私舞弊、贪污纳贿,起着拆台作用。

在人事上,体现激励机制的考绩制度之执行,本应严格按照德、才标准衡量功过,可也不少见只重年劳、有奖无罚、有升无降,或者相反借此歪曲真相、假公济私,以打击政敌。而体现更新机制的察举、科举制度,如八股取士,在许多情况下,由于营私舞弊,不但不能选拔人才,反而"败坏人才"。①

---

① 《日知录》卷一六"拟题"。

总之,由于人的种种不同因素的影响与支配,封建统治机器运行机制的外在体现,有时是比较准确的,有时则大打折扣,有时甚至基本没有体现,从而从一个重要角度反映了封建王朝的盛衰兴亡。这种不确定性,是封建统治机器运行机制的特质。也就是说,上述的全部内容,只是泛论,只是勾勒一个大致轮廓,如要进一步深入探讨各类具体机制,必须把握这一特质,充分研究在不同历史背景下人的种种不同因素及其影响、作用,然后方能通过机制,找到各个时期封建统治机器的运行规律所在。

试论我国封建君主专制权力
发展的总趋势
——附论古代的人治与法治[*]

两千多年来,我国封建君主专制权力,从总体上看,究竟是不断加强,还是不断削弱?

按照一般看法,这一权力是不断加强的,至明清而尤甚。可是如果仔细探究一下,便会感到历史事实未必如此。

一

为了论述这个问题,首先得分清两种不同的情况:

一种情况是君主按照通行的具体政治制度行使权力,这种政治制度,是在长期统治中经过无数政治家、思想家反复总结经验教训,逐步固定下来的。

另一种情况是君主享有至高无上的权力,在实际行使中,他不但可以超越任何前代君主、大臣留下来的政治制度,而且也可以随时扬弃他自己和大臣制定的任何政治制度。换言之,他的权力不受任何制度、法律的约束。他可以"任心而行"。①

如果就后一种情况言,可以说,从封建君主专制制度建立起,两千多年全都一样,并无变化。试看:

---

* 原载《北京大学学报》1988 年第 2 期。

① 《三国志》卷三《明帝纪》"评曰"。

秦始皇统治之时已是:"天下之事无小大皆决于上","丞相诸大臣皆受成事,倚办于上"。①这话虽有夸张,天下小大之事极多,秦始皇一个人精力不管怎样充沛,也是处理不过来的,可是它却说明,皇帝拥有这种权力。至于他平时行不行使,以及行使到什么程度,那是另一回事。也就是说,只要他想行使,他就可以撇开周围的"丞相诸大臣",为所欲为。早在战国之时,申不害、韩非等已强调,君主决不能将手中权力分给臣下,必须最大限度行使,实行"独断",宣扬"能独断者,故可以为天下主"。②在秦始皇之后,李斯又总结说:君主必须"独制于天下而无所制也";"明君独断,故权不在臣也。然后能……荦然独行恣睢之心而莫之敢逆"。③这些表明,秦始皇"独断"所反映出来的制度,并非偶然出现,是有思想基础、理论根据的。

如果认为秦代统治时间短,我们再来看汉代的君权:

《汉书》卷六十《杜周传》载杜周汉武帝时为廷尉,"善候司。上所欲挤者,因而陷之;上所欲释,久系待问,而微见其冤状"。有人责怪他"不循三尺法,专以人主意指为狱"。周曰:"三尺安出哉!前主所是,著为律;后主所是,疏为令。当时为是,何古之法乎。"这条材料充分反映了一个根本事实:"人主意指"是凌驾一切的,君主爱怎么办就得怎么办,过去一切制度、律令,都必须依据在位君主承认与否,而决定是否继续生效。《汉书》卷六六《刘屈氂传》载其汉武帝时为丞相。戾太子起兵叛乱,战败,"会夜,司直田仁部闭城门,坐令太子得出。丞相欲斩仁,御史大夫暴胜之谓丞相曰:'司直,吏二千石,当先请,奈何擅斩之?'丞相释仁。上闻而大怒,下吏责问御史大夫曰:'司直纵反者,丞相斩之,法也,大夫何以擅止之?'胜之皇恐,自杀"。其实,自汉高祖以来便存在着官吏有罪先请制度。④当时,戾太子已败,大局已定,暴胜之以为不当擅斩田仁,是对的。可是汉武帝因为是儿子造自己的反,愤怒已极,哪里管过去有什么

---

① 《史记》卷六《秦始皇本纪》。
② 参《韩非子》卷一三《外储说右上》、卷一四《外储说右下》。
③ 《史记》卷八七《李斯列传》。
④ 参程树德《九朝律考》卷一《汉律考四》,商务印书馆,1935年,第118页。

制度,他认定这时丞相斩司直就合"法",于是暴胜之便只得自杀了。这是杜周"当时为是,何古之法乎"这话的一个例证。试看汉武帝一生,除年青时受到太皇太后、皇太后一点约束外,完全是独断专行,为所欲为,宰相无不唯命是从。这不就是秦代"独制于天下而无所制也"制度的继续吗?!

东汉也是一样。史载汉光武"总揽权纲","政不任下";明帝"总揽威柄,权不借下"。① 以至于有人说宰相(三公)变成"备员而已"。② 这和李斯所说"明君独断,故不在臣也",也没有多少区别。

试问:对于秦汉两代皇帝这种独断专行之权,后代君主和制度加强了些什么呢?

当然,由于社会进步,经济发展,全国各地交通联系越来越密切,后代一些爱揽权的皇帝,手伸得很长,所处理的统治事务,数量增多,范围扩大,③为保证"独断",控制臣属的手段也进一步严密和多样化(如明代皇帝对臣下行廷杖等),表面看来,似乎权力加强了。其实,这只是封建君主专制权力在不同历史条件下,在具体行使中,多行使一些,还是少行使一些,方法高明一些,还是粗疏一些的发展变化,至于这一权力本身,自封建君主专制制度形成以来所具有的至高无上、不受任何制度法律约束的特点,并没有什么变化。就是说,权力没有任何加强,也不可能再加强。

后一种情况既然如此,要讨论封建君权不断加强与否的问题,便只能根据前一种情况来考虑。

如所周知,为了保证封建君主专制权力的有效行使,更好地保护整个地主阶级利益,两千多年的具体政治制度是不断发展变化的。对于这些制度,主要是宰相制度,有的皇帝遵守,有的皇帝摆脱,摆脱时便表现

① 分见《后汉书》卷一下《光武帝纪》中元二年、卷四九《仲长统传》、卷二《明帝纪》"论曰"王先谦《集解》引华峤书。

② 《后汉书》卷四九《仲长统传》。这话有夸张,但宰相权力缩小,确是事实。

③ 如隋代以前,州郡属官皆长官自行辟除,而自隋代起,改归吏部铨授,由皇帝批准,即一例。参陈寅恪《隋唐制度渊源略论稿》第三章《职官》,生活·读书·新知三联书店,1954年,第87页。

为"任心而行",大权独揽,出现上面我所提到的情况。可是就历代王朝绝大多数一般君主而言,还是遵守远多于摆脱。如果考虑到这个基本事实,则应当承认:两千多年的封建君主专制权力,其发展总趋势,不是加强了,而是削弱了。

二

提出上述看法首先的一个根据便是:随着社会的进步,文明程度的提高,以及对历史上各王朝兴亡之经验教训的反复汲取,地主阶级政治家、思想家在总体上不得不拥护君主专制制度的前提下(因为没有新的生产关系和阶级力量出现,只有这一制度能统一各地主阶级统治集团的意志与行动),对它与皇位世袭制度结合所产生的弊病与危害,[1]也看得日益清楚。因而他们在原则上几乎全都要求君主信用宰相与大臣,虚心纳谏,克制"私"心,遵守各种由长期统治经验凝固而成的具体政治制度特别是宰相制度,实际上就是想限制(实即削弱)皇帝独断专行的权力,尽可能防止它的弊病、危害。

我们知道,皇帝并非自封,要靠地主阶级通过官吏拥立;[2]政治制度也不是个人意志所能决定,归根结底得看能否适应整个地主阶级利益之需要,而决定是昙花一现,还是较长期行用。现在既然反映整个地主阶级利益的政治思想、舆论,越来越强烈地要求通过具体政治制度限制君主专制权力,则纵然少数英主、暴主例外,绝大多数君主就不可能不受这种思想、舆论的影响,而遵守具体政治制度;而这些制度的发展变化,从总趋势看,也就不可能不是限制和削弱君权的。

下面我们来看历代有关这一问题的政治思想。

早在春秋末年孔子已提出一个思想:"巍巍乎,舜、禹之有天下也,而

---

① 参拙文《从〈宋书·蔡兴宗传〉看封建王朝的废昏立明》,载《北京大学学报》1987 年第 2 期。

② 参同上文。

不与焉。"①战国时孟子也引用了这话,并作了发挥。② 后代儒家多理解为这是指君主之任务在于任贤使能,放手让大臣去干,而不必亲自参与具体政事之处理,将"而不与焉"之"与",释为参与。③ 这种理解大概是对的。因为荀子也宣扬同样的思想。他说:"彼持国者……强固荣辱在于取相矣。"如得到贤相,由他"要百事之听",自己便清闲了。这就叫"劳于索之(指贤相),而休于使之","垂衣裳而天下定"。例如"汤用伊尹,文王用吕尚,武王用召公,成王用周公旦",齐桓公用管仲便是。④

儒家的这一政治思想是鉴于战国时期各国变法以后,虽君位世袭无法选择,然相位不世袭(变法废弃了世卿世禄制),尚贤使能,可以选择,这一基本情况提出的。⑤ 随着汉代以后儒家学说逐渐在思想领域占据统治地位,⑥随着秦汉以后不少世袭皇帝独断专行,胡作非为,带给整个地主阶级统治的严重危害日益明显,上述政治思想便成为后代限制君权的一个主要思想武器,反映了越来越多的政治家、思想家的意志和愿望。

需要指出的是,在汉代曾经流行天人感应说,宣扬"以人随君,以君随天",⑦它的企图之一便是用"天"、用"灾异"来限制君主滥用权力。⑧这也是一个重要思想武器,而且反映了封建政治家、思想家为了限制君权,绞尽了脑汁。不过随着社会生产发展,天文学进步,这种思想武器日益退居次要地位。⑨ 魏晋以后,在不同的情况下,不断被用来宣扬限制君

① 《论语·泰伯》。

② 《孟子·滕文公上》。

③ 参《论语·泰伯》刘宝楠《正义》及引毛奇龄说。

④ 见《荀子·王霸》。战国法家也讲君道无为、君逸臣劳,但指导思想和手段不同。参《韩非子》之《主道》《扬权》。如加强调君对臣要权术、严刑峻法,造成"明君无为于上,群臣竦惧于下"的局面等。

⑤ 参冯友兰《中国哲学史新编》第二册第二十二章第八节,人民出版社,1984年,第401页。

⑥ 当然,这一儒家学说已不是纯粹先秦儒家学说,而是不断综合了法家、阴阳五行家等其他学说而形成的新的儒家学说。

⑦ 《春秋繁露·玉杯》。

⑧ 参冯友兰《中国哲学史新编》第三册第二十七章第八节,第70页。

⑨ 因为东汉以后乾象历、景初历、大明历等推算历法、日月食、五星会合周期日益精确,见陈遵妫《中国天文学史》第三册(上海人民出版社,1984年)第四编第四章第六节、第六编第二章第一节、第四节(元嘉历五星会合周期)。这样便进一步动摇了"天"的地位。所以魏孝文帝说:"日月薄蚀,阴阳之恒度耳,圣人惧人君之放怠,因之以设诫……"(《魏书》卷七下《高祖纪下》)。

权的,主要仍是上述儒家政治思想,以及历史上的政治得失,经验教训。

《三国志》卷二四《高柔传》:魏文帝即位,大权独揽,三公(宰相)"希与朝政"。高柔上疏曰:"天地以四时成功,元首以辅弼兴治。成汤仗阿衡(伊尹)之佐,文、武凭旦、望之力。逮至汉初,萧、曹之俦并以元勋代作心膂。此皆明王圣主任臣于上,贤相良辅股肱于下也。今公辅之臣,皆国之栋梁,民所具瞻,而置之三事,不使知政,遂各偃息养高,鲜有进纳,诚非朝廷崇用大臣之义,大臣献可替否之谓也。……自今之后,朝有疑议及刑狱大事,宜数以咨访三公。……庶有裨起天听,弘益大化。"这就是要宰相在重大政事上出谋划策、把关,防止文帝专断可能发生的弊病、危害,以"弘益大化"。这话文帝无可反驳,只得"嘉纳焉"。晋代儒学地位进一步尊崇,这种主张更加流行。《群书治要》卷二九引臧荣绪《晋书·百官志》称:西晋裴頠"以万机庶政,宜委宰辅,诏命不应数改",上疏歌颂"尧舜劳于求贤,逸于使能……无为而治",反对皇帝"亲细事,躬自听断",建议"尊崇宰辅,动静咨度,保任其负"。裴頠上疏时间已不可考,但要求用宰相限制君权的意图十分清楚。

值得注意的是,甚至有的英主也看到皇帝独断专行的危害。范祖禹《唐鉴》卷三记载:唐太宗便批评隋文帝"事皆自决,不任群臣。天下至广,一日万机,虽复劳神苦形,岂能一一中理。群臣既知主意,惟取决受成(即听任他独断专行),虽有愆违,莫敢谏争,此所以二世而亡也"。《贞观政要》卷一又记他接着说:"朕意则不然。以天下之广,四海之众,千端万绪,须合变通,皆委百司商量,宰相筹画,于事稳便,方可奏行,岂得以一日万机,独断一人之虑也。"同书卷二又记唐太宗对宰相房玄龄等说:"自古帝王多任情喜怒,喜则滥赏无功,怒则滥杀无罪,是以天下丧乱,莫不由此。朕今夙夜未尝不以此为心,恒欲公等尽情极谏。"这些话表明唐太宗之所以欢迎"极谏",不敢"独断",并非着眼于人民疾苦,而是总结历史教训,为了避免自己的统治垮台,是从整个地主阶级利益出发的,但他毕竟看到了这个问题,而且成了一个实行前述儒家政治思想的楷模。他的言行对后代君主起着不小影响,同样推动着限制君权的活动。

人们都说,随着封建经济的发展、繁荣和全国交通联系的进一步加强,从北宋起,中央控制地方日益严密,而且为改变五代王朝频繁更迭之局面,宋太祖"杯酒释兵权",采取许多措施,防微杜渐,总揽权柄,以致一般认为,从此中国古代君主专制制度得到进一步突出发展。① 可是两宋的儒家政治思想是否也随之变化了呢? 没有。它们依然反对皇帝"独断",主张信用宰相与大臣。如前引《唐鉴》唐太宗批评隋文帝揽权的话下,范祖禹评论说:"不明之君,不能知人,故务察而多疑,欲以一人之身,代百官之所为,则虽圣智,亦日力不足矣。故其臣下,事无大小,皆归之君,政有得失,不任其患,贤者不能行其志,而持禄之士,得以保其位,此天下所以不治也。"他还举"圣君"舜为例说:"当舜之时,禹平水土,稷播百谷,土、谷之事,舜不亲也。契敷五教,皋陶明五刑,教、刑之事,舜不治也。……礼、乐之事,舜不与也。……虞(山泽)、工之事,舜不知也。禹为一相,总百官,自稷以下分职以听焉。""君不可以不逸也……臣不可以不劳也……"需要指出的是,这部《唐鉴》还是进奏宋哲宗阅读,供他汲取历史经验教训,并为"当世所重"的一部著作。② 这些说明什么呢? 它说明虽然北宋初年由于统治尚未稳定,一度能干的宋太祖独断专行,并且起了很大作用,可是等到统治稳定,继位君主并非个个有这种才干之时,当时的思想、舆论界,仍然推崇君逸臣劳的政治模式,因为这种模式最适合一般的、绝大多数中主的情况,何况从唐太宗的言行看,即使英主,独断专行也不是都能给封建统治带来好处的。

不仅北宋范祖禹,以大造"尊君"之舆论著称的南宋大儒朱熹,也反对皇帝"独断"。他在《经筵留身面陈四事札子》中说:"上自人主,以下至于百执事,各有职业,不可相侵。盖君虽以制命为职,然必谋之大臣(宰相),参之给(给事中)、舍(中书舍人),使之熟议,以求公议之所在,然后扬于王庭,明出命令,而公行之。是以朝廷尊严,命令详审……此古今之常理,亦祖宗之家法也。今者陛下(宋宁宗)即位未能旬月,而进退

---

① 如李俊《中国宰相制度》说:"人徒知宋惩唐与五代之弊,收地方之权归于中央,而不知中央之权又集于皇帝一人之手也。"商务印书馆,1947年,第151页。

② 《四库全书总目》卷八八。

宰执,移易台谏……而大臣不与谋,给、舍不及议。正使实出于陛下之独断,而其事悉当于理,亦非为治之体,以启将来之弊,况中外传闻,无不疑惑,皆谓左右或窃其柄,而其所行,又未能尽允于公议乎。"①为什么要斩钉截铁地说即使"独断……悉当于理,亦非为治之体"呢? 就因为君主一个人才干毕竟有限,如做出一个决定不与大臣、宰相商议,不经过给、舍审核、草拟便下达,"悉当于理"只能是一次、两次,如形成定制,长期沿用下去,迟早将会出乱子而危害整个统治。所谓"以启将来之弊",含义即在于此。而前引唐太宗声称不愿"独断",其理由实际上也在于此。朱熹如不是根据儒家政治思想,总结无数历史教训,并且为了整个统治利益,具有无畏精神,是不可能也不敢向皇帝作出这种断言的。

这一类思想、舆论,在明太祖废除中书省和宰相,独揽大权之后,依然继续流行着。最能说明问题的一个例子,便是明代丘濬的言论。他在《大学衍义补》卷一《总论朝廷之政》中说:"人君……一身之精神有限,耳目之见闻不周,人不能尽识也,事不能尽知也。故必择大臣而信任之,俾其搜访人才,疏通壅蔽,时加询谋以求治焉。"在卷六《敬大臣之礼》中又说:必须重视有盛德的大臣,"人君诚能得斯人而付倚毗之任,以正朝纲,以敦雅俗,垂衣拱手以仰其成,尚何政教之不孚,强暴之不服哉"。按丘濬乃明文渊阁大学士,《大学衍义补》是他于孝宗时奏上,供经筵日讲和太子学习的一部著作。孝宗曾称赞此书"有补于政治",②后来明神宗还亲为制序,"盖皆甚重其书也"③。然而,和明太祖指导思想与措施不同,丘濬依然鼓吹君主应委任大臣,甚至垂拱仰成的思想。这就再一次证明,这种思想经过两千年正反面经验的反复提供,理论上更趋成熟,在儒家经典中又有根据,明太祖带有时代和个人特点,独断专行的做法和由此形成的政治制度,并不能压服这种思想;相反,这种思想因为符合整个封建统治利益,连孝宗、神宗这些一般君主,也不得不承认它有道理。在这种情况下,便逐渐将明太祖所建立起来的制度,发展成同样可以体

① 《朱文公文集》卷一四。
② 见《大学衍义补》书前周洪谟题本引。
③ 《四库全书总目》卷九三。

现诸大臣统治经验,实际上起着限制君主独断专行作用的内阁等制度,并一直沿用到清朝灭亡。这个问题,将在后面论述。

《明史》卷二一五《骆问礼传》载其穆宗时上疏说:"陛下躬揽万机,宜酌用群言,不执己见,使可否予夺,皆合天道,则有独断之美,无自用之失。"这段话准确地反映了明代,也是战国以来封建政治家、思想家的一个理想境界:使君主行使至高无上权力,成为广泛吸取群臣意见基础上的"独断",成为"皆合天道",即完全符合整个封建统治利益的"独断",实际上也就是成为限制了自己独断专行("不执己见""无自用之失")的"独断"。大概由于明太祖高度"独断"的缘故,明代臣子常使用"独断"这个词,可是如上所述,它已是被改造了的"独断",其实际含义,和朱熹反对"独断"的意思,已没有什么不同了。

既然两千多年逐渐占统治地位的政治思想如此,既然绝大多数统治集团成员的愿望如此,而皇帝归根结底又必须靠他们的拥立与支持而维持统治,则从总趋势上,君主专制权力怎么可能不断加强呢?

三

提出封建君主专制权力发展总趋势是不断削弱的这一看法,其次一个根据是:这一权力必得通过具体政治制度方能实现,而两千多年具体政治制度特别是宰相制度的演变,从总体上看,一个突出特点便是不断限制(实即削弱)君主专制权力。① 这是在前述儒家政治思想影响下,广大官吏以至一般君主都接受了这种思想所不可避免的结果。因为这些政治制度是他们自觉不自觉地参与制定或批准的。少数君主及其政策支持者虽曾制定、实行了一些有利君主独断专行的制度,但在随后的演变中,仍被扭回到原来限制和削弱这一权力的轨道上去了。

----

① 具体政治制度特别是宰相制度的演变归根结底是为了适应新的形势,巩固整个封建统治。限制君权是为达到这个目的的一个主要措施,他如扩大统治机构、加强中央对地方的控制等,这里不具论。

关于具体政治制度演变的这一特点，请看以下史料。

1. 秦汉、魏晋南北朝

在秦及西汉初年，皇帝行使权力，将意志化为诏书，见诸实行，程序比较简单：或与宰相议定，交御史起草、下达；或直接命令御史起草、下达，即可生效。制度上受到的限制很少。虽然西汉初年政事多经宰相奏请，皇帝"靡有不听"，似乎相权重，君权轻，其实那是因为当时实行无为而治政策，特别是皇帝缺乏教育，缺乏统治经验，而宰相却富有统治经验的缘故。① 可以说西汉初年是特殊条件下构成的特殊君臣关系，丝毫没有改变君主握有至高无上权力，宰相奏请不经批准，便不能生效的君主专制制度。只有这样，才可解释为什么在这之前的秦始皇，在这之后的汉武帝，全都大权独揽，政由己出。道理很清楚，这两人统治之时的条件与西汉初年不同。由于按君主专制制度所享有的至高无上权力，受到具体政治制度的限制本来就很少，加上雄才大略，便使他们最大限度地行使了当时种种条件下所可能行使的权力。

由于以上缘故，在很长一个时期内，皇帝颁下诏书差不多都以"制诏"二字开端，反映经过前述简单程序，即成正式诏书，交宰相机构执行，无需再经什么部门审核了。而从东晋初年开始，诏书开端逐渐改用"门下"两字，②意思是在形成正式诏书、实行之前，要先交门下省审署，门下省有权对内容提出异议，请皇帝重新考虑是否修改或取消这一诏书，③这就是后来习惯称呼的封驳权，这时从文书格式上固定下来了。在北朝，大约在魏、齐之际，又出现了门下省的覆奏制度，规定在重大政事上，门下省虽同意诏书内容，却不能直接署名行下，还需再送回皇帝审批一次，请他重新慎重考虑，以防草率从事。④ 这一制度固然首先是为了保证统

---

① 《汉书》卷三九《曹参传》：曹参为相国，不问事，惠帝便不知所措。卷四十《陈平传》：文帝连丞相任务是什么也不知。相反，曹参、陈平都很能干。周勃木讷，便被换掉。均其证。

② 见《文馆词林》卷六六六《晋元帝大赦诏》。

③ 如桓玄代晋为帝，下一诏，屡遭门下拒绝，第四次下诏，方才通过。见《弘明集》卷一二。

④ 参《北齐书》卷一二《琅邪王俨传》、《北齐书》卷三九《祖珽传》。

治质量,实际上在某种程度上也是对君主专权的一种限制。①

不仅如此,在诏书起草过程中逐渐也出现了限制。在秦及西汉,并没有诏书必须经过哪一机构起草、颁下方才算作正式诏书的规定。而至东汉,尚书台逐渐成了这种机构。② 魏晋南北朝这种机构又换成了中书省。不经中书省起草的皇帝"手诏""中诏"等,虽然往往也能发生效力,这是因为皇帝毕竟握有至高无上权力,有关官员不敢拒绝执行,但由于这种手诏内容往往由皇帝自行决定,起草和颁下过程中受到的监督少,容易出错,危害整个统治利益,所以一直不能算正式诏书,在制度上的效力也就无法与中书省起草的相比。③ 实际上这也是给予皇帝恣意妄为的一个限制。

2. 唐、宋

正是在上述演变的基础上,形成唐代不经中书、门下,不得称诏敕的制度。《旧唐书》卷八七《刘祎之传》:任凤阁(中书)侍郎,同凤阁、鸾台(门下)三品,为宰相,被人诬告,武则天"特令"王本立审问此事。"本立宣敕(中敕)示祎之。祎曰:'不经凤阁、鸾台,何名为敕?'则天大怒,以为拒捍制使,乃赐死于家。"所谓不经凤阁、鸾台,即指未与宰相商议,未经中书起草和门下审署。武则天只含糊罪以"拒捍制使",④ 而不驳斥从中所下之敕不得名敕之说,也证明刘祎之所说,确为唐代制度。《资治通鉴》卷二九〇:唐睿宗常"别降墨敕除官",而不经中书、门下两省,称斜封官,凡数千人。吏部员外郎李朝隐拒绝执行这种墨敕任命,"前后执破一千四百余人,怨谤纷然,朝隐一无所顾"。后来陆贽曾上疏曰:"伏详旧式及国朝典故,凡有诏令,合由于中书;如或墨制(即手诏)施行,所司不

---

① 历史上不少皇帝意气用事时会作出荒谬决定,如不马上执行,等他冷静下来,再请他审批一次,或许便会改变决定,覆奏的一个作用便在于此。参《唐会要》卷四十《君上慎恤》唐太宗错杀张蕴古后,行三覆奏一事。

② 《后汉书》卷五四《杨震传》:为太尉,耿宝传安帝旨,要他辟除一个人,震曰:"朝廷欲令三府辟召,故宜有尚书敕。""遂拒不许。"此证"敕"得由尚书台起草、颁下。

③ 《资治通鉴》卷八二:西晋楚王玮接惠帝"手诏",杀掉汝南王亮等,事后被诬矫诏,下廷尉,怀中虽有此手诏,并无效力,仍被处死。

④ 见《唐律疏议》卷一《名例一·十恶》。

须承受,盖所以示王者无私之义,为国家不易之规。"①从李朝隐事后并未受到打击来看,陆贽所说,是有根据的。而且将诏书由中书、门下出视为"无私",等于将下手诏视为"私",又反映在道德观念上也对皇帝独断专行进行了限制。

宋代限制皇帝滥下手诏、独断专行的材料更多。《续资治通鉴》卷四七记载:北宋仁宗时杜衍为宰相,"务裁侥幸。每内降恩,率寝格不行,积诏(手诏)至十数,辄纳帝前。谏官欧阳修入对,帝曰:'外人知杜衍封还内降邪,凡有求于朕,每以衍不可告之而止者,多于所封还也。'"所谓内降,亦称内批,即手诏。用手诏用人(即"内降恩"),因事先未通过中书、门下,未经正常铨选途径,坚持制度的宰相便可拒绝执行,明理的皇帝也承认他的做法正确。南宋宁宗时虽屡降内批,强迫臣下执行,但谏诤者仍相继不断。前引朱熹反对宁宗"独断",提出皇帝发出诏令必谋之大臣等,乃"祖宗之家法",证明这确是宋代通行之制度。后来游仲鸿又上疏说:"陛下……御批数出,不由中书(此指宰相机构)。前日宰相留正去之不以礼,谏官黄度去之不以正,讲官朱熹去之不以道。自古未有舍宰相、谏官、讲官,而能自为聪明者也。"王介又上疏说:"陛下即位未三月,策免宰相,迁移台谏,悉出内批,非治世事也。崇宁、大观(均北宋徽宗年号)间,事出内批,遂成北狩之祸。杜衍为相,常积内降十数封还,今宰相不敢封纳,台谏不敢弹奏,此岂可久之道乎。"②至宋度宗时,刘黻又上疏:"论内降恩泽曰:治天下之要,莫先于谨命令,谨命令之要,莫先于窒内批。命令,帝王之枢机。必经中书参试,门下封驳,然后付尚书省施行。凡不由三省施行者,名曰斜封、墨敕,不足效也。……故政事由中书则治,不由中书则乱,天下事当与天下共之,非人主所可得私也。"③

从这些疏文,一方面可以看到宋代内批甚多,但另一面又可看出宋

---

① 李肇《翰林志》引。
② 两疏均见《续资治通鉴》卷一五三。
③ 《宋史》卷四〇五《刘黻传》。

代下诏需经中书、门下之制度更加完备，①因而反对内批，反对君主独断专行的理由，也就更加充足。或从制度上、道理上批评滥用内批是违反"礼""正""道"；或从历史经验教训上批评滥用内批会导致"祸""乱"；或从道德上批评滥用内批是出于"私"心。而皇帝坚持下达内批，却没有什么理由可说。有趣的是，有的皇帝一面颁下内批，一面又命令宰相大臣不必一一照行，要酌情办理。如宋仁宗康定元年"诏自今内降指挥（意同内批），与臣僚迁官及差遣者，并令中书、枢密院具条执奏以闻"。皇祐二年又"诏：内降指挥，百司执奏，毋辄行。敢因缘干请者，谏官、御史察举之"。为什么要这样自我矛盾呢？原来"帝性宽仁，宗戚、近幸有求内降者，或不能违故也"。② 这就表明，在当时政治思想和政治制度的影响和约束下，有的皇帝思想存在矛盾。一方面从道理上深知违反具体政治制度，个人独断，滥下内批，并不符合自己的统治利益；另一方面从感情上又往往自己不能控制自己，加上外力推动（如某些近幸蛊惑、怂恿），一时难以尽改，以致出现了宋仁宗这种边下内批，边求宰相把关，不许径直执行的情况。这正是我前面说的，绝大多数君主会遵守具体政治制度，君主专制权力从总趋势上不可能不受到限制的一个范例。

3. 明、清

从明代起，废除了中书省和宰相，由皇帝直接掌管六部百司的政务，实际上等于兼任宰相，把君主独断专行扩大到了顶峰。可是，这只是明初形势下，明太祖采取的带有个人特点（如权力欲极强、猜疑心重、统治经验丰富、精力充沛等）的措施。作为制度，后代不具备这些特点的皇帝是没有能力也不愿意照样执行的。可是"祖训"又不便公开违背，在这种情况下，经过改造，内阁制度便逐渐形成，以一种新的形式起着限制君主独断专行的作用。③

---

① 如唐代只有给事中得封还诏书，北宋仁宗时起，中书舍人也可"缴还词头"，拒绝草诏。见《续资治通鉴》卷四三庆历元年。

② 分别见《续资治通鉴》卷四二、卷五一。

③ 内阁作用更主要的是辅佐君主，更有效地治理国家，这里不论。

我们知道，明代内阁诸大学士，和以往宰相不同，在制度上始终没有监督六部、百司执行皇帝诏令之权。直到明末崇祯年间，一些阁臣为推卸责任仍在说："昭代本无相名，吾侪止供票拟。上委之圣裁，下委之六部。"①清代官方著作《历代职官表》也说："内阁职司票拟，其官创自明初，原不过如知制诰之翰林，并非古宰相之职。"②这些话并不错。这正是明太祖这个历史上个别杰出人物废宰相后，给后代政治制度所打上的深深烙印。可是由于限制君主独断专行这一历史总趋势不可遏止，后来的君主和臣属自觉不自觉地逐渐把内阁塑造成了实际上代替宰相的机构。其权力和特点如下：

第一，内阁拥有"票拟"之权。这就使它对皇帝权力的限制，超过了过去的宰相。所谓票拟，便是代皇帝草拟各种文书，大量是关于六部、百司各类政务奏请文书的批答。它可以是先与皇帝共同讨论，做出决定后再草拟成文字，③更多的是内阁先拟好批答文字，连同原奏请文书一起送皇帝审批。由于票拟要比以往各朝辅佐君主处理政务的制度更加细致、周到，④特别是过去（如唐宋）草拟下行诏令和审核上行奏章的机构，有中书，有门下，有翰林院，比较分散，明代全都归口于内阁，⑤这就给大多数中主单纯倚靠内阁票拟，自己可以不怎么关心政事，提供了极大方便。其结果便是：表面上宰相废去，皇帝直接指挥六部、百司政务；实际上多半依靠"票拟"定夺，皇帝的意志和权力受到内阁诸臣极大的左右和限制。如果说儒家的"君逸臣劳"要找一种理想模式的话，那么明代内阁票拟便是这种模式。⑥

---

① 《明史》卷二五七《冯元飙传》。

② 纪昀等撰《历代职官表》卷二《内阁》表下案语，上海古籍出版社，1989 年。

③ 如《明史》卷一八一《徐溥传》载其孝宗时入阁。一日帝召见阁臣，拿出诸司题奏曰："与先生辈议。""溥等拟旨上，帝应手改定。"事复杂，阁臣想回去详阅，帝曰"盍就此面议"。"既毕，赐茶而退。"

④ 如唐、宋门下省审核百官上行文书，并无连批答文字也草拟好的规定。

⑤ 明代虽仍设翰林院，"其实即历代国史著作之任，与唐宋之典内廷书诏者，迥不相同矣"（《历代职官表》卷二三《翰林院》按语）。

⑥ 阮葵生《茶余客话》卷一"论明代之相权"条甚至说：发展到嘉靖时，"则大柄全归政府（内阁），君若赘旒"。

《明史》卷一八一《刘健传》载其孝宗时与李东阳、谢迁俱在内阁，"三人同心辅政，竭情尽虑，知无不言。（孝宗）初或有从有不从，既乃益见信，所奏请无不纳，呼为先生而不名"。武宗即位，刘健等提出几条压制近幸的办法，"拟旨上，不从，令再拟。健等力谏，谓'……所拟四疏，（自信正确）不敢更易，谨以原拟封进'。不报，居数日又言……（表示既不批准票拟，便求退休）。帝优旨慰留之。疏仍不下。越五日，健等复上疏，历数政令十失……因再申前请。帝不得已，始下前疏，（仍未批准，而是）命所司详议。健知志终不行，首上章乞骸骨，李东阳、谢迁继之，帝皆不许。既而所司议上，一如健等指，帝勉从之"。这是内阁经过斗争，终于将自己意志强加于皇帝的例子。明武宗是个十分任性的人，为什么他不行使至高无上的皇权，径直否决刘健等的票拟呢？就因为发展到明中叶，一般情况下如同孝宗那样，照批票拟已成惯例，要想否决，便得提出理由；武宗又提不出理由，于是便只有拖，拖来拖去，被迫批准。

《明史》卷一六八《陈循传》载，陈循在比孝宗还要早的景帝时入阁。"帝欲易太子，内畏诸阁臣，先期赐循及高谷白金百两，江渊、王一宁、萧镃半之。比下诏议，循等遂不敢诤（而遵旨票拟）。"为什么景帝更易太子要向阁臣行贿，而不径直行皇权决断呢？正像武宗一样，就因为缺乏理由，所以害怕阁臣不同意，拒绝拟旨。景帝虽达到了目的，但那是由于阁臣腐化怯懦，未尽到职责，属于另一问题；而行贿本身，却正足以说明内阁和票拟确是对君主的独断专行、胡作非为，起着很大限制作用的制度。明末冯元飙曾针对一些阁臣自称只供票拟，不是宰相，以推卸责任的话，批驳说："夫中外之责，孰大于票拟。"[1]这在一定意义上，是符合事实的。

第二，由于票拟是下达皇帝诏令的正常途径，所以明代内阁限制皇帝滥下手诏、中旨的斗争，更加制度化。当时一般的做法是：各类文书全归口于内阁票拟，疑难者由皇帝召阁臣一起商议决定；但必要时皇帝也可在禁中主动提出自己关于政事和用人的意见，通过手诏、中旨（或宦官传口谕）下内阁票拟。对于这类手诏等，内阁可以奉行，也可以拒绝，全

---

① 《明史》卷二五七《冯元飙传》。

都合法。《明史》卷一八一《徐溥传》载其入内阁后，孝宗弘治五年，"中旨"给一革职者复官，溥等言：陛下"即位以来，未尝有内降（意即全都通过正常途径由内阁票拟），幸门一开，末流安底，臣等不敢奉诏"。八年溥等又言："数月以来，奉中旨处分，未当者封还，执奏至再至三，愿陛下曲赐听从……""奏入，帝嘉纳焉。"同书卷一九〇《杨廷和传》载，世宗以孝宗侄、武宗堂弟身份嗣位，欲崇亲生父（兴献王朱祐杬，已死）为"皇"，群臣反对。帝召阁臣杨廷和等，"授以手敕，令尊父母为帝后"。廷和退而上奏说明理由后曰："臣不敢阿谀顺旨。""仍封还手诏。"世宗坚持己见，"当是时，廷和先后封还御批者四，执奏几三十疏。帝常忽忽有所恨"。廷和因乞退休。继任者蒋冕、毛纪继续不肯奉行旨意，毛纪且上言曰："曩蒙圣谕：国家政事，商确（榷）可否，然后施行。此诚内阁职业也。臣愚不能仰副明命，迩者大礼之议（即崇兴献王事），平台召对，司礼传谕，不知其几，似乎商确矣，而皆断自圣心，不蒙允纳，何可否之有。"[1]这是指斥世宗口头上表示与内阁商量，实际上拒绝众议，独断专行。

就在这僵持过程中，有一进士张璁上疏支持世宗，提出一套应尊崇兴献王为"皇"的理由与历史根据，"帝方扼廷议，得璁疏，大喜曰'此论出，吾父子获全矣！'亟下廷臣议"。[2]后又有人支持璁议。以此为起点，经过讨论和施高压手段（给抗拒者廷杖等），世宗达到了目的。可是从此事也可看出，当张璁议奏上前，世宗虽是一个刚愎自用的人，却不敢硬性贯彻个人意志，独断专行，原因就是他理由和根据不足，不知道自己的要求是否违反儒家经典、礼制、祖训、故事，而这些正是内阁和大臣借以限制皇帝独断专行的法宝。君主专制制度的历史越长，这类法宝积累得也就越多。在尊崇兴献王这事上，如果没有张璁等议，世宗光凭手中皇权，是很难胜利的。而且即便有了张璁等议，拒绝中旨的斗争此后又延续了两年多。这就足以说明，明代皇权受内阁、廷议的限制何等之大了。

也正因如此，在此之后，应信用内阁而不应滥发中旨的意见，仍接连

① 《明史》卷一九〇《毛纪传》。
② 《明史》卷一九六《张璁传》。

不断，没有一个皇帝在原则上加以拒绝。同书卷一九六《夏言传》载其世宗时上疏言："今陛下维新庶政，请日视朝，后御文华殿，阅章疏，召阁臣面决；或事关大利害，则下廷臣集议。不宜谋及亵近，径发中旨。圣意所予夺，亦必下内阁议而后行，绝壅蔽矫诈之弊。""帝嘉纳之。"所谓"圣意所予夺，亦必下内阁议而后行"，等于说皇帝的决定要经过内阁讨论同意，方得实行。同书卷二四〇《叶向高传》载其熹宗时复入阁，疏言"臣事皇祖（神宗）八年，章奏必发臣拟。即上意所欲行，亦遣中使传谕。事有不可，臣力争，皇祖多曲听，不欲中出一旨。陛下……信任辅臣，然间有宣传滋疑议，宜慎重纶音，凡事令臣等拟上"。"帝优旨报闻。"这条材料和上面夏言疏文精神完全一致，且用事实证明了这一制度的存在。

当然，由于君主拥有至高无上权力，各个君主的性格并不相同，每届内阁成员又各有特点，所以君主与内阁矛盾后，越过内阁，径发中旨处理政务之事也不少。如同书卷一八一《李东阳传》载其武宗时在内阁，"帝欲调宣府军三千入卫，而以京军更番戍边。东阳等力持不可，大臣台谏，皆以为言。中官旁午（向内阁）索草敕，帝坐乾清宫门趣之，东阳等终不奉诏。明日，竟出内降行之"，即其一例。然而另一方面从此例又可看出，处理政务的正规途径应是通过内阁，所以才会发生中官旁午催促，武宗亲自焦急督阵的情况，只是由于不得已，第二天才下内降，而东阳等拒绝中旨，安然无恙，也是合法之证明。《明会要》卷三〇《职官二》：万历末，帝"遣内使至工部侍郎林如楚私寓宣敕旨，以奉御汪良德奏准修咸安宫也。辅臣言'明旨传宣，定例必由内阁下科臣，然后发钞。若不由内阁，不由科发，不经会极门（紫禁城南部通往内阁之门），不由接本官，突以二竖传宣（中旨）于部臣之私寓，则从来未有之事。向来（如君主）建议诸臣，以旨从中出，犹且虑之，况臣等竟不与闻乎？'不省"。这就是说，不先经票拟的中旨只是皇帝个人意见，随意性大，容易出错（故"犹且虑之"），所以早已定例必下内阁，由内阁决定是否奉行。奉行，则通过六科给事中，依正常途径下达；不奉行，大概便得封还中旨。不经内阁，皇帝径下中旨传宣部臣执行，则是违例的。由此可见，明代皇帝虽有时径下中旨处理政务，似乎由他独断专行，实际上并不合乎惯例、制度，皇帝自己心理上大概也得承受很大负担，怕成不了"明君"，所以明神宗对阁臣的抗议，只得以"不省"了之。反过来也就证明，一般情况下，必得受内阁的限制。

第三，和内阁相配合，还有六科给事中也在制度上直接起着限制皇权的作用。按给事中唐宋本属门下省，金废门下省，明初设六科（吏、户、礼、兵、刑、工）给事中，成为独立机构（清改隶都察院）。其重要权力之一就是：皇帝所下中旨，内阁未反对，草成敕诏；或内阁票拟，合皇帝心意，批准执行，都得再发至给事中处详审。如以为有害整个统治利益，同样可以封还诏书。①《明史》卷九《宣宗本纪》："谕六科，凡中官传旨，必覆奏始行。"前面已讲，覆奏约始于北魏、北齐之际，宣宗此谕实际上某种程度也是对君主自己专权的一种限制。《明会要》卷三七《职官九》：嘉靖年间，"都察院疏请差御史巡盐，不下阁票拟，（中旨）批答稍误，（径下六科，）户科给事中黄臣谏曰：'我朝设立内阁，凡百章奏，先行票拟。今使内阁虚代言之职，中贵肆专擅之奸。② 关系匪细，渐不可长。容臣封还原本，以重命令。'疏入，即加批如制"。同上《骆问礼传》载其上疏穆宗，"言诏旨必由六科诸司，始得奉行，脱有未当，许封还执奏"。证明此制一直存在。这样，除内阁外，便又多了一重对皇帝独断专行之限制。③

通过以上三点，便可看到，在明代，表面上废去宰相，君主独断专行更加厉害，实际上发展的结果是，君主行使权力时在制度上受到的限制比过去更大，想要独断专行的困难更多了。

必须指出，以上都是就集中了地主阶级统治经验的制度规定而言，实际上在执行中这些制度总要受到各种因素的影响而发生偏颇，甚至极大偏颇。就明代说，这种因素中最重要的一个便是皇帝往往不上朝。本来按祖制他们应该"无日不朝"，甚至一日再朝或早、午、晚三朝。④ 可是

---

① 　《明史》卷七四《职官三》。

② 　此指明代皇帝让宦官代笔批答之事，实际上他们多数仍是秉承皇帝意志，但谏诤者总是攻击宦官，避免正面触犯皇帝。

③ 　六科还有监督内阁、六部、百司之作用，此处从略。

④ 　参《大学衍义补》卷四五。

由于贪于逸乐,照办的时候很少,如明神宗甚至二十年未上朝。①皇帝逐渐对内阁票拟也懒于审批,而让身旁宦官"批红",致使有时大权旁落。这是明代的一个秕政。但有些著作过于夸大了这一秕政,似乎明代内阁等制度全受宦官操纵,"内阁之拟票,不得不决于内监之批红,而相权转归之寺人"。②这基本上不符合事实。因为内阁票拟从明成祖以后逐渐形成,贯穿于明亡前二百多年,从不间断,而宦官之掌权,则要视皇帝是否委任而定,并非制度。如世宗在位四十多年,不但未曾委任宦官,而且制驭甚严。③同时即就批红言,按规定只能遵照内阁"票(拟)来字样,用朱笔楷书批之",④执笔者等于一个誊录人,并不允许掺杂个人意见。这一情况,正好是前述皇帝意志受内阁限制的一个具体反映。只有少数几个宦官,得到皇帝特殊宠信,对票拟之审批发生影响。可是其中能算上毫无顾忌,任意改动票拟,甚至另行票拟者,只有武宗时的刘瑾(由正德元年至五年)和熹宗时的魏忠贤(由天启元年至七年),⑤加在一起不过十二年。这和二百多年的内阁比时间很短。因而应该承认,整个明代在政治上起主要作用的是内阁等政治制度,是内阁的票拟,而宦官造成的偏颇,则是次要的。

至于清代,以少数民族入居中原,由于满汉矛盾的存在(开始还很尖锐),满族贵族不得不把大权集中于君主手中,以维持对广大汉族稳定的统治。再加上康熙、雍正、乾隆三帝全都雄才大略,类似明太祖,因而把君主独断专行发展到又一个顶峰。可是由于处理全国政务的基本机构及制度,仍然是内阁(后主要为军机处)及其"票拟",⑥所以无论就整个清代近三百年大多数君主言,或者即使就康、雍、乾三帝统治的大多数时间言,皇帝受内阁、军机处左右和限制的局面,和明代比,虽有不同(如很

---

① 《明史》卷二三〇《马孟祯传》。
② 《明史》卷七二《职官志序》。
③ 参赵翼《廿二史札记》卷三五《明代宦官》。
④ 刘若愚《酌中志》卷一六《内府衙门职掌》。
⑤ 参赵翼《廿二史札记》卷三五《明代宦官》。
⑥ 《历代职官表》卷二《内阁》表下案语。

少看到明代那样内阁拒绝拟旨的情况），却没有根本变化。① 兹为节省篇幅，此处不具论。

四

综合以上三部分论述，得出的结论便是：

1. 就君主行使权力受到具体政治制度特别是宰相制度，以及与之相适应的政治思想、舆论的限制而言，两千多年的总趋势是逐渐由少变多的。可以肯定，秦始皇、汉武帝的恣意妄为，要比明武宗、清高宗方便得多。从这一方面说，我国封建君主专制权力，不是逐渐加强，而是逐渐削弱。

2. 至于君主专制制度，从一建立起，其基本点便是君主享有至高无上，超越一切制度、法律的权力。来自臣下的任何限制，如果他想拒绝，都有权拒绝；他的任何荒谬决定，只要坚持，臣下都不得不执行。这一权力并不因宰相权力的大小，宰相对百官控制的强弱，而发生变化。后者乃宰相、百官之间的权力分配问题。如果就这一方面而言，则两千多年全都一样。明太祖、清圣祖手中所拥有的对臣下生杀予夺大权，并不比秦始皇有所增加。这里不存在权力加强与否问题。

3. 必须将以上两种不同情况加以区别。决不能因为看到后代某些英主或昏暴之主，运用手中至高无上权力，无视各种制度的限制，任心而行，便忽视了第一种情况的存在，因为这些君主毕竟是少数。就两千多年绝大多数君主言，具体政治制度的限制，儒家政治思想、舆论（包括越来越多的历史经验教训）的约束，仍是起着重大的作用的。

最后，附带想谈点对古代人治、法治的看法。

_____

① 参邓之诚《谈军机处》，载王钟翰《清史杂考》附录，人民出版社，1957 年。如称"其权力之大，在完全操用人之权"，高级官吏之任用，"皆由军机大臣开单请旨……一手操纵"。至于很少看到拒绝拟旨，以及清帝自我吹嘘一切"断自宸衷"（《枢桓记略》卷一），臣下也异口同声"无不钦承宸断"（《历代职官表》卷二《内阁》表下案语），"不能稍有赞画于其间"（《檐曝杂记》卷一《军机处》），这当系满汉矛盾存在，清帝极力使自己威严不可侵犯，以及文字狱的威慑作用，臣下特别是汉臣谁也不敢冒犯的缘故。这和实际上权力是否受左右、限制，不是等同的。

在封建君主专制制度下,君主统治国家,拥有至高无上,超越一切制度、法律的权力,其实这是最大的人治;儒家宣扬的各级官吏的人治是从属于它的。而逐步建立各项具体政治制度、法律制度等,与约束官吏、统治人民的同时,也对君主行使权力进行限制,则属于法治的范畴。

人治、法治的发展趋势是怎样的呢?

大体上越是古代,法治比重越小。先秦法家虽力主法治,秦代并将这一思想付诸实践,可是在当时社会种种条件下实际上仍是也只可能是人治:

第一,如第一部分材料所提供,既然秦始皇超越任何"法","独断"一切,自无法治可言。①

第二,既然秦始皇"任心而行",则秦朝中央百官处理政务自得看他的脸色行事,即所谓倚办于"上",而不是倚办于"法"。这也就是西汉杜周的"专以人主意指为狱"(均见前引)。

第三,对地方官吏虽有法律条文约束,可是从出土秦简看,限于当时条件,这些条文比较具体,概括力并不强,因而很自然,许多律外情况,仍得地方官吏另行决断。如果经济发展,交通联系密切,自可要求他们及时向京师请示,然而当时远不具备这种条件。再加上当时中央对地方的监督、控制,地方上郡对县的监督、控制,都十分薄弱,则这些官吏怎么可能不是不同程度地进行人治呢?②

后代逐渐发生了变化。

虽然由于一直实行君主专制制度,在封建社会,人治是贯彻始终、占主要地位的,可是如前所论,逐步建立各种制度、法律,其作用之一就是对君主行使权力进行限制,从这一方面看,法治的比重是逐步增加的。君主和官吏的人治,自觉不自觉地在为法治所代替。其所以发生这种变化,最根本的是生产、经济发展,各地交通联系加强,整个社会文明程度

---

① 《管子·任法》主张"君臣、上下、贵贱皆从法"。可是并没有力量可使君主"从法",所以法治无法包括君主。

② 直到汉代,地方官权力仍很大,独立性颇强。参陈登原《国史旧闻》第一分册,卷一三《两汉地方官》,生活·读书·新知三联书店,1958年。

提高,然从我上面论述的问题看,促成法治比重增加,至少以下三点不可忽视:

第一,是君主和官吏教育的不断加强。首先是君主教育。历代王朝的总趋势是,不但注意加强储君太子的教育,而且从赵宋起,还在中国历史上第一次设立"经筵讲读官",定期向皇帝讲授儒家思想和历代统治经验教训,①一直沿用至清代。当君主的统治经验和文化素养提高后,绝大多数君主为了整个统治利益,便会不同程度地克制自己,②按制度与法律行事。同样,当官吏的教育水平普遍提高后,在正常情况下,从整个统治利益出发,对君主违反制度、法律的行为,抵制者便会逐渐增加(如明代之例),而且自己处理政务遵守制度、法律的观念也会逐渐加强。

第二,是制度和法律的逐渐周到、完备。③ 当秦始皇、二世之时,是无所谓"手诏""中旨"与国家正式文书之区别的。因此他们为所欲为,不但群臣不敢谏,而且本人也没有任何思想压力。后代制度逐渐完备,皇帝任心而行,违反制度便有了压力了。前述宋仁宗下内批后又命宰相不得一概执行,便是一例。此外,制度逐渐完备后,群臣谏诤、抵制也就有了依据。刘祎之所以敢于大胆顶撞武则天,道理便在这里。就法律言,也是一样。《唐会要》卷三九载,唐太宗问大理寺卿刘德威"近来刑网稍密,何也?"对曰:"诚在君上……主好宽则宽,好急则急。律文失入减三等,失出减五等。今则反是(指太宗违反律文),失入则无辜,失出则获大罪,所以吏……竞执深文……""太宗然其言,由是失于出入者,各依律文。"这是皇帝违反符合统治利益的法律后,终于恢复之例。《明史》卷二二〇《舒化传》载,舒化为刑科给事中,时穆宗"旨多从中下",化上言"法

---

① 参拙文《从〈宋书·蔡兴宗传〉看封建王朝的废昏立明》,载《北京大学学报》1987年第2期。

② 《史记》卷八七《李斯列传》引《申子》,主张君主应"恣睢",不能"以天下为桎梏"。秦二世也认为当了君主,便应该"悉耳目之所好,穷心志之所乐",没有克制问题。后代君主则有变化。《贞观政要》卷二《纳谏》附"直谏"贞观十二年条下按语:"夫太宗之纳谏,岂其天性之本然哉?良由目睹(隋)炀帝之亡,矫揉强勉而行之也。"这是道中了君主之所以克制自己的实质的。

③ 这里的"周到""完备"仅就其维护封建统治达到的程度而言。

者,天下之公。大小罪犯,宜悉付法司。不当,则臣等论劾。若竟自敕行,则喜怒未必当,而法司与臣等俱虚设"。"诏是其言。"这是群臣以法律和司法制度为依据,进行谏诤之例。① 这些表明,当法律逐渐周到、完备后,尽管某些君主在某些时期,或某个事件上,可以任心而行,自搞一套,但总的来说,他们不同程度地自觉不自觉要受到约束和限制。至于官吏,即使比较偏远地区的地方官吏,随着交通联系加强,监督制度严密,受约束将更大。

第三,是儒家关于这方面政治思想的逐渐完备,有说服力。除第二部分已提到的思想外,如宋儒还将儒家学说概括出"明天理,灭人欲"的思想,②常用以作为限制君权的理论武器。《大学衍义补》在卷首首先要求君主"谨理欲之初分",并说君主如能"扩充"天理,"遏绝"人欲,"由是以制事,由是以用人,由是以临民,尧舜之君,复见于今⋯⋯"实际上就是要求君主处理政事,以整个封建统治利益为重,克制私欲,克制独断专行。用前引骆问礼的话说,前者便是"皆合天道",后者便是"不执己见""无自用之失"。这些概括性强的思想的一再宣扬、灌输,再和舆论压力相结合,也是限制君权,促成法治比重增加的一个重要因素。

当然,如前所述,封建社会人治一直占主要地位。要使君主、官吏真正遵守一切制度、法律,光靠以上办法而没有广大人民的觉醒、推动、监督,是绝对不行的。总体上说,真正的法治,只有在社会主义制度之下通过总结经验教训,才能逐渐实现。不过,封建社会人治、法治之演变规律,对我们或许还是有借鉴作用的。

---

① 这类事例明代就不少,参《明会要》卷六四《刑一·律令》。
② 《朱子语类》卷一二。

古代皇太后"称制"制度存在、延续的基本原因[*]

一

如所周知，儒家经典《尚书·牧誓》有"牝鸡无晨，牝鸡之晨，惟家之索"的断言。它是我国古代男尊女卑，帝位由男子继承，排斥女子掌握统治大权在意识形态上的反映，影响深远。① 后代也存在一些与之精神完全一致的言行。如《史记·外戚世家》记载：汉武帝将立少子昭帝，而先谴死其母钩弋夫人，曰"往古国家所以乱也，由主少母壮也。女主独居骄蹇，淫乱自恣，莫能禁也。女不闻吕后邪？"《魏书·皇后列传》："魏故事，后宫产子将为储贰，其母皆赐死。"此"故事"始于魏道武帝之时，他将立太子，先将其母刘贵人赐死，曰"昔汉武帝将立其子而杀其母，不令妇人后与国政，使外家为乱""吾远同汉武，为长久之计"。② 然而在两千多年中同时又存在、延续着许多皇太后"称制"（或曰"临朝""垂帘听政"），即掌握全国统治大权的制度。可以说，凡幼主继位，正常情况下基本上

---

* 原载《北京大学学报（哲学社会科学版）》2008年第2期。

① 如唐太宗曾与长孙皇后论及赏罚之事，对曰："牝鸡之晨，惟家之索。妾以妇人，岂敢豫闻政事？"（《旧唐书》卷五一《后妃列传上·太宗长孙皇后》）胡三省还以之评价东汉和熹邓太后，曰其"临朝之政，可谓牝鸡之晨，惟家之索矣！"（《资治通鉴》卷五〇安帝建光元年胡注）

② 《魏书》卷三《太宗纪》。此即子贵母死之制，详细研究请参李凭《北魏平城时代》第三章第一节，社会科学文献出版社，2000年，第139—159页；田余庆《关于子贵母死制度研究的构思问题》，《拓跋史探》，生活·读书·新知三联书店，2003年，第92—107页。

采用、沿用的便是这一制度。①

关于皇太后"称制"制度，其专门记载最早见于东汉蔡邕的《独断》：

> 秦汉以来，少帝即位，(母)后代而摄政，称皇太后诏，不言制。……(母)后摄政则(母)后临前殿，朝群臣，(母)后东面，少帝西面。群臣奏事上书，皆为两通，一诣太后，一诣少帝。②

但《汉书·高后纪》作为个案，记载则与"不言制"之说不同：

> 惠帝崩，太子立为皇帝，年幼，(吕)太后临朝称制。

师古曰："天子之言，一曰制书，二曰诏书。制书者，谓为制度之命也，非皇后所得称。今吕太后临朝行天子事，断决万机，故称'制诏'。"③《史记·吕太后本纪》则说得更明白：

> 号令一出太后。太后称制。……(周)勃等对曰：……今太后称制……

可见，至少吕后时是"称制"的。

不过，据大量史料，是否"称制"，仅是名义，只要皇太后称"摄政""临朝"，其实全都同样握有最高决策大权。如《后汉书·皇后纪上》："殇帝生始百日，后(邓太后)乃迎立之。尊后为皇太后，太后临朝。"虽未言"称制"，但她有权决策"迎立"殇帝，殇帝死，又有权"定策立安帝"，这不是握有最高决策大权又是什么？故范晔在传"论"中说："邓后称制终身，号令自出。"与上引"号令一出(吕)太后"同，自然意味着"临朝"与

---

① 非正常情况是指由同姓贵族或异姓大臣控制王朝大权后立幼主，自己"辅政"，作为篡位过渡，自均与皇太后无关。前者如《南齐书》卷五《海陵王本纪》萧鸾之与幼主海陵王，后者如《宋书》卷一《顺帝纪》萧道成之与幼主顺帝。有时权臣也打着皇太后临朝招牌，实际大权全在自己手中，如《南齐书》卷八《和帝纪》萧衍之允许幼主和帝继位，"宣德太后监朝"，《新五代史》卷一一《周纪》郭威之允许后汉李太后"临朝听政"等。

② 《蔡中郎集·外集》卷四《独断》，《四部备要》本，第144页。按早在战国时，据《史记》卷七二《穰侯列传》，秦昭王立，年少，"宣太后自治(事)"，《后汉书》卷一〇上《皇后纪上序》以为这就是"摄政事"。但《史记》卷四三《赵世家》也只说"赵王新立，太后用事"。"治事""用事"似均指实际行为，而尚未形成摄政制度。

③ 《资治通鉴》卷二二汉惠帝七年胡注引"师古曰"，其"故称'制诏'"作"故称'制'"，无"诏"字。

"称制"实质无异,全是皇太后"行天子事,断决万机"(上引"师古曰")。"临朝",后代还有"垂帘听政"之名。

这一制度,后代长期存在、延续着,直至清末。如东晋成帝四岁继位,庾太后"临朝称制";穆帝两岁继位,褚太后"临朝称制"。[1] 北魏因幼主先后继位,冯太后(非生母)两次"临朝听政"。[2] 辽圣宗继位年十二,萧太后"摄国政"。[3] 赵宋仁宗继位年十三,刘太后"称制凡十一年"。[4] 元顺帝继位年十三,文宗皇后为太皇太后,"称制临朝"。[5] 清同治五岁继位,两太后(慈安、慈禧)"垂帘听政";同治死,光绪四岁继位,两太后"复垂帘听政"。[6]

现在的问题是,这一制度既然与儒家经典"牝鸡无晨"说,以及上引著名的汉武帝、魏道武帝言行相抵触,为什么仍会长期存在、延续?

二

总的来说,它是古代实行家天下、君主专制制度所不可避免的产物。

在这一制度下,一方面因"少帝即位",无法处理全国政务,如果同时还存在内忧外患,统治危机严重,必须立即有人代替少帝摄政,"行天子事",稳定人心、政局,保证家天下即王朝统治的延续,这便是古代其所以实行皇太后"称制"制度的客观条件,或曰客观需要。

但是另一方面,代替少帝摄政当国者,可以是同姓贵族,如秦汉以前的周公辅成王,也可以是异姓大臣,如霍光辅汉昭帝,为什么历史上最多见的反而是皇太后称制,正是所谓"牝鸡之晨"呢?这便是因为皇太后称制具备无可替代的优越主观条件。情况是这样的:

历史上体现《牧誓》"牝鸡无晨"精神,激烈反对少帝继位其母可能

---

[1] 分别见《资治通鉴》卷九三明帝太宁三年、卷九七康帝建元二年。
[2] 《魏书》卷一三《皇后列传·文成冯皇后》。
[3] 《辽史》卷七一《后妃列传·景宗萧皇后》。
[4] 《宋史》卷二四二《后妃列传上·真宗刘皇后》。
[5] 《元史》卷一一四《后妃列传一·文宗皇后》。
[6] 《清史稿》卷二一四《后妃列传·文宗孝钦皇后》。

摄政之例，如前引汉武帝及魏道武帝之言行，由于其处理手段过于残忍、野蛮，后世王朝并未袭用。除了这一手段与儒家孝道尖锐冲突外，[①]更重要的是因为其所以反对女子掌权，最最重要的理由只不过是害怕会导致女子父兄权重篡位。[②] 然而大量历史事实证明，"女主"掌权后尽管因为统治才干的限制，往往会重用父兄辅政，以巩固幼主和自己的统治，但主观上却绝不同意父兄篡位。一方面是因为"母子之爱，有异常伦"，母亲总是力图维护亲子君位，[③]而反对任何人篡夺的；而且即使幼主非亲子，由于二者在制度上仍是母子关系，"女主"同样因幼主方能取得至高无上地位，因而必然要极力维护其君位。另一方面是因为作为"女主"，如果让父兄篡位，建立新王朝，则自己只能沦为旁支地位，与皇太后之尊远远无法比拟，从个人利益考虑，她们也是绝不甘心的。试举下例：

武则天曾作为皇太后"临朝称制"，后来虽代唐建周，宠用诸侄，但因是"女主"，实际统治与"称制"时无异，同样维护亲子未来君位，仍以亲子原皇帝李旦为"皇嗣"，"以（原）皇太子为皇孙"。[④] 当时有洛阳人王庆之等上表请立武承嗣（则天侄）为皇太子，被武则天杖杀，理由是"此贼欲废我皇嗣，立武承嗣"。大臣李昭德说："陛下身有天下，当传之子孙为万代业，岂得以侄为嗣乎！自古未闻侄为天子而为姑立庙者也！"史称"太后亦以为然"。[⑤] 过了几年，武承嗣、三思（亦则天侄）又"营求为太子"，武则天有点老糊涂了，"意未决"，宰相狄仁杰用同一理由进言："姑侄之

---

① 立子杀母同时也断绝夫妻恩情，全都严重违背儒家礼教。故后人有以为汉武杀钩弋"事不可解"，"不近人情"者，见王士禛《古夫于亭杂录》卷一《钩弋夫人》，中华书局，1988年，第10页。由于此故，在北魏，至孝文帝、宣武帝之时，随着王朝逐渐儒家化，此制实际上已不行：宣武帝胡妃生子立为太子（孝明帝）而不死，即其证。

② 汉武帝指责吕后，虽未提"后族"，但吕后统治并无大过（《史记》卷九《吕太后本纪》："高后女主称制……天下晏然。"），所谓国家之"乱"，实际上指向吕后死后，"诸吕……欲危刘氏而自立"（灌婴语，同上《吕太后本纪》）。北魏道武帝则明白说，子贵母死是为了避免"使外家为乱"。

③ 《宋大诏令集》（以下简称《诏令集》）卷一四《皇太后降军国政事进入文字手书》，中华书局，1962年，第67页。此手书还说，由于此故，宋真宗"遗制"便"权令（皇太后）处分军国事"（当时幼主宋仁宗才十三岁）。

④ 《资治通鉴》卷二○四则天后天授元年。

⑤ 《资治通鉴》卷二○四则天后天授二年。

与母子孰亲？陛下立子，则千秋万岁后，配食太庙，承继无穷；立侄，则未闻侄为天子而祔姑于庙者也。"史称："太后意稍寤……由是无立承嗣、三思之意。"①这和一般皇太后不同意父兄篡立新朝之思路完全一致，尽管出于武则天的特殊情况，她的着眼点只是身后的"立庙""配食"。

类似"女主"，不同意自己家族篡夺幼主帝位之例，还可举出西汉末年元帝的王皇后。当时平帝立，仅九岁，她作为太皇太后临朝，信任王姓诸弟侄，"委政王莽"，赋予大权，但当王莽羽毛已丰，时机成熟，欲代汉建"新"朝时，"太后大惊"，自称是"汉家老寡妇"，"怒骂"王莽"而属父子宗族蒙汉家力，富贵累世，既无以报，受人孤寄，乘便利时，夺取其国，不复顾恩义。人如此者，狗猪不食其余，天下岂有而兄弟邪！"②这说明，她作为皇太后，尽管由于政治上的幼稚与轻信，促成王莽篡汉，但主观上毕竟仍愿随夫随子，维护"汉家"天下。③ 而且《汉书·元后传》认为，早在汉成帝时已大封皇太后同母诸弟为侯，"分据势官满朝廷"，特别是王凤位高权重，所谓"王氏之兴自凤始"。同传末班固还引其父"班彪曰"，同样认为长期以来元后"群弟世权，更持国柄，五将十侯，卒成新都（指王莽篡位，王莽初封新都侯）"。这就是说，在班彪父子看来，王莽篡汉是汉成帝宠用诸舅，王氏子弟封侯与政、势力强大的必然结果，实际上认为，主要责任并不在元后。这反映了东汉初年统治集团的普遍看法。④ 至于元

---

① 《资治通鉴》卷二〇六则天后圣历元年。又如辽圣宗钦哀皇后代亲子舆宗"摄政"同样宠幸外家，"虽汉五侯无以过"，后来且对兴宗不满，但也只是"欲立少子重元"，与"外家"无关。《辽史》卷七一《后妃列传》本传，《续资治通鉴》卷三八宋仁宗天圣九年、卷三九宋仁宗景祐元年。

② 《汉书》卷九八《元后传》。

③ 西汉初吕后立场当亦如此。虽然汉武帝点名斥责她，但吕后之所以赋予诸侄权位，主观上只是想通过封王让他们辅佐刘氏诸帝，共享富贵，而并无使取而代之之意。其证有四：一、惠帝死，吕后接连立少帝，始终维持汉家皇统。二、诸吕封王，虽违背刘邦"非刘氏不得王"之约，亦仅此而已，宗族中从未涉及代汉之议。三、吕后病重，告诫二侄只说"吕氏之王，大臣弗平……大臣恐为变"，担心的只是吕氏的王位和富贵如何能保住。四、正因如此，吕禄握北军兵权，当周勃、陈平派郦商子骗吕禄"归将印"，"之国"，"高枕而王千里"时，他竟老实地交出兵权，随即导致诸吕覆灭，此证吕氏从无"自立"之谋，否则岂能交出兵权？所谓诸吕"欲危刘氏而自立"，乃是灌婴等大臣借机消灭诸吕所捏造之罪名。《资治通鉴》卷一三高后八年。

④ 《后汉书》卷一〇上《皇后纪上·明德马皇后》载明德马皇后诏曰："昔王氏五侯同日俱封（按均在成帝之时），其时黄雾四塞……"下面接着讲因此明帝防范外戚云云，亦是一证。

后，尽管被讥为"妇人之仁"（班彪语，指元后已失天下，犹不肯交传国玺），但毕竟仍是"汉家"立场，是反对篡汉的。可能有鉴于此，东汉光武帝所定"建武制度"仅规定"后宫之家不得封侯与政"；汉明帝继之，"防慎舅氏，不令在枢机之位"。[①] 即仅防备外戚权重篡位，而不及幼主继位母后临朝之事。东汉一代其所以形成皇太后"称制"制度，便与这一指导思想分不开。[②] 也可能正因此故，三国时魏文帝虽颁一严厉之诏，依《牧誓》精神，强调"夫妇人与政，乱之本也"，且说"以此诏传后世，若有背违，天下共诛之"，但它具体规定的乃是"群臣不得奏事太后，后族之家不得当辅政之任"。[③] 后者只是"建武制度"的延续，前者则因当时魏文帝在位，并非幼主，而群臣奏事太后，使政出二门，所以要反对；如是幼主在位，则不在此限。后来魏明帝诏曰"先帝著令，不欲使诸王在京都者，谓幼主在位，母后摄政，防微杜渐……"即其证。[④] 就是说，尽管东汉一代外戚专权，曹魏依然肯定"幼主在位，母后摄政"之制，原因当在于相信"母后"最关心、维护"幼主"君位，而秦汉以来的历史则还没有"母后"同意父兄篡立之先例（见后）。

关于"母后"这一立场，试再举一证：北周宣帝死，皇后杨氏为皇太后，"以嗣子（静帝）幼冲"，初闻父亲杨坚总一切大权，"甚喜"，"后知其父有异图（指篡周建立隋朝），意颇不平，形于言色，及禅位，愤惋逾甚"。杨坚"内甚愧之"，也只能"改封乐平公主"。[⑤] 由于杨太后并非静帝生母，二人只是制度上的母子关系，则杨坚所愧自不涉及血缘亲情，而应是指夺去了女儿所极其重视的皇太后崇高地位，[⑥]而从杨太后来说，如果静帝是亲子，则对父亲篡位的"不平""愤惋"肯定是会更加强烈的。

---

① 分别见《后汉书》卷二《明帝纪》、《后汉书》卷一〇上《皇后纪·明德马皇后》。

② 至于皇太后"称制"后，为求父兄竭力辅佐，而使封侯与政，不遵"建武制度"，则属另一问题。

③ 《三国志》卷二《魏书·文帝纪》。

④ 《三国志》卷三《魏书·明帝纪》。至于明帝死而未能行此制，有其具体原因，此处不论。

⑤ 《资治通鉴》卷一七五宣帝太建十三年。

⑥ 《资治通鉴》卷一七五宣帝太建十三年："久之，欲夺其志。"即要她改嫁，"公主誓不许，乃止"。可见杨太后不同意父亲篡位，恐怕还包括对丈夫周宣帝、周王朝的情感因素。前述西汉元后反对王莽篡位，怕也有这一因素。

宋代司马光曾在一奏疏中就皇太后摄政问题概括说"臣闻妇人内夫家而外父母家",对后妃来说更是"与国同体,休戚如一";他认为皇太后(曹氏)摄政如能使天下"治安",皇帝(英宗)统治稳固,以后便可"自居长乐之宫,坐享天下之养",品德名声"冠绝前古,光映后来"。[①] 撇开夸张字句不论,哪一位皇太后愿意放弃这一崇高地位,去同意父兄篡立新王朝,自己下降为一个公主呢?何况如果皇帝是亲生的,则还有"母子之爱",怎忍心陷他于被废、被杀之境地?这些便决定了皇太后"称制"的特点:必然要极力维护幼主君位和现有王朝的统治。

三

下面再以实例进一步分析上述皇太后"称制"所具备的无可替代的优越主观条件。

历史上的皇太后称制、临朝、垂帘听政,是历代统治集团通过两种形式推出的:

一是皇帝去世,幼主继位,虽无遗诏规定,但在群臣拥护或默认下,由皇太后称制、临朝,或垂帘听政,以统一政令,稳定政局。

1. 东汉章帝死,和帝年幼,"皇太后(窦氏)临朝"。当时外戚窦氏家族并无左右朝政的势力,[②]推行此制由于并不违背"建武制度"(见前),自是统治集团(群臣)拥护、默认的结果。所以虽然窦宪后来专权不法,大臣郅寿、何敞、乐恢等上书抨击,甚至"引王莽以诫国家",请求免去诸窦大权,[③]但从无人对皇太后临朝持异议。后来窦宪被和帝处死后,亦无人因此怪罪窦太后,原因当是群臣知道太后虽重用窦宪,但主观上还是

---

① 《续资治通鉴长编》(以下简称《长编》)卷一九八宋仁宗嘉祐八年四月,中华书局,1985年。

② 窦太后父窦勋于明帝时因罪死;太后兄窦宪于章帝时因罪"不授以重任";家族中"久历大任"的窦固,也早因后嗣无人而"国除"。俱见《后汉书》卷二三《窦融(宪、固)传》。

③ 分别见《资治通鉴》卷四七和帝永元元年、三年。按引王莽为戒,其前提便是认定窦太后如同西汉元帝王皇后一样,主观上是维护汉室、和帝统治的。

与他不同的。① 这里还有一强证：和帝本梁贵人所生，窦后养为己子。梁贵人父遭窦后陷害死，梁贵人"以忧卒"。及窦太后去世，此事揭发，三公上奏"贬窦太后尊号"，和帝手诏却说："窦氏虽不遵法度，而太后常自减损。"并以西汉"上官太后"未参与其父上官桀谋反事，因而免于"降黜"为例，否决三公议。② 这时和帝已知窦太后非生母，生母及家族且受其迫害甚或致死，如果窦太后有意支持窦宪等不法行为，怎么可能还替她辩护而否决三公议？

2. 在这之后，和帝死，殇帝、安帝先后立，邓太后临朝；安帝死，北乡侯立，阎太后临朝；顺帝死，冲帝、质帝先后立，梁太后临朝；桓帝死，灵帝立，窦太后临朝；灵帝死，少帝立，何太后临朝。这一系列"临朝"，都无去世皇帝遗诏规定，但如上引《独断》所记，却形成制度，对此，从无一大臣反对。它的前提即历史事实一再表明的：皇太后临朝，统治水平虽有高低，但都可以稳定人心和政局，而绝无包庇父兄诸侄图谋篡立之事。除章帝窦后情况已见上外，不仅威望最高的邓太后（和帝皇后），其兄冤死的邓骘从无篡立之谋，③即使东汉末年最为专横贪婪，曾毒死质帝的梁冀及其妹梁太后（顺帝皇后）、梁皇后（桓帝皇后），也都只是想方设法讨好幼主桓帝（十五岁），以巩固自己的权位，同样毫无欲以梁氏篡立之迹象，④都是明证。

①　如窦宪有不法行为，"太后怒，闭宪于内宫，宪惧诛"云云。乐恢抨击窦宪，"书奏，不省"，但对恢也未怪罪，而后来窦宪却私自迫害恢致死等。分别见《资治通鉴》卷四七章帝章和二年、和帝永元三年。

②　《资治通鉴》卷四八和帝永元九年。上官太后事见同上书卷二三昭帝元凤元年。

③　按邓太后死，安帝掌权后，即使当时对邓悝（邓骘弟）等"大逆无道"的诬告言论，也只是说他们要废安帝，另立平原王刘得，而不是"自立"；后来朱宠为邓骘等讼冤，上书肯定他们"兄弟忠孝，同心忧国"，史称"安帝颇悟"，并予以平反，证明以前确是诬告。见《资治通鉴》卷五〇安帝建光元年。

④　如梁太后立桓帝，以妹妻之，即梁皇后，以示亲近；梁冀虽跋扈，不少行为也只是"欲以自固恩宠"，最突出的是及梁后死，竟想方设法将入宫之贵人邓香女猛认为己女，改其姓为梁，成为梁贵人，以讨好桓帝，固恩宠。所有这些都是以肯定东汉皇统为前提的（梁冀毒死九岁的质帝，是因为质帝当朝臣面说他"跋扈"，他怕质帝长大自己权位会丧失，故另立桓帝，努力讨好）。分别见《资治通鉴》卷五三质帝本初元年、桓帝和平元年，卷五四桓帝延熹二年。故桓帝讨梁冀，仅"收冀大将军印绶，徙封比景都乡侯"；又追废已死梁皇后所葬"懿陵"为"贵人冢"，而未涉及梁太后，如果梁冀欲篡立，而梁皇后、梁太后又预谋，处理绝不会如此之轻。《资治通鉴》卷五四桓帝延熹二年。

3. 在北魏虽有子贵母死之制,已如前述,但后来却不得不实行幼主继位、非生母之皇太后临朝摄政之制,因为即使是制度上的母子或祖孙关系,皇太后为了维护自己的崇高地位,同样极其关心幼主君位的巩固。如献文帝继位十二岁,丞相乙浑谋逆,幸亏非生母冯太后"密定大策,诛浑,遂临朝听政";献文帝死,孝文帝九岁即位,太皇太后冯氏"复临朝听政",①推行均田制等政策,为后来孝文帝改革,打下扎实基础。② 宣武帝死,孝明帝六岁即位,是时子贵母死制已渐破坏,竟然出现完全相反的情况,即由"群臣奏请皇太后(孝明帝生母胡氏)临朝称制"。③ 当时胡氏家族在朝中并无势力,④其所以胡太后会被推出"临朝称制",当是大臣间矛盾重重,需要她以幼主亲母,又最关心幼主帝位,这一无可争议的地位来统一决策,稳定人心、政局的缘故。⑤

4. 清咸丰死,同治五岁继位,慈禧皇太后等经过与赞襄政务大臣肃顺等的殊死斗争,取得胜利,实行"垂帘听政",⑥其间情况复杂,包括肃顺专横,与群臣不和等因素,⑦此处不论。但有一点可以肯定,即在当时内忧外患,统治危机严重,需要权力集中这一客观条件下,慈禧等与同治乃母子关系,主观条件胜过其他任何王公大臣,当起了决定作用。大学士贾桢等上疏,请求"皇太后亲操出治威权",并举"汉和熹邓太后"等"临朝"作为历史依据,且说"倘大权无所专属,以致人心惶惑,是则大

<hr />

① 均见《魏书》卷一三《皇后列传·文成冯皇后》。

② 参何兹全《北魏文明太后——中国历史上一位女政治家》,《读史集》,上海人民出版社,1982 年,第 235—241 页。

③ 《资治通鉴》卷一四八梁武帝天监十四年。

④ 宣武帝时胡氏只是贵嫔,祖渊仅位州史,父国珍也只是虚衔伯爵,无实职,原来地位不高,在朝中并无势力。胡氏是亲子孝明帝继位后方渐升至皇太后的。《魏书》卷九《肃宗纪》、卷八三下《外戚列传下·胡国珍传》。

⑤ 参《资治通鉴》卷一四八梁武帝天监十四年,如大臣于忠与高阳王元雍等存在尖锐矛盾等。

⑥ 《清史稿》卷二一四《后妃列传·文宗孝钦皇后》。

⑦ 参《清史稿》卷三八七《肃顺列传》。又薛福成《庸庵笔记》卷一《咸丰季年三奸伏诛》,商务印书馆,1937 年,第 16—23 页。可知肃顺虽承咸丰"顾命",但在群臣中较孤立,于是慈禧等得以乘机夺权。

可忧者"。① 即其明证。

采用、沿用皇太后"称制"制度的另一种形式是直接由去世皇帝遗诏规定。

1. 唐高宗死，中宗继位已二十八岁，并非幼主，却是"孱主""下愚"，②故遗诏虽以宰相裴炎"辅政"，但又强调"军国大事有不决者，兼取天后（武则天）进止"，③实际上等于赋予最高决策大权，故两《唐书·中宗纪》俱称由此"皇太后临朝称制"。而这正是长期以来高宗观察武则天，重视她的统治才干，相信她必定会维护亲子中宗帝位的必然结果。试看很早以来高宗已让武则天参与政事。如高宗方三十二岁时，因病，"百司奏事，上或使皇后决之……处事皆称旨。由是始委以政事，权与人主侔矣"。④ 过了几年，又进了一步，"上每视事，则（皇）后垂帘于后，政无大小，皆与闻之。天下大权，悉归中宫"。⑤ 从此以后近二十年间，虽有大臣郝处俊曾引曹魏文帝令，等于建议"不许皇后临朝"，⑥但高宗并未真正听进去（如废太子贤为庶人这一极重大之事，仍违心地从武则天之见⑦），所以遗诏才会强调上述决定。其实际结果便是，中宗无权，辅政大臣成为空名。史称中宗即位，"尊天后为皇太后，政事咸取决焉"。⑧ 虽然后来武则天一度代唐建周，但从她坚持以亲子为皇嗣（见前），使得唐朝国号终于能较快地恢复；⑨且在她统治下社会经济发展，国力继续强大，在这个意义上，必须承认唐高宗的眼光还是高明的。

---

① 《清史稿》卷三九〇《贾桢传》。又《十叶野闻·肃顺狱异闻》："及帝（咸丰）大渐……诸大臣见慈禧已有子，托孤寄命为当然之理，乃不得不效忠于慈禧。"中华书局，2007年，第90页。

② 《旧唐书》卷七《中宗纪》"史臣曰"及《新唐书》卷四《中宗纪》"赞"。

③ 《资治通鉴》卷二〇三高宗弘道元年、《旧唐书》卷五《高宗纪下》、《新唐书》卷四《则天皇后纪》。《唐大诏令集》卷一一《大帝遗诏》，商务印书馆，1959年，第68页。

④ 《资治通鉴》卷二〇〇高宗显庆五年。

⑤ 《资治通鉴》卷二〇一高宗麟德元年。

⑥ 《资治通鉴》卷二〇二高宗上元二年。按郝处俊原话是"虽有幼主，不许皇后临朝"，其"虽有幼主"四字魏文帝诏无此意，且有魏明帝为证，已见前文。

⑦ 《资治通鉴》卷二〇二高宗永隆元年。

⑧ 《资治通鉴》卷二〇三高宗弘道元年。

⑨ 即《旧唐书》卷六《则天皇后纪》史臣曰："初虽牝鸡司晨，终能复子明辟。"

2. 宋真宗死，仁宗十二岁继位，遗诏"尊皇后为皇太后……军国事权兼取皇太后处分"。① 刘太后开始"不许"，经"臣寮"三上表请求，方才答应。② 形成"帝与太后五日一御承明殿，帝位左，太后位右，垂帘决事"或"太后称制"的局面。③ 其实，在这之前，"真宗退朝，阅天下封事，多至中夜，(皇)后皆预闻"；后来"帝久疾居宫中，事多决于(皇)后"；④于去世前两年，真宗又对辅臣说"欲令太子莅政于外，皇后居中详处"，⑤随即"诏皇太子开资善堂(原为宫内太子学习之地)，引大臣决天下事，(皇)后裁制于内"。⑥ 这些说明，遗诏赋予刘太后大权，是真宗长期观察、考验，对其统治才干信任的结果。同时，刘后并非仁宗生母，遗诏却说"保兹皇绪，属于母仪"，⑦又反映他是信任刘后会爱护仁宗的。在此之前，还有一事则反映大臣态度。副宰相王曾就太子理事，皇后裁决，中外担心会发生权力之争问题，告诫刘后说："太子幼，非中宫不立；中宫非倚皇储之重，则人心亦不附。(皇)后厚于太子，则太子安，太子安，乃所以安刘氏也。"刘后出身贫寒，听到此话后更关心太子，"两宫由是益亲，人遂无间"。⑧ 史称刘太后虽"晚稍进外家"，难免历代"女主"之弊，但总体上说，"保护"仁宗"尽力"，而且"号令严明，恩威加天下"，⑨没有辜负宋真宗遗诏之托和群臣的信任和拥护。附带一说，还有一种皇帝并非幼主，亦非下愚，而是因病自己主动或应群臣议，请求皇太后临朝的情况。如宋仁宗死，英宗三十岁继位，有疾，主动诏"请皇太后(曹后)权同处分"，⑩于是曹太后(与英宗)"御内东门小殿(垂帘)听政"，后英宗疾愈，

---

① 《乾兴遗诏》，见《诏令集》卷七，第 30 页。又《长编》卷九八宋真宗乾兴元年二月。

② 三表均见《诏令集》卷一四，第 68 页。此证群臣是拥护"牝鸡之晨"的。

③ 《宋史》卷二四二《后妃列传上·真宗刘皇后》。

④ 同上。

⑤ 《长编》卷九六宋真宗天禧四年十一月。

⑥ 《宋史》卷二四二《后妃列传上·真宗刘皇后上》。又《长编》卷九六天禧四年十二月宋真宗手书：太子幼，须大臣翊赞，"自今要切时政，可召入内(侍省)都知会议闻奏，内廷有皇后辅化宣行，庶无忧也"。

⑦ 《乾兴遗诏》，第 30 页。

⑧ 《长编》卷九六宋真宗天禧四年十二月。

⑨ 《宋史》卷二四二《后妃列传上·真宗刘皇后上》。

⑩ 《皇太后权同听政制》，《诏令集》卷一四，第 68 页。

太后"即命撤帘还政"。① 又神宗晚年病,应群臣请,诏"皇太后(英宗高后)权处分军国事",②于是"皇太后垂帘(听政)于福宁殿"。③ 可见这些"女主"听政,也都是皇帝、群臣同意拥护,以"诏"定下来的。不久神宗死,哲宗继位方十岁,于是方又回到幼主继位,"遗制……尊皇太后为太皇太后……应军国事并太皇太后权同处分"的制度上来。这一听政前后竟达九年,史称统治质量高,"朝廷清明,华夏绥定"。④

3. 明太祖曾下谕"后妃虽母仪天下,然不可俾预政事",又说"历代宫闱,政由内出,鲜不为祸"。⑤ 这与前引魏文帝诏意图相同,指的当是君主在位,而后宫干政(即所谓"政由内出"),并未涉及幼主继位,皇太后临朝之事,所以后代仍有行其制者。如明宣宗为仁宗张皇后所生,病死时所下遗诏称:"大事白皇太后(即张太后)行。"⑥时英宗即位方九岁,"宫中讹言将召立襄王(英宗叔,亦张太后所生)",张太后急召大臣,果断地肯定英宗"新天子"地位,"群臣呼万岁,浮言乃息"。在此情况下,"大臣请太后(实为太皇太后)垂帘听政"。只因张太后拒绝,方无此名义,但它说明在宣宗及大臣心目中有此必要,且张太后具备主观条件。故史称张太后拒绝名义的同时,"悉罢一切不急务,时时勖帝向学,委任股肱,以故王振虽宠于帝,终太后世,不敢专大权";太后临终前召大臣杨士奇、杨溥入宫,"命中官问国家尚有何大事未办者",士奇未及举第三事,太后已死。⑦ 可见实际上群臣一直遵守宣宗遗诏"大事白皇太后行",而张太后确也不放松"大事",死而后已,符合统治集团(宣宗及群

---

① 《宋史》卷二四二《后妃列传上·仁宗曹皇后》。

② 《皇太后权处分军国事诏》,《诏令集》卷一四,第 69 页。又《宋史》卷一六《神宗纪三》。

③ 《宋史》卷一七《哲宗纪一》。据《长编》卷三五一元丰八年二月,开始高太后辞让,群臣有言"皇太后且为国家社稷事大,不宜固辞",经群臣"请至于再三,皇太后泣许"。

④ 《长编》卷三五三元丰八年三月,又《宋史》卷二四二《后妃列传上·英宗高皇后》。

⑤ 《明史》卷一一三《后妃列传一序》。

⑥ 《明史》卷一○《英宗前纪》。

⑦ 以上均见《明史》卷一一三《后妃列传一·仁宗张皇后》。临终所问大事,亦见祝允明《野记二》,三事略有出入,《野记》且曰前二事太后"首肯",举第三事毕见太后"未答",即"叩头言臣等谨受顾命"。又《天顺日录》称:英宗初年"有诏:'凡事白于太后然后行。'"又《謇斋琐缀录一》:"张太后存,总揽威福,权不下移。"以上三书均收入《国朝典故》,北京大学出版社,1993年,先后见上册卷三二,第 539 页,中册卷四八,第 1141 页,中册卷五三,第 1257 页。

臣)对她的要求。①

　　总之,以上实例无不具体反映皇太后"称制"无可替代的优越主观条件,即极力维护幼主(亲子或非亲子)君位,而俱无任何同意"外家"篡立的意图与迹象。正由于最关键的人物皇太后"称制"时立场如此,所以历史上实行这一制度所产生的"外家"权重篡位是极少发生的,②远不如同姓贵族篡位和图谋篡位来得多,因而后者更受猜忌;③同时,比起异姓大臣辅政可能因互不服气引发统治危机或动乱来,④"女主"称制,作为幼

---

　　① 有时皇太后虽未被赋予决策大权,在特殊情况下群臣仍支持她决定国家大事。如英宗出征,被瓦剌俘虏北去,皇太后下谕令郕王监国,不久又传旨"郕王宜早正大位,以安国家"。于是群臣"交章劝进",是为景帝。见《明史纪事本末》卷三三《景帝登极守御》,中华书局,1977年,第477—479页。又如穆宗死,高拱等"受顾命",但因统治集团内部矛盾,不久,皇后(随即尊为皇太后)等下旨,斥拱"揽权擅政",罢阁臣,将他赶回原籍,群臣无持异议者,见同上卷六一《江陵柄政》,第937—938页。

　　② 就"外家"篡位言,其曰"女主"临朝称制,掌握大权促成者,秦汉以来历史上只有两例:汉元帝王皇后促成王莽代汉,及武则天代唐建周,但后者仅改国号而皇嗣依旧,并不典型。多数外戚篡位,实际上或是权臣先握大权而演化为外戚(如曹操女为汉献帝皇后、高欢女为东魏孝静帝皇后等),或由外戚因功升迁,演化为权臣(如女为北周宣帝皇后之杨坚等),皇后、皇太后从未成为"女主""临朝",最后篡位自与她们无关。

　　③ 如南朝刘宋时萧道成为地方都督,威望高,宋明帝调他回京师,部下劝勿去,怕遭杀害。道成说,不妨,"主上自诛诸弟,为太子稚弱(八岁),作万岁计,何关他族!"这是典型的诛杀同姓贵族,以防幼主帝位被篡夺之例,见《南齐书》卷一《高帝纪上》。刘宋类似诛杀同姓贵族,还可参《廿二史札记》卷一一《宋子孙屠戮之惨》,中华书局,1984年,第240—241页。在这之前,曹魏之指导思想是宁愿"母后摄政",也不让宗室诸王停留于京师,怕他们就近篡夺帝位,参《三国志》前引魏明帝诏及《三国志》卷一九《魏书·陈思王植传》。又西晋武帝,因为太子(惠帝)愚昧,而把亲弟齐王攸从京师赶走,也是一例,见《晋书》卷三八《齐王攸传》。后来又是宗室赵王伦废惠帝而自立,见《晋书》卷五九《赵王伦传》。清初多尔衮在战争环境下才得以代侄顺治摄政,死后竟以生前"谋篡大位"而削爵等,见《清史稿》卷二一八《多尔衮传》。所以《万历十五年》(中华书局,1995年)第一章第17页说明代"以前各个王朝,凡君主年幼,必定有他的叔父、堂兄这样的人物代为摄政",基本上是不符合历史事实的。

　　④ 如魏明帝死,少帝立,以曹爽、司马懿辅政。曹爽专权,司马懿"不能禁,与爽有隙",最后发动政变,将爽打倒,掌握大权,为晋代魏奠定基础,见《资治通鉴》卷七五。晋武帝死,惠帝立,以杨骏为辅政大臣(杨骏虽外戚,因女杨太后不摄政,而司马氏同姓贵族势力强大,故等于一异姓大臣),因缺乏才干威望,众心不服,由此出现政变,随即开始八王之乱,见《资治通鉴》卷八二。清初顺治死,康熙立,四大臣"受顾命辅政",其一鳌拜"结党专擅",诛戮大臣,甚至滥杀另一顾命大臣,导致八旗内部矛盾加剧,见《清史稿》本传,又参商鸿逵《关于康熙捉鳌拜》,收入《明清史论著合集》,北京大学出版社,1988年,第147—157页。固然,《三国志》卷三五《蜀书·诸葛亮传》载亮后主时为丞相,"政事无巨细,咸决于亮",他望高权重主弱,而忠心耿耿,人无异议,这在历史上极少见。

主母亲摄政,名正言顺,权力集中,又无此弊害。这就是说,实行此制,和其他办法相比,在维护幼主帝位免遭篡夺和保证王朝统治的延续上,保险系数要大得多。一句话,是利大于弊。① 历代统治集团正是有鉴于此,才会主动地通过上述两种形式,不断推行这一制度。这便是为什么尽管古代男尊女卑,又有着"牝鸡无晨"之说与汉武帝、魏道武帝之例,皇太后"称制"制度依然得以长期存在、延续的基本原因。

---

① 所谓弊,除了皇太后父兄可能会揽权,甚至胡作非为外,主要是由于历史社会原因,"女主"本人一般来说统治才干较弱,需要由得力大臣来辅佐。

第二编

说 宰 相

说宰相[*]

"宰""相"之称,分别见于殷、周、春秋之时,但连称则始于战国。如《韩非子·显学》:"宰相必起于州部。"秦汉以后,宰相制度确立,自此延续了两千多年,在历代统治事务中发挥了仅次于君主的、极其重要的作用。

一、 宰相设置的必要性

所谓宰相,在中国古代除辽朝外一直不是正式官名,而只是约定俗成的一个习惯用语,用以指一个或数个经过精选、富有统治经验、"掌丞天子,助理万机"的大臣。^① 如汉代的三公,魏晋南北朝的尚书令、仆射,唐宋的同平章事等。

为什么要设置宰相? 这是古代的君主专制制度所决定的。在这一制度下:1.君主独断一切,而政务复杂,且千变万化,没有宰相"助理万机",很难保证统治质量。唐太宗便说:"以天下之广,四海之众,千端万绪,须合变通,皆委百司商量,宰相筹画,于事稳便,方可奏行,岂得以一日万机,独断(于)一人之虑也。"^②2.君位世袭,无法选择。开国君主虽有

---

* 原载《文史知识》2012 年第 1 期。
① 《汉书》卷一九上《百官公卿表》。
② 《贞观政要》卷一。

治国才干,而世袭子孙一般说多是中才、下才;①有的继位时还是孩童或婴儿,自难有效处理政务,从这一角度言,也不得不有宰相辅佐,甚至委以决策权。《三国志》卷三五《诸葛亮传》:蜀国后主无能,"政事无巨细,咸决于(宰相)亮",即其著例。当然,有时宰相没有选好,德才不胜任,但宰相是可以随时更换、另用高明的,这样便可弥补君位世袭无法选择的缺陷。3.君主是终身制。即使他雄才大略,励精图治,到了老年,也难免精力衰退,甚或厌倦万机,从而需要宰相承担更多政务。

宰相对国家、君主的重要性,前人多有论断。如"乾坤以阴阳化成,后王以辅弼兴理(治)",②甚至"国之安危,寄于宰辅"。③

二、 宰相的职权及其特点

宰相如何"助理万机"?其职权有二:

首先是议政权。凡是国家大事(政治、经济、军事、人事等),一般由宰相入宫朝见君主,共议处理办法,宰相要竭尽智力,出谋划策,最后由君主"独断"决定,下诏执行。这被概括为"入(宫)则参对(君主)而议政事",④是宰相的直接议政权。但宰相不能事事入宫。平时君、相不见面,日常政事则由宰相奏上文书,提出处理建议,供君主斟酌、决策;也可能君主先下非正式的手诏给宰相,提出措施,宰相如无异议,便成为决策。⑤这些是宰相的间接议政权。总之,整个统治机器的运转,便是从君主、宰相的议政、决策开始的。

其次是监督百官执行权。再好的决策,如不能有效实行,便等于一纸空文。伪古文《尚书·周官》早已总结这一经验说"慎乃出令,令出惟

---

① 如唐代君主共 21 名,除太宗、武则天、玄宗,均中、下之才;明代君主共 16 名,除太祖、成祖,亦无一非中、下之才,皆其例。

② 《唐大诏令集》卷四四《张说同三品制》。

③ 《苏东坡集》内制集卷七《赐新除太中大夫守尚书右仆射兼中书侍郎范纯仁辞免恩命不允诏》。

④ 《后汉书》卷四六《陈忠传》。

⑤ 宰相虽有异议,但君主坚持己见,仍成决策,因为根本制度是君主专制。

行,弗惟反"。宋蔡沈注"反者,令出不可行而壅逆之谓"。① 明丘濬便强调:"人君诏令之出,不可不详审于未颁之前,尤不可不践行于既颁之后。"②而"践行"的关键,就在于宰相对百官的监督、指挥。这被概括为"出(宫)则监察(百官)而董(正)是非":③如向全国下达诏令(决策);规定实施步骤、完成时间;特别是实施过程中委派属官督促、检查,并要求被监督的官员通过文书报告执行情况;如发现问题,宰相需及时研究解决;年终则根据政绩,对被监督官员进行考课,奏行赏罚(此即"董是非")等。为保证效率,只要不违反诏令(决策)的基本精神,宰相还有权不经过君主,自行发布文书(晋曰"符"、唐曰"堂帖"等),处理发生的一般问题。④ 这样,通过这一职权,宰相便使统治机器的运转得以继续,诏令(决策)得以"践行",从而全面地做到"助理万机"。为了有效地监督中央和地方百官执行决策,宰相下面设有庞大的宰相机构。如汉代有三公府,唐初主要有尚书省等。以唐初尚书省为例,宰相(仆射等)下主要官员是吏、户、礼、兵、刑、工六部尚书。他们上承君相之诏令,分别制定各自领域内之政令、制度,通过众多属官,监督中央、地方百官具体执行各项任务;后者将以执行结果,上报六部,最后达于宰相。⑤

以上两个权力是互相联系的。只有参与了与君主议政事,才能深入理解有关决策的精神,从而有效地监督百官执行;同时也只有平日监督百官执行各种决策,广泛地掌握全国特别是地方上反馈上来的情况、问题,才能在与君主议政事时恰当地出谋划策。即必须同时拥有这两个权力,宰相才能成功地辅佐君主,治理国家。如果宰相不能有效地掌握这两个权力,便将失职。

以上两个权力又是君主专制制度下的宰相权力,特点是可被君主根据情况和需要扩大或限制。1.扩大:有时君主"倦勤",对宰相又十分信

---

① 《书经集传》卷六《周书》。
② 《大学衍义补》卷三"谨号令之颁"。
③ 《后汉书》卷四六《陈忠传》。
④ 当然,大事仍需上奏君主,另颁"诏令"解决。
⑤ 以上参严耕望《唐仆尚丞郎表》卷一《述制》,中华书局,1986 年,第 3 页。

任时,便可把一切大权交给宰相,对决策、执行结果的批准、承认,只是走形式。如唐玄宗"晚年自恃承平……遂深居禁中,专以声色自娱,悉委政事于林甫(宰相李林甫)"。这时李林甫所拥有的已不仅是相权,实际上已几乎扩大到了君权,所以"自皇太子以下,畏之侧足"。① 前述诸葛亮在蜀国决断一切政事,也是相权被扩大之一例。2.限制:当君主对宰相不满意甚或猜忌,而又未达到将其罢免之地步时,往往便不同程度地限制其权力。一是限制宰相的议政权,见下节;一是限制其监督百官执行权,如《后汉书·朱浮传》:汉光武时,"旧制:州牧奏二千石长吏不任位者,事皆先下三公(宰相)。三公遣掾史案验,然后黜退。帝时用明察,不复委任三(公)府",而由他直接处理。此即限制宰相这一权力之一例。又隋文帝"疏忌"宰相杨素,便下令使之"不知省(尚书省,隋宰相机构)务",更是几乎剥夺了宰相的监督百官执行权。②

中国古代历史上一些复杂的君相、政治关系,往往便是通过宰相权力这一特点——可被扩大或限制来体现的。

三、宰相与秘书咨询官员的关系

中国古代长期设立秘书咨询官员,③如汉代的中朝官、尚书,魏晋南北朝的侍中、中书监令,唐宋的翰林学士等皆是。他们的一个极重要的职掌,便是在重大政事上供咨询,替君主出谋划策。如晋代侍中"备切问近对,拾遗补阙";④唐代翰林学士"实掌诏命,且备顾问"。⑤ 可是如前所述,宰相本握有为君主出谋划策的议政权,为什么又要另设秘书咨询官员"备顾问",实际上限制了宰相的议政权呢? 原来这也是君主专制制度所决定的。

---

① 《资治通鉴》卷二一六天宝十一载十月己亥。
② 《隋书》卷四七《杨素传》。
③ 古代无此官名或习惯用语,是今人根据其职掌性质概括的。秘书与咨询有别,有时又很难分。就其与君主、宰相关系言,重点在咨询。
④ 《晋书》卷二四《职官志》。
⑤ 《文苑英华》卷七九七杜元颖《翰林院使壁记》。

历史上的情况大致是这样:当君主经过精选,任命宰相之初,对宰相多半是满意的或基本满意的,君相关系融洽。但由于种种原因(君主或宰相的德、才缺陷等),逐渐君相发生了如上节所述之矛盾,怎么办呢?君主最常用的一个办法便是:在君相共议大事最后决策时,否决宰相的某些建议,提出己见,下诏执行。而限于个人才能、经验,事先君主很自然地便会向周围近臣不同程度地征求意见,以保证决策质量。于是,经过多次重复与摸索,慢慢便形成正式制度,于宰相之外,选拔若干秘书咨询官员设于宫廷内,"备顾问",使二者相互制衡:绝大多数情况是君主认为宰相某些谋划不当,便可征求、采纳秘书咨询官员的意见决策,以保证其质量;当然,有时宰相认为君主所采纳的秘书咨询官员意见有误,也可坚持己见,请君主重新决策。唐穆宗时李逢吉为宰相"势倾朝野","惟翰林学士李绅每承顾问,常排抑之。拟状至内庭,绅多所臧否;逢吉患之……"①这是君主以秘书咨询官员制衡宰相,限制其议政权之好例。从中虽可看出二者就个人而言,由此产生矛盾,但从君主角度,从创立制度的意图而言,主要只是为了防止决策出现纰漏,总体上说,二者所起的实是互相配合、保证决策质量的作用。

和宰相比,秘书咨询官员一般资历浅,比较年轻,有锐气,官府又设在宫廷内,君主咨询,十分方便,用他们与宰相制衡,乃是君主专制制度下一项极重要的统治经验,故长期沿用。

由于有时有些秘书咨询官员得到君主信任,经常被顾问,参与议政,特别是在人事任免赏罚上言听计从,权势极重,于是历史上便产生一种看法,将某些秘书咨询官员视为宰相,今人也有类似观点。其实二者存在严格区别。最根本的区别是:凡宰相按制度全都握有两个权力,即议政权与监督百官执行权。越往后代,社会发展,人口增多,政事日益繁杂,监督百官执行权也就越重。故《宋史》卷一六一《职官志一》强调这一权力说:"宰相之职,佐天子,总百官,平(理)庶政,事无不统。""总百

---

① 《资治通鉴》卷二四三长庆三年九月丙辰。胡注:"拟状,谓进状所拟除目(官员任用名单)也。翰林学士院在内庭,盖李逢吉所进拟者,穆宗访其可否于李绅,故得言之。"

官"云云便包括可以自行下达文书(见前)的监督百官执行权。隋文帝疏忌宰相杨素为何要使之"不知省务",明太祖猜忌大臣为何要废除两千年来一直存在的宰相制度,着眼点都在这一权力。① 而所有秘书咨询官员全都没有这一权力;其中个别或少数人握有某些议政权,顶多只能算"内相",而非宰相。陆贽为翰林学士,唐德宗时朱泚叛乱,政务繁杂,"虽有宰臣,而谋猷参决,多出于贽,故当时目为内相"。内相,意思就是没有监督百官执行权,与按制度握有两个权力的"宰臣"是不同的。②

值得注意的是,即就议政权言,秘书咨询官员所握,也与宰相有别。

第一,宰相的议政权是主动的,而秘书咨询官员的议政权则是被动的。因为统治全国(执行决策)每天发生的一切重要问题,都要以文书形式上报宰相机构,由宰相考虑好处理意见,通过直接、间接议政,最后由君主"独断"决定。这就是说,宰相必须主动找君主议政,这是他或他们的职责所在。秘书咨询官则不同。他们无权主动找君主议政。一般说是要在君主对宰相某些谋划不满、自己又想不出好办法时,方向某些秘书咨询官员征求意见,所以后者是被动的。前引唐宰相李逢吉进"拟除目",这是间接议政,是主动的,而翰林学士李绅则要等穆宗"访其可否"于己,方得言之,此参与议政就是被动的。

第二,宰相的议政权是稳定的,而秘书咨询官员的议政权则是不稳定的。全国一切政务,按制度宰相必须过问,出谋划策,这是他们的权力,也是责任。而秘书咨询官员"备顾问",就意味着也可能不被顾问。而且秘书咨询官员一般人数稍多,如魏晋南北朝有中书监、令二人,侍中四人等。纵使君主顾问,一般只找一两个人,史书往往用"预机密"去形容,其他未被顾问者也就与议政权毫不相干。当然,君主如对宰相不太满意,也可能相当长一段时间不见宰相,不直接与之议政,但因全国一切"时事"均上报宰相机构,宰相必须分别提出处理意见,通过文书,启奏君主决定,实际上这仍在稳定地进行议政,只不过形式不同,是间接议政而

---

① 因为议政权是灵活的,只要君主对宰辅的重大谋划不理会,宰相这一权力便大为削弱。
② 《文献通考》卷五四《职官八》宋翰林学士"不当预外司公事",为一证。

已。而秘书咨询官员则无此权力。

第三,宰相的议政权是全面的,而秘书咨询官员的议政权则是部分的。因全国向宰相机构所报"时事",包括政治、经济、军事、人事等各个方面,宰相全都要做出反应,提出处理意见,其议政权自然是全面的。而秘书咨询官员则不同,如前所述,由于他们是在君主对宰相某些谋划不满意时被顾问的,因而涉及的只是一部分问题,多半还是人事问题,因而议政不可能全面。

以上三点表明,将某些秘书咨询官员视为宰相,不仅是不了解宰相需要拥有监督百官的执行权,而且也没有弄清秘书咨询官员的议政权与宰相议政权的区别。严格地说,秘书咨询官员的存在,主要只是在某些重大政事特别是人事问题的决策上弥补宰相才干、经验之不足(有时则反映君主对宰相的猜忌),其作用固然十分重要,但仍然远不能与全面执政的宰相相比。

四、明清内阁大学士、军机大臣不是宰相

如所周知,中国古代宰相制度到明代发生了一个根本的变化:由于种种原因,特别是认定宰相权力(主要指监督百官执行权)太重,明太祖废宰相,一般说重大政务全由他个人谋划、独断,并自行统辖、指挥百官(主要是吏部、户部等六部尚书)去执行,据其政绩,决定赏罚;执行中发生问题,也由有关官员分别奏请明太祖直接处理,其间不复存在宰相这一层次。也就是说,经此改革,君主把宰相政务全揽在自己手中,君权把相权吞并了。

可是这一改革是和明太祖的个人特点(权力欲极强,猜忌心极重,精力充沛,统治经验丰富)紧密关联的。明成祖以后诸帝不具备或不完全具备这些特点,便无法坚持下去。于是,大体从明宣宗起,逐渐形成内阁制度:于翰林院设殿、阁大学士若干人(后来一般由大臣兼任)值文渊阁,

"参预几务",①即握有议政权,为君主处理政务出谋划策,包括草拟诏令("拟旨");其地位后且凌驾于六部尚书之上,"人亦称为宰相矣"。②

可是这一内阁制度并不是宰相制度的恢复,内阁大学士也不是宰相。最主要的根据是:内阁大学士类似过去的秘书咨询官员,只有议政权,而无监督百官执行权。执行权主要掌握在六部尚书手中,制度上归君主直接指挥,内阁无权过问。明世宗时曾任刑部尚书、"习国家典故"的郑晓说:"入内阁预机务……不得专制九卿事,九卿奏事亦不得相关白。"③此处"九卿"主要即指六部尚书。这话等于说他们不受内阁统辖,只向君主奏事。明末曾任六科都给事中,同样"习掌故"的孙承泽在《春明梦余录》卷二三《内阁一》中照抄郑晓这话后,在另一处又说:"内阁之职……主票拟(即'拟旨')而不身出与事。""不身出与事"即不得出宫干预、指挥外朝百官执行事,与上引郑晓的话意思一致。可见这是直到明末尚未变化的制度。所以明穆宗时言官骆问礼,竟视称内阁大学士为"宰相"者为"道路无知之人",斩钉截铁地说"不知大学士非宰相也"。④

至于清代,虽然提高内阁大学士品级为正一品,⑤后来的军机大臣权势更重,但直到清末,和明代一样,在制度上始终没有赋予他们监督百官执行权。故乾隆钦定的《历代职官表》卷二案语说:"内阁职司票拟(按即草拟文书),其官创自明初,原不过如(唐)知制诰之翰林,并非古宰相之职。"乾隆自己也在一道谕旨中说:大学士之职"仅票拟承旨,非如古所谓秉钧执政之宰相也"。⑥乾隆年间曾任军机章京的王昶说"军机处,盖古知制诰之职。……其职掌在恭拟上谕……为至要"。⑦邓之诚先生在1937年的一次学术报告中便说"军机大臣与皇帝之关系,颇似今之秘书

---

① 《翰林记》卷二。

② 《双槐岁钞》卷四"文渊阁铭"。

③ 《明史》卷一九九《郑晓传》、《今言》卷四第三四三条。

④ 《明经世文编》卷四七〇《喉论》。

⑤ 按明代内阁大学士在制度上始终归属翰林院,仅是"正五品衙门",见《大明(万历)会典》卷二二一。

⑥ 《清实录》第二十三册卷一一二九,乾隆四十六年四月辛酉。

⑦ 《枢垣记略》卷二二。

厅"。① 这些都表明：清代同样不存在宰相制度。内阁大学士、军机大臣基本上仍是秘书咨询官员，用现代话说，他们只不过是皇帝最亲近的参谋长、秘书长，如得到皇帝信任，可以权势极重，但在制度上始终无权直接监督、指挥握有军政实权的百官，与"古宰相"是不同的。当然，由于明清两代未设如汉唐那样的正式宰相，官场上为填补这一空缺，再加上内阁大学士、军机大臣有时得到皇帝信任，言听计从，权力极重，于是也有人称他们为"宰相"，乾隆斥这种人为"献谀者"，②属非制度问题，学者务必分清。

---

① 见《谈军机处》，收入王钟翰《清史杂考》附录，人民出版社，1957年，第276页。
② 见《清实录》第二十三册卷一一二九，乾隆四十六年四月辛酉。

西汉宰相制度变化的原因*

　　史家论及汉代宰相制度变化，大多都追溯到汉武帝在位之时，而归因于君权、相权之矛盾。① 事实是否如此？我以为不然。

一

　　公元前 128 年，谋士徐乐与汉武帝谈论为政之道时说："臣闻天下之患在于土崩，不在瓦解……何谓土崩？秦之末世是也。陈涉……偏袒大呼，天下从风……何谓瓦解？吴楚齐赵之兵是也"，"故贤主……其要期使天下无土崩之势而已矣"。② 这里，徐乐重点在提醒武帝减轻赋税、徭役，以防止和消弭农民起义；对统治集团内部的吴楚之乱不过举为陪衬，至于君权、相权的矛盾则只字未提。与徐乐同时上书、召见、封官的主父偃、严安，为武帝所划各策也同样没有涉及君权、相权关系。如果主、相之间争夺权力，武帝确系有意用左右近臣削弱相权，善于见风使舵、迎合君主心意的主父偃之流能对这个问题不置一词吗？这就从反面证明，汉初七十年君权、相权之间没有什么重大矛盾，所以当时的政治家并未予以注意。

　　汉武帝的政策、法令也没有反映这方面的问题。就统治集团内部矛

---

　　* 原载《历史研究》1986 年第 2 期。

　　① 参叶适《习学纪言》卷二三；曾资生《中国政治制度史》第二册，重庆南方印书馆，1943年，第 14、146 页；聂崇岐《宋史丛考》上册，中华书局，1980 年，第 207、213 页。

　　② 《汉书》卷六四上《徐乐传》。

盾言,当时重点在防范和削弱诸侯王,"时大臣议者多冤晁错之策,务摧抑诸侯王……诸侯王莫不悲怨"。① 为此颁布了推恩令、左官律、附益法。它们均以律、令形式,作为长久适用的规范、措施出现,而非尚在摸索中的一时权宜之计。

宰相制度的变化则不同。汉武帝虽然处死过丞相,贬黜过御史大夫,却从未颁布过一条律令改革整个制度。许多事实表明,自汉初以来,皇帝不但不想削弱宰相权力,相反倒极力放手让宰相行使权力。

《史记》卷五四《曹相国世家》:曹参为相国,政尚清静无为,惠帝"怪相国不治事",让参子曹窋质问他为何"无所请事"?

《史记》卷五六《陈丞相世家》:惠帝、吕后时一度仿秦制,丞相分左右。文帝初,右丞相周勃辞职,文帝竟让陈平"专为一丞相",此后西汉一直沿用不改。②

《史记》卷一〇《孝文本纪》:"罢太尉官,属丞相。"后代基本沿用。③文帝曾命丞相灌婴率军八万五千击匈奴,武帝曾命丞相刘屈氂率大军平定戾太子叛乱,证明丞相掌握兵权,集文武大权于一身。

《史记》卷五七《周勃世家》:周亚夫为丞相,窦太后欲封王信为侯,景帝犹疑不决说:"请得与丞相议之。"

《史记》卷一〇七《武安侯列传》:田蚡于武帝时为丞相,"入奏坐语移日,所言皆听"。

以上史实,用汉初以来君权、相权矛盾逐步尖锐,皇帝处心积虑想改革旧制、削弱相权的观点是很难解释得通的。当然,也有一些事例表面看来似乎有利于上述观点,可是仔细分析,便会发现它们并不属于相权过大,与君权冲突的性质。

其一是汉景帝与丞相周亚夫的矛盾。据《史记》卷五七《周勃世家》,本来景帝很器重周亚夫,后来所以失和,原因有二:一是景帝废太子荣,周亚夫固争不得,景帝"由此疏之";二是匈奴王徐卢等六人降汉,景

① 《资治通鉴》卷一七武帝建元二年。
② 汉武帝晚年,一度想恢复左右丞相之制,但未成事实。见《汉书》卷六六《刘屈氂传》。
③ 参《文献通考》卷四八《职官考二》引石林叶氏之统计。叶梦得的结论是:"太尉官自高祖以来,有事则置,无事则省,不以为常也。"

帝"欲侯之以劝后"，周亚夫反对又未成，"因谢病"，被免相。这两件事本属不同政见之争。周亚夫力谏，并非相权膨胀，相反，正好符合建立宰相制度，要求宰相对皇帝做出的重大决策进行谏诤的精神。另一面，景帝否决周亚夫之议，也是君主专制下宰相制度所允许的。如果两人都有度量，关系本不该受到影响。然而不幸两人度量狭窄，周亚夫竟愤而"谢病"，景帝借口将他打击致死。很明显，景帝所恼火的不是丞相权力的大小，而是周亚夫固执己见，触犯皇帝尊严。正因如此，他虽打击周亚夫，却丝毫没有想到要调整制度，削弱新上任丞相的权力。这固然也是君臣之间的一种矛盾，但和制度上的君相权力之争却不是一回事。

其二是汉武帝与丞相田蚡的矛盾。此事见于《史记》卷一〇七《武安侯列传》。田蚡"入奏事，坐语移日，所言皆听。荐人或起家至二千石，权移主上。上乃曰：'君除吏已尽未？吾亦欲除吏。'"这是常被引用作为君权、相权矛盾尖锐的史料，然而事实并非如此。

第一，田蚡是汉武帝的舅舅，好儒术，与武帝气味相投。虽因武帝祖母窦太后好黄老，一度免田蚡太尉职，但窦太后一死，武帝立即起用他为丞相。他也以武帝之"肺腑"自居。武帝对他"所言皆听"，甚至他贪得无厌，"请考工地益宅"时，也只说了句"君何不遂取武库"的气话了事，并不深究。

第二，田蚡作为丞相荐人为二千石官，从制度上说并未越权。① 由于此故，在所荐人中即便有个别的（"或"）起家至二千石，也谈不上"权移主上"。司马迁这么形容，大概是对田蚡奏事太久，荐人太多所用的一句夸张之词，不能理解得太实。②

---

① 如武帝初年，窦婴为丞相，与太尉田蚡推荐赵绾为御史大夫（中二千石），见《史记》卷一〇七《魏其武安侯列传》；又如黄霸为丞相，荐史高为太尉，宣帝派人责问："将相之官，朕之任焉……君何越职而举之？"证明将相外，御史大夫以下官丞相均可推荐，见《汉书》卷八九《黄霸传》；胡三省甚至认为，按制度丞相推荐太尉也不算越职，见《资治通鉴》卷二七宣帝五凤三年胡注。

② 对"起家至二千石"句，据现有史料，似未见汉初有人从布衣起家即至二千石官的。景帝时邓公"起家为九卿"，是因为他早已是城阳中尉（二千石），乃免职后再起用，见《史记》卷一〇一《晁错列传》。韩安国甚至"起徒（犯人）中为二千石"，也是因为他原已为梁国中大夫，见《史记》卷一〇八《韩长孺列传》。起家的这种情况至三国尚存在。如杜恕原为太守，以疾免，"起家为河东太守"，见《三国志》卷一六《杜恕传》。

第三,至于武帝说"君除吏已尽未?吾亦欲除吏",从上下文及后来二人关系分析,恐怕并非嫌田蚡权重,而是因为主相二人议事,田蚡"坐语移日",武帝心情烦躁,而有上语。如果嫌他权重,就不必"所言皆听"。当时武帝二十多岁,即位已五年,早在此事之前已让左右近臣与大臣辩论政事,否决过田蚡意见(见下),则这时对田蚡不驳,应推定是建议符合其心意。如果武帝最后两句话是针对"权移主上"而发,则此后应逐步限制田蚡权力,而田蚡看到武帝发火亦当收敛一些。然而田蚡却进一步摆丞相威风,"由此滋骄,治宅甲诸第……",甚至"请考工地益宅"。在与魏其侯窦婴、前中郎将灌夫有隙后,又向武帝控告灌夫,"请案",而武帝竟回答"此丞相事,何请!"可证二人关系到这时为止还是融洽的。史书记二人不和始于田蚡陷害窦婴、灌夫致死,所谓"上自婴、夫事时不直蚡"云云,[1]反证在此之前,包括荐人起家至二千石这事在内,武帝与田蚡尚没有什么隔阂。

以上三点,说明武帝与田蚡的上述矛盾并非所谓相权过大引起的,不能以此证实武帝存在削弱相权的思想。

此外,如汉文帝与周勃的矛盾,性质略同。[2]

二

那么汉代宰相制度变化的主要原因何在?

我以为,在于汉初以来的宰相制度越来越不符合新形势的需要,为了进一步巩固汉王朝统治,维护地主阶级的政治经济利益,不得不对它做某些改革。

如所周知,汉武帝以前西汉王朝基本上是以黄老的清静无为思想制订国策,只求遵守刘邦、萧何定下的政策、法令、制度,皇帝垂拱深宫,由

---

① 《汉书》卷五二《田蚡传》。

② 汉文帝入继大统前,张武曾断言诸功臣有异志,当即遭宋昌驳斥。后来事实证明张武是过虑。所以文帝虽对右丞相周勃骄傲不满,却在勃免相后让陈平一人独相;其后又让另一功臣灌婴独相,率大军出征,都不嫌他们权重,这就证明文帝、周勃矛盾并非君权、相权之争。

宰相主持日常政务。对宰相的要求不高，只要能照章办事就行，即使是武人也无妨。从汉武帝开始，这种局面无法继续下去了。因为经过七十年休养生息，经济恢复，国力强大，汉武帝又是一个雄才大略、不甘寂寞的君主。在他的指挥下，内外政策发生剧变，清静无为转为积极有为，对主要辅佐宰相之要求也随之发生变化。怎么变呢？是感到他们权力太大，加以削弱吗？是认为他们出谋划策太多，"权移主上"，而故意搁置不用吗？否！恰恰相反，是比汉初诸帝更迫切需要统治经验丰富的宰相多行使权力，多出谋划策，以赞襄自己大展宏图。然而，当时的宰相制度却愈加不适应这一形势的变化。

首先，按旧制主、相之间见面次数较少。《汉书》卷八九《循吏传·序》：汉宣帝"厉精为治，五日一听事，自丞相以下各奉职而进"。"厉精为治"方五日一听事，则在此之前必在五日以上，或许是一月一朝或二朝。① 间隔时间如此之长，对于迫切需要听取"古今治道"的武帝来说如何等得及？②

其次，为弥补此缺陷，皇帝固然可以多召见宰相议事，可是按旧制礼节隆重，"丞相进见，圣主御坐为起，在舆为下"，还有谒者为之赞唱。③《史记》卷一二〇《汲郑列传》：汲黯为主爵都尉，"大将军（卫）青侍中，上踞厕（床侧）而视之。丞相（公孙）弘燕见，上或时不冠。至如黯见，上不冠不见也。上尝坐武帐中，黯前奏事，上不冠，望见黯，避帐中，使人可其奏"。此事既说明武帝不喜烦琐礼节，甚至见丞相都不冠；另一面又说明礼制毕竟约束很大，武帝对丞相也只是"或时"不遵行，而且限于"燕（宴）见"和冠饰；一般情况下丞相朝见商议政事，必得一丝不苟。因此，限于礼制，武帝不会屡召宰相朝见。

再次，也是最重要的，按旧制，"常以列侯为丞相"。④ 列侯多武将，

---

① 一月一朝，见《后汉书》志第五《礼仪志中》"朝会"条。一月二朝，叫"朝朔望"，见《汉书》卷七八《萧望之传》、卷八一《张禹传》。

② 《资治通鉴》卷一七武帝建元元年。

③ 《汉书》卷八四《翟方进传》及颜师古注引《汉旧仪》。

④ 《汉书》卷五八《公孙弘传》。

不一定能胜任宰相之职（如周勃）；而且到文帝末年已死亡略尽，不得不先以关内侯申屠嘉为丞相，然后封列侯。另一面列侯的第二代、三代多为纨绔子弟，除个别人（如周亚夫）外，才干往往较差。《史记》卷九六《张丞相附申屠嘉列传》：自嘉死后，"景帝时开封侯陶青、桃侯刘舍为丞相。及今上（武帝）时，柏至侯许昌、平棘侯薛泽、武强侯庄青翟、高陵侯赵周等为丞相。皆以列侯继嗣，娖娖廉谨，为丞相备员而已，无所能发明功名有著于当世者"。此外以列侯或列侯后嗣为武帝丞相者还有：建陵侯卫绾，系以军功封侯，"醇谨无他"，因"不任职"免。魏其侯窦婴，是外戚，虽有才干，但因得罪窦太后而被赶下台，后来又与田蚡不和受到排挤，至死未再进用。武安侯田蚡也是外戚，因好儒术合武帝意，然"所好音乐狗马田宅……所爱倡优巧匠之属"，思想偏于保守，政治上无所作为。乐安侯李蔡，"为人在下中"。原南窌侯公孙贺，"以鞍马骑射为官，材诚不任宰相"。列卿的子弟石庆，"醇谨而已，在位九岁，无能有所匡言"。① 这些人当丞相，用王国维的话便是"皆以中材备员"。② 一句话，按旧制任用的宰相多半不称职，起不到雄心勃勃的武帝之左膀右臂的作用。

最后，按旧制，武帝自己也无从发挥作用。因为天下文书资料从汉初以来皆保存在丞相府和御史大夫寺，③宰相才干差，固然不能充分利用这些文书资料；而武帝在宫中，离两府较远，参考它们很不方便，必然要影响到决策。

基于以上情况，汉武帝为实现自己的抱负，逐步摸索出以下办法来弥补旧制之不足。

第一，即位的第一年即"诏举贤良方正直言极谏之士"，并"亲策问以古今治道"，应对者达百余人。由于实行这一措施，几年中"四方士多上书言得失，自眩鬻者以千数"。至前130年又"征吏民有明当世之务，习

---

① 分别见《史记》《汉书》本传。

② 《观堂集林》卷一一《太史公行年考》。

③ 《汉书》卷三九《萧何传》、卷四二《张苍传》载，秦丞相、御史府收藏"律令图书"，可据以了解"天下厄塞"等情况，汉初承用此制。

先圣之术者,县次续食,令与计偕"。这次对策者又有百余人。① 《汉书》卷六四上《严助传》:"是时征伐四夷,开置边郡,军旅数发,内改制度,朝廷多事,娄举贤良文学之士。"证明武帝是因为"朝廷多事",所以要广泛听取全国士人的谋略。《史记》卷一一二《主父偃列传》:主父偃上书阙下,"朝奏,暮召入见",与徐乐、严安在一起。武帝说:"公皆安在?何相见之晚也!"爱才若渴之状跃然纸上。《史记》卷一二六《东方朔列传》:东方朔上书公车,"凡用三千奏牍,公车令两人共持举其书,仅然能胜之"。东方朔在大政方针上估计不会有什么高明见解,然而武帝竟花了两个月时间把奏牍耐心读完,可见他是如何注意听取四方士人意见。这样一来,就大大弥补了几个宰相所提供的谋略之不足。

第二,为了把种种建议仔细研究,付诸实施,武帝进一步从对策及上书人中"简拔其俊异者宠用之","待以不次之位"。② 像主父偃,甚至岁中四迁。有些则用为相当于后来中朝官的中大夫、侍中等官,"并在左右",成为"出入禁门腹心之臣"。③ 这些官吏往往出身一般地主,有才干,多智谋,可以给武帝制定内外政策提供宝贵意见。另一面,为了共同研究和决策需要,或许原归丞相、御史两府保管的一部分资料也逐渐转归近臣尚书了。④ 同时这些"腹心之臣"因为常在左右,遇到紧急情况可以及时召见,共商对策。加上他们官位低,礼节简便,甚至可以"俳优畜之"。⑤ 特别重要的是,在重大决策上还可以让他们与宰相大臣辩论。通过辩论,既可对双方建议的利弊再做衡量,然后决定取舍;同时,如果这些近臣正确,以此方式否定宰相大臣意见也比较委婉。《汉书》卷六四上《严助传》:严助拜为中大夫,"上令助等与大臣辩论……大臣数绌"。如

---

① 分见《资治通鉴》卷一七武帝建元元年、建元三年;卷一八武帝元光五年。

② 《资治通鉴》卷一七武帝建元三年。

③ 《汉书》卷六四上《严助传》。中大夫后改光禄大夫,是外朝官,见《汉书》卷七七《刘辅传》王先谦《补注》。但从他们此时"并在左右"来推测,应相当于后来的中朝官。

④ 《史记》卷一〇七《武安侯列传》仅记尚书保管遗诏;而《汉书》卷五九《张安世传》、卷六八《霍光传》、卷七四《魏相传》则记尚书之权已发展为接受吏民上书,保管并审阅各种文书,估计应是从武帝时开始变化的。而按旧制,不但文书资料之保管归丞相、御史两府,而且"受公卿奏事(文书)"之权也在御史中丞,参《汉书》卷一九上《百官公卿表》。

⑤ 《汉书》卷六四上《严助传》。

建元三年闽越举兵围东瓯,东瓯向汉告急,武帝问太尉田蚡,田蚡力主不救;严助和他辩论,理由充足。于是武帝曰:"太尉不足与计。"坚决出兵援救。由此可见,将有才干而身份低的人置于左右,主要是武帝为弥补宰相制度之不足的又一措施。后来昭帝、宣帝的中朝官以及重用尚书的制度,便是在此基础上形成的。

第三,有了好的决策,按制度仍得通过宰相执行,如果宰相才干差,统治效率仍然不高,所以武帝又从对策者和一般官吏中,经过考验,将最杰出的人才提拔为宰相。这一类宰相的代表便是公孙弘。他出身贫穷,因贤良对策第一得到武帝赏识,由博士起家,最后擢升丞相。按旧制,常以列侯为丞相,汉文帝已破格擢升,以关内侯申屠嘉为丞相,再封列侯,但申屠嘉毕竟仍是功臣;这次汉武帝进一步打破旧制,提拔"布衣"公孙弘为丞相,然后封侯,"其后以为故事"。这是针对列侯为相多无能的状况,采取的一项大胆改革。类似情况还可举出张汤。张汤原为刀笔小吏,得武帝赏识,一直升到御史大夫,"数行丞相事"。此外,倪宽贫穷,"时行赁作,带经而锄",因武帝奇其才,由小吏擢中大夫,升至御史大夫;韩安国出身并不高贵,"为人多大略",迁御史大夫,"天子以为国器",曾行丞相事,本已准备用为丞相,因坠车伤脚而罢。[1] 可见,凡武帝赏识的有才干的人,只要中间不出问题,都先后用为宰相,并不害怕会构成对君权之威胁。

对于以上三项措施,过去有另一种解释,即主张简拔士人为近臣,使与大臣辩论,是武帝嫌相权太重,有意收其权于左右;而提升布衣公孙弘为丞相再封侯,则是武帝压制列侯的一种手段。认为在此之前,列侯已发展成政治上"对抗皇帝的一个势力",常以列侯为丞相,"不是君主的专制政治,而是列侯的共和政治"。[2]

这种解释并不符合武帝的指导思想。

首先,如前所述,从汉初以来基本上没有产生这种指导思想的政治

<hr />

① 分见《汉书》本传。

② 见萨孟武《中国社会政治史》第二章第四节,独立出版社,1945 年,第 151、152 页;曾资生《中国政治制度史》第二册,重庆南方印书馆,1943 年,第 14、16、63、125 页。

基础。即就武帝在位期间而言，据《汉书》卷一九下《百官公卿表》，前后十三任丞相，有哪一任丞相的才干和威望足以与武帝对抗，或与武帝在政治上发生尖锐冲突，形成了对君权的威胁呢？没有，一个也没有。既然如此，武帝有什么必要处心积虑采取一个又一个措施去打击、削弱相权呢？

其次，汉武帝也没有削弱相权的具体表现。就近臣与大臣辩论言，如果武帝存在上述思想，人事问题应是主、相权力之争的主要内容，辩论场合应该最多。然而，除田蚡奏事、荐人和武帝发生点矛盾外，现有史料能看到的辩论，没有一件涉及人事，全属新形势下遇到新问题，想通过辩论寻找新对策。如严助与田蚡之辩论是要不要救东瓯；朱买臣与公孙弘（时为御史大夫）之辩论是要不要罢新置的朔方郡；吾丘寿王与公孙弘之辩论是为平定所谓盗贼，要不要禁民挟弓弩。辩论结果，武帝往往支持近臣，因为近臣年轻一些，偏于进取，与武帝意合；而大臣年纪大，思想保守一些，与武帝意左。全都和君权、相权的大小无关，而属于采取哪种措施方能巩固中央集权、统一国家之争。也正因如此，武帝对持不同政见的大臣并未歧视或打击。如田蚡为太尉反对出兵救东瓯，并不妨碍他升丞相。韩安国为御史大夫，极力反对王恢出击匈奴之议，武帝虽从王恢议而仍派韩安国率军出征，并欣赏他为"国器"。[①] 公孙弘在是否罢朔方郡之争上站在武帝和近臣朱买臣的对立面，仍被武帝破格提为丞相。这种政治气氛，从某种意义上说，正好反映武帝鼓励宰相大臣行使权力，出谋划策。公孙弘深知这一点，当丞相后，起客馆，"开东阁以延贤人，与参谋议"，"每朝觐奏事，因言国家便宜，上亦使左右文学之臣与之论难"；[②] 张汤也深知这一点，出任御史大夫后更是"每朝奏事，语国家用，日旰，天子忘食"。[③] 公孙弘、张汤都是善于察言观色，窥测上意的人，如果武帝确嫌宰相权重，把在重大问题上积极出谋划策看成是相权膨胀，以致到了设立近臣给予压制的地步，他们还敢这样触犯忌讳吗？当然不敢。

---

① 《汉书》卷五二《韩安国传》。
② 《资治通鉴》卷一九武帝元朔五年。
③ 《汉书》卷五九《张汤传》。

再次，提升布衣公孙弘先为相、后封侯，也谈不上是武帝有意改变旧制，借以压制列侯势力。因为这种看法的前提，即列侯已形成对抗皇帝的一种势力是不存在的。且不说秦代之列侯（彻侯）完全是皇帝统治的社会支柱，即就汉初几十年言，在统治阶级内部除诸侯王确有威胁外，列侯以及由列侯充任的宰相何曾对抗过皇帝？吕后欲封诸吕为王，左丞相陈平、太尉周勃皆不得不附和，只有右丞相、安国侯王陵公开反对，而且还是为了坚持刘邦所定"非刘氏不王"的旧制，并非代表什么列侯势力，但吕后表面提升王陵为帝太傅，轻易就夺了他的相权。吕后死后诸吕谋反，靠的是吕后生前的影响，而和他们本身是王、是侯关系不大。其后，周勃因平诸吕之乱功高望重，可是文帝一免其相职，便只得乖乖就国，后被诬告谋反下狱，也没有一个列侯敢于营救。至于景帝对周亚夫，简直是随意摆布。尽管周亚夫既有军事才干，又有平吴楚七国乱之功，但当他对景帝稍有不驯之举，便招来杀身之祸，又有哪个列侯敢于出面营救？丞相申屠嘉曾先后声称要斩文帝宠臣邓通、景帝宠臣晁错，可那只是空言而已，按汉制他哪有擅斩官吏之权？由于皇帝的庇护，邓通、晁错依然宠幸倾朝，而申屠嘉终于气得"欧血而死"。① 人们也许会举出元鼎五年武帝号召击南越，以百数的列侯竟不响应，"皆莫求从军"为例，说明他们已形成对抗皇帝的一种势力，致使武帝要借酎金不如法给予打击。② 然而实际情况是，列侯从来都是君主专制的一个重要支柱。平吴楚七国之乱，他们出过力；武帝多次开边，他们立过功，③这次酎金夺爵人中不少就是因此封侯的。如韩说于元朔五年击匈奴封龙额侯、公孙贺于元朔五年击匈奴封南窌侯、赵破奴于元狩二年击匈奴封从票侯、摎广德于元狩五年因父摎乐击南越死事而封龙侯等。特别是大量被夺爵的王子侯，靠推恩令方才"喜得所愿"，对武帝感恩不尽。④ 有什么特殊原因使他们变成

---

① 《史记》卷九六《申屠嘉列传》。又汉行"先请"之制，郎中（比三百石）有罪，耐（略等于徒刑）以上先请，见《汉书》卷一下《高帝纪》，则申屠嘉绝无权杀邓通、晁错。

② 《汉书》卷二四下《食货志下》、卷六《武帝纪》。

③ 武帝时封侯者七十五人，多半因从军有功或为少数族贵族归降，见《汉书》卷一七《景武昭宣成功臣表》。

④ 《汉书》卷六四上《主父偃传》。

了对抗势力呢？没有。这次击南越其所以"莫求从军"，并非不为，而是不能。早在平吴楚之乱时，列侯由于长期"争于奢侈""子孙骄逸"，已是靠高利贷方得以置办从军行装；[①]至武帝时连年战争，他们不但要从征，而且要出财物，弄得"朝夕所须，皆俯首而取给于富商大贾，后方以邑入偿之"，[②]现在又要打仗，他们难免顾盼观望，哪里谈得上是对抗势力？也正因这个缘故，武帝借酎金夺爵，令行禁止，丝毫未遇到抵制；丞相高陵侯赵周"坐知列侯酎金轻，下狱"，也只得自杀以谢罪。[③]

总之，汉承秦制，君权至高无上，虽在全国范围内休养生息，但具体统治依然法制峻严，包括在统治集团内部。在这种局面下，根本不存在什么"列侯的共和政治"，使皇帝感到巨大威胁，需要通过改变旧制予以打击。武帝提拔公孙弘为相确系破格，但那是因为当时列侯多无能之辈，要找一个得力辅佐。正因如此，公孙弘死后，一般地主阶级中没有合适的人，便又以三位列侯李蔡、庄青翟、赵周为丞相。固然，这几个人先后下狱死，但那是因为他们不称职，甚至触犯法律造成的，是另一回事。而接连用列侯为相说明：在武帝心目中布衣为相也好，列侯为相也好，需要谁就用谁，一切以王朝利益为标准，并非列侯是对抗势力，布衣是易于驾驭之势力。也正因如此，公孙弘为相后，武帝仍派近臣去论难；张汤犯法也立即迫他自杀，和列侯一视同仁。这同样证明提拔公孙弘为相并没有什么隐秘的意图在其中。至于《汉书》卷五八《公孙弘传》所说的"其后以为故事"，也只是说从此有了先拜相、后封侯的先例，为丞相任用开辟了一条新途径，并不意味此后它立即成了主要制度。事实是公孙弘死后不但接连三个丞相均列侯，再往后四个丞相虽系先相后侯，但石庆是列卿子弟，公孙贺是外戚，并且原本是列侯（坐酎金不合格失侯），刘屈氂

---

① 见《汉书》卷二四上《食货志上》、卷一六《高惠高后文功臣表·序》；《史记》卷一二九《货殖列传》。

② 《汉书》卷二四下《食货志下》颜师古注。

③ 《资治通鉴》卷二〇武帝元鼎五年。汉武帝采取这一措施的主要目的并非政治性的，而是为了借此增加收入，参《文献通考》卷二六七《封建考八》"西汉功臣侯"条按语。

是皇族,都和所谓用布衣为相打击列侯势力这一指导思想无干。^① 只有最后一个丞相田千秋可算布衣出身,但他既"无他材能术学,又无伐阅功劳"。只因上书替戾太子讼冤,感悟武帝,"旬月取宰相封侯,世未尝有也"。^② 这是一种极特殊情况,并不足以说明武帝存在前述指导思想。

当然,通过前述三项措施,对武帝来说,尚书提供用以了解全国统治情况的资料增多了,帮助出谋划策的左右近臣队伍建立了,因而使他在全国统治事务中的发言权、否决权等,大大超过了过去基本是黄老清静无为思想指导下垂拱深宫、消极等待宰相奏请的汉初君主。再加上扩大了丞相任用范围,这在客观上的确限制了宰相权力,并对长期垄断丞相职位的列侯势力是个打击。但作为一个规律来探讨,应该看到,它主要并非出于君权、相权之争,而是汉初社会经济恢复到一定阶段,地主阶级要求上层统治集团积极有为,大展宏图,而原来宰相制度的某些环节已不能适应这一新形势,因而汉武帝不得不对它加以调整的结果。

三

西汉宰相制度变化之主要指导思想,还可通过武帝以后的历史进行探究。

汉武帝以后宰相制度的变化主要有:一是领尚书事和中朝官制度的发展与完备,进一步使宰相权力受到限制;二是公开建立三公鼎立制度,相权因此分散。两个变化全和武帝时一样,也并非出于君权、相权之争。

先看第一个变化。

领尚书事制度是在什么情况下建立的呢?

如前所述,武帝以前汉王朝的指导思想基本是黄老清静无为。宰

---

① 武帝对这几人的才干也很不满意,公孙贺死后,竟想恢复汉初左右丞相之制,乃先以刘屈氂为左丞相,"待得贤人"再拜右丞相,即想用两相来弥补一相才干不足的缺点。见《汉书》卷六六《刘屈氂传》及颜师古注。

② 《汉书》卷六六《田千秋传》。

相遵循旧制,许多事务照章办理,无须上请,是以文书简寡;少量上请文书,皇帝完全可以亲自处理,无需假手他人。然而汉武帝以后"朝廷多事",①旧的制度、章程已不能适应新形势的需求,于是各部门上请文书日益繁多。② 至武帝晚年,无论精力或学识都难以应付,少数重要或复杂的可交朝臣"集议",③大多数日常文书则需找人帮助审阅,提出初步意见。"使左右曹、诸吏分平(评)尚书奏事",④大概就是较早的一种形式,后来便发展成领尚书事制度。《汉书》卷七《昭帝纪》:昭帝初即位,霍光以大将军身份"领尚书事"。此为见于两汉史书最早一例。当时武帝刚死,政局不很稳定,决不会另创新制,无疑当沿自武帝之时。⑤ 由于领尚书事替皇帝审阅文书,提出初步处理意见,不同程度地要影响最后决定;而且据《汉书》卷七四《魏相传》,领尚书事后来还有权对上奏文书内容不善者"屏去不奏",这样,权力自然大起来,被叫作"内辅之臣"。⑥ 从宣帝死时开始,凡受遗诏辅政(内辅)者皆领尚书事,成为故事。⑦ 这样,在宰相与皇帝之间插入了领尚书事,宰相和大臣所上奏章要经领尚书事过目,行使权力比过去径直由皇帝批答自然或多或少多了一重限制。然而,这种制度的出现也不能主要归因于君权、相权之争。

首先,在这一段时期里正像武帝之时一样,一直不存在相权膨胀、威胁君权的问题。恰恰相反,除昭帝时霍光掌权,情况特殊外(见下),从宣帝以后,任宰相者一般均为皇帝精选的亲信或十分尊重之人。如魏相替宣帝策划打击霍氏,得到信任升丞相,霍氏谋反,甚至想先斩魏相后废天子。丙吉于宣帝"有旧恩",宣帝感激他在自己幼年时的救命之恩,以为丞相。黄霸原为郡太守,"治为天下第一",宣帝甚为欣赏,擢为御史大

---

① 《汉书》卷六四上《严助传》。
② 仅就刑法言,当时律令已达三百五十九章,死罪决事比一万三千四百七十二事,绝大部分是用文书形式上报经武帝批准的。见《汉书》卷二三《刑法志》。
③ 参《西汉会要》卷四〇《职官十·集议上》、卷四一《职官十一·集议下》。
④ 《宋书》卷三九《百官志上》。
⑤ 《晋书》卷二四《职官志》称"案汉武时……知枢要者始领尚书事",即一证。
⑥ 见《汉书》卷八二《傅喜传》。
⑦ 见《资治通鉴》卷二七宣帝黄龙元年,胡三省注。

夫、丞相。于定国任廷尉十八年，是"任职旧臣"，升丞相，元帝"敬重之"。匡衡通经学，数上书，元帝好儒术，"说其言"，提拔为御史大夫，丞相。王商原为外戚，于元帝生时"拥佑太子（成帝），颇有力焉"，成帝即位后以为丞相，"甚尊任之"。张禹原是成帝师傅，受到"敬重"，先领尚书事，后升丞相，甚至退休后，"国家每有大政，必与定议"。翟方进，成帝"以为任公卿，欲试以治民，徙方进为京兆尹"，有政绩，"器其能"，擢为丞相，"奏事亡不当意"。^① 上述主相关系相当融洽，这种状况和说领尚书事的出现与发展乃出于君权、相权之争，是十分不协调的。^②

其次，正因宰相一般均为皇帝精选之亲信和十分尊重的人，所以尽管领尚书事制度发展，皇帝仍赋予宰相极大权力。《后汉书》卷四六《陈忠传》：陈忠上书称汉之三公"入则参对而议政事，出则监察而董是非"。这是宰相职权的核心。即宰相一面与皇帝商议全国大事，出谋划策，包括有时通过上书提出建议；另一面在皇帝作出决定，形成诏令后，监督百官具体贯彻执行。领尚书事能不能把这些事包下来呢？不能。就议政事言，宰相往往年纪较大，统治经验较丰富；而且丞相府有掾史三百多，御史大夫寺有属官四十五人，^③分别掌管并向宰相提供全国政治、经济、军事各方面的材料。而当时尚书机构尚在发展初期，人数有限，^④掌管材料肯定不够全面；领尚书事因是"内辅"，着重帮助皇帝掌握和行使君权，往往以关系亲密的外戚和师傅充任，统治经验比不上宰相，^⑤重大政事仍靠宰相定夺。《汉书》卷六四下《贾捐之传》：珠崖郡屡叛，待诏贾捐之建议放弃珠崖，元帝"以问丞相、御史"。御史大夫陈咸反对，丞相于定国支

---

① 以上八人见《汉书》本传。

② 当然，皇帝对有的宰相也不满意。如薛宣为能吏，然经术浅，成帝"轻焉"，借故免其丞相职。但这与君权、相权之争无关。正因如此，后经人保荐，成帝又以宣"给事中"，甚至"视尚书事"（略等于领尚书事）。见《汉书》卷八三《薛宣传》。

③ 见《汉书》卷八四《翟方进传》、《太平御览》卷二二七引《汉旧仪》。

④ 《汉书》卷一九上《百官公卿表》：成帝初除令、仆射外，置尚书五人，有四丞，一共才九人；成帝以前，人数当更少。

⑤ 如宣帝临死，以外戚史高、太子（元帝）师傅萧望之、周堪辅政，领尚书事。他们资格、经验都无法与丞相于定国比。正因如此，后来元帝器重萧望之，便"欲倚以为丞相"，证明丞相之选最重要。见《汉书》卷七八《萧望之传》。

持，"上乃从之"。《汉书》卷八三《朱博传》：成帝晚年，丞相翟方进等上书请改地方监察长官部刺史为州牧，成为一级行政长官，"奏可"。及哀帝立，朱博为御史大夫，"请罢州牧，置刺史如故"，"奏可"。对这类重大问题，很少看到领尚书事参与谋议或故意阻挠的。

那么领尚书事"内辅"的核心内容是什么呢？从西汉看，多半是在人事，特别是中央官吏的任免、奖罚、升降。[①] 这就涉及"出则监察而董是非"的权力，在这一方面，按制度本来也归宰相掌握。[②] 但有的领尚书事干预较多。《汉书》卷八二《王商传》载，王商于成帝初年为丞相，琅邪郡灾害严重，王商派人按问太守，领尚书事王凤嘱王商勿问，商不听，上书请免太守，章奏"寝不下"。此事一方面说明，直接派人审察官吏，根据材料奏劾权本归宰相；然另一方面，章奏留中不下又正好是领尚书事在人事任免上影响皇帝，限制宰相权力的反映。这类事情多了，特别是在官吏奖惩、赏罚上，领尚书事影响皇帝多了（如成帝时的王凤），百官对他便会"侧目而视"。[③] 但这只是领尚书事侵犯宰相一个方面的权力。领尚书事在这一方面的影响，从宣帝以后的西汉历史看来，对它不能估计过高。原因在于领尚书事是"内辅"，其任务和宰相不同，是有弹性的。宰相等于全国的大管家，他对天下诸事都得在呈皇帝审批前作出反应，出主意，想办法，推荐官吏去执行。而领尚书事是辅助皇帝行使君权，如果碰上皇帝精力充沛，事必躬亲，或者对大臣不大放手，领尚书事不但对重大政务，就是在人事上发挥作用也极其有限。如汉宣帝在霍光死后，特别在霍氏谋反平定后，"躬亲政，省尚书事"。[④] 当时丞相是魏相，御史大夫是丙吉，与宣帝配合默契，宣帝"练群臣，核名实，而（魏）相总领众职，

---

① 《汉书》卷九八《元后传》：成帝时王章弹劾领尚书事王凤，说："今政事大小，皆自凤出，天子曾不一举手。"然所举作为证明的三件"大事"，全属人事问题。

② 《汉书》卷八六《王嘉传》：王嘉为丞相，下狱，叹曰："幸得充备宰相，不能进贤、退不肖，以是负国，死有余责。"《汉书》卷八四《翟方进传》：翟方进为丞相，"持法刻深，举奏牧守九卿，峻文深诋……皆罢退之"。都是证明。

③ 《汉书》卷九八《元后传》。这种现象在有的佞幸身上也会发生，见《汉书》卷九三《佞幸·石显传》。

④ 《汉书》卷七四《丙吉传》。

甚称上意"。① 在这种情况下，除了张安世由于特殊原因在任领尚书事几年间人事谋议参与较多外，②差不多二十年中，内辅大臣如韩增、许延寿、史高等，都未见有何弄权之事。再如汉哀帝时，外戚丁氏、傅氏先后任大司马等官"辅政"，"然哀帝不甚假以权势"。③ 王夫之说：哀帝"虽宠任丁、傅，而政自己出"。④ 所谓"政自己出"，便是说对宰相关于政策、人事方面的建议，由自己直接决定是否采纳，而不理会辅政大臣的意见。

固然，汉成帝时情况有所不同，外戚王氏特别王凤为辅政大臣领尚书事，权力颇大。然而具体分析，便会看到成帝赋予王凤大权，并不是出于君权、相权之争（如前所述，成帝和宰相关系基本是融洽的），而是有其特殊原因。一方面是因为成帝自"为太子时，以好色闻"，而且"幸酒、乐燕乐，（父）元帝不以为能"。即位后又继续"湛于酒色"，⑤对处理烦杂统治事务估计不大感兴趣。另一方面成帝对王凤又颇为信任。早在元帝晚年，作为太子舅父的王凤十分关心太子地位的安危。元帝常有意换太子，靠侍中史丹多次劝谏而未实行。在元帝动摇于废立期间，王凤"与皇后（成帝母）、太子皆忧，不知所出"。⑥ 王夫之说：这时与成帝"窃窃然忧，翕翕然私语而计者，徒王凤耳"。又说："人情出于危险之中而思故时之同患者，未有不深信而厚倚之。故成帝一立，而顾瞻在廷，无有如凤之亲己者。"⑦在这种情况下，成帝委王凤以大权，或根据他的意见处理政务，以便自己沉溺酒色，也就不足为奇了。这样，宰相权力的确受到了领尚书事的制约，但这是一种特殊情况，决非出于君权、相权斗争的需要。

① 《汉书》卷七四《魏相传》。
② 张安世本霍光一手提拔的亲信，原来对宣帝很轻视。所以霍光死后，在宣帝与霍氏斗争中，张敞曾上封事请罢免霍氏三侯及张安世。然而奇怪的是，张安世后来竟经宣帝亲信魏相推举，拜大司马、车骑将军，领尚书事。霍氏灭，安世继续"典枢机"。其原因很可能是经魏相拉拢，安世反戈一击，立下大功，以及安世兄张贺于宣帝有旧恩之故。见《汉书》卷九七《外戚·许皇后传》。正因如此，霍氏灭后，他"小心畏忌"，"每定大政已决，辄移病出"，装作不知。大概由于此故，他参与人事任命之事稍多。见《汉书》卷五九《张安世传》、卷七六《张敞传》。
③ 《汉书》卷九七下《外戚·定陶丁姬传》。
④ 《读通鉴论》卷五"汉哀帝"第一〇条。
⑤ 分见《汉书》卷六〇《杜钦传》、卷一〇《成帝纪》。
⑥ 《汉书》卷八二《史丹传》。
⑦ 《读通鉴论》卷四"汉元帝"第七条。

由此可见，领尚书事制度是客观形势发生变化，统治事务日益繁杂后的产物。它的出现虽使宰相行使权力在某些方面、某些时期受到限制，二者存在矛盾，但在西汉一代，它远不具备代替宰相的条件。从基本方面言，领尚书事与宰相互相配合，并行不悖，成为巩固汉武帝以后封建统治的两个极重要的制度。

中朝官制度情况略同。前面已讲，武帝简拔有才干之士人置于左右，是在新形势下摸索出来的经验。昭帝以后，左右近臣逐步形成中朝官，范围扩大。[①] 其主要任务除侍卫皇帝外，便是参与政事谋议。是不是皇帝要用他们来压制宰相和外朝官呢？从宣帝以后情况看，似乎不像。现有材料表明，[②]他们固然有时单独会议或行动，但大多数情况是和外朝官一起商议或行动，特别是重大政事。如元帝时陇西羌反，时逢四方饥馑，如何对付？成帝时无子，立谁为嗣？哀帝时匈奴单于称病不朝，是否将发生变故？均是。而且即使中朝官单独会议，往往最后仍要经外朝官讨论。如《汉书》卷八六《王嘉传》载，王嘉任丞相，有罪，事下将军中朝官集议，孔光等中朝官主交廷尉治罪，[③]然而到哀帝下制最后决定时说的却是："票骑将军、御史大夫、中二千石、二千石、诸大夫、博士、议郎议。"而"卫尉云等五十人以为'如(孔)光等言可许'。议郎龚(胜)等以为'……宜夺爵土，免为庶人'。永信少府猛等十人以为'……(不当下狱)'"。可见，实际上中朝官集议后，以其意见为基础，又经过中外朝官合议。再如《汉书》卷八三《朱博传》：朱博任丞相，有罪，"诏左将军彭宣与中朝者杂问"，其后"宣等劾奏(朱博)"云云，然而到哀帝下制却说："将军、中二千石、二千石、诸大夫、博士、议郎议。"而"右将军蟜望等四十四人以为'如宣等言可许'。谏大夫龚胜等十四人以为'……(同案犯傅晏应重惩)'"。证明同样经过了中外朝官合议。由此可见，宣帝以后中朝官制度之所以得到发展，从其主要方面言，恐怕并非出于压制外朝，削

---

① 参《汉书》卷七七《刘辅传》注及王先谦补注。

② 参《西汉会要》卷四〇、四一。

③ 《汉书》卷七二《龚胜传》记同一事，在"将军中朝者"之中还包括了外朝官"司隶鲍宣"，说明名为中朝官集议，其实并不那么严格。

弱宰相权力的指导思想，而是因为中朝官是近臣，人数较少，比较灵活，当时全国事务比汉初烦杂得多，有些大事皇帝拿不定主意时交他们集议，提个初步处理意见供皇帝采择，如果必要再交中外朝合议。

当然，说领尚书事制度和中朝官制度之建立与发展主要并非出于君权、相权斗争的需要，并不意味皇帝与宰相没有矛盾，但其矛盾性质大体上都和前述周亚夫、田蚡等一样，和所谓相权膨胀没有关系。为了避免烦琐，这里只就容易被人误解的哀帝时的例子进行剖析。

《汉书》卷一一《哀帝纪》赞曰：哀帝"睹孝成世禄去王室，权柄外移，是故临朝娄诛大臣（指丞相朱博、王嘉），欲强主威，以则武、宣"。看来似乎主、相权力之争很激烈。可是仔细一分析，第一，所谓成帝时权柄外移，是指移于内辅之臣，即外戚王氏，而非移于宰相，为何哀帝要把怒气发泄在宰相身上？何况哀帝自己也宠幸内辅之臣董贤，甚至想把帝位禅让给他。可见，屡诛大臣恐怕和成帝之大权外移没有必然联系。说"欲强主威"，也只是班固的一种分析，并无足够根据。第二，即就朱博、王嘉得罪之事研究，也并非由于相权侵犯君权。朱博是因为想讨好哀帝祖母傅太后，接受指令，去陷害另一大臣傅喜，触犯了刑律；而王嘉则因谏诤太直，伤害了哀帝的自尊心。当时因为这类缘故而死的也不只王嘉一人，甚至近臣尚书仆射也不能幸免。[1] 这些都带有个人特点，而和宰相权重与否没有关系。关于这一问题有一强证，就是成帝时将丞相独揽大权的三公制改为三公鼎立的宰相制度，然而到哀帝初竟又改了回去，恢复了丞相独尊之局面（均见下）。如果哀帝有意识打击、削弱相权，是不可能这样做的。

综上所述，武帝之后至成哀之间宰相制度的某些变化，领尚书事和中朝官制度的建立与发展，和武帝前期一样，主要不是出于皇帝削弱相权这一指导思想，而是为了提高统治效率，更有效地进行封建统治。

但有段时期又当别论。这就是从昭帝立（前87），至宣帝地节二年（前68）为止的十九年。在这十九年中，霍光领尚书事，为辅政大臣，一

---

① 参《汉书》卷七七《郑崇传》。

切大权都在他手中,所谓"海内之命断于掌握"。① 在这期间,宰相权力的确有意识被限制、削弱了,但这是一种极特殊的情况。

武帝晚年,欲立少子弗陵(昭帝),因弗陵年幼,才八岁,便不得不设辅政大臣。当时丞相田千秋虽"敦厚有智",然"无他材能术学",②武帝不中意;同时在宫内辅政,只有侍卫之官(即后来的中朝官)方便,宰相总理百政,事务烦杂,又在宫外,也不合适。武帝环顾左右近臣,选中了奉车都尉霍光,以他为大司马、大将军辅政,而副之以车骑将军金日磾、左将军上官桀。这样,依靠武帝五十多年统治的威望和付托,"政事壹决大将军光"的局面便基本定下来了。③ 但是霍光原来的官位并不高。奉车都尉只不过秩比二千石,资历也不够,所以当过太仆(中二千石)的上官桀不服,伙同御史大夫桑弘羊想搞掉霍光。事件虽迅速平定,却不能不迫使霍光考虑如何对待地位比上官桀、桑弘羊还要高得多的丞相田千秋(时金日磾已死)和其他大臣。这个关系是复杂的。一方面,霍光作为昭帝的代理人,不是不希望宰相充分行使权力,提高统治效率,以巩固昭帝和自己的统治;但另一方面,霍光原来地位毕竟比丞相、御史大夫、列卿要低,因此代表昭帝指挥百官特别是丞相时,不能不有所顾虑。在这种情况下,采取的措施是:

第一,加强领尚书事的权力。汉武帝时领尚书事大概权力不大,故史书不载谁担任过这一职务。武帝顾命也未让霍光等领尚书事。可能昭帝立后,霍光等人认为昭帝年幼,无法于百官朝见时处理国事,自己也不便当场代替昭帝向丞相、百官发号施令,最好的办法是通过文书上下,加以指挥。于是自封领尚书事,以比较婉转的形式审批丞相、百官的文书,达到辅政的目的。这样,无形中大大加强了领尚书事的权力。

第二,由于宰相、列卿地位甚高,霍光在审批他们的文书时便不得不采取谨慎的态度,重新恢复汉武帝前期重用地位低的左右近臣参与谋议

---

① 《汉书》卷七六《张敞传》。
② 《汉书》卷六六《田千秋传》。
③ 《汉书》卷六八《霍光传》。

的办法。如在上官桀等事件平定后，霍光先后引进张安世、杜延年、田延年为侍卫之臣，作为自己的助手与顾问。《汉书》卷六〇《杜延年传》载，杜延年"本大将军霍光吏，首发大奸（指揭发上官桀），有忠节，由是擢为太仆、右曹、给事中。……吏民上书言便宜，有异，辄下延年平处复奏"。这样便又促进了中朝官制度的完备，而为宣帝以后各朝所沿用。

第三，在任用丞相、御史大夫时，霍光都挑虽不乏才干，却胆小怕事，能服从己命者。继田千秋之后为丞相者有王䜣、杨敞、蔡义，性格均略同。如杨敞，本来还是霍光部下，为大将军长史，经霍光一手提拔，"无劳"而不断升官。以至"议者或言（霍）光置宰相不选贤，苟用可颛制者"。[1]

以上三项措施，在某种意义上说，是包含有意识削弱、限制宰相权力的因素在内的。但这不能代表宣帝以后的倾向，而是昭帝一代霍光的特殊身份决定的。宣帝以后即位皇帝均已成年，名正言顺，没有必要用窝窝囊囊的人当宰相；同时虽继承了领尚书事和中朝官制度，也与霍光的意图并不相同，从而赋予的权力也就不能同日而语了。

再看第二个变化。

西汉宰相制度真正在形式上也发生重大变化，是在成帝绥和元年（前8）。在这之前，名为三公理政，实际上丞相权力独重；在这之后，采纳大臣何武建议，改革为三公鼎立制度，即丞相名称不变，将御史大夫改称大司空，与武帝时早已由太尉改名的大司马一起，"增奉如丞相"。[2]从此三公地位平等，丞相不再独揽大权。这是一次依儒家学说实行的重大改革，后代的三公制严格说应始于此。

为什么进行这项改革？不少书也说是皇帝为了削弱、分散相权。[3]然而正像汉武帝时一样，这不符合历史事实。

首先，如前所述，成帝统治的二十多年中并不存在相权对君权的威胁。也就是说，没有形成有意识削弱、分散相权这一指导思想的基础。

---

① 见《汉书》卷六三《燕剌王旦传》、卷六六《杨敞传》、卷六六《蔡义传》。

② 《汉书》卷八三《朱博传》。武帝时大司马本"禄比丞相"，很可能为宣帝所减，故此时有增俸问题。参《汉书》卷一〇《成帝纪》补注。

③ 如李俊《中国宰相制度》第一篇，商务印书馆，1947年，第47页。

当然，主、相之间矛盾是有的，但均与相权大小没有关系。如匡衡因侵占国有土地，"专地盗土"，被免相。王商因与领尚书事王凤有矛盾，受他陷害而死，成帝为此还同情王商，对王凤不满。翟方进以"政事不治，灾害并臻，百姓穷困"，恰逢天变，成帝归咎于他，被迫自杀。至于薛宣，因经术浅为成帝所轻，后被借口统治无能，镇压农民起义不力免相，与上面几个人原来一直受信任和尊重有所不同，但在和成帝的矛盾主要不属权力之争这一点上，则是一致的。①

其次，何武建议本身也提供了不存在上述指导思想的有力证据。何武说，其所以应改革是因为"末俗文弊，政事烦多，宰相之材不能及古，而丞相独兼三公之事，所以久废而不治也。宜建三公官，定卿大夫之任，分职授政，以考功效"。② 就是说，是为了提高统治效率。考之成帝后期，政治腐败，农民起义不断爆发，到改革宰相制度的这一年，甚至连诏令也不得不承认"百姓怨望者众"。③ 面对这一局势，封建政治家、思想家把它归咎于宰相统治不力，想通过三公鼎立，分工负责，以挽救摇摇欲坠之统治，是可以理解的。

再次，这次改革后仅仅过了三年，于哀帝建平二年（前5），因议者多以为这次改革"职事难分明，无益于治乱"，经大司空朱博奏请，又恢复了绥和以前旧制。如果原来确系出于皇帝削弱相权的意图而改革，照说从武帝以来为此斗争了一百多年，好容易达到在制度上加以固定的目的，岂能刚过三年便又改回去呢？而且这时丞相是孔光，朱博和他有矛盾，正在设法排挤他，如非出于统治效率之考虑，就不会奏请此事，让孔光扩大权力。④

哀帝恢复绥和以前旧制后，过了四年，至元寿二年（前1）又重新实行三公鼎立制度，并进一步把丞相改称大司徒，这又如何解释呢？我认为从当时背景看，也不是出于君权、相权之争，而是为了尊宠董贤的缘

① 以上四人事分别见《汉书》本传。
② 《汉书》卷八三《朱博传》。
③ 《汉书》卷一〇《成帝纪》。
④ 参《汉书》卷八三《朱博传》、卷八一《孔光传》。

故。据《汉书》卷九三《佞幸·董贤传》，很早以来哀帝就宠幸他，后来又以他为大司马，甚至想禅位给他，以侍中王闳谏作罢。而在旧制下，丞相地位高于大司马，不符哀帝心意；董贤又年轻，才二十多岁，西汉没有年轻人当丞相的先例。[1] 于是"正三公官分职"的办法便被提了出来，[2]不但恢复三公鼎立制度，而且把大司马班在首位。不过把丞相地位压到大司马下面，和秦汉以来旧制冲突厉害，便又依儒家三公学说将丞相之名改为大司徒，巧妙地掩饰新制的缺陷。哀帝的心意，丞相孔光十分清楚，极力迎合。在这次改制前，哀帝让董贤拜访孔光，尽管董贤父亲董恭当过孔光属吏，董贤作为大司马地位又在孔光之下，但孔光"知上欲尊宠贤"，竟放下丞相架子，"送迎甚谨，不敢以宾客均敌之礼"。[3] 王夫之曾痛斥孔光之行是"执臣主之礼"。[4] 然因哀帝高兴，孔光不但稳固了自己的官位，而且两个侄子也因此得以拜官。由此可见，元寿二年的改制，表面上丞相权力分散，地位降低，然究哀帝之动机不但不是出于君权、相权之争，恰恰相反，而是孔光为进一步讨取哀帝欢心，与之一致尊宠董贤的结果。当然，这是一种衰世的不正常现象，也不能代表当时统治阶级的意志。

总之，汉成帝以后三公鼎立制度之建立，虽然和汉武帝之改革相比，历史背景、国力强弱相差很大，具体措施也不一样，但就其基本指导思想言，总的来说却是相同的。即都不是出于统治集团内部权力之争的需要，而是为了通过改革，加强统治，维护整个封建地主阶级的政治经济利益。

---

① 西汉年轻人只有当大司马的先例，如卫青、霍去病。哀帝正是据此先例任命董贤的。
② 《汉书》卷一一《哀帝纪》。
③ 《汉书》卷九三《董贤传》。
④ 《读通鉴论》卷五"汉哀帝"第一条。

唐初宰相制度变化原因试探[*]

《新唐书·百官志一》：三省之长，"仆射为尚书省长官，与侍中、中书令号为宰相。其品位既崇，不欲轻以授人，故常以他官居宰相职，而假以他名。自太宗时杜淹以吏部尚书参议朝政，魏征以秘书监参预朝政，其后或曰参议得失、参知政事之类，其名非一，皆宰相职也"。稍后又出现同中书门下平章事、同中书门下三品之名，也都是宰相之职。

这些变化都始于唐太宗一朝。①

短短的二十多年中为什么制度一再发生某些变化，原因何在？

过去一种比较流行的看法是：皇帝嫌宰相权重，故通过用他官参与宰相事务的办法以分其权。聂崇岐先生在《中国历代官制简述》一文中，在介绍了历代宰相制度演变，包括唐初在三省长官之外又设参议朝政等官"作为实际上的宰相"之后总说："这种制度的一变再变，里面都含有一个中心问题，那就是皇帝要抓权。"②所谓"抓权"，与多设他官"居宰相职"结合，具体便是指对原来宰相权重不放心，要借此分其权，便于皇帝最后控制。③ 也就是有的学者所说"加强皇权，分散相权"。④

---

* 原载《北京大学学报》2009 年第 5 期。

① 至于唐高宗以后为宰相者必加"同中书门下三品"，最后固定为"同中书门下平章事"，成为定制，此处不涉及。

② 聂崇岐《宋史丛考》上册，中华书局，1980 年，第 209、213 页。

③ 《宋史丛考》介绍西晋之制说"由于中书省权势日大，皇帝有些不放心，于是遂有南北朝时期侍中参预大政的办法"，是认为"抓权""分权"出于皇帝"不放心"之一例（上册，第 209 页）。又《中国政治制度通史》第五卷《隋唐五代》说：唐初左右仆射"权力最大"，"对皇权存在着潜在的威胁。因此，如何改变宰相之间的权力配置，便成为唐代前期政治改革的重要课题"。（白钢主编，俞鹿年著，人民出版社，1996 年，第 118 页）两者精神一致。

④ 《中国政治制度通史》第五卷，第 117 页。

然而唐太宗以他官参议朝政等，其指导思想是不是为了"抓权"，即嫌宰相权重，"不放心"，要分其权呢？恐怕不是。

一

按贞观年间宰相任职时间最长的是房玄龄，前后不会少于二十年；[①]而且长期担任尚书左仆射，位从二品，高过三品的宰相侍中、中书令；本人声望又高，"论者称为良相焉"。[②] 因此，如果唐太宗要"抓权"，嫌宰相权重不放心，则重点之重点必定是房玄龄。然而事实是，历史上没有留下这方面任何材料：

1. 贞观十三年、十五年房玄龄以自己任宰相时间太久，"频表辞位"，如唐太宗嫌其权重，不是正好可以顺水推舟，批准所请，免其相职吗？可是为什么不但"优诏不许"，命他"仍总朝政"，而且随后于贞观十六年将他"进拜司空"，十八年又加太子太傅，二官皆位一品，高过所任尚书左仆射二品，即不断提高其地位、声望呢？[③] 如果原来已嫌其权重，这样一来，岂非更加重了对皇权的威胁吗？！

2. 更不好解释的是：贞观十八年（644）唐太宗征辽东，竟以房玄龄为"京城留守"，即由他独自主持全国政务和出征大军的粮食、军械供应等事，手诏曰"公当萧何之任，朕无西顾之忧矣"；[④]而且命他"得以便宜从事，不复奏请"。[⑤] 如非毫无猜忌和分其权之心，能赋予如此大权吗？

3. 还有一事也可证唐太宗对房玄龄的极端信任：在唐太宗出征辽东路途中，"或诣留台（指长安留守政权）称有密，玄龄问密谋所在，对曰'公则是也'。玄龄驿送行在。上闻留守有表送告密人，上怒，使人持长

① 贞观十五年，玄龄已"自以居端揆十五年"，频表辞位，不许。由此至贞观二十二年卒，中间除"母丧"服阕，"未几，起复"，及"微谴"归第等，任职时间不会少于五年，见新、旧《唐书》本传。

② 《贞观政要》卷二《任贤第三》房玄龄条，《四部备要》本（以下简称《政要》）。

③ 见《旧唐书》本传。

④ 见《旧唐书》本传。

⑤ 《资治通鉴》（以下简称《通鉴》）卷一九七贞观十九年条。

刀于前,而后见之。问告者为谁?曰'房玄龄'。上曰'果然'。叱令腰斩。玺书让玄龄以不能自信,'更有如是者,可专决之'"。① 连"告密"内容是什么都不问,就把对方杀了,只能表明唐太宗对房玄龄信任已到无以复加的程度。当然,从另一角度也可以说,唐太宗这时远在外地,对京城鞭长莫及,杀告密人是一种姿态,万一房玄龄果有不轨行为,这样便可以稳住他,不致变生须臾,腹背受敌。可是如果出于这种谋略,征辽东归来便应细究其事,而事实是一直毫无动静,对房玄龄委任如初。贞观二十一年唐太宗出巡外地,不但再一次以房玄龄留守,而且还留下了一段佳话:唐太宗在出巡途中,提升司农卿李纬为民部尚书,"玄龄时在京城留守。会有自京师来者,太宗问曰:'玄龄闻李纬拜尚书如何(说)?'对曰:'玄龄但云李纬好髭须,更无他语。'太宗遽改授纬洛州刺史"。② 玄龄意思当是李纬除髭须好,无他才干,太宗立即醒悟而行改授,君臣之际默契如此,这哪里是"抓权",明明是"让权"!

4. 还有一事也反映当时不可能存在君相权力之争。这就是房玄龄"善归人主"。中唐柳芳曾概括说:"房、杜(杜如晦)佐太宗,天下号为贤相,然无迹可寻,德亦至矣。故太宗定祸乱,而房杜不言功;王(珪)、魏(征)善谏净,而房杜让其贤;英(李世勣)、卫(李靖)善将兵,而房杜行其道。理致太平,善归人主,为唐宗臣,宜哉!"③"是后新进用事,玄龄身处要地,不吝权,善始以终。"④这些都是说房玄龄为相,极力提高太宗威望,不居功,不揽权,"君臣之契深矣!"⑤

所有以上史料都证明:贞观年间唐太宗不可能存在嫌房玄龄权重,对他不放心,要分散其相权的指导思想。

---

① 《通鉴》卷一九七贞观十九年条。《新唐书》本传"告密"作"上急变",一般指揭发谋反等大事。

② 《旧唐书》本传。《新唐书》本传作改授李纬"太子詹事",似是,因州刺史但"好髭须"也无法胜任,太子詹事则有弹性。

③ 《政要》卷二《任贤第三》杜如晦条元代戈直注引。按杜如晦之功多在拜相前,拜相后不到两年即"以疾逊位",故柳芳此赞主要指房玄龄。《通鉴》卷一九九贞观二十二年引柳芳"天下号为贤相"语,也仅就房玄龄而言。

④ 《新唐书》卷九六房杜传赞。

⑤ 《政要》杜如晦条注引宋唐仲友语。

那么会不会是唐太宗嫌其他宰相权重,而要"抓权","分散相权"呢?同样不可能。

据万斯同《唐将相大臣年表》(以下简称《万表》),除房玄龄外,贞观年间三省长官即正式宰相先后有十六人,如以权重可能导致太宗猜忌,以至于需变更某些制度来对付者作为标准,以下七人在位时间短,不足以成此气候,均可不计:

萧瑀,尚书左仆射,半年即罢。

封德彝,尚书右仆射,同年卒。

宇文士及,中书令,同年罢。

杜如晦,侍中、右仆射,多病,不到两年逊位。

刘洎,侍中,一年半赐死。①

岑文本,中书令,不到一年卒。

褚遂良,中书令,半年后唐太宗崩。

而其余九人的经历,也都反映不出唐太宗对他们猜忌,要分其权的意图:

高士廉,为尚书左仆射八年。②"任遇益隆,多所表奏,成辄焚稿,人莫知之",也属和房玄龄类似"善归人主"的人物。死后太宗甚至驰出宫门,欲亲吊祭;③评价他"为官亦无朋党",只不过"骨鲠规谏"不够而已。④

魏征、王珪,先后为侍中均四年余,主要功绩都是敢于规谏。规谏固然可以影响大政方针,但是否采纳,主动权操在太宗手中,非如房玄龄、高士廉等直接处理政务,权力较难控制。⑤特别是魏、王二人原系太子建成党羽,魏征当年还曾建议建成早除太宗,归顺太宗后一切行动自在太宗众多旧属时刻注视之中。贞观六年一次宴会,太宗亲信长孙无忌还在

---

① 刘洎赐死,不是因为平日权重,而是由于褚遂良诬告他乘太宗病,欲立少主,见新、旧《唐书》本传,故高宗时得以平反。

② 《新唐书》宰相表上,及《旧唐书》本传。《万表》同。

③ 见《旧唐书》本传。

④ 《旧唐书》卷六五《长孙无忌传》。

⑤ 唐初尚书仆射可不经皇帝自下文书("省符")处理"小事",见《唐六典》卷二三《将作监》。而"小事"有时是可以有弹性的。

说:"王珪、魏征往事'息隐'(指建成),臣见之如仇,不谓今者又同此宴。"①这一前提,就决定了魏征、王珪不可能也不敢揽权妄为,太宗也没有必要加以猜忌。

李靖,善于用兵,立战功累累,但因原为隋官,被俘归降,②故一生小心谨慎,"每与时宰参议,恂恂然似不能言",为尚书右仆射不到四年,就"上表乞骸骨",太宗把他视为"能知止足"的"一代楷模"。③ 和李靖情况略同的杨恭仁、杨师道兄弟,原为隋宗室,恭仁且官吏部侍郎,地位高过李靖;归唐后二人先后为侍中、中书令十年。恭仁"性虚淡,必以礼度自居……时人方之石庆";④师道尚公主,太宗评他"性谨审……而懦不更事"。⑤ 显然,三人都不具备遭猜忌条件。

此外,温彦博,原为隋官,归唐较早,为中书令六年、尚书右仆射一年。"性周慎,既掌机务,谢宾客不通",卒后,太宗评他"以忧国之故,劳精竭神……致夭性灵",故"谥曰恭"。⑥ 马周少孤贫,"一介草茅",因缘时会,为太宗重用,为中书令近四年卒。太宗曾说"暂不见则便思之",赐书"股肱之寄,诚在忠良",相互关系被视为"君宰之间不胶漆而固,恨相得晚"。⑦ 以温、马之恭慎、忠良,太宗又何必要向他们"抓权"?

剩下只有一个长孙无忌,曾经有可能成为猜忌对象,因为他有显赫家世,是"佐命元勋",又是皇后之兄。故贞观元年拜尚书右仆射才半年,便"有密表称无忌权宠过盛"者,太宗当时虽对他甚为信任,但因无忌本人固求,长孙皇后又为之陈请,"太宗不获已",乃免无忌仆射职。⑧ 不过

① 以上俱见《政要》魏征、王珪条。
② 《旧唐书》本传载其为隋官时发觉李渊有异志,主动赴江都拟向隋炀帝"上变"揭发,只因"至长安道塞不通而止"。被俘后,高祖欲斩之,太宗"固请,遂舍之"。就是说,原来罪过不轻。
③ 同上本传。其传赞则评他"位重能避,功成益谦"。
④ 《旧唐书》本传。石庆见《汉书》卷四六《石奋附石庆传》,是历史上一"醇谨",又无所作为的典型。
⑤ 《新唐书》卷一〇五《长孙无忌传》。
⑥ 新、旧《唐书》本传。
⑦ 新、旧《唐书》本传及传赞。
⑧ 以上俱见《旧唐书》本传。

从贞观七年进拜无忌为司空（位一品），且"知门下省事"，即参与宰相政务，①以及贞观十九年征辽东，又命他以司徒（位一品）"摄侍中"作为宰相随行，提供谋略看，②可以说，唐太宗对无忌为宰相是从无猜忌之心的，否则便不会一再任命了。

二

那么究竟唐初宰相制度变化的原因是什么呢？

我以为主要就是为了广泛任用人才，使之参与宰相事务，以提高统治质量与效率。

1. 《资治通鉴》贞观元年九月"御史大夫杜淹参预朝政。他官参预政事自此始"。③ 其主要原因当有二：第一，两省长官当时皆缺。侍中高士廉八月因微过已出为安州大都督；中书令宇文士及则因"或告其反"，虽"讯无状"，仍罢为殿中监。④ 为免削弱统治质量与效率，需增补人选，由于杜淹资历、声望皆不够，⑤所以想出了赋予"参预朝政"名义这一办法。⑥第二，其所以选上杜淹，则是因为他"多识典故"，且善于识别人才，参与宰相政事后，"前后表荐四十余人，后多知名者"，⑦是其证。而识别、推荐人才正是当时巩固统治的关键。直到贞观三年，唐太宗依然叮嘱宰相

---

① 《通鉴》卷一九四贞观七年。又卷二〇三高宗弘道元年追述。此条几乎全录自中唐李华《中书政事堂记》（《全唐文》卷三一六）。不同的仅是李华称无忌"起复授司空（先因母丧罢）"，时在贞观九年。起复事又见《新唐书·宰相表（上）》。

② 新、旧《唐书》本传。

③ 《通鉴》卷一九二太宗贞观元年（按新、旧《唐书》作"检校"或"判"吏部尚书"参预朝政"）。

④ 《万表》及《新唐书》二人本传。

⑤ 御史大夫从三品，而侍中、中书令正三品，差一阶，见《旧唐书·职官志一》（吏部尚书虽正三品，但"检校""判"仍是资历不够）。且杜淹为官"亡清白名，获讯当世"，声望差，见《新唐书》本传。

⑥ 隋已行此法，如《隋书》卷四七《柳述传》，以兵部尚书"参掌机密"。《通典》卷二一《职官三》隋宰相"亦有他官参与焉"，注即举柳述为例。《册府元龟》卷三〇八《宰辅部》总序概括说"隋……或以他官参掌机事及专掌朝政者。并为辅弼"。

⑦ 《旧唐书》本传。

"当广求贤人,随才授任,此宰相之职也"。① 可见用杜淹并非出于猜忌已有宰相之动机。②

2.《资治通鉴》贞观三年二月"以尚书右丞魏征守秘书监,参预朝政"。③ 这是宰相制度有所变化后第二个任命的人。其主要原因当有二:第一,和杜淹情况略同,当时恰好中书令房玄龄升尚书左仆射,其位空缺;如增补宰相,而魏征资历不够,④故再一次行新制。第二,魏征敢于并善于谏诤,太宗正是看准这一特点,命他"参预朝政"的。其证一:《贞观政要》记唐太宗对魏征曰"卿所谏前后二百余事,皆称朕意"。于是"(贞观)三年,(魏征)累迁秘书监,参预朝政。深谋远算,多所弘益"。⑤ 其证二:太宗后来对魏征说"朕拔卿于仇虏之中,任公以枢要之职,见朕之非,未尝不谏。公独不见金之在矿也,何足贵哉!良冶锻而为器,便为人所宝。朕方自比于金,以卿为良匠"。⑥ 这个"枢要之职",自包括最初的"参预政事",其目的显然是要他通过宰相之职,参加宰相会议,广泛了解大政方针,以便有效谏诤。也就是说,任用他主要是针对皇帝的,而不是为了分其他宰相之权。

3.《资治通鉴》贞观四年二月"守户部尚书戴胄为户部尚书,参预朝政"。⑦ 这是第三个被如此任命的人。其主要原因是:第一,和杜淹、魏征时情况略同,自贞观三年末右仆射杜如晦病罢,其位空缺;而戴胄也是资

---

① 《通鉴》卷一九三贞观三年三月丁巳条。
② 固然,当时长孙无忌为右仆射,淹"素与无忌不协"(《旧唐书》本传),但这也不能成为用淹有对无忌掣肘、猜忌意的证据。因为一是无忌之任,太宗是真诚的,观其不听长孙皇后替无忌推辞此任命一事可知(见《通鉴》卷一九二贞观元年条),不应七月刚刚任命,九月便派淹掣肘,这不是刚登帝位时太宗的作风。二是从杜淹参与朝政后一心推荐人才,从未与无忌发生任何矛盾看,也可推得。
③ 《通鉴》卷一九三。魏征后于贞观六年升宰相侍中,四年后罢,前已论及。
④ 尚书右丞仅正四品下阶,秘书监也只从三品,"守"则更表示其资历不够,见《旧唐书·职官志一》。
⑤ 《政要》卷二《任贤第三》魏征条。
⑥ 《旧唐书》本传。
⑦ 《通鉴》卷一九三。

历不够,①只得"参预朝政"。第二,戴胄的优点是"明习律令,尤晓文簿","达于从政,处断明速",即长于吏才。戴胄以前为大理少卿,曾多次与太宗辩论,"犯颜执法";后为尚书左丞,掌尚书省吏事,"议者以为左右丞称职,武德以来一人而已"。②用戴胄参预朝政,显然是从他明律令,擅长吏事角度考虑。当时左仆射房玄龄、侍中王珪、中书令温彦博、参预朝政魏征四人,在这一方面皆有所欠缺,用戴胄便可弥补诸相之不足。特别是当时权力最重的房玄龄,以及声望甚高的魏征"均与之亲善",③如果太宗有"抓权"和猜忌之心,要用人分房、魏之权,也绝对轮不上他。

4.《资治通鉴》贞观四年二月,与用戴胄同时,以"太常少卿萧瑀为御史大夫,与宰臣参议朝政"。④这是第四个被任命此职的人。萧瑀此人,颇具特色。一方面他是后梁皇室,又是隋炀帝皇后之弟,有显赫家世。萧瑀归唐后于唐高祖时已为宰相内史令(后称中书令),有统治经验,"凡诸政务,莫不关掌";而且在太宗与太子建成争夺皇位的斗争中站在太宗一边,为此后来太宗曾赐以诗"疾风知劲草,板荡识诚臣"。由于以上之故,太宗即位不久即用瑀为尚书左仆射。但另一面他心胸狭窄,"性多猜贰",以致太宗在他死后所谥二字竟是"贞褊"。所以贞观元年仅任左仆射半年,即因奏诋房玄龄而"忤旨"罢相。⑤贞观四年这次他又以御史大夫参议朝政,由于正宰相时为房玄龄,因而太宗意图似可理解为有猜忌成分,即有意利用二人过去矛盾,以分房玄龄等之权。然而实际情况又不像。因为据《通鉴》记载,第一,萧瑀"与宰相参议朝政。瑀气刚而辞辩,房玄龄等均不能抗",但"上多不用其言";第二,房玄龄等"尝有微过",瑀"劾奏之",但"上竟不问","瑀由此快快自失",于是罢御史

---

①　据《旧唐书·职官志一》,户部尚书虽正三品,但当时正三品的侍中、中书令已有人,所缺者尚书右仆射(原官杜如晦贞观三年十二月罢,见《万表》),乃从二品,故资历不够(也可能本为"守户部尚书"之故)。

②　《旧唐书》本传。

③　《旧唐书》本传。

④　《通鉴》卷一九三。

⑤　以上均见《旧唐书》本传。

大夫，"不复预问朝政"，在位前后仅五个月。① 如果太宗原本确对房玄龄有上述猜忌、分权意图，萧瑀作为合适人选，即使短时期内谋略不当而"多不用"，劾奏琐碎而"不问"，但时间一长总会起作用的，为什么一下子就免职呢？这当表明，太宗用他并不存在对宰相猜忌、分权意图，当是从其忠心、资历和富有充任宰相经验着眼的，本希望他能吸取贞观元年免相之教训，与房玄龄等配合，提高统治质量与效率，谁知所言一不用，瑀便"怏怏自失"，眼看或许会导致相反后果，于是只得再次予以免职。太宗这一指导思想还可从以下事实窥得：贞观九年十一月萧瑀再一次以"特进"（正二品）身份参预政事，太宗同时赐诗（见上）且夸他在当年"高祖有废立之心"时支持自己，是"社稷臣"，②似向群臣表示又起用他主要着眼于此，并有怀旧感恩之意。一年后虽因某种原因出为外官而罢此职，但贞观十七年又以太子太保（从一品），"同中书门下三品"（此亦当时"他官居宰相职"的一种新制度，见下）。不久，萧瑀故态复萌，而且劾奏房玄龄等宰相的罪名竟是"朋党不忠，执权胶固"，不再是"微过"了；这时太宗刚从辽东征战归来不久，联系出征初之"告密"事（见前），如果太宗用萧瑀是因为存在对房玄龄诸相的猜忌、防范之心，则岂非正好就此大加追查吗？然而事实是太宗立即驳斥说："卿言得无太甚！……人不可以求备，必舍其所短，取其所长，朕虽不能聪明，何至顿迷臧否，乃至于是"，加上他事"忤旨"，萧瑀第三次被免去相职。③ 这就再一次表明太宗一再起用萧瑀是"取其所长"，并有感恩之意，想让他与诸宰相和谐共事，而不是掣肘，此旨既然无法实现，立即果断处理。

5.《通鉴》贞观四年十一月"以右卫大将军侯君集为兵部尚书，参议朝政"。④ 这是唐初第五个被任命此职的人。其原因主要当系历年西北用兵，宰相中除右仆射李靖外，需要再增一有军事才干的人为兵部尚书，且参预朝政，旨在宰相议事时保证军事决策的稳妥、高明，故侯君集参预朝政前后十二年，仍多次率军出征西北，却无一其他方面包括在朝与其

---

① 《通鉴》卷一九三贞观四年七月。
② 《通鉴》卷一九四。
③ 《通鉴》卷一九八贞观二十年九月。
④ 《通鉴》卷一九三。

他宰相,特别是李靖争权的记载。由于"建成、元吉之诛也,君集之策居多",①所以也和用萧瑀一样,用他似不排除太宗借以感恩之因素,未必有意要分谁的权。

为免烦琐,考证到此为止。因为唐初宰相制度发生这些变化时,以上五人是最早被任命的,由贞观元年一直延续到贞观十三年,再无他人参预,②是足以体现唐太宗和统治集团变更这些制度的指导思想的。而如上所考,既然它们基本上是为了提高统治质量与效率,则自然也就表明"抓权""分散相权"诸说未必符合事实了。

还要补充两点。第一,《通鉴》贞观八年七月尚书右仆射李靖"以疾逊位,许之。……以靖为特进,封爵如故……俟疾小瘳,每三两日至门下、中书平章政事"。胡注"唐初政事堂在门下省。欧阳修曰平章事之名始此"。如所周知,"平章"之词始于《尚书·尧典》,此处"平章事"乃参与商议政事之意,并非官衔,"平章"乃动词,整个太宗一代均不例外。设于门下省的政事堂乃当时宰相议事之所。③ 李靖从右仆射退下,允许疾瘳仍可三两日一次参与商议政事,显然是一种荣宠,故同时加"特进"之衔,称"优诏",④并无分谁权力之意。而且另创"平章政事",不用当时已很习惯的"参预朝政"等,可能也以此表示是资历深、官品高者退下参政,与资历不够者参政不同。后来贞观九年萧瑀以"特进"身份参预政事(见上);贞观十七年高士廉解右仆射,以开府仪同三司(从一品)"依旧平章事",指导思想当均如此。⑤

第二,贞观十七年四月,萧瑀、李世勣,"并同中书门下三品。同中书

---

① 《旧唐书》本传。同传还说,甚至贞观十八年侯君集谋反之罪被揭发,在处死前,唐太宗还以其功大,曰"我将乞其性命",因群臣反对而作罢。
② 见《万表》。到贞观十三年十一月方有第六人刘洎参知政事。
③ 《通典》卷二一《职官三》。
④ 《旧唐书》本传。仆射从二品,特进正二品,是升进,见《旧唐书·职官志一》。
⑤ 《旧唐书》卷六五《高士廉传》。虽然《通鉴》卷一九七"平章事"作"同中书门下三品",但其意图依然是以官品高者(从一品)参政。"同中书门下三品",见下注。不过唐高宗时"平章事"正式入官衔,则又改为由资浅者参政,此处不论。见《新唐书·百官志一》、《通鉴》卷二〇三高宗永淳元年四月。

门下三品自此始"。① 按用萧瑀情况已见前,而太宗用李世勣,也与所谓对诸相不放心,要"抓权"的意图无干。原来,李世勣乃仅次于李靖的杰出军事人才,一直率军征战或捍卫边地,功勋卓著,"使突厥畏威遁走";同时他又出任过并州大都督、晋王李治(后来的高宗,当时年少,其大都督是遥领)的主要辅佐长史,所以贞观十七年李治为皇太子后,太宗即有此任命,以李世勣为太子詹事(主要辅佐),且同中书门下三品,对他说"我儿新登储贰,卿旧长史,今以宫事相委",随后又说:"朕将属以幼孤(指李治,时年十五岁),思之无越卿者。"②由此可见太宗这次用李世勣,实是看中其才干,先让他在政事堂挂上号,是在为未来皇帝储备忠心又能干宰相之意,③并非要分谁的权,随后贞观十九年征辽东,又把李世勣拉出去任行军大总管,仅留房玄龄在京城独掌大权,也是充分证明。

总之,参预朝政也好,同平章事、同中书门下三品也好,唐初这些宰相制度的演变,其原因用皇帝"抓权",对宰相猜忌、不放心,要分散相权去解释,至少就唐初太宗这一朝言,是基本上找不到史料依据的;而如说它主要出于提高统治质量和效率的需要,则比较符合唐太宗的情况和当时形势。因为唐太宗和后来的明太祖不同:要说明太祖出身低微,家族孤弱,即帝位后面对家世显赫、高贵的大臣,有着强烈自卑感,因而猜忌、不放心,力图抓权、削弱臣下权力,并付之行动,是可以理解的。而唐太宗出身关陇贵族,不但家世显赫高贵,宗族强大,而且本人功勋卓著,④声望极高,统治稳固,以至于被四夷尊为"天可汗",为古来所未有;相反,在

---

① 《通鉴》卷一九七。《新唐书》卷一〇五《长孙无忌传》记同一事则作"以无忌为太子太师(从一品),同中书门下三品。同三品自此始"。与《通鉴》不同,此从《通鉴》。按萧瑀官太子太保,从一品,是以官品高过中书令、侍中(皆正三品)者参预朝政,联系上述李靖以官品高者平章政事,似太宗原意,作为制度,同中书门下三品同样应以高品为之;至于李世勣位太子詹事,从三品,竟以资浅者同中书门下三品,则另有原因,见下。

② 以上俱见《旧唐书》本传。当由于这一特殊性,他才以资浅者同中书门下三品。

③ 《通鉴》卷一九九贞观二十三年四月称太宗死前对太子说,将来用李世勣为仆射,"亲任之","若徘徊顾望,当杀之耳"。此与太宗历来对大臣之言行不合,当时政局稳定,也无此必要,《政要》卷二、新旧《唐书》本传均无此记载。

④ 虽然,罗香林先生据《大唐创业起居注》,以为起义过程中太子建成功勋也不少,两《唐书》等对太宗之功勋或有"伪饰"。见《唐代文化史研究》,商务印书馆,1945年,第34—37页。

政敌太子建成等消灭后,声望最高的宰相如房玄龄、高士廉、李靖等,倒不过出身隋朝中下级官吏,赖太宗赏识、提拔,方得以飞黄腾达,太宗统治从高层集团内部言可以说几乎不存在什么威胁,有什么必要去猜忌大臣,抓权分权,无事自扰,而不是广任贤臣,放心使用,使之充分发挥才能,集思广益,以提高统治质量与效率呢? 试看房玄龄与杜如晦相知友好,①太宗既以房为左仆射,又以杜为右仆射;房玄龄与魏征、戴胄"亲善",②太宗先后用他俩"参预朝政";萧瑀与房玄龄不和,太宗便把瑀调开,不都体现这一指导思想吗? 贞观年间王珪进拜侍中,"时房玄龄、魏征、李靖、温彦博、戴胄与珪同知国政"。唐太宗要珪"品藻"诸人和他本人,对曰"孜孜奉国,知无不为,臣不如玄龄;每以谏诤为心,耻君不及尧舜,臣不如魏征;才兼文武,出将入相,臣不如李靖;敷奏详明,出纳惟允,臣不如温彦博;处繁理剧,众务必举,臣不如戴胄;至于激浊扬清,嫉恶好善,臣于数子亦有一日之长"。③ 时魏征、戴胄均为"参预朝政"。故王珪这话从一个角度反映当时对唐太宗其所以设立多名宰相(包括正职与非正职)的共识:旨在用其所长或取长补短,使之相互配合,以保证、提高统治质量。

宋代胡寅因此指出:唐设三省长官为宰相,"又以官未及而人可用者参预朝政……当贞观时……不数年坐致太平,其集材并用之效如此"。并引"诸葛武侯曰'参署者,集众思,广忠益也'"以说明之。④ 这一看法似更符合历史事实。

① 《旧唐书》卷六六《杜如晦传》及"史臣曰"。

② 《旧唐书》卷七〇《戴胄传》。

③ 《政要》卷二《任贤第三》"王珪"条下记此事于贞观二年,似误。应为贞观四年,因这一年二月戴胄方"参预朝政",温彦博方为中书令。而据《万表》,同年参预朝政者,萧瑀于七月罢去,侯君集十一月任命,魏征是早已任命的。故王珪此"品藻"应在贞观四年八月至十月之间。

④ 《政要》卷一《政体第二》贞观元年条末戈直注引;王仲荦先生认为以参预朝政等名义为宰相,是"君主为了要广泛延揽统治人才",或许也是据此而言,见所著《隋唐五代史》第四章第一节,上海人民出版社,1988 年,第 463 页。

试论明代内阁制度的非宰相性质
——兼略说明代以前秘书咨询官员权力的特点[*]

　　明代(英宗以后)内阁制度是不是宰相制度?[①] 具体说,内阁大学士(以下省称"阁臣")是宰相,还是秘书咨询官员?[②] 如果说不是宰相,为什么明代称阁臣为宰相之记载,更仆难数? 而且早在约成于明孝宗弘治年间的黄瑜《双槐岁钞》中已经称英宗正统年间,内阁制度发展,"迨徐武功(有贞)、李文达(贤)掌文渊阁事,始以政府视之,人亦称为宰相矣"。[③] 可是如果说阁臣已演化成宰相了,为什么否认、反对阁臣为宰相之说,直到明末也未停止? 明穆宗时言官骆问礼在专论阁臣一文中甚至说:"……道路无知之人,且直以宰相目之矣。不知大学士非宰相也。"[④] 更有趣的是,明神宗称阁臣叶向高为"宰相",[⑤]而叶向高却一再上疏,力辨阁臣非宰相:权力"与前代之宰相绝不相同",[⑥]等于否认自己是宰相。如此巨大反差,在明代以前宰相制度史上从未一见。这就不能不给阁臣

---

　　[*] 原载《文史》2002年第3期。

　　[①] 王其榘《明代内阁制度史》(中华书局,1989年)第82页认为:从明英宗正统元年到武宗正德末年,"明代内阁制度在这时期基本形成",本文从之。

　　[②] 古代虽有各类"秘书"之官,但其职掌多数与现代含义不同;"咨询"一词,含义与现代同,但无其官。今人据现代含义,将古代职掌与之相同、相似之官,概括称秘书咨询官员(也有仅称秘书官员的),目的是便于研究,犹如将本无其名目的古代法律概括称民法、诉讼法等一样。

　　[③] 《双槐岁钞》卷四"文渊阁铭"条。

　　[④] 《明经世文编》卷四七〇,骆问礼《喉论(阁臣)》。

　　[⑤] 《明史》卷二四〇《叶向高传》。

　　[⑥] 《明神宗实录》卷五一一万历四十一年八月庚寅条,台湾"中研院"历史语言研究所校印影印本(下同),第9664页。

乃宰相之说投上阴影,打上问号。

关于这一问题,过去我在探讨历代宰相职权时曾略微涉及,意思是阁臣非宰相。① 但因当时论述重点不在明代,内容十分疏略。十多年过去,现在看来仍有剩义可探,兹草成此文,进一步申述、补充前说。

一

要探究明代阁臣是否宰相问题,首先必须弄清明代以前宰相与非宰相的区分标准究竟是什么。虽然在中国古代除辽代外,宰相从来不是一个正式官名,哪些官员是宰相,哪些官员近似宰相而不是宰相,皆出于不成文法,并无明文规定,但因宰相之设,代代相袭,约定俗成,不言而喻,因而在各该王朝统治体制和统治机构的运作中,其区分标准还是很清楚的。大量史料表明,明代以前宰相全都握有以下两大权力,只有同时握有此两大权力的官员才被认定为宰相,缺一不可。

首先必须握有议政权。凡是国家大事(政治、军事、经济、人事等),原则上由宰相入宫朝见君主,共议方略。宰相要出谋划策,多方筹计,最后由君主独断决策,下诏执行。早在汉代,这种基本形式已被固定下来,叫作"入(宫)则参对(君主)而议政事"。② 但这只是宰相的直接议政权。由于统治事务随着社会发展日益烦重,千头万绪,宰相没有必要也没有可能,事无大小一概入宫商议,而君主出于种种原因也未必需要或愿意经常接见宰相,因此总体上说,更多的是君相不见面,而由宰相行使间接议政权:一般日常政事由宰相奏上文书,提出处理建议,君主斟酌、批准,即成决策;有时则由君主主动向宰相下达非正式的手诏(或称中旨、中敕、内批、内降等),或由宦官等传达口谕,提出一般人事任命、各种措施,宰相如无异议,派人草成诏令,同样成为决策。③ 当然也有越过宰相,君

<hr />

① 参拙著《两汉魏晋南北朝宰相制度研究》,中国社会科学出版社,1998年,第7—8页。
② 《后汉书》卷四六《陈忠传》。
③ 对君主的手诏,宰相多半同意,成为决策;如有异议,通过文书反馈上去,其结果或是君主收回成命,如君主坚持己见,宰相仍需奉行,同样成为决策,因为毕竟根本制度是君主专制。

主径直将手诏下达有关官府的,且靠君主权威,得到执行,但因无视宰相议政权,这种行径总是遭到谴责,被视为非法。①

其次必须握有监督百官执行权。再好的决策,如不能有效执行,就有可能等于一纸空文。明代丘濬便强调:"人君诏令之出,不可不详审于未颁之前,尤不可不践行于既颁之后。"②而"践行",原则上君主不管,要靠宰相对百官监督、指挥,这就是"出(宫)则监察(百官)而董(正)是非"。③ 其任务极其烦重:如向全国下达诏令(各类决策);特别是在决策执行过程中委派官员督促检查,或要求有关官员通过文书报告执行情况,如发现问题,宰相需及时研究解决;一般到年终则需"董是非",即对有关官员进行考课,奏行赏罚等。在这整个过程中,除了发生比较重要的问题,宰相经过讨论,提出对策后,必须上奏君主,下诏解决外,④对于大量的一般问题,宰相接到有关地区或部门的报告后,有权自行发布文书,进行处理。关于这一制度,因与本文中心紧密关联,试多赘述几句:

从晋代开始,宰相(尚书令、仆)有权自行颁下文书:尚书符。《晋书》卷三九《荀奕传》:"尚书符下陈留王,使出城夫。"因发生争议,后被"诏"否决,是"符"原未经君主之证。唐代宰相所下这类文书,先曰尚书省符,后曰堂(政事堂)帖。《唐六典》卷二三《将作监》:"丞掌判监事……大事则听制敕,小事则俟省符。"二者区别清楚。李肇《唐国史补》

---

① 《旧唐书》卷八七《刘祎之传》载其为宰相,否认武则天所下中敕之合法性,曰:"不经凤阁鸾台(当时的宰相机构),何名为敕?"武则天无以驳之。《旧唐书》卷一六六《元稹传》载其靠宦官推荐,唐穆宗中旨用为祠部郎中、知制诰,"朝廷以书命不由相府,甚鄙之"。《续资治通鉴长编》卷一二三宋仁宗宝元二年五月己亥,韩琦言"今之内降,蠹坏纲纪,为害至深"。《宋史》卷四〇〇《王介传》载介上疏甚至说"崇宁、大观(均宋徽宗年号)间,事出御批,遂成北狩之祸(指徽、钦二帝被俘北去)"。

② 丘濬《大学衍义补》卷三《谨号令之颁》。张居正且说如诏令不行,"斯大乱之道也"。见《明经世文编》卷三二四《陈六事疏》。

③ 《后汉书》卷四六《陈忠传》。

④ 如南宋《庆元条法事类》卷四《职制门一》"上书奏事"条规定:"诸奉制书……而理有不便者,速具利害奏,事涉机速者,且行且奏。"宰相收到这类"奏事",因涉及执行制书是否"不便",必须上奏君主,共同研究处理。

卷下：“宰相……处分百司有堂帖。”五代同。① 北宋初堂帖也叫中书札子。宋太宗时参知政事（副宰相）寇准自行颁下“中书札子”压制左正言冯拯。拯愤“寇准弄权”，上奏。太宗怒曰："前代中书有堂帖指挥公事，乃是权臣假此名以威服天下。太祖朝，赵普在中书（为宰相），其堂帖势重于敕命，寻亦令削去。今何为却置札子，札子与堂帖乃大同小异尔。"大臣张洎对曰："札子盖中书行遣小事……若废之，则别无公式文字可以指挥。"可是因嫌宰相自下札子权重，太宗仍决定“自今大事，须降敕命；（小事）合用札子，亦当奏裁，方可施行也”。②《宋史》卷三一六《唐介传》载，王安石为参知政事，为变法方便，曾找理由建议宰相处理小事，不再“皆称圣旨”（即经过奏裁），“宜止令中书出牒”。③ 唐介反对，以寇准之事为训，曰："如安石言，则是政不自天子出，使辅臣皆忠贤，犹为擅命，苟非其人，岂不害国。"宋神宗“以为然”，于是其制仍旧。可是事事奏裁，势难认真执行，特别是在政务烦多，君相又不常见面之时。《宋史》卷一九九《刑法志一》：南宋秦桧为相，“率用都堂批状、指挥行事（即自行下达，不奏裁）”。④ 当时尚书省札子（相当于神宗改革前中书札子）沿旧制，仍需奏裁；⑤但批状、指挥则可不奏裁。⑥《文献通考》卷一六七《刑六》绍兴三年条：御史常同反对宰相自行颁下惩罚贩私盐之文书，奏曰“不禀之圣旨，遂以批状行之，何其易哉！”绍兴二十六年条：吏部整理经君主批准之“成法”，吏部尚书周麟之奏“乃有顷年都省批状、指挥参于其间，向之修书官有所畏忌，至与成法并立”，因此建议“可削则削，毋令与三尺混

① 沈括《梦溪笔谈》卷一《故事一》：后唐枢密使亦自下文书，“小事则发‘头子’，拟（中书、宰相）堂帖也”，证明堂帖之存在。

② 《续资治通鉴长编》卷四〇宋太宗至道二年七月丙寅条。

③ 可能为避免与宋太宗决定冲突得太厉害，故王安石含糊地将建议恢复中书自行出札子改为“出牒”，牒亦文书的一种。就像当年宋太祖不许宰相自行出堂贴，后来出现下札子一样。

④ “都堂”，指宋神宗变法、官制改革后的尚书都省，其长官为宰相。“批状”、“指挥”，均文书名。

⑤ 当时尚书省札子均有“奉圣旨”云云语，是已经奏裁之证。如朱熹《朱文公文集》卷一九《条奏经界状》曰："具位臣朱熹准尚书省札子，备奉圣旨指挥，令臣……"又楼钥《攻媿集》卷三二《辞免除起居郎状》曰："臣准尚书省札子，奉圣旨除起居郎者。"该卷诸状，此例尚多。

⑥ 如《朱文公文集》卷一九，凡奏状，最后皆曰“伏候敕旨”；而“申尚书省”文书，最后则曰“伏候指挥（都堂指挥）”，二者显然有别。

淆。……诏依"。此证宰相自行颁下文书已成制度,只是不得与"成法"混淆而已。元代宰相所自下文书有"中书省札付",应用甚广。如元世祖至元二十四年吏部"承奉中书省札付",内容规定官位低的府州儒学教授任满升转等办法。吏部表示"除遵依外",因"员多阙少",建议对有关人员"出题试验"等。对此,"省府(中书都省)"批示"准呈"。此文书便"咨(各)行中书省",即发往全国,并要求"请照验依上施行"。[①] 这是宰相自下文书,对下级建议自行批准,全国需奉行之例。它在元代已成定式。[②]

由此可见,由晋至元,宰相自行颁下文书,虽曰处分的是"小事",但因数量庞大,遍及全国,影响至巨,实乃监督百官执行权的极重要体现,甚至可以借此"威服天下"(宋太宗语,见上),所以有时才会遭到君主猜忌。除上引史料外,试再举一例。《隋书》卷四八《杨素传》载其为宰相(尚书左仆射),被劾"作威作福"。"上(隋文帝)渐疏忌之,后因出敕曰:'仆射国之宰辅,不可躬亲细务,但三五日一度向省,评论大事。'外示优崇,实夺之权也。"夺的是什么权呢? 由于入宫议政之权此敕并未涉及,自然继续保留;而允许"评论大事",等于说在决策执行过程中发生重大问题需奏裁时,宰相仍拥有先行讨论、提出对策、供君主抉择之权,所以杨素被夺的主要只可能是宰相处理一般日常政务、自行颁下文书之权。这就再次证明,这一权力相当重要,乃宰相权力不可或缺的组成部分,总体上说,明代以前它一直存在、发展,原因就在于此。隋文帝之敕,只是一时特例而已。[③]

以上便是明代以前宰相同时握有的两大权力,如缺其一,便不成其为宰相。它是区分宰相与非宰相的标准。关于无议政权不被视为宰相

---

① 《庙学典礼》卷二《儒职升转保举后进例》。

② 如《通制条格》(元代法典《大元通制》的一部分)中,许多条格都是中书省各部提出,"都省准拟""都省准呈"等,而由全国奉行(如卷六《选举·荫例》);且与"圣旨"一同编为法典。就是说,和南宋都堂批状相比,它们已是"成法"。

③ 据《资治通鉴》卷一七九,此敕下于仁寿二年。当时宰相还有苏威(见万斯同《隋将相大臣年表》),并未遭猜忌,从整个宰相机构言,自继续拥有处理一般日常政务,自行下达文书之权。

之例，因与本文中心无关，此处从略。① 下面着重讨论历史上无监督百官执行权所引发的问题。这便不能不涉及秘书咨询官员。

二

自汉代以后，为了弥补宰相才干之不足，有时则是为了对其权力进行制衡，逐渐出现秘书咨询官员。如汉代的领尚书事、中朝官，魏晋南北朝的侍中、中书监令，唐宋的翰林学士等皆是。他们的极重要职掌，便是在重大政事上供咨询，替君主出谋划策。如晋代侍中"备切问近对，拾遗补阙"；②唐代翰林学士"实掌诏命，且备顾问"。③ 试举二例：唐穆宗时李逢吉为宰相"势倾朝野"，"惟翰林学士李绅每承顾问，常排抑之，拟状至内庭，绅多所臧否（胡注：拟状，谓进状所拟除目也。翰林学士院在内庭，盖李逢吉所进拟者，穆宗访其可否于李绅，故得言之），逢吉患之"。④ 宋神宗时，王安石为翰林学士，"中书尝进除目，（君相议论）数日不决。帝曰'当问王安石'。介（唐介，时为参知政事，副相）曰：'陛下以王安石可大用（指用为参知政事等），即用之，岂可使中书政事决于翰林学士？臣近每闻宣谕某事问安石，可即行之，不可不行，如此则执政何所用，恐非信任大臣之体也。'"⑤此二例即体现了君主以秘书咨询官员弥补宰相才干之不足和制衡其权力的作用。这一类秘书咨询官一个时期内权力自然很重，但因只有某些议政权，没有监督百官执行权，因而其地位也就无法与宰相相比，顶多如唐宋那样被视为"内相"：

《新唐书》卷四六《百官志序》：翰林学士"专掌内命，凡拜免将相，号

---

① 如有兴趣，可参前揭拙著《两汉魏晋南北朝宰相制度研究》，第6页。

② 《晋书》卷二四《职官志》。

③ 《文苑英华》卷七九七，杜元颖《翰林院使壁记》。

④ 《资治通鉴》卷二四三长庆三年九月丙辰。除目，即官员任命名单。又《晋书》卷四五《任恺传》：恺为侍中，晋武帝"政事多咨焉"。时宰相为贾充，恺"每裁抑焉"，"充病之，不知所为"。与此情况略同。

⑤ 《宋史》卷三一六《唐介传》。此为弥补宰相才干不足之好例。唐代君主早有此意图。《唐会要》卷五七《翰林院》：唐玄宗其所以选翰林，设学士院，是因为"万枢委积"，如全靠宰相，"或虑当剧而不周，务速而时滞"，方才建立新的机构。

令征伐,皆用白麻(纸)。其后选用益重,而礼遇益亲,至号为'内相'。又以为天子私人。凡充其职者无定员"。

《文献通考》卷五四《职官八》:"按唐之所谓翰林学士……未尝有一定之品秩也。故其尊贵亲遇者号称内相,可以朝夕召对,参议政事,或一迁而为宰相。而其孤远新进者,或起自初阶,或元无出身,至试令草麻制……其人皆呼学士,自唐至五代皆然。"

《旧唐书》卷一三九《陆贽传》:陆贽唐德宗时为翰林学士,朱泚叛乱,"机务填委,征发指踪,千端万绪,一日之内,诏书数百。贽挥翰起草,思如泉注。……其于议论应对,明练理体……虽有宰臣,而谋猷参决,多出于贽,故当时目为'内相'"。

《文献通考》卷五四《职官八》:"然则翰林学士之官独不可通之于前代乎!……至于出入禁闼,特被亲遇,参谋军国,号称内相,则汉魏以来侍中、领尚书事……中书监之类是也。"

《宋史》卷一六二《职官志二》:翰林学士"掌制、诰、诏、令撰述之事。……乘舆行幸,则侍从以备顾问,有献纳则请对,仍不隔班"。同唐代一样,号为"内相"。如费衮《梁溪漫志》卷二"学士不草诏"条即称"(苏)东坡在翰林"乃"内相"。[①]

以上史料明确反映,"内相"只有"参议政事""谋猷参决"、草诏等权力,[②]而丝毫不涉及监督百官执行权。《文献通考》卷五四《职官八》且说翰林学士"不当豫外司公事"。这是明代以前秘书咨询官员与宰相的最基本区别。所谓"天子私人",也意味着他们仅替君主个人出谋划策、草诏,而不参预外朝宰相等关于诏令之执行。[③] 内相可以"或一

---

① 宋太祖时陶谷、窦仪为翰林学士,号"内相",见李心传《旧闻证误补遗》第一条。南宋孝宗时王曮(字日严)为翰林学士,被视为"内相",见周煇《清波杂志》卷二"绍兴置衫帽"条。

② 内相必须草诏,但其所以称内相,主要是因为君主有时会就诏令(决策)内容征求其意见,从而拥有参与议政之权。《新唐书》卷一六九《韦贯之传》:唐宪宗"以段文昌、张仲素为翰林学士",二人"行止未正"(此据《旧唐书》卷一五八《韦贯之传》),"贯之谓学士所以备顾问,不宜专取辞艺","奏罢之"。意即选拔学士不能专重草诏文笔优美,主要要看德才能否胜任"顾问"。

③ 蔡绦《铁围山丛谈》卷二:章惇为宰相时,翰林学士承旨蔡京诣惇府,"有宾吏白(惇)侍从官在客次",惇招待失礼,京曰"某待罪禁林,实天子私人,非公僚佐"云云。所谓"侍从官""非公僚佐",亦不预外朝诏令执行之旁证。

迁而为宰相"，①但毕竟不是宰相。

以历史上的这一普遍标准来衡量，②明代阁臣应属哪一种？秘书咨询官员，还是宰相？

郑晓《今言》卷四第三四三条："直文渊阁，入内阁预机务……不得专制九卿事，九卿奏事亦不得相关白。"郑晓在明世宗时曾任刑部尚书，"习国家典故"，③所言自然可信。其"九卿"主要即指六部尚书。这段话等于说内阁无权指挥六部尚书事，六部尚书只向君主奏事，内容事先不许让内阁知晓。这和过去之制即宰相监督、指挥百官，百官于一般政事必须报告宰相，由宰相自行下文书处理；重大政事一般也必须先上宰相，由宰相研究对策，再奏君主抉择等，大不相同。

孙承泽《春明梦余录》卷二三《内阁一》照抄了郑晓上面这段话，然后在另一处又说："内阁之职……主票拟（即拟旨）而不身出与事。"孙承泽，明末崇祯时曾任刑科都给事中，"习掌故"，《四库全书总目》赞其《春明梦余录》"考证详明"。④ 所谓"主票拟而不身出与事"，即如同唐宋翰林学士那样，只能在宫内草拟诏令，而不许"出"宫干预，指挥外朝百官执行之事。这与上引郑晓语意思一致，证明它是直到明末也未变化的制度。

谷应泰《明史纪事本末》卷四三《刘瑾用事》：明武宗正德二年四月，"刘瑾矫诏令内阁撰敕，天下镇守太监得预刑名政事。……故事：六部奏准，备事由送内阁请敕书，未有不由六部，内阁自出敕者。瑾付内阁创为

① 《梦溪笔谈》卷一《故事一》："学士院第三厅学士阁子，当前有一巨槐，素号槐厅。旧传居此阁者，多至入相。学士争槐厅，至有抵彻前人行李而强据之者。"既反映学士多迁宰相，又表明"内相"极望为宰相，二者差距显著。

② 只有唐代杜佑在追溯魏晋南北朝史时提出另一标准，认为当时仅"参掌机密"，"知政事"，就是宰相（《通典》卷二一《职官三》）。其说非是，请参拙著《两汉魏晋南北朝宰相制度研究》第一章第一、二节及其他有关章节。可能杜佑自己也认为这一标准不具普遍性，尤其是与中唐翰林学士虽"参议政事"，仅是"内相"，而非宰相的现状无法调和，因此《通典》的《职官》部分竟对此"多名流"的"清要显美之官"翰林学士，"略不叙述"，以致《文献通考》卷五四《职官八》不能理解，慨义为"阙事"，这非杜佑的疏漏，而是有意识回避的。

③ 《明史》卷一九九《郑晓传》。

④ 《四库全书总目》卷六三《史部十九·传记类存目五·四朝人物略》。

之,东阳(阁臣李东阳)等不能执奏,唯唯而已"。① 这条史料可为前两条之补充。它说明日常政事本出自六部(犹如过去出自宰相一样):凡政事由六部奏准(如入宫面见君主议政,或上疏题请,君主点头),再准备素材,送内阁草诏。当然,犹如唐宋被顾问的翰林学士,内阁有权对之评论,提不同意见,②但制度上日常政事从创议、议政到执行全归六部,则是肯定的。而且,既然"创白由六曹",③这就是说,阁臣只能通过票拟时评论六部题请,发表意见,④而无权自行就日常政事向君主"创白""题请",然后"出敕",自然更谈不上如前代宰相那样独自颁下堂帖等文书。此即"未有不由六部,内阁自出敕者"之深层含义。

《明史》卷二二五《杨巍传》载杨巍神宗时为吏部尚书。"明制:六部分莅天下事,内阁不得侵。"崇祯时兵部员外郎华允诚《可惜可忧疏》:"用人之职,吏部掌之,而阁臣不得侵焉。"⑤均与前述制度一致。

以上史料充分证明,从明英宗直至明末,内阁制度始终没有发生质的变化:尽管阁臣"预机务","主票拟",具有极大的议政权,但又"不身出与事","不得专制九卿事",不得"自出敕",亦即无监督、指挥百官执行诏令之权。这就是说,基本上等同于过去的秘书咨询官员、内相(唐宋的翰林学士),而非宰相。这就是为什么明代否认阁臣为宰相之说一直存在而从未停止的原因,以及其主要根据。

---

① 嘉靖初年成书的陈洪谟《继世纪闻》卷二"四川镇守太监"条,所记内容,特别是"故事"一段,与此略同,或为谷应泰史料来源之一。

② 明后期阁臣高拱便说:"我国家之事,皆属部臣题请,阁臣拟票。或(题请)未当,则为之驳正;或(题请)未妥,则为之调停。"见《明穆宗实录》卷五四七隆庆五年五月庚寅条,第1412页。

③ 《春明梦余录》卷二三《内阁一》引"王司寇世贞曰"。

④ 此外还可通过评审天下章奏,就其内容提出处理意见,见后。需指出的是,这些章奏若关涉六部具体政务(如边防、税收等),由于内阁并不掌握六部具体业务、情况,因而无法评议,其票拟往往是"某部(如兵部)知道"等,即请君主将此章奏发往该部,由其研究后具体"题覆",形式上再经内阁"观其当否"(除人事外,因不熟悉业务,往往是走形式),君主如批准,便成决策(参徐阶疏,见《明穆宗实录》卷二二隆庆二年七月乙丑条,第596—597页;叶向高《条陈要务疏》,见《明经世文编》卷四六二)。就这一方面言,实权、责任也在六部。这和过去由宰相指挥六部对有关章奏进行研究,或共同研究,宰相同意并承担责任,再上奏,是不同的。

⑤ 《春明梦余录》卷二四《内阁二》。

试看明末阁臣叶向高的言论:"我朝阁臣,只备论思顾问之职,原非宰相。……臣备员六年,百凡皆奉圣断,分毫不敢欺负;部务尽听主者,分毫不敢与闻。"①"部务尽听主者",即指日常政务由六部"奏准",负责。"分毫不敢与闻",乃不敢破坏《今言》所谓"九卿奏事"对内阁事先不相关白制度之意。在另一处他说得更清楚:"自不肖受事(为阁臣)以来,六曹(部)之政,绝未尝有一语相闻,甚至(该部)上疏之后,揭帖(一种文书,向内阁通告情况)亦无,直至(君主)发拟(草诏),然后知之。"②"祖宗设立阁臣,原是文墨、议论之官,毫无事权,一切政务,皆出自六卿,其与前代之相臣绝不相同。"③"文墨",指草诏(票拟);"议论",指顾问。意为只是过去翰林学士等之职。④ 叶向高还曾断言:明太祖"罢中书省,分置六部,是明以六部为相也"。⑤ 这与"一切政务,皆出于六卿"之说,也完全一致。

可见,说来说去,阁臣其所以不是宰相,全不外乎他们只有某些议政权,而无监督百官执行权,后者按制度分别握在六部手中。《明史》卷二五七《冯元飙传》:崇祯时阁臣"辄曰:昭代本无相名,吾侪止供票拟,上委之圣裁,下委之六部"。和叶向高之说如出一辙。这是内阁制度直至明末尚未发生质的变化,并非宰相制度的又一明证。清纪昀等《历代职官表》卷二《内阁表》按语:"内阁职司票拟,其官创自明初,原不过如(唐宋)知制诰之翰林,并非古宰相之职。"说明继承明制的清代官方,也是同样的看法。

---

① 《明神宗实录》卷五〇一万历四十年十一月乙未条,第 9485—9486 页。
② 《明经世文编》卷四六一,叶向高《与申瑶老第二书(阁臣)》。
③ 《明神宗实录》卷五二三万历四十二年八月丁未条,第 9858 页。
④ 实际上阁臣权力已从"备顾问"扩大为"主票拟",要重于翰林学士等,见后。
⑤ 叶向高《与申瑶老第二书(阁臣)》。在另一处叶氏还说"凡百政事,非下部必不可行,不能行。……阁臣得而参之否?"见《明经世文编》卷四六二《条陈要务疏》。又崇祯时中书陈龙正《特阐揆职疏》云"天下治安由六卿",见《春明梦余录》卷二四《内阁二》。

三

可是,既然如此,为什么明人称阁臣为宰相还会成风呢?特别是后期。原来这有两个原因:

一、和明代内阁的特点分不开。为搞清这一特点,首先必须探究历代秘书咨询官员的特点。原来明以前秘书咨询官员不仅没有监督百官执行权,即就议政权言,也与宰相有别,对此,前人似从未论及:

1. 秘书咨询官员的议政权是被动的,而宰相的议政权则是主动的。因为全国统治、执行决策每天发生的一切重要问题,有关地区、部门都要以文书形式上报宰相机构,由宰相考虑好对策,通过直接、间接议政,最后由君主"独断"。这就是说,宰相必须主动找君主议政。《梁书》卷三《武帝纪下》:"诏曰:经国有体,必询诸朝。所以尚书置令、仆(以上宰相)、丞、郎,旦旦上朝,以议时事,前共筹怀,然后奏闻。""朝"即朝堂,设于君主居处、理政的禁中之前,是当时宰相与属官治事之处。"前共筹怀",就是要宰相与属官每天上班时将全国报来的"时事",商量好处理意见。"然后奏闻",就是要他们(一般是宰相)将此意见入禁中启奏梁武帝,由他决策。这是宰相有权主动找君主议政之明证。明代以前历代宰相机构名称、形式虽有不少变化,但宰相的议政程序与梁武帝此诏所述,却基本相同(此为直接议政,如改入宫为奏上文书待批,则为间接议政)。秘书咨询官员、内相则不同。他们无权主动找君主议政。一般说是要在君主对宰相某些谋划没有把握或不满,自己又想不出好办法时,方向某些秘书咨询官员征求意见,所以后者是被动的。前引唐宰相李逢吉进"拟除目",这是间接议政,是主动的。而翰林学士李绅则要等穆宗"访其可否"于自己,方得言之,这种议政便是被动;王安石是在君相议政"数日不决"后,方由神宗决定,向他征询意见,被动情况同。所以唐宋翰林学士称"备顾问"(见上引),着一"备"字,被动性便不言而喻了。

2. 秘书咨询官员的议政权是不稳定的,而宰相的议政权则是稳定的。"旦旦上朝,以议时事……然后奏闻",就表明每日待处理的一切重要政务,按制度宰相必须过问,出谋划策,这是他们的权力,也是责任。此议政权稳定之明证。而秘书咨询官员如前引翰林学士"实掌诏命,且备顾问",这就是说,草诏一般虽是"实掌",是稳定的;而权力所在、往往左右君主意志的"顾问",只是"备",除被动性外,同时还意味有可能不被顾问,即不稳定性。事实上秘书咨询官员一般人数较多,如魏晋南北朝侍中四至六人,中书监、令各一人;唐代翰林学士更是"无定员"(见前引),宋代同。^① 君主处理政务既然主要依靠宰相,只在少数重要问题,特别是人事问题上需要顾问,则所找的一般只有一两个人,其他未被顾问者也就与议政权毫不相干。南朝宋孝武帝甚至对王彧等四名侍中,一个也不顾问,使他们"初未预参机密"。^② 唐代翰林学士如前所引也是"尊贵亲遇者",方可"参议政事";大量"孤远新进者"则无此幸运。此均其议政权不稳定之证。^③ 当然,君主如对宰相不太满意,也可能相当长一段时间不见宰相,不直接与之议政,但因全国一切"时事"均上报宰相机构,宰相必须处理,重要者提出对策,通过文书启奏君主决定,实际上这仍在稳定地进行议政,只不过形式不同,是间接议政而已。而秘书咨询官员则无此可能(因全国"时事"、文书不上报给他们),也无此权力。

3. 秘书咨询官员的议政权是部分的,而宰相的议政权则是全面的。因全国向宰相机构所报"时事",包括政治、军事、经济、人事等各个方面,宰相都必须做出反应,重要的必须研究对策,与君主进行直接、间接议政,其内容自是广泛的、全面的。正因如此,再加上需监督、指挥百官执行,宰相一般选拔统治经验丰富、资历深、往往年纪较大的大臣充任。西汉最典型:"故事:选郡国守相高第为中二千石(列卿),选中二千石为御史大夫(副宰相),任职者为丞相(正宰相),位次有序。"^④宋代也是:"于天下之贤者,必使之扬历中外(任职中央、地方),养其资、望,而后至于大

---

① 《文献通考》卷五四《职官八》。

② 钱大昕《廿二史考异》卷三六《南史二·王华传》。"预参机密",指在重要政事、人事上被顾问。

③ 魏晋南北朝侍中等有"平尚书奏事"之权,是稳定的,也是间接议政,但因所评一般俱日常政务,不属"机密"范围。参《两汉魏晋南北朝宰相制度研究》,第266—268页,此处不论。

④ 《汉书》卷八三《朱博传》。

用(主要指宰相)。"①秘书咨询官员则有所不同,由于他们是在君主对宰相某些谋划心中无底或不满时被顾问的,因而涉及的总是部分问题,多半还是人事问题,因而其人选在统治经验、资历、声望,以至一般在年龄上,也就比不上宰相。

由于明代以前秘书咨询官员除了没有监督百官执行权外,和宰相比,其议政权还有以上三个特点,他们与宰相之区别便十分清楚,因而在任何王朝统治过程中,从未发生大臣中谁是宰相,谁非宰相之争。明代阁臣则有所不同,虽然如上节所论,他们基本上等同于历代秘书咨询官员,但是在新的历史条件下又有自己的特点,这就是他们所拥有的议政权是主动的、稳定的、全面的,除无"创白"权,几乎等同于过去宰相的议政权:

1. 凡六部题请、"奏准"的政事,制度上内阁事先虽未被"关白",但事后并不是"备"顾问,不是说也可能不被顾问,而是全都必经内阁拟旨,②并且全都可以予以"驳正"。③

2. 全国除上述六部题请、"奏准",然后"发拟"之外的一切章奏,也全都交内阁批答、票拟。基本制度是"凡中外奏章,许(内阁)用小票墨书(拟出处理意见),贴各疏面以进,谓之条旨",供君主参考,或同意或否,用红笔批出,成为决策。④ 开始尚不固定,"自(英宗)正统后,始专命内阁条旨"。⑤

3. 君主如主动下手诏、中旨处理政事,也必须送内阁"商确可否",⑥拟旨。也就是"圣意所予夺,亦必下内阁议而后行"。⑦ 内阁如不同意,

---

① 《陈亮集》卷三《问答上(六)》。叶适《水心别集》卷三《官法上》也有类似说法:"一人之身,内外之官无不遍历,较之以资,取之以望",然后方可用为"政事之臣"(主要指宰相)。

② 《明史》卷二四二《陈伯友传》载其明神宗时为刑科给事中,"陈时政四事,言'拟旨必由内阁'",意旨在反对"中降",也是这一制度存在之反映。叶向高说六部"上疏"题请,不关白内阁,但最后仍要"发拟",即交内阁拟旨,亦是一证。见叶向高《与申瑶老第二书(阁臣)》。

③ 参第 116 页注②。

④ 黄佐《翰林记》卷二《传旨条旨》。

⑤ 同上。明成祖时尚无此制度,其时虽已使大学士"参预机务",与明太祖不同,但"其时章疏直达御前,多出宸断"。见《明史》卷一〇九《宰辅年表序》。

⑥ 《明史》卷一九〇《毛纪传》。参前引《陈伯友传》"拟旨必由内阁"语。

⑦ 《明史》卷一九六《夏言传》。

便可将手诏、中旨"封还""执奏",拒绝拟旨。①

以上三方面文书,明代君主的全部决策都不外乎通过它们做出。由于全都必经内阁票拟,所以明代阁臣和过去翰林学士等的"备顾问"不同,他们的这一议政权(明英宗以后一般都是间接议政权)是主动、稳定、全面的。②

这一制度的形成是历史的必然。情况是这样的:宰相已罢去,六部分掌大权,并分别与君主议政,奏请各项事务;加上其他一切章奏,也都径直送君主审批。这对于统治经验丰富、精力充沛的君主(如明太祖)来说,还可以摆弄得开;而对于后来一般中下之才的君主来说,必然穷于应付,成为负担。他们迫切需要,并终于摸索出内阁这样的制度,作为工具,赋予"票拟"这一草诏,特别是主动、稳定、全面议政的大权,使之发挥以下主要作用:

1. 解除君主沉重负担,全面地通过票拟为君主出谋划策,处理全国政务。

2. 通过票拟、"驳正",全面地与拥有执行权的六部相互配合、制衡,③以提高统治质量与效率。

这样,历史的原因造就了内阁,并使之取代过去全面主持政务的宰相,推动统治机器运转。

本来,如前所述,由于内阁本身并没有监督百官执行权,票拟也只能根据六部题请、天下章奏、君主手诏内容进行,一般不能于三者之外另行

---

① 《明史》卷一八一《徐溥传》:溥明孝宗时入内阁,上疏:"数月以来,奉中旨处分,未当者封还,执奏至再至三,愿陛下曲赐听从。"即一例。

② 明代阁臣直至明末仍有"备顾问"的提法。原因一是沿用明初"备顾问"的习惯用语,实际上其制后来已变化。二是专指君主宫内召见咨询。如《明史》卷一九六《夏言传》:世宗"数召见,咨政事";卷三〇八《严嵩传》:世宗"不视朝……大臣希得谒见,惟嵩独承顾问"。但这是阁臣的直接议政权,的确是"备",但和过去秘书咨询官员不同,阁臣有票拟权,其间接议政权则不是"备顾问",而是主动、稳定、全面的,约如过去宰相所握。

③ 《明史》卷一八二《王恕传》:恕明孝宗时为吏部尚书,"考察天下庶官",所上题本经内阁,"已黜"之官被阁臣丘濬"调停留者九十余人,恕屡争不能得"。即一例。又内阁评审天下章奏,交六部"题覆",也是相互配合之例,参第116页注④。

"创白"任何政事，①特别是一切票拟如无君主批红，便毫无效力，内阁无权自下任何文书；而且仅有之权，一般也因阁员有数人，相互牵制，而呈分散之势。②照说这一制度和明太祖罢宰相的精神原则上一致，是不应被误认为宰相制度的。可是因为阁臣所握的票拟权，变成主动、稳定、全面地议政，因而对君主，特别是中下之才的君主决策的影响，一般说也是历代秘书咨询官员所无法比拟的。《明史》卷一七六《李贤传》载其为阁臣，明英宗常当面咨询，"顾问无虚日"。这是李贤全面为君主出谋划策，而且所掌政务繁重的反映；因得信任，"所言皆见听"，其影响之大可知。③ 明末冯元飙说："夫中外之责，孰大于票拟？"④在一定意义上，这话是有道理的。阁臣明明没有监督百官执行权，后来竟会出现严嵩、张居正那样的权臣（见下），并被不少人称作宰相，这是一个极重要原因。然而正因没有监督百官执行权，在内阁发展前期，"人亦称为宰相"（见本文开篇所引《双槐岁钞》）的李贤仍然说："今虽无相，犹以入阁为内相。"味其上下语气，"内相"实是官场的称呼。⑤ 大概由于历代都有宰相，随着时间推移和对明太祖禁令的淡化，官场上又往往把比过去秘书咨询官员权力扩大了的阁臣，由"内相"改称宰相，用以填补这一制度上的空白，且以讨好阁臣，特别是有权势的阁臣。对此，是不能理解得太实的。以典章制度丰富著称的《万历野获编》称阁臣为宰相之例不胜枚举，可是在卷七《内阁》"辅臣掌吏部"条又说："内阁辅臣，主看详、票拟而已。若兼领铨选，则为真宰相，犯高皇帝厉禁矣！"所谓兼领铨选，便是指兼任吏部尚

---

① 内阁虽另有"密揭"之权，但非常制，一般不涉及日常政务，多属人事问题，且不公开，所以曾被言官"指以为奸数，欲尽行停格"。见《万历野获编》卷七《内阁》"内阁密揭"条。

② 明代阁臣后有首辅、次辅之分。明世宗末年首辅严嵩专权倒台，阁臣徐阶主张增补阁臣。他说过去阁臣往往设三四人，目的就是防止"权有所专"。参王其榘《明代内阁制度史》，第225页。

③ 《明史》卷三〇八《严嵩传》：嵩为阁臣，明世宗"虽甚亲礼嵩，亦不尽信其言，间一取独断，或故示异同"。这正好反映严嵩绝大多数票拟全得到批准，极大地影响世宗。

④ 《明史》卷二五七《冯元飙传》。此疏全文见《春明梦余录》卷二四《内阁二》。该文还说崇祯依赖票拟比起"诸曹条奏"来，"不啻倍蓰"，亦影响大之证。

⑤ 李贤《天顺日录》"天顺初众论荐予入内阁"条，载《国朝典故》中册，北京大学出版社，1993年，第1172页。

书,拥有人事方面的题奏和执行权。由于"犯高皇帝厉禁",这种情况明代罕见,不属正常制度。这段话等于说,凡未"犯高皇帝厉禁",大量的一般阁臣,书中虽称之为宰相,其实不是"真宰相"。这和"内相"说正好前后呼应。由此可见,明人称阁臣的所谓宰相,已被偷换内容,原来只不过是"内相"的美称,而并非"真宰相"。

二、历史原因。这和上一个原因是有联系的。如果阁臣通过主动、稳定、全面地议论,通过票拟,影响君主决策极大,特别是在人事任免赏罚上君主总是偏听偏信,票拟无不照准,则包括六部尚书在内的百官对这些阁臣一般怎能不畏惧讨好,奉命惟谨,执行决策也听其指挥呢!在明代历史上严嵩、张居正便是这样两个阁臣。据说,严嵩近二十年,张居正近十年,"无丞相名,而有丞相权"。①《明史》卷二一〇《赵锦传》:严嵩权重,"铨司(吏部)黜陟,本兵(兵部)用舍,莫不承(嵩)意指";在他以前杨继盛则说:"凡府、部题覆,先面白(嵩)而后草奏,百官请命奔走,直房(严嵩在内阁的朝房)如市。"②至于张居正,权更过之。本来,六部不受内阁指挥,"至严嵩始隐挠部权,迨张居正时,部权尽归内阁,逡巡请事如属吏"。③《万历野获编》卷九《内阁》"阁部重轻"条更说:其"相权之重,本朝罕俪,部臣拱手受成,比于威君严父,又有加焉"。所谓"莫不承意指""拱手受成",不就是说除票拟大权外,这两人还掌握了指挥六部、百官的执行大权,"赫然为真宰相"了吗?④ 关于为何严嵩、张居正获得君主如此宠信,两人情况也不同,本文不拟论述。此处想说明的只是:由于两人所握大权实际上确与历代宰相相同,是"真宰相",因而必然会进一步推动将一般阁臣全视为"宰相"的官场、社会风气。这便是阁臣明明与历代宰相不同,而仍被称为"宰相"的另一重要原因。然而正由于这两人之权毕竟只是来自君主一个时期的特殊宠信,是非制度的,因而条件一

①　《明史》卷二〇九《杨继盛传》载继盛劾严嵩语。张居正权力更大。他曾说"我非相,乃摄也",见《万历野获编》卷九《内阁》"三诏亭"条。意思是相当于周公旦代周成王"摄行政当国"(《史记》卷三三《鲁周公世家》)。

②　《明史》卷二〇九《杨继盛传》。

③　《明史》卷二二五《杨巍传》。

④　《明史》卷七二《职官志序》评夏言、严嵩语,实际上夏言未达此程度。

变,此权便可被指责为"上窃君上之威灵,下侵六曹之职掌"。① 做过地方二品大员的谢肇淛也说:"票拟不过幕宾记室之任,可否取自朝廷,何权之有! 而其后如分宜(严嵩)、江陵(张居正)之为者,如猾吏之市权,窃之也,非真权也。"②之所以虽先后有过严嵩、张居正之专权,"部权尽归内阁",然而严嵩一倒,徐阶任首辅立即表示要"以威福还主上,以政务还诸司(主要为六部)";③张居正死后,"创白"和执行大权又渐回归六部,以至"六曹之政,(对内阁)绝未尝有一语相闻"(见上节引叶向高语),根本原因就在于此。

总之,严格按制度言,明代阁臣直至明亡,尽管比起历代秘书咨询官员、"内相"来,权力有所扩大,但基本上还不是宰相,内阁制度并未成为宰相制度。然而由于内阁票拟大权的特点和与之不可分的历史原因——严嵩、张居正专权,官场、社会渐称阁臣为"宰相"成风,也是可以理解的,只是千万不可因此误认为明代存在"真宰相"制度。

有人或许会说,历史是发展的,既然明人自己已称阁臣为宰相成风,可不可以对"宰相"作新的理解,赋予明代内容,仍认定明代内阁制度为宰相制度呢? 我以为,如果明代官文书上确有正式规定,这样认定也未尝不可。然而事实是,直到明末,内阁在制度上一直属翰林院。万历年间重修《明会典》,所开列"文职衙门"名目,竟未专列内阁这一机构,仅在《翰林院》一卷中予以附带介绍。据此介绍,内阁除密奏君主之文书外,"其余公务行移各衙门,皆用翰林院印"。④ 而翰林院仅是"正五品衙门"。⑤ 这说明什么? 这说明自明太祖废宰相以后,逐步摸索出来的内阁,其权力、地位、与各衙门关系等,在君主、统治集团心目中,经验尚未成熟,故在《明会典》上,仍依明初之旧规定。既然如此,我们今天无论是以历代宰相为标准,或者以明代官文书规定为标准,有什么理由把内阁制度界定为宰相制度呢?

---

① 《明神宗实录》卷五〇一万历四十年十一月乙未条,第 9485 页。

② 谢肇淛《五杂组》卷一四《事部二》,上海书店出版社,2001 年,第 282 页。"组",或作"俎"。

③ 《明史》卷二一三《徐阶传》。

④ 明末以记载典章制度详赡著称的《万历野获编》卷一〇《词林》"翰林权重"条说:"内阁辅臣,俱系职词林,至今……凡文移俱以翰林院行之。"是其证。

⑤ 《明会典》卷二二一《翰林院》。

第三编

评吏胥

试论我国古代吏胥的特殊作用及官、吏制衡机制[*]

我国古代,长期存在着吏胥制度。

所谓吏胥,不少古代学者理解为吏与胥,以为大体相当于《周礼·天官叙官》中的"府、史"与"胥、徒",二者地位有高下之别。^① 但唐宋以后这二字多连用,作"吏胥""胥吏",^②在正式文书中则作"吏员"或"吏";^③主要指的是中央和地方官府中,在官员指挥下,负责处理具体政务,特别是经办(整合、保管、查检、具体处理)各类官府文书的低级办事人员。^④仅大体相当于《周礼》中的"府、史"。他们主要是具有一定文化水平的平民,作为承担国家"役"的一种,^⑤由官府直接选拔,或考以吏能后录用,被称作"庶人之在官者"。^⑥ 因而在身份上便与一般经科举,考经学、

　＊　原载《国学研究》第五卷,北京大学出版社,1998年。

① 参《周礼正义》第一册,第20—30页,中华书局,1987年。以为"府史尊于胥徒"。又元吴师道《吴礼部集》卷一〇《原士》曰:古代士农工商,"惟士得仕焉","外是,则处官府,职簿书,有吏焉。下是而任奔走服役,有胥徒焉"。

② 《旧唐书》卷一〇六《杨国忠传》:国忠历、兼四十余官,事务"皆责成胥史";《水心别集》卷一四《吏胥》;《日知录集释》卷八"吏胥";牟顾相曰"唐宋以来……吏胥日横",见《清经世文编》卷二四《说吏胥》。

③ "吏员",见《明(万历)会典》卷七。"吏",见《清(光绪)会典》卷一二。

④ 如苏轼说"胥吏(即吏胥)行文书,治刑狱、钱谷",见《苏东坡集·奏议集》卷二,元丰元年(1078)十月《上皇帝书》;明丘濬说:《周礼》之"史","若今吏典掌文案者也",见《大学衍义补》卷九八《胥隶之役》。又参《吴礼部集》卷一〇《原士》吴师道语。又请看许凡《元代吏制研究》"绪言",劳动人事出版社,1987年。

⑤ 如明、清法典都规定充"吏"是"役",见《明(万历)会典》卷七、《清(光绪)会典》卷一二。

⑥ 参《文献通考》卷三五《选举八》、《大学衍义补》卷九八《胥隶之役》。后者引郑玄曰:"庶人在官,谓……官长所除,不命于天子国君者。"(原文见《礼记·王制》"庶人在官者"注)

诗赋入仕的官员，截然不同，政治、社会地位都相当卑下；①但由于经办各类官府文书，事涉人事、刑狱、钱谷等，熟悉王朝法、例，在当时种种条件下，他们必然又不同程度地握有一定甚至是相当大的权力。清梁章钜《制义丛话》卷七引杨芸士曰："……胥吏……后世上自公卿，下至守令，总不能出此辈圈襆（'襆，纽也。'②）。刑名簿书出其手，典故宪令出其手，甚至于兵枢政要，迟速进退，无不出其手。使一刻无此辈，则宰相亦束手矣。"这话虽有夸张，但足可证明，地位卑下的吏胥确实握有不可忽视的权力。

本文所论述的，便是这一特殊对象在唐宋以后统治机构中所发挥的特殊作用，和当时政治、社会背景下所形成的官、吏制衡机制。

一

对于吏胥，唐宋以后予以严厉抨击，以至咒骂的言论、文章，不胜枚举。主要指责他们利用职权，蒙蔽官员，舞文弄法，贪污受贿，敲诈勒索，为害极大。

宋叶适说："吏胥之害，从古患之，非直一日也，而今为甚。"③

明黄宗羲说："盖吏胥之害天下，不可枚举。"④

清储方庆说："今天下之患，独在胥吏。"⑤

可是为什么这一制度始终无法废除或彻底改革？直到清末，李慈铭仍在说："盖国朝胥吏，偷窃权势，舞弄文法，高下在心，实以黑衣下贱之流，而操天下之大柄。……此最国家之一蠹也。"⑥原因何在？

---

① 当然，比起同是"庶人在官"而单纯从事厮役等体力劳动的皂隶，吏胥身份又高一些。元陶宗仪《南村辍耕录》卷二记元代萧斛早岁为吏，"呈牍（府）尹前。尹偶坠笔，目公拾之，公阳为不解，而止白所议公事。如此者三。公曰某所言者王事也，拾笔责在皂隶，非吏所任"。是一证。

② 《集韵》卷七。

③ 《水心别集》卷一四《吏胥》。

④ 《明夷待访录·胥吏》。

⑤ 《驭吏论》，见《清经世文编》卷二四。

⑥ 陈登原《国史旧闻》第三分册第 647 页《清吏胥》引，中华书局，1980 年。

原来这一吏胥制度具有一种特殊机制,它的存在、延续,是古代君主专制制度下,伴随社会经济、文化的进一步发展,不以人们意志为转移的必然结果。

如所周知,我国古代社会,幅员辽阔,人口众多,民族复杂,经济、文化发展缓慢,各地交通联系薄弱,可是政治上实行的却是君主专制制度。如何方能进行有效统治?首先,当然是向各地区、各部门委派官员。其次,为防止官员各行其是,特别是地方官员分裂割据,以保证全国政令的统一和以皇帝为首的最高统治集团之意志得到贯彻实行,这一统治集团便要针对全国千差万别、千变万化的情况,不断颁布大量的法,要求各地区、各部门官员严格遵守。唐宋以后,社会经济、文化发展越快,社会面貌变化越大,新事物出现越多,①与之相应的法也就越大量地颁布。

关于君主专制制度与法的这一关系,明顾炎武清楚地说:"……后世……尽天下一切之权而收之在上,而万几之广,固非一人之所能操也,而权乃移于法。于是多为之法以禁防之。"②

在他以前,宋叶适论及宋代君主专制制度也早说过:"国家因唐、五季之极弊,收敛藩镇,权归于上,一兵之籍,一财之源,一地之守,皆人主自为之也。欲专大利而无受其大害,遂废人而用法……"③

可是当时毕竟还谈不上是法制社会,④所以所谓"多为之法以禁防之"或"废人而用法",其主要目的就不在于规范全国广大人民的行为(在自然经济占统治地位的社会里,绝大多数人民是文盲,"死徙无出乡",实际上被紧紧束缚在土地上,也没有或基本上没有"多为之法"以规范其行为之必要),而是为了限制官员各行其是。

宋神宗曾明白说:"天下守令之众至千余人,其才性难以遍知,惟立法于此,使奉之于彼,从之则为是,背之则为非,以此进退,方有准的,所

---

① 仅以经济言:如土地买卖自由;商店设置由限于专门商业区"市",与住宅分开,发展成打破"市"界,与住宅交错;银币流行;纸币出现等。参加藤繁著,吴杰译《中国经济史考证》第一、二、三卷,商务印书馆,1959、1963、1973年。

② 《日知录集释》卷九"守令"。

③ 《水心别集》卷一〇《始议二》。

④ 参拙文《试论我国封建君主专制权力发展的总趋势》,《北京大学学报》1988年第2期。

谓朝廷有政也。"①

　　明顾炎武则从另一个角度出发说:"法令者,败坏人材之具。以防奸宄(指贪官等)而得之者十三,以沮豪杰(指有才干,想有作为的官员)而失之者,常十七矣。"②又说:"今之君人者……(对地方长官)人人而疑之,事事而制之。科条文簿,日多于一日;而又设之监司,设之督抚,以为如此,守令不得以残害其民矣。不知有司之官,凛凛焉救过之不给,以得代为幸,而无肯为其民兴一日之利者。民乌得而不穷,国乌得而不弱!"③

　　很明显,这是反对"废人而用法"的言论,虽有很大夸张,但从中却可看到,君主专制制度下"多为之法以禁防之"的主要对象是官员,这与宋神宗的话比起来,角度、态度虽正好相反,然就这一问题言,二者则是一致的。

　　可是对于最高统治集团来说,同样重要的一个问题是:如何保证各级官员,特别是"天高皇帝远"的地方官员,确实奉行这些"法"、这些"科条文簿"呢?除了御史的纠劾,上级官府的行政监督、考课这些主要制度外,还实行了一个不可或缺的制度,同样体现保证官员奉法的机制,这就是吏胥的存在与特殊作用,尽管历代统治者未必个个都明确认识到这一点。

　　关于吏胥制度的这一机制,明显地体现在历代官府的"判案"过程中。

　　试以唐代为例。《唐律疏议》卷五《名例》"同职犯公坐"条规定:

　　　　诸同职犯公坐者,长官为一等,通判官为一等,判官为一等,主典为一等,各以所由为首。

"公坐",指并非出于私心(如因受贿而故意陷害或包庇被审判者等)而

────────────────

　　① 《续资治通鉴长编》卷三一三元丰四年六月甲子。叶适甚至说:"吾祖宗之治天下也,事无小大,一听于法,(官员)虽杰异之能,不得自有所为……"见《水心别集》卷三《官法上》。
　　② 《日知录集释》卷九"人材"。
　　③ 《亭林文集》卷一《郡县论一》。按黄宗羲在《明夷待访录·原法》中说:"……后世……上用一人焉,则疑其自私,而又用一人以制其私;行一事焉,则虑其可欺,而又设一事以防其欺。……故其法不得不密。"与顾炎武说法完全一致。可见这是当时一部分人的共识。

形成的工作失误。犯公坐,要受处罚,但责任不同,即所谓"各以所由为首"。意思是,这"四等官"在谁那里首先出错,谁就负主要责任,其他人等而下之。这样便形成一个判案整体。这四等官,前三等是长官、通判官、判官,都是"官"(即流官或曰流内官),第四等则是"主典",都由流外官(当时主要指吏胥)充任。① 根据大量史料包括敦煌、吐鲁番文书,可以看到,在判案过程中,最初的也就是最基础的一道程式便是:在"官"的命令下,由"主典"将涉及某一案件、事务的有关资料(前后情况、问题所在等)收集齐全,整合成文书,送呈官员,供他们参考、分析;同时还需查检应该适用的法、例,提供给官员,由他们据以决断。这些就叫"检"或"检案"。② 由于主典熟悉法、例和本地风土好尚,有时也需在文书中直接引申提出应该如何处理的初步意见,供官员参考、斟酌,这就叫"请"。③ 根据主典的"检、请",判官、通判官、长官便依次下"判",作出"判断"(如刑事案件,即判决被告是否犯罪;如犯罪,判几年等)。如果处理错了,是官员的"判断"错了,就由官员负主要责任;若是主典的"检、请有失",④主要责任就由主典承担。由此可见,"检、请"是判案过程中吏胥的主要职责,而它正是官员依次"判断"的基础。水平再高的官员,如果主典提供的有关资料不齐全或法、例不准确,则所作"判断"也就绝不可能正确。

---

① 《资治通鉴》卷二一三开元十七年国子祭酒杨玚上书即将"流外出身"视为"胥史"即吏胥。详参张广达《论唐代的史》,载《北京大学学报》1989年第2期。

② 参见王永兴《关于唐代流外官的两点意见》,载《北京大学学报》1990年第2期;卢向前《牒式及其处理程式的探讨(三)》,载《敦煌吐鲁番文献研究论集》第3辑,北京大学出版社,1986年。

③ 《唐律疏议》卷五《名例》"同职犯公坐"条疏议规定,主典职责一个是"检",另一个就是"请"。前引卢向前文367页引一唐益谦向官府请给"过所"(古代一种通行凭证)的处理文书,经过主典(史)谢忠"检"之后,做成文书,最后说"依检,过所更不合别给";又王仲荦《试释吐鲁番出土的几件有关过所的唐代文书》(《文物》1975年第7期),引日本僧人圆珍申请"过所"时,唐代尚书省最后核准的一份文书,主典袁参等说"准状,勘责状同此,正准给",意思就是经过检查有关材料,应该发给过所。这两处,一个不同意"准给",一个同意"给",应该都是由主典所"请"。直到清代依然是每办一案,"书吏(吏胥的一种)检阅成案,比照律,呈之司官,司官略加润色,呈之堂官,堂官若不驳斥,则此案定矣!"见《清稗类钞》第十一册《各部书吏主案牍》,中华书局,1984年。

④ 《唐律疏议》卷五《名例》"诸同职犯公坐"条疏议。

明、清律和唐律比，在"同僚犯公罪"条，作了一点变动，规定"凡同僚犯公罪者，并以吏典（即唐律之主典）为首。首领官（即唐律之判官）减吏典一等。佐贰官（即唐律之通判官）减首领官一等。长官减佐贰官一等"。为什么作此变动？清人解释说："承行在于吏典，故并以吏典为首。由吏典而首领，而佐贰，而长官递减一等，非以职之崇卑，为罪之轻重。盖任重者责大，官微者事劳，而署案判事，则卑者尤须慎密也。"①意思当是，对例行公事除要求吏典认真整理有关资料，提供法、例外，还要求他们在"承行"文书时，仔细检查，如发现"署案判事"内容有违法、例，还需建议官员斟酌修改。就是说，以此来督促吏典"慎密"，否则出了错，将遭到"为首"的惩罚。然而这样一来，实际上吏典的责任比唐代更加重了。

以上还是就一级官府（如县）而言的。实际上某些重要官府文书必须申报上级官府，甚至中央官府核准。在这过程中，如明、清律规定，下级官府官员、吏典全无异议的官府文书，到了上级官府，仍然适用"同僚犯公罪"的律条，首先由这一级官府的吏典审核，检查是否合乎法、例，再经同级官员"判断"。如果"（上司）不觉失错准行者，各减下司官、吏罪二等；……亦各以吏典为首"。②

除此之外，吏典还在多种情况下承担着同样的责任，这里不必备述。③

所有这些，充分表明，各级吏胥一方面固然像古来任何具体办事人员一样，需要在官员指挥下经办例行官府文书；但另一方面则还需要向官员提供有关法、例，并对官员在此基础上做出的"判事"，核查是否违反法、例，从而在颁布大量法、例对官员"禁防"的君主专制制度下，发挥着督促官员奉行这些法、例的特殊作用。

清朝嘉庆帝在一道上谕中说："朕……孜孜图治，不敢暇逸。奈诸臣

---

① 《大清律例增修统纂集成》卷五《名例律》"同僚犯公罪"条注。

② 《明律·名例》"同僚犯公罪"条。《清律》同。《唐律》早已有类似规定，只不过仍"各以所由为首"。

③ 如明、清律"同僚犯公罪"条还规定，对上级官府下达的官文书，下级官府吏典也需核查其是否合乎法、例，否则导致"依错施行"，同样要"为首"论罪等。

全身保位者多,为国除弊者少。……自大学士、尚书、侍郎,以及百司庶尹,唯诺成风,皆听命于书吏。……太阿倒持,群小放恣,国事尚可问乎!"①可是嘉庆也不想想,惯于高高在上,颐指气使的百官,特别是第一、二、三品的高官,为什么甘心"听命"于卑贱的吏胥呢?

原来奥妙就在于吏胥熟悉法、例,而官员并不熟悉(道理见后),如果官员不考虑吏胥意见,一意孤行,违反法、例,就会受到惩罚。所以所谓"听命于书吏",实际上是"听命于"法、例,归根到底,是出于害怕颁布法、例的君主至高无上的权力和权威。

这种情况,历代可以说基本上全都一样。

早在宋代,叶适已明白指出:"夫以官听吏,疲懦之名,人情之所避也,然而不免焉,何也?国家以法为本,以例为要。其官虽贵也,其人虽贤也,然而非法无决也,非例无行也。……知其一不知其二,不若吏之悉也,故不得不举而归之吏。"在另一地方他又指出:"废人而用法"也就是"废官而用吏"。②

明顾炎武也明白说:"今夺百官之权而一切归之吏胥,是所谓百官者虚名,而柄国者吏胥而已","胥史之权所以日重而不可拔者,任法之弊使之然也"。③

毫无问题,叶适也好,顾炎武也好,所说吏胥"柄国""废官而用吏"之类的话,具有相当大的夸张性(上引嘉庆所谓官员皆"听命于书吏"的上谕也是如此),关于此事,下文还将专门讨论;但这些话却清楚反映,卑贱的吏胥握有权力,而且在不少情况下权力相当大,甚至凌驾官员,这是历代王朝大量颁布法、例的必然结果。而如前所述,由于大量颁布法、例又是我国古代君主专制制度下,为了保证全国政令的统一不可避免要采取的基本措施,因而吏胥制度存在并具有特殊机制,吏胥发挥着督促官员奉行

---

① 《东华续录·嘉庆十七》嘉庆九年六月戊辰。《清实录》卷一三〇同。
② 分见《水心别集》卷一五《上殿札子》、卷一〇《始议二》。
③ 分见《日知录集释》卷八"吏胥"及"都令史"。明中叶霍韬曾具体地说:"今坐视吏员之贪猾污滥而不能禁,何也?旧例繁文之所束缚。凡其进言,动有机括,制之则无术,究之则无迹故也。"见《明经世文编》卷一八五《嘉靖改元建言第三》。

法、例的特殊作用，也就是历史的必然。唐宋以后，许多人严厉抨击吏胥制度，力主加以改革，一直到清末都毫无结果，原因就在于此。

二

可是，为什么吏胥熟悉法、例，而官员却不熟悉法、例？

大量史料证明，在熟悉法、例上官员与吏胥之所以存在巨大差距，主要原因有二：

第一，如前所述，在古代君主专制制度下，随着社会经济、文化的发展，颁布的法越来越多。不仅如此，这些法还往往"朝令夕改"，"率尔颁行，既昧经常，即时更改……烦而无信……"，[①]"朝下一敕，夕改一令。……殆不胜纪录"。[②] 再加上法外有例。本来制度是"法所不载，然后用例"，实际上许多时候又允许或默许"引例破法"。[③] 例又很混乱。明代是"因例生例，例愈纷而弊愈无穷"；[④]清代是"或一事设一例，甚且因此例而生彼例，不惟与他部（指刑部以外之五部）则例参差，即一例分载各门者，亦不无歧异"。[⑤] 对于这些法、例，各级官府中少量的官员，是无论如何也无法熟悉的。宋代司马光曾上书说：当时不算其他机构，仅"尚书六曹条贯共计三千六百九十四册"，[⑥]再加上"敕令格式一千余卷册"，"虽有官吏强力勤敏者，恐不能遍观而详览，况于备记而必行之"。[⑦] 至于地方上，如最基层的官员主要是知县，什么事务都负责最后决断，却只有一人，佐官也只有数人，要想熟悉各类纷杂法、例，自然更是难上加

---

① 此北宋事，分见《宋朝事实类苑》卷三、《续资治通鉴长编》卷一四三庆历三年九月丁卯。

② 此南宋事，见彭龟年《止堂集》卷二《论续降指挥之弊疏》。

③ 以上见《宋史》卷一九九《刑法志一》。

④ 《明史》卷九三《刑法志一》。

⑤ 《清史稿》卷一四二《刑法志一》。当然，例的纷繁歧异，实已不利于整个统治利益，正如清末冯桂芬所说"例之大纲尚不失治天下之宗旨，至于条目愈勘愈细……遂与宗旨大相背谬"，见《省则例议》，载《皇朝经世文续编》卷二二《吏政七》，可是由于正在行用，官员仍不许违背。

⑥ 按"条贯"，指处理统治事务的具体法条。如《玉海》卷六六《诏令·律令下》元祐元年"诏中丞刘挚等以元丰敕令格式并续降条贯六千八百七十六道刊修"。

⑦ 《续资治通鉴长编》卷三八五宋哲宗元祐元年八月丁酉。

难。然而吏胥则不同。《大学衍义补》卷九八《胥隶之役》下说:唐宋以后"上至朝廷,下至州县,每一职一司,官长不过数人,而胥吏不胜其众"。明末侯方域估计:"今天下大县以千数,县吏胥三百,是千县则三十万也。"[1]吏胥又各有分工,《明(万历)会典》卷九《到任须知》便明白记载县衙门吏胥共分吏、户、礼、兵、刑、工六房。[2] 清制同。这样,吏胥熟悉法、例就远比官员容易。再加上除君主颁定法、例外,各级官府根据法、例和具体情况,也不断颁发各类官文书;[3]而县级官府处理刑名、钱谷等事务,又存在许多惯例(在不违反法、例前提下,经上司批准,对某些事务的特殊处理办法),这些也只有人数多、分工细的吏胥能掌握。上引《到任须知》便说:吏胥分工"如刑房专掌刑名,户房专掌钱粮,该吏承管日久,则知事首尾,容易发落",大体便是这个意思。总之,在存在大量纷杂法、例的条件下,官员、吏胥在数量上、分工上的悬殊对比,决定了官员远不如吏胥熟悉法、例,而且这一基本状况,一般是无法改变的。

第二,官员其所以很难像吏胥那样熟悉法、例,还因为官员在一个部门、一个地区任职时间短,远不如吏胥长久,用叶适的话说就是:"暂而居之,不若吏之久也。"[4]清陆世仪更夸张地说,这是"迁转不常,历官如传舍。吏人……终身窟穴公庭,长子孙而无禁"。[5]

本来,两汉官员特别是地方长官是可以久任的,多者一二十年,有

―――――――――――

① 《清经世文编》卷二四《额吏胥》。又参宫崎市定《清代的胥吏和幕友》,载《日本学者研究中国史论著选译》第六卷,中华书局,1993年;李洵《论明代的官和吏》,载《下学集》,中国社会科学出版社,1995年。需说明的是:一般统计的吏胥数目,实际上其中有制度规定与非制度规定之别。《大清会典》卷一二称前者为"经制之吏"(有权考职、出职等),后者为"非经制"之吏。后者数目大得多。据清总督田文镜疏,他所在衙门非经制吏胥"较经制十倍有余",见《清经世文编》卷二四《复陈书役不必定额疏》。《下学集》第183页估计明代全国文职衙门吏胥五万多人,当指制度规定之数。

② 沈榜《宛署杂记》卷二记明代宛平县事务多的"房",又另分"科",如户房分出"粮科",工、兵、刑房各分"南科""北科"等。

③ 如唐代尚书省颁下的官文书叫"符";清代督抚、司道、府厅各颁下官文书,"皆用牌"。分别见《唐六典》卷一、《清(光绪)会典》卷三〇。

④ 《水心别集》卷一五《上殿札子》。

⑤ 《思辨录论学》,载《清经世文编》卷三。

功但赐爵、增秩而不迁升。① 然至后代，逐渐形成官员一般约三年一任的制度，甚至更短时间即可转官迁升："远者三年，近者数月，辄以易去"；"至有岁内再三改移，暂居官次，突不及黔，时序未更，已闻移去"。②《春明梦余录》卷三四《考课》门称：明代由洪武至弘治一百余年间曾力矫此弊，实行九年三考方迁升之制，"汉唐以来所未有也"，可是后来仍未坚持下去；同书卷三四《久任》门便说："由弘治丙辰至嘉靖辛亥……五十六年，（吏部尚书）凡易二十八人，此后更如传舍，铨部如此，他可知矣。"③

为什么无法让官员坚持久任，而要"历官如传舍"？

主要原因当是为了满足他们尽快迁升、飞黄腾达的需要。这是古代士大夫、官员的剥削阶级本质决定的。④

在汉代，由于社会经济、文化发展比较落后，士人在总人口中比例小，营求入仕者人数与官缺之间距离并不大，⑤所以为了保证统治质量与效率，可以允许"久任"。可是到后代就不同了，特别是唐宋以后，随着社会进步，出现了矛盾：士人多，候补入官者多，而官缺少。宋苏轼说："今……一官缺，率常五七人守之。"⑥明丘濬说："今有需次（候补）十年不得选（官缺）者……（甚至）老死而不得一官。"⑦在这种情况下，历代王朝为了扩大社会基础，争取士人、官员的广泛支持，一方面不断地、千方

---

① 参陈登原《国史旧闻》第一分册《两汉地方官》、《西汉会要》卷四二《职官十二·久任》、《东汉会要》卷二一《职官三·久任》。

② 以上分别见《司马文正公传家集》卷二〇《言御臣上殿札子》、《宋大诏令集》卷一六二《省台寺监牧守监司以三年为任诏》。

③ 明高拱在《论考察》中也说：明代后期"久任之法不行，固有未及三年而升者焉"，"九年考满者鲜焉"，"百无一人焉"，见《明经世文编》卷三〇二。

④ 苏轼说"天下之学者莫不欲仕，仕者莫不欲贵"，见《苏东坡集·应诏集》卷二《策别第七》。明吏部尚书张瀚说其所以无法坚持"久任"，是因为士大夫"竞进之心炽"，见《松窗梦语》卷八。

⑤ 所以两汉察举之人材，优者待以不次之位，劣者也不斥退，仍可入仕。地方上"或至阖郡而不（察举）一人"，亦是人材缺少的一个反映，见《汉书》卷六《武帝纪》元朔元年十一月诏。

⑥ 《苏东坡集·奏议集》卷五《转对条上三事状》。

⑦ 《大学衍义补》卷一〇《公铨选之法》。

百计地增加官缺，而不惜形成庞大冗官队伍；①另一方面便是缩短官员在任时间，加速历官进程，从而在增加官缺的同时，进一步增加候补者取得实缺的数目，以有利于士人入仕和在职官员较快地迁升。而久任，正好与这　措施相抵触，因而难以推行或坚持。司马光便指出："今朝廷明知任官不久之弊，然不能变更者"，重要原因之一就是"岁月序迁，有增无减，员少人多（意即官缺少，待补用者多），无地可处。此所以熟视日久，而无如之何者也"。② 宋代如此，后代亦如此。前述明代前期力行"汉唐以来所未有"的九年三考叙迁之制，尽管任期还算不上很久，但最后仍渐废弃，直至清末也未再恢复，就是久任难以坚持的强证。

这就是说，唐宋以后，在必须得到广大士人、官员支持、效力方能存在下去的君主专制制度下，各部门、各地区官员"暂而居之""历官如传舍"，是必然的。

吏胥则不同。由于原则上是服"役"，所以任职久暂，从王朝说，很长一个时期并无明确规定；而从吏胥本人说，由于这种"役"并不需要承担沉重体力劳动，相反，倒可以借以掌握一定权力，取得一定经济收益，甚至经过若干年，履行某些手续，还有可能"出职"为官员，③因而吏胥往往长期把持着自己的位子，以至于父子兄弟相传，即所谓"官无封建而吏有封建"，州县"吏胥窟穴其中，父以是传之子，兄以是传之弟"。④ 清代对于吏胥服役年限虽明确为五年，并规定"役满不退者……皆治以法"，⑤可是实际上役满吏胥总是"有术以逃乎法之外"，不但在清初如前引陆世

---

① 宋代冗官队伍庞大，以至居官者"不知职业之所守"，见《宋史》卷一六八《职官志八》杨亿疏。又参《廿二史札记》卷二五《宋冗官冗费》。明桂萼说：世宗曾下"圣谕"，承认"今天下诸司官员，比旧过多……增添冗滥……"，见《明经世文编》卷一八一《论革冗官疏》。

② 《司马文正公传家集》卷二一《乞分十二等以进退群臣上殿札子》。

③ 也叫"年劳补官法"，见宋赵升《朝野类要》卷三《入仕·年劳》。但宋代出职只限于州以上和中央机构吏胥，见王曾瑜《宋朝的吏户》，载台湾《新史学》第四卷一期。元明清县吏胥也可出职，但和宋州以上一样，限于"经制之吏"，参《清经世文编》卷二四《额吏胥》。

④ 分见《水心别集》卷一四《吏胥》、《亭林文集》卷一《郡县论八》。

⑤ 役满后允许"考职"（考官府文书的草拟，合格者可以出职为小官），不取者退役。俱见《清（光绪）会典》卷一二。清初地方上吏胥则有"三年更替之令"，见《清经世文编》卷二四《访惩衙蠹之法疏》。又道光十年例，对"役满不退者"，明确规定"杖一百"，见《大清律例增修统纂集成》卷六《吏律职制》"举用有过官吏"条附条例。

仪所谓可以"终身窟穴公庭";而且直到清末,即使朝廷控制比较严的中央和地方上省、府吏胥,役满即退者依然是"百无一二"。①

这样,除了官少吏多,官事杂而吏专门外,又加上任期官暂吏久,则在熟悉大量纷杂的法、例上,官员一般远不如吏胥,就更是必然的了。

此外,还有两个因素也不能忽视:

一是官员在科举制的引导下,从小学习"四书""五经",入仕之初,"其通晓吏事者,十不一二";②而"吏胥之人,少而习法律,长而习狱讼",③"吏胥所习,钱谷簿书,皆当世之务"。④ 这就是说,在狱讼钱谷有关法、例的熟悉上,官员与吏胥"先天"就存在差距。

另一个因素是,为保证官员处理狱讼钱谷事务的公正,避免徇私情,从汉代起,历代王朝原则上都对地方官员的任用,实行"仕宦避本籍"的制度。⑤ 但吏胥却基本上由本地人充任。这样便又形成官员与吏胥的另一差距,这就是"官之去乡常数千里……风土好尚或非所习,而吏则熟练者也"。⑥ 而在交通联系比较薄弱,各地相当闭塞的社会里,在如何收取钱粮,决断狱讼上,"风土好尚"又是不能不考虑的一个重要因素,归根结底,仍涉及能否有效地执行法、例问题。⑦

这两个因素,和上述官少吏多,官暂吏久的基本制度相结合,就使官

---

① 见薛允升《唐明律合编》卷九"明律·举用有过官吏"条按语。薛氏清末任刑部尚书,所言自可信。吏胥逃法窟穴公庭之术,一部分参见《清经世文编》卷二四《访惩衙蠹之法疏》及同卷《驭吏论》。

② 《日知录集释》卷八"选补"。早在唐代,赵匡在《选举议》中已说:士人读经书,诵疏文,不习政务,"及临人决事,取办胥吏之口而已"。见《通典》卷一七《选举五》。

③ 《古今图书集成·选举典》卷一二七宋苏洵《广士》。

④ 《清经世文编》卷三《思辨录论学》。

⑤ 参赵翼《陔余丛考》卷二七。又《明(万历)会典》卷五"选官"条:"其应选官员人等……照例避(籍)贯铨注。"《清(光绪)会典》卷一〇:"凡铨政……密其回避……督抚以下至佐杂,皆回避本省。"

⑥ 陈登原《国史旧闻》第三分册《清吏胥》引梁章钜《退庵随笔》卷五。

⑦ 如《大清律例》"户律·婚姻·尊卑为婚"条虽规定"若娶己之姑舅、两姨姊妹者,杖八十,并离异",即不许表兄妹通婚。但所附条例却规定"其姑舅两姨姊妹为婚者,听从民便"。不了解本地"风俗习惯",就无法正确执行这一法、例。至于各地官文书,"因俗立教,随地制宜"的内容更多一些,这就需要官员在执行中了解本地风土好尚。参《清经世文编》卷二〇《咨询民情土俗论》、卷二二《通饬州县巡历乡村论》。

员与吏胥在熟悉有关法、例上的差距,更加突出。①

综上所述,归纳为一点,就是在君主专制制度下,由于种种因素的决定,一般说,吏胥熟悉法、例,官员不熟悉法、例,这是无可争辩的事实,而且是无法改变的;从而进一步证实,吏胥发挥着督促官员奉行法、例的特殊作用,确是历史的必然。

还要指出,以上主要就官员文化素质比较高的唐、宋、明、清立论,如果将视角集中到官员文化素质偏低的朝代如金、元,就可看到,吏胥制度的这一特殊机制,更为突出。如在元代,地方上"往往荷毡被毳之人(指蒙古人,一般不识字),捐弓下马,使为守、令。其于法意之低昂,民情之幽隐,不能周知而悉究,是以取尝为胥曹者,命之具文书上,又详指说焉",以至于吏胥"或援一例,而聋瞽钤制其官长"。② 这岂不证明,尽管存在弊端,但离开吏胥,这样的官员就无法奉行法、例了吗?!

三

前面提到,叶适与顾炎武慨叹在君主专制制度下"废官而用吏","柄国者吏胥而已",他们的话是不是事实呢?

否!不是事实。

固然,吏胥熟悉法、例,官员不熟悉,而为求政令统一,历代王朝又要求各部门、各地区严格执行法、例,则就官员与吏胥的地位言,表面上势必要得出叶、顾的结论。可是不争的事实表明,历代王朝的主要依靠力量,依然是官员;各级官府中掌大权的,依然是官员,全都不是吏胥。最突出的反映就是,官员可以飞黄腾达,位居极品,物质待遇优厚,社会地位崇高,并且在政务处理中握有决断权(参前唐"四等官"判案过程自

---

① 清阮葵生《茶余客话》卷七《论吏道》说:"夫以他州外郡之人,为来往无常之官,官一而吏百,又皆文采声华、不习民事之官;以之驾驭百十为群,熟悉风土,谙练事故,作奸犯科,无赖之吏,于此而能奏循绩焉,固较汉世难十百也。"如不计对汉政之美化,应该说,概括得比较全面。

② 危素《送陈子嘉序》,载《全明文》(二),上海古籍出版社,1994年。又参韩儒林《元朝史》上册,人民出版社,1986年,第339—340页。

明）。吏胥则相差甚远：

首先，吏胥一般是"役"，是"庶人在官"，没有官品。这有一个发展过程。在唐宋，吏胥的一部分在制度上还算作官，虽然是流外官；地位最高的尚书、门下、中书三省都事、主事、令史（宋），还是流外入流者充任的八、九品的流内官。① 可是发展到明清，吏胥在出职前，却完全跌落成与官（包括流外官）不相混杂、交错的一个社会群体——吏或吏胥了。虽然为了调动他们的积极性，设有出职（官）制度，但出职后一般终生只能停滞在杂职小官上；纵有才干，得以升迁，其最高品秩也有限制。如即使被认为历史上吏胥地位最高的元代，后来也有"吏员出身者，秩止四品"，有时甚至是"吏人转官，止从七品"的规定。②

其次，吏胥物质待遇十分菲薄。在宋代，占吏胥绝大多数的县吏"无廪给之资"。③ 宋神宗为防吏胥贪污受贿，行"仓法"，增加吏胥俸禄，逐渐县吏也有微薄俸禄了，但地方上的高级吏胥，俸禄也只不过等同于小官。④《明（万历）会典》卷三九规定：在京各衙门吏胥俸禄，多者每月米二石五斗，少者六斗；"在外各衙门吏典（月）俸一石"。吏胥以此俸禄，仅能勉强过日。⑤ 清代对吏胥待遇没有明文规定，一般只给予微薄的"饭食银"。⑥

再次，吏胥社会地位低下，早在吏胥地位比后代还略高的唐代，三省

---

① 以上参前引张广达《论唐代的吏》、王曾瑜《宋朝的吏户》。如《唐六典》卷一载尚书省主事（从九品）"皇朝并用流外入流者补之"；宋代任命尚书省、中书省主事、令史，还需皇帝下"制"，如《元丰类稿》卷二一、二二，即有此类"制"。

② 分见《元史》卷二九《泰定帝纪》至治三年十二月诏，卷二五《仁宗纪》延祐元年十月敕。详参前引许凡《元代吏制研究》第二章第六节。其实对吏胥升官给予限制，唐代已时有规定。如《唐会要》卷五八《尚书省诸司中·吏部尚书》唐德宗"敕：流外出身人今后勿授刺史、县令、录事参军"。当然，实际上总有极少数人迁升高官，乃属特殊情况，从来如此。

③ 《古今图书集成·选举典》卷一二七南宋胡太初《昼帘绪论·御史》。

④ 参宫崎市定《王安石的吏、士合一政策》，载《日本学者研究中国史论著选译》第五卷，中华书局，1993年。

⑤ 《明史》卷八二《食货志六》称明代官俸最薄，"自古官俸之薄，未有若此者"，但最低从九品官员的俸禄为五石米，仍比吏胥最高的俸米二石五斗多出一倍。参《廿二史札记》卷三二《明官俸最薄》。

⑥ 雍正曾说："各衙门书吏势难枵腹办事，酌量稍给纸笔饭钱，于理犹无违碍。"可见所给之钱仅旨在免除"枵腹"，微薄可知。参前引宫崎市定《清代的胥吏和幕友》。

主事等虽品秩为流内八、九品,但因是吏胥,士人便拒绝充任,"皆以俦类为耻"。① 宋代有流内官品的吏胥,没有资格合班朝参君主,而官品比他们低的官员却可以朝参。② 宋太宗时有一中书省吏应科举,已及第,"上知之,令追夺所受敕牒……因谓侍臣曰:科举之设,待士流也。岂容走吏冒进,窃取科名"。因下诏明定中央、地方吏胥禁止应科举。③ 明、清两代吏胥地位更是等而下之。明太祖曾就科举事批示"吏胥心术已坏,不许应试"。其后限制更多,"而吏员之与科举,高下天渊矣"。④ 清陆世仪说:"限其出身,卑其流品,使不得并于世人君子者,吏也。"⑤ 钱大昕更说:"自明中叶以后,士大夫之于胥吏,以奴隶使之,盗贼待之。"⑥清末冯桂芬仍说:"后世流品,莫贱于吏,至于今日而等于奴隶矣。"⑦

最后,更重要的是,在处理政务中,如前述唐四等官,"主典"即吏胥只能整理资料,提供法、例,而无决断权。明、清吏胥原则上是"役",就更谈不上决断权。明太祖《大诰三编·农吏第二十七》⑧:"今后诸衙门官,凡有公事……或亲笔自稿,照行移格式为之,然后农吏誊真,署押发放。吏本黏连卷宗,点检新旧,验看迟速,知数目之精,未尝公事主谋在乎吏。今往往正官、首领官凭吏立意,施行其事,未有不堕于杀身者也。……凡百公事,若吏无赃私,一切字样差讹,与稿不同,乃吏誊真之罪。设若与稿相同,主意乖违,罪坐官长,吏并不干。"⑨此吏胥无决断权之明证。前引李慈铭称吏胥参与决断为"偷窃权势",道理便在这里。

现在的问题是:为什么历代王朝的主要依靠力量,依然是不熟悉法、

---

① 《旧唐书》八一《刘祥道传》。
② 《宋史》卷一六八《职官志八》建隆、元丰、绍兴诸"合班之制",列入正一品至从九品官员,而有流内官品的吏胥却不在其内。
③ 参《文献通考》卷三五《选举八》。又,父祖两代如是吏胥,即使已出职为官员,本人也不许与宗室通婚。见《续资治通鉴长编》卷二九一元丰元年八月己酉。
④ 见《日知录集释》卷一七"通经为吏"。
⑤ 《清经世文编》卷三《思辨录论学》。
⑥ 《日知录集释》卷一七"通经为吏"引"钱氏云"。
⑦ 《易胥吏议》,见《皇朝经世文续编》卷二二《吏政七》。
⑧ 见《全明文》(一)。"农吏"即吏胥,因一般作为"役"签发农民充当,故名。
⑨ "吏并不干",与明律"并以吏典为首"规定,略有出入,此处不论。

例的官员,却不是熟悉法、例的吏胥,而且后者的政治、社会地位还很低?

这在唐宋以前,很长一个时期是由门阀制度决定的。① 随着门阀制度的变化、消逝,官员、吏胥在政治、文化、道德素质上的巨大差距,便上升为主要原因。

首先,由于官员从小学习体现古代丰富统治经验的"五经""四书",② 又经过科举考试的筛选,一般说,政治、文化素质较高,是通才。仅以熟悉"四书"言,朱熹就曾说:"若理会得此'四书',何书不可读,何理不可究,何事不可处(理)。"③固然,有很大一部分官员,如前所引,刚入仕时,通晓统治事务的"十不一二",但经过一定时期历练,便可以在一个部门、一个地区充任长官或佐官了。他们不熟悉法、例,往往需要根据吏胥提供的法、例决断政务,不能随便自作主张,这正是君主专制制度之所以赋予吏胥制度这一特殊机制的指导思想所在,但是仅仅做到熟悉法例这一点,是不是统治事务就都解决了呢? 没有,还差得远。以地方上言,因为古代各地交通闭塞,"风土好尚"千差万别,尽管法、例越颁越多,但法、例无法涵盖的情况,仍然相当多;再加上唐宋以后,随着社会经济、文化较快的发展,又会不断出现法、例虽有规定,但已过时了的情况。所有这些,就需要有人根据本地区具体情况来灵活处理,以至将信息尽快上奏朝廷,制定新的法、例。如南宋《庆元条法事类》卷四《职制门》"上书奏事"条规定:"诸奉制书……而理有不便者,速具利害奏,事涉机速者,且行且奏","诸被受尚书六曹、御史台、寺、监指挥(文书的一种),而事有未便者,听实封论奏"。很明显,如果已下"制书""指挥"确实"理有不便""事有未便",则是否能够予以判定,并及时上奏,提出具体建议,就是关乎统治质量的事情,甚至是大事。而迅速上奏,又毫不违反君主专制制度下统一政令的需要。

---

① 参拙稿《门阀制度》,见白寿彝总主编《中国通史》第五卷上(总第七册)丙编第三章,上海人民出版社,1995 年。
② 如《汉书》卷八八《儒林传序》早就指出:儒家经书"先圣所以明天道,正人伦,致至治之成法也"。
③ 《朱子语类》卷一四。

但是谁有水平、有胆略判定朝廷颁下的"制书""指挥"执行起来"理有不便""事有未便",并上奏论述"利害"呢?肯定地说,吏胥不具备这种条件。因为他们政治、文化素质低,仅仅学习、掌握狱讼或钱谷等具体法、例,只了解鼻尖底下一点业务,而不了解全面和大局,目光浅短,因而对各种法、例和新颁文书,只能和只敢奉行,"不敢分毫逾越",①自然谈不上提出自己的不同见解上奏。历代经验证明,只有总体上说政治、文化素质比较高,眼界比较开阔的官员,方才具备上述条件。关于官员与吏胥在这一方面的巨大差距,历代统治集团都是清楚的。试举一证:

明成祖时准备任命张循理等二十八名御史。召见时,成祖询问诸人"出身",发现有四人出身吏胥,"上曰:用人虽不专一途,然御史国之司直,必有学识,达治体,廉正不阿,乃可任之;若刀笔吏,知利不知义,知刻薄不知大体,用之任风纪,使人轻视朝廷"。遂将这四人黜降他官,"谕:自今御史勿复用吏"。②

这里明成祖对御史与吏胥的要求与评价,比较全面、准确。它有两个意思:一个是御史要"有学识,达治体",而吏胥"知刻薄不知大体";另一个是御史要"廉正不阿",而吏胥"知利不知义"。由于御史与一般官员的素质,只有量的差异,而无质的区别,所以这段话同样可以适用于一般官员与吏胥。

所谓"达治体"或"不知大体",全是指在处理政务中是否有全局眼光,是否能从整个统治利益出发的问题。"有学识",指的就是学习、通晓"五经""四书"后所具备的素质。有学识,方能"达治体";吏胥一般没学过"五经""四书",所以被认为"不知大体"。前面讲到的对朝廷法、例和新颁文书,能不能和敢不敢根据具体实际情况,陈述"利害",提出不同意见上奏,其实就是"达治体"或"不知大体"的一个反映。明世宗时,陆稳为副佥都御史提督南(南安府)、赣(赣州府)。数年中户部于正赋之外

① 《日知录集释》卷八"吏胥"条载谢肇淛语。又宋曾肇在"论内批直付有司"疏中说:胥吏"但以奉行文书为事",而和官员对上级文书特别是"帝王号令",可以提否定意见不同,疏载《宋文鉴》卷六一。

② 《日知录集释》卷一七"通经为吏"。

不停地向此地"加派钱粮",针对这一问题,陆稳根据实际情况上奏,指出三府"据江西之上游,为全省之藩蔽",但百姓贫穷,"灾患十倍他郡",而数年以来由于种种原因,加派钱粮却增加了三分之一,"是驱之为盗也","自加征之命既下,富人日入于困穷,贫民多逃于巢穴(为盗)"。又说"巢盗(本地'寇盗')出,流寇(外地'寇盗')入,则南赣不安;南赣不安,则江西全省不得高枕而卧"。因此"恳免加派钱粮,以安人心"。① 陆稳既是御史,也可以算作南赣地方长官,此奏便是他着眼大局,"达治体",主张限制加派钱粮这一局部利益之好例。相反,如果支持加派钱粮,甚至层层加码,那便是"知刻薄不知大体",下降到吏胥水平了。

明代丘濬在论述"简典狱之官"时说:"刑狱人命所系,不可专委之吏胥。士(此指出身士人的官员)读书知义理,不徒能守法,而又能于法外推情察理,而不忍致人无罪而就死地。……吏胥虽曰深于法比,然而能知法也,而不知有法外意,苟狱文具,而罪责不及己足矣,而人之冤否不恤也。"②这就是说,官员由于素质高,不仅能遵守法,而且在出现法律条文所不能涵盖的具体情况时,还能从实际出发,"推情察理",灵活判案,而不死抠条文。丘濬把这叫作"法外意"。因为重罪案子最后仍需上级、中央核准,所以"法外意"与统一政令并不抵触。相反,只会更符合整个统治利益。而吏胥由于素质低,虽熟悉法律条文,却不懂这种"法外意",只会表面上理解法律,这在某些情况下对正确判案和统治利益是不利的。所以判案"不可专委之吏胥",就是说吏胥只可提供法、例或建议,最后仍需官员把关、下判。很清楚,丘濬的话是从另一角度即司法角度,反映了历代王朝之所以依然重官员、轻吏胥的原因所在。一句话,关键在于官员"读书知义理",政治、文化素质较高,而吏胥则否。这和明成祖关于御史"有学识,达治体",而吏胥则不然的要求与评价,精神是完全一致的。

其次,历代王朝其所以依然重官员,轻吏胥,还有一个主要原因,这

① 《明经世文编》卷三一四《边方灾患恳免加派钱粮以安人心疏》。
② 《大学衍义补》卷一一一。

就是鉴于二者在道德素质上存在的巨大差距。用明成祖的话说，就是前者可以做到"廉正不阿"，而后者"知利不知义"。① "知利不知义"在吏胥身上的突出体现，就是通过舞文弄法，蒙蔽官员，来达到贪污受贿，敲诈勒索，中饱私囊的目的，从而给王朝统治带来不小的危害。② 这在本文一开始已经涉及。而官员，虽然也有不少贪赃枉法的，但比起吏胥来，总体上看，数量却要少得多，所谓"廉正不阿"，只能从这个角度理解。二者其所以存在这一差距，原因有三：第一，官员学习过"五经""四书"，儒家道德修养好一些，而吏胥则否。第二，官员仕途升迁没有限制，不愿因小利而影响、丧失辉煌前程；而吏胥即使出职，前程也有限，其吸引力远不如眼前财利。第三，官员俸禄丰厚，如清代为避免官员贪赃枉法，甚至于正俸之外另支付"养廉银"，外官总督、巡抚多到每年一二万两，约相当于原俸银的一百倍，十分惊人；③而吏胥俸禄微薄，甚至没有俸禄，故不得不通过贪污受贿等以养家度日。以上三者中，第一点当是最主要的原因。

关于官员、吏胥道德素质方面的巨大差距及其形成的原因，古来论述颇多。如唐刘晏说："士（指官员）陷赃贿，则沦弃于时，名重于利，故多清修；吏虽廉洁，终无显荣，利重于名，故吏多贪污。"这话前半段另一处作"士有爵禄，则名重于利"，更明确。④ 宋司马光说："府史胥徒之属，居无廪禄，进无荣望，皆以啖民为生者也。"⑤金世宗说："夫儒者（指当时的进士）操行清洁，非礼不行；以吏出身者，自幼为吏，习其贪墨。"⑥元代一些官员说：吏胥"幼年废学，辄就吏门，礼义之教，懵然未知，贿赂之情，循习已著，日就目将，薰染成性。及至年长，就于官府勾当，往往受赃曲

---

① 按是否"廉正不阿"，与义、利之别，涵意还略有出入，这里为免琐碎，不再细别。

② 清陆陇其说"本朝大弊只三字，曰例、吏、利"，见《清稗类钞》第十一册"例、吏、利"条。清末冯桂芬发挥说"谈者谓今天下有大弊三：吏也，例也，利也。任吏挟例以牟利，而天下大乱……"见《皇朝经世文续编》卷二二《吏政七·省则例议》。

③ 参薛瑞录《清代养廉银制度简论》，载《清史论丛》第5辑，中华书局，1984年。

④ 分见《文献通考》卷三五《选举八》、《新唐书》卷一四九《刘晏传》。

⑤ 《续资治通鉴长编》卷一九六嘉祐七年五月丁未。

⑥ 《金史》卷八《世宗纪下》大定二十三年闰十一月戊午。

法……盖因未尝读书,心术不正所致"。"吏人不习书史,有奸佞贪污之性,无仁义廉耻之心。"①明、清类似论述更多,不备引。这些表明,官员与吏胥的道德素质,相互比较,优劣十分明显。从这一方面着眼,历代王朝也必然要重官员,轻吏胥。

总之,吏胥虽然发挥着督促官员奉行王朝法、例的作用,但先天的缺陷——政治、文化、道德素质的低下,又决定他们才干有限,与官员相去甚远,绝对无法取代;特别是还会利用官员不熟悉法、例等弱点,谋取私利,危害整个统治利益。比较起来,官员的优点要多得多,价值、贡献也大得多。这样,衡量利弊,历代王朝只得选择重官员、轻吏胥的总方针。一方面坚持通过吏胥以法、例限制官员处理政务上的任意性,以维护全国政令的统一;另一面,为调动官员的积极性,限制吏胥的危害,除了规定二者政治、待遇、社会地位上的巨大差别,使吏胥在官员面前自惭形秽,绝不敢平起平坐外,更重要的是,还赋予官员以吏胥所绝没有的、一定范围内的决断权,允许官员在不违反法、例的条件下,拥有处理政务的灵活性。此外,法、例还加重了对吏胥犯罪的惩罚:如清律规定如犯私罪,官员仅罚俸、降级、革职等,而吏胥则直接行笞、杖,如达杖六十,还需"罢役",比官员重(官员需达杖一百,始换为革职,并不行杖)。清例还规定,吏胥"如有舞文作弊,借案生事扰民者,系知法犯法,俱照平人加一等治罪;受赃者,计赃从重论"。②其中徒以上刑虽最后需申报上司、朝廷决定,但均由本衙门官员先提出意见,意见如何,关系颇大;特别是笞刑、杖刑,还全由本衙门官员(如知县等)自行判决、执行。如宋代规定"诸犯罪……杖以下县决之",③清代规定"……笞、杖轻罪,由州县完结"。④ 这

---

① 见《通制条格》卷五《学令·科举》。

② 分别见《大清律例增修统纂集成》卷四《文武官犯私罪》、卷三一《官吏受财》。

③ 《庆元条法事类》卷七三《检断下·断狱令》。

④ 《清史稿》卷一四四《刑法志三》。按,这些规定原就一般平民而言,由于吏胥无官员赎刑待遇,法律地位同平民,所以笞、杖可由有关官员判决、执行。

样,经过这一系列措施,实际上是把吏胥交给本衙门官员控制、管束了。①
而且为了督促官员对吏胥严加管束,如清例还规定:"司道府州县等官,
不时访察衙蠹(主要指犯罪吏胥),申报该督抚究拟",否则,如经上司或
他人发觉,此官员"照徇庇例,交该部(吏部)议处"。②

　　综上所述,历史事实表明:历代王朝绝非"废官而用吏",使吏胥"柄
国",而是在以官员为主要依靠力量,把吏胥交给官员控制、管束的条件
下,发挥着吏胥督促官员奉行法、例的特殊作用,以维护全国政令的统
一。这是一种官员占统治地位条件下的官、吏制衡机制。这种机制的形
成,决定因素除君主专制制度外,便是当时官、吏在政治、文化、道德上的
巨大差距。任何统治集团如果忽视这一差距,破坏这种机制,不适当地
抬高吏胥地位,放松对官、吏队伍素质的要求,最后必将给整个统治带来
严重损失。③ 当然,由于上节所述官员的特点与弱点,王朝即使重视这一
差距,坚持这种机制,在具体运作中,一些地区、部门仍会出现吏胥操纵
大权的弊端,但这绝非主流,和有意"废官而用吏",使吏胥"柄国",是不
相干的。

四

　　最后,还有一个问题需要探讨,就是既然一般说士人道德素质高一
些,而吏胥"知利不知义",为什么不能以士人承担起吏胥的任务,或者说
全改用士人充当吏胥呢? 事实上唐宋以后不少人提此建议,④为什么没
有结果呢?

　　首先,就在于没有可能彻底进行这一改革,原因至少有两个:

---

① 如宋代《名公书判清明集》卷一一《公吏门》记吏胥因"受赃枉法"等遭官员严惩之事达
二十余件,材料集中;明《国朝典故》卷三三所收《野记三》记明代苏州知府况钟对"窃贿"吏胥,
一日"立毙六人",虽系特例,亦可见吏胥受控制之严。俱请参看。
② 《大清律例增修统纂集成》卷三一《官吏受财》。
③ 如元朝即其一例。其危害参前引许凡《元代吏制研究》第四章第三节。
④ 如《明夷待访录·胥吏》便说:"诚使吏胥皆用士人,则……害可除矣。"

第一，吏胥由平民充役，地位卑下，是长期演变的结果，积重难返，士人一般不愿担任。

本来，在东汉，朝廷中的郎官和令史（京师吏胥）都可行杖罚，地位相距并不甚远。但魏晋以后随着门阀制度的形成和发展，郎官例由士族充任、把持，地位提高，渐不行杖罚，以致有人向君主建议应允许其"输（钱）赎"；后来隋律果然规定凡官员"其品第九以上犯者，听赎"。① 从此一直沿用至清末。而对令史，则杖罚一直不改。一是因为令史全用"寒人"（即平民、庶人，也叫"小人"）充任，"士庶天隔"，②地位远比士族为低，没有人肯替令史说话；二是因为官员正好借此管束令史，如颜之推所说：令史"纵有小人之态，皆可鞭杖肃督"，③以迫使他们听从指挥。然而这样一来，就进一步加大士人、官员与吏胥地位的差距（见上节）。正如宋苏洵所说：官员对吏胥有如待"犬彘"，"一怒不问罪否祖而笞之"，因而连"平民"都"不肯为吏"，"况士君子而肯俯首为之乎"。④ 于是便形成一种互为因果的关系，即由于寒人、平民社会地位卑下，故所充任吏胥便可不废鞭杖；既鞭杖，士人便不肯为吏胥，王朝只得以"役"来强迫寒人、平民充任，从而使吏胥地位进一步低落，士人也就越不肯充任。特别是唐宋以后，社会经济、文化进步，稍富裕的平民都有条件读书为士人，并通过科举入仕为官员，对吏胥便更不屑一顾了。唐宋两代曾作过某些局部改革，试图以士人为吏胥，全以失败告终，道理便在这里。如前面已涉及过的《旧唐书》卷一八《刘祥道传》记载：唐高宗时曾想在具有流内官品的吏胥中"参用士流"，但因士人"皆以俦类为耻"，不肯从命，"前后相承，（士人不为吏胥）遂成故事"。再如宋太祖曾以"堂吏"（宰相直属的吏）"多为奸赃"，乃以士人官员补之；宋真宗又"推广"太祖之意，将一些刑部等官府吏胥"悉用士人"。"然改制之初，不能一扫而清之，新旧杂用，

① 分见《南史》卷一八《萧思话附萧琛传》、《隋书》卷二五《刑法志》。
② 《宋书》卷四二《王弘传》。
③ 《颜氏家训》卷四《涉务》。按令史在全国吏胥中地位最高，令史可鞭杖，则一般吏胥可鞭杖，自不待言。
④ 《古今图书集成·选举典》卷一二七宋苏洵《广士》。

士大夫耻与为伍。又三年,为任人(指任吏之士人)无固志,旧吏长子孙为世业,一齐不胜众楚之咻,太祖皇帝美意数传之后,寂然无闻,是可恨也。"①其所以"不能一扫而清之"而不得不"新旧杂用",当因有关法、例长期以来都掌握在"旧吏"手中,只有他们熟悉,士人一时插不上手。而一"新旧杂用",长期以来的社会风气又使士人觉得与吏胥共事十分羞耻,从而不安心,"无固志",业务也深入不了,相反,旧吏安心钻研法、例,父子相传,对比之下,改革自然要"寂然无闻"了。②

第二,由于科举制的存在与吸引力,士人如用为吏胥,则必得以吏胥政治地位和物质待遇的提高为条件,可是在当时生产力水平低下和国家财政收入有限的制约下,首先是物质待遇提高绝对办不到。如果说隋唐以前,社会经济、文化发展较慢,官府事务少,吏胥数量不多,要提高吏胥待遇或许有可能的话,那么唐宋以后至明清,情况便大不同了。随着人口繁衍,州、县增加,经济、文化发展,统治事务比过去烦重得多。一方面各王朝许多时期都困于官员冗滥,财政税收入不敷出;③另一方面,如前所述,吏胥数量则还要比官员多好几倍。④ 试问:历代王朝怎么可能再去

①　《燕翼诒谋录》卷一。"一齐不胜众楚之咻",出自《孟子·滕文公下》,原意是:楚大夫请一齐人教儿子"齐语",但周围都是楚人在喧哗("咻之"),所以无法学好。此处意当为:以士人为吏胥,提高其地位只是局部改革,无法抵挡全体吏胥地位卑下这一长期形成的风气与影响。

②　金元两代,以文化素质差的少数民族入主中原,更重吏能;特别是元代,整个社会重吏轻儒,以至有些士人(包括儒学教官)也不得不充任吏胥。但这是一种特殊情况,而且元仁宗开科举后,情况正在逐渐变化,如果元朝不是很快被推翻,随着汉化进行,恐怕迟早会转入重士人、官员,轻吏胥的道路,此处不具论。

③　以明代为例,世宗时桂萼上《论革冗官疏》,引世宗语"太祖初(官)无许多,后来增添冗滥,宜致百姓艰窘,日甚一日";桂萼自己也说"惟是生民重困,冗食日滋,因循百年,迄未有改"。见《明经世文编》卷一八一。在他以前,孙懋已说"今日之冗臣不能以悉数……如之何而能使财用之不竭邪",见《明经世文编》卷一四五《大本急务》疏;霍韬也说"天下冗官……以数十官员治一民","政何由不弊,民何由不穷",见同上书卷一八五《嘉靖改元建言第三札》。在桂萼以后,直到神宗时仍在"汰内外冗官",见《明史》卷二〇《神宗纪》万历八年。可见冗官几乎与明代相终始。详参《明会要》卷四四《职官十六·省官》。

④　明代内外文职官员二万四千六百员,内外武职官员为八万多人,见前引李洵《论明代的官和吏》,第179—180页。而吏胥则有几十万,参《清经世文编》卷二四《额吏胥》。

考虑提高吏胥的物质待遇？从哪里出这笔钱、粮呢？① 而如果物质待遇低微，甚至没有俸禄，又怎么可能谈得上提高政治地位呢！前述不少人建议以士人代吏胥，毫无结果，另一个原因就在于此。

其次，是没有必要改用士人充当吏胥。因为吏胥固然一般说道德素质远比官员低下，但坚持舞文弄法、贪污受贿、毫无顾忌、毫不收敛的，终究是少数。就多数吏胥言，在王朝法、例加重惩罚和官员随意行鞭杖的控制下，还是不敢或基本上不敢为非作歹的。宋洪迈说：京师"诸司老吏，类多识事体，习典故"。② 元李孟对元仁宗说："吏亦有贤者，在乎变化激励之而已。"③连明顾炎武也说："此辈中未尝无正直之人，顾上所以陶镕成就之者何如尔。"④ 清陈宏谋更说：吏胥"未必皆卑污苟贱之流……本朝由吏员出身跻显秩者，亦复有之。至于身为吏役，为善种德，以致子孙贵盛者，更复不少"。⑤ 清袁枚说得好："吾不解今之为政者，一则曰严胥吏，再则曰严胥吏。夫胥吏，即百姓也，非鬼蜮禽兽也。使果皆鬼蜮禽兽，宜早诛之绝之，而又何必用之而严之？"又说其所以要"严"，"岂不曰胥吏舞文乎，病百姓乎，夫使之舞文病百姓者，官也，非胥吏也。试问已舞之文，判行者，谁耶？加印者，谁耶？彼舞而我亦随而舞之，不自责而责人何耶！"⑥这是有道理的。唐宋以后，其所以如叶适、顾炎武等许多人抱怨"废官而用吏"、"柄国者吏胥而已"，不少文章甚至痛骂吏胥"行己若狗彘，噬人若虎狼"，⑦似乎非用士人取代吏胥，统治危机便不足

---

① 《宋史》卷三五五《卢策传》：宋神宗以前一度财政入大于支，颇有节余；神宗改革后，收支正好相抵。估计当与行仓法（见前正文），花费大量钱财支付吏胥俸禄有关。可是即便如此，州县吏胥俸禄仍很微薄，大约不过三贯五百钱，参前引宫崎市定《王安石的吏、士合一政策》，而俸禄最低官员下县主簿、尉则为六贯，见《宋会要辑稿》第九十三册《职官》五七之一，相差仍近一倍。由于州县吏胥占全国吏胥绝大多数，所以再想提高吏胥待遇，使与官员相等，这笔钱财是无处可出的。这还是财政收支正好相抵之时，至于在各王朝绝大多数情况，即财政出大于入的情况下，这项开支更无从谈起。

② 《容斋随笔》卷一五《京师老吏》。

③ 《元史》卷一七五《李孟传》。

④ 《日知录集释》卷一七"通经为吏"。

⑤ 陈宏谋《分发在官法戒录檄》，见《清经世文编》卷二四。

⑥ 《清经世文编》卷二一《答门生王礼圻问作（县）令书》。

⑦ 《清经世文编》卷二四《说吏胥》。

以解除,除了认识问题外,实际上只不过反映在历代王朝颁布的大量法、例面前,由士人充任的各级官员处理日常政务自主权少,而要受地位卑贱的吏胥"检、请"等的约束与限制,因而愤愤不平,借吏胥舞弊之机,过甚其词,以发泄对王朝大量颁布法、例的不满。① 这些话是不能理解得太实的。历代王朝其实也明白这些话的夸张性,自然也就没有感到采纳这些建议的迫切性,有时虽采纳,也在少数官府中推行,遇到困难与阻力,也就不了了之。

总之,以士人代替吏胥,既没有可能,也没有必要,所以尽管不断有人倡议,最后还是没有结果。这就从另一角度再次证明,在中国古代,吏胥发挥着特殊作用,官、吏制衡机制长期存续,是历史的必然,有其独特发展规律,是不以人们的意志为转移的。

---

① 希望治理国家少颁法、例,尽量多地给予官员以自主权,以为官员经过"五经""四书"熏陶,政治、文化、道德素质比较高,如能根据本地区、本部门具体情况独立处理日常事务,自然符合王朝统治利益;相反,如受到大量不符合实际、纷杂、混乱的法、例的约束与限制,反而会危害王朝统治利益,这是秦汉以后儒家人治思想的反映,理论上是不错的。可是因为实际社会中,大多数官员一时还达不到上述理想的水平,如给予过大自主权,全国政令便无法统一,甚至发生分裂、割据,天下大乱。所以不可避免的规律是:只能由王朝颁布大量法、例进行统一指挥,要求官员必须执行,但允许他们在一些没有法、例或法、例无法涵盖的情况下,拥有某种程度的独立自主权。虽然大量颁布法、例,权力过于集中于中央,会带来许多弊端,吏胥专横仅其一例,但犹愈于官员各行其是,特别是分裂、割据,天下大乱。两千年来这一基本格局,始终无法改变,道理便在这里。官、吏制衡机制便是适应这一格局,逐步形成的。

试论我国古代吏胥制度的发展阶段及其形成的原因[*]

　　我国古代官僚统治机器其所以能有效运行,是和一个不可或缺的环节——吏胥的存在及其特殊作用分不开的。[1] 关于吏胥的这一特殊作用以及官、吏制衡机制,笔者已有专文论述。[2] 本文则是从另一角度,试图探讨一下两千年间这一吏胥制度的发展阶段,以及其所以形成这些阶段的原因。敬请读者指疵。

　　我以为我国古代吏胥制度共经历了吏、官身份无别,吏、官身份有别,在制度上吏职、官职界限分明和吏胥身份总体上进一步低落等三个阶段。

一

　　吏、官身份无别阶段——两汉。

　　在这一阶段,"吏"字和"官"字的内涵相同。《说文解字·一部》:"吏,治人者也。"《汉书》卷二《惠帝纪》:"吏,所以治民也。能尽其治,则民赖之,故重其禄,所以为民也。"《汉书》卷五《景帝纪》:"夫吏者,民之

---

* 原载《燕京学报》新 9 期,北京大学出版社,2000 年。

[1]　按古代吏胥职责虽有不小变化,但可以说基本相同,很长一个时期皆称"吏",吏、胥二字连用,始于唐宋以后。为行文、理解方便,本文一律称"吏胥"。好在这种用法早已有之。如明黄宗羲便把汉代以后的吏,全称"胥吏"或"吏胥"。见《明夷待访录·胥吏》。

[2]　《试论我国古代吏胥的特殊作用和官、吏制衡机制》,载《国学研究》第 5 卷,北京大学出版社,1998 年。

师也,车驾衣服宜称。吏六百石以上,皆长吏也。……车骑从者不称其官,衣服下吏,出入闾巷,亡吏体者,二千石上其官属,三辅举不如法令者。"很清楚,在这里,"吏"的意思和"官"并无差别。所以《国语·周语上》"百吏、庶民"一语下韦昭注:"百吏,百官。"

在两汉,这一特点体现在制度上就是:上至丞相下至郡太守、县令,一般称"吏"。如《汉书》卷一九《百官公卿表》:"吏员自佐史至丞相,十二万二百八十五人。"1993 年出土的《尹湾汉墓简牍》中"集簿""东海郡吏员簿"记载西汉晚期东海郡"吏员二千二百三人",首列太守府"太守一人,丞一人,卒史九人……凡廿七人"。次列都尉府"都尉一人,丞一人,卒史二人……凡十二人"。接着又列全郡共计"(县)令七人,(县)长十五人……",以及县、侯国、乡、亭吏员。三者相加,正好 2203 人。①

另一面,县、乡小吏也可以称官。如《后汉书》卷六一《左雄传》:"乡官部吏,职斯(李贤注:斯,贱也)禄薄,车马衣服,一出于民。"《续汉书》志二八《百官志五》"百官受奉例"中,除"大将军、三公奉"等外,也列有"斗食奉""佐史奉",就是说"斗食""佐史"也包含在百官之中。

当然,吏、官混称并不意味当时在职掌上、铨选上没有后代吏、官之差别。如汉代的"令史""掾史""少吏"需经办文书,特别是在处理政务上没有自主权,得听命于官长;绝大多数"令史"(尚书台令史等除外)以及"掾史""少吏"均非朝廷任命,而由各官府长官自行辟除,是"庶人之在官者"。② 这些都与官员存在明显差别,而大体和后代吏胥相仿。但是和官员相比,后代吏胥身份卑贱,备受歧视,特别是仕进升迁前途有限;而汉代的"令史""掾史""少吏"却不存在这些问题。吏、官身份无别,这是两汉吏胥制度的最大特点。

《汉书》卷五八《公孙弘传》:"(弘)少时为狱吏……家贫。"经贤良文学对策后入仕,武帝时逐渐升迁至御史大夫、丞相。

《汉书》卷七四《魏相传》:相初为"郡卒史",宣帝时升至丞相,与"狱

---

① 参《尹湾汉墓简牍释文选》《尹湾汉墓简牍初探》,分别见《文物》1996 年第 8 期、第 10 期。

② 《礼记·王制》"庶人在官者"郑注,《文献通考》卷三五《选举八·吏道》。

吏"出身的御史大夫丙吉"同心辅政,上皆重之"。

《汉书》卷八三《薛宣传》:"(宣)少为廷尉书佐,都船狱史。"成帝时升至御史大夫、丞相。

狱吏、卒史、书佐等均为地方、中央小吏,最后竟可位居丞相,此仕进、升迁并无限制之例。

《后汉书》卷二五《鲁恭传》:恭出身名门,"世吏二千石",父为武陵太守。本人曾"居太学,习《鲁诗》","为诸儒所称,学士争归之"。但却与出身平民者一样,"始为郡吏",而于和帝时升至光禄勋、司徒。

《后汉书》卷五四《杨震传》:震高祖曾位丞相,封侯,父为名儒。本人习《尚书》,"明经博览,无不穷究",被"诸儒"誉为"关西孔子"。可他同样"始仕州郡(为吏)",后为大将军府所辟,安帝时逐渐升至太仆、太尉。

《后汉书》卷六六《王允传》:"(允)世仕州郡为冠盖。"其本人"年十九,为郡吏",灵帝时为州刺史,献帝时升司徒。

以上为名门大族子弟、儒生士人不羞为吏胥之例。

据《尹湾汉墓简牍》及学者研究,西汉后期州郡县少吏,不论任职年限,都有可能不经察举,而迁朝廷命官。如宣圣,本为郡文学卒史,"以功迁(县丞)";□道,本为州从事史,"以秀材迁(县令)";王蒙,本县游徼,"以捕群盗尤异除(县尉)"等。[①] 简牍反映西汉后期东海郡下辖长吏名籍中,前任官职可知者 108 人,半数以上出于州郡县少吏和中央公卿府属吏。[②] 这些和汉代史料大量记载吏胥往往经察举而入仕朝廷一样,充分反映一般吏胥仕进前途也是宽广的。

由于以上缘故,两汉吏胥身份和官员无别,毫不受歧视。

《汉书》卷八九《循吏·朱邑传》:邑少时为舒(县)桐乡啬夫,是小吏。宣帝时升至大司农,"病且死,属其子曰:'我故为桐乡吏,其民爱我,必葬我桐乡……'及死,其子葬之桐乡西郭外"。如果啬夫为人歧视,朱

---

① 分别见廖伯源《简牍与制度》卷四,(台北)文津出版社,1998 年,第 163、138、143 页。
② 同上书卷一。

邑已贵为九卿,还会对它念念不忘,要求死葬桐乡,让人们时时记住他的这一卑贱出身,使家族蒙羞辱吗?

《后汉书》卷五三《徐稚传》:"(稚)家贫,常自耕稼。"豫章太守陈蕃,"以礼请署功曹","蕃在郡,不接宾客,唯稚来,特设一榻,去则县(悬)之"。按陈蕃是一个注意"以礼导下"的人,[①]而功曹只是百石"少吏",如果身份又卑贱,如后代吏胥那样,为人轻蔑,则陈蕃能给予徐稚如此之高的礼遇,传为千古佳话吗?[②]

宋徐天麟说:两汉"才智之士""卓绝俊伟之才","不免由郡县吏以进身","盖当时仕进之路如此,初不以为屈也"。[③] 元许谦说:"由吏入官者,终汉世不革。自县郡佐史、斗食吏,进而为公卿者,往往多硕德大才。"[④]明祁骏佳也说:汉代"士人皆得试吏,为掾为曹,而辟举荐进,贤良孝廉等出于斯,公卿大夫诸名臣出于斯。士人既不羞为之,而掾曹遂得文章德行之士"。[⑤] 都反映这一阶段吏胥身份并不卑贱,吏、官身份无别这一特点。

两汉吏胥制度为什么具有这一特点?

原来这是当时的官吏选拔任用制度重德才、重本人的统治质量和效率,而基本上不考虑资历、门第所决定的。就是说,在这一制度下,开始虽处在令史、掾史、少吏等低级职位上,但只要有德才,统治有质量,有效率,就可以不次拔擢,不断升迁,飞黄腾达,前途无限。梁裴子野曾把这一制度概括为"学(才)、行(德)是先";沈约则称其导致的结果是"以智役愚",而与魏晋以后的"以贵役贱"对举。[⑥] 很显然,在这一制度下,小吏和高官没有不可逾越的鸿沟,因而吏胥身份并不卑贱,吏、官身份无别是必然的。

然而,为什么两汉官吏选拔任用"学、行是先",基本上不考虑资历、

---

① 《北堂书钞》卷七五引谢承《后汉书》。
② 王勃《滕王阁序》:"人杰地灵,徐孺下陈蕃之榻。"载《王子安集》卷五。
③ 徐天麟《东汉会要》卷二七《选举下·州郡辟除》按语。
④ 许谦《白云集》卷二《代人上书补儒吏》。
⑤ 祁骏佳《遁翁随笔》卷上"秦始取列国之地"条,《丛书集成初编》本。
⑥ 见《通典》卷一六《选举四》。

门第呢？是当时统治集团的智慧、谋略比后代高明吗？否！

它是两汉社会、经济的发展状况所决定的。

原来两汉承春秋战国农村公社瓦解之后，社会上主要存在着三种力量。

一是六国贵族、官僚、豪杰，他们有统治才干，但在很长一个时期内对汉王朝一般采取不合作的态度，甚至与之发生矛盾、冲突，触犯法网，迫使汉王朝对他们不但不能依靠，而且不得不予以压制、打击（包括使用"酷吏"）。

二是汉初帮助打天下、巩固天下的功臣、贵族、官僚，他们的确是汉王朝的依靠力量，但是由于历史条件的限制，政治、道德、文化素质一般不高，①由此导致子孙骄奢淫逸，"多陷法禁"，丢掉官、爵，家族在政治上不能稳定地延续下去，有效地为汉王朝服务。②

三是社会上存在的无数小农，以及伴随土地兼并相继形成的一些中、小地主。这是一支数量极其庞大的力量。由于前述两种力量或无法依靠，或不能稳定依靠，于是从汉武帝开始，被迫在全国范围内，逐渐主要通过察举制度，从这一支力量中选拔人才，补充整个官僚队伍，以巩固统治。因为无资历可言，无门第可依，在东汉后期大土地所有者和世家大族尚未稳定地形成强大社会力量之前，选拔的主要标准只得是德、才，即"学、行是先"。关于这一问题，我已在另一地方有所论述，③请参看，此处从略。

以上论述，归根结底，想说明的是：吏、官身份无别，乃汉代社会发展的必然产物。

---

① 汉初承秦火之后，书籍散失，一度法家学说备受批判，儒家学说独尊地位尚未确立，黄老无为思想又易流于空泛。这些功臣等出身多低微，素质不高，子弟教育更莫知所从，是很自然的。

② 《汉书》卷一六《高惠高后文功臣表序》且说：由于"多陷法禁"，功臣子孙"讫于孝武后元之年，靡有孑遗，耗矣"。

③ 见白寿彝总主编《中国通史》第五卷上（总第七册）丙编第三章《门阀制度》第五节，上海人民出版社，1995年。

二

吏、官身份有别阶段——魏晋至唐宋。

在这一阶段，吏和官身份逐渐出现、深化了差别，吏胥身份卑贱，备受歧视，士人耻于为之。其演变过程是这样的：

早在汉代，已出现与官含义不同，乃王朝徭役对象的"吏"，[①]身份卑贱，地位低下。魏晋南北朝略同。或"吏客"连称，或"吏卒"连称，或"吏僮"连称。[②] 这类吏有的需从事沉重劳动，甚至全家服役。[③] 本来，两汉以来与官无别的吏（郡吏、府吏等）与徭役对象的"吏"区分是清楚的，[④]但是由于下面要讲到的原因，前一类吏与官的距离逐渐拉开，反而与后一类"吏"接近，身份、地位日益低下。先看一突出之例：《旧唐书》卷七五《张玄素传》：玄素曾充刑部令史，在隋末大动乱中由于种种机遇，最后仕唐并迁升至三品大臣。一次朝会，唐太宗问他"历官所由"，一直追问到令史出身。玄素"甚以惭耻"，"将出阁门，殆不能移步，精爽顿尽，色类死灰"。

如上节所述，两汉大臣多有出身吏胥者，对此本人没有任何心理负担，所举西汉大司农（相当于唐代二三品官）朱邑事即其证，为什么到了唐代，张玄素会惭耻到如此严重的地步？原来这正好反映经过魏晋南北朝到唐代，吏、官之间已出现、深化了差别，和汉代大不相同了。

之所以发生这一变化，主要原因有二：

第一，在魏晋南北朝，这是由门阀制度的形成、发展所决定的。在这

---

① 《汉书》卷七二《贡禹传》："诸铁官皆置吏、卒、徒，攻山取铜铁。"

② 先后见《三国志》卷五七《吴书·张温传》、《晋书》卷二四《职官志》、《宋书》卷六《孝武帝纪》。

③ 《宋书》卷九三《隐逸·陶潜传》：潜"为彭泽令，公田悉令吏种秫稻"。同书卷九二《良吏·徐豁传》："武吏"年十三即需种公田"输米"。参唐长孺《三至六世纪江南大土地所有制的发展》，上海人民出版社，1957年，第41—45页。

④ 如《宋书》卷三九《百官志上》魏晋公府"长史、从事中郎主吏"。这个"吏"是指三公、八公自辟的府吏，与官无别，与徭役对象之"吏"是不相混的。同书卷四〇《百官志下》州刺史属官"别驾、西曹主吏及选举事"，分别更清楚。

一制度下,士族及其把持的政权极力维护门阀特权,压制寒人、庶人:士族称"君子",寒人、庶人被视为"小人";士族由于条件优越(包括免徭役,田庄内拥有大量书籍,家学传承等),一般保持着较高的政治、道德、文化水平;而寒人、庶人由于种种原因(如战乱频仍,学校沦废,无书可读,或徭役沉重,无暇读书等①),政治、道德、文化素质下降。这样便有意无意地促成社会上的"士庶天隔",政治上的"官分清浊"。②

在这种制度和风气下,高官要职和"清官"一般全由士族铨选,官府中职位居最下层的吏胥例由"小人"即寒人、庶人充任。由于充任者身份低下,很自然,连带也就使他们所充任的官府中的各类吏胥日益受到轻视,在门阀士族心目中与徭役对象的"吏",差别已经不太大。③ 如中央官府各类令史,虽沿汉制尚算朝廷命官,④因全由寒人、庶人充任,便归入"浊官"行列,与"清官"声望相差悬殊。《魏书》卷一九中《任城王澄传附元顺传》:北魏宰相高阳王雍违反制度,要用"(尚书省)三公曹令史"朱晖为"廷尉评",与吏部尚书元顺发生争执。元顺说:"高祖(指孝文帝)迁宅中土,创定九流,官方清浊,轨仪万古,而朱晖小子,身为省吏,何合

---

① 见白寿彝总主编《中国通史》第五卷上(总第七册)丙编第三章《门阀制度》第五节。

② "士庶天隔",见《宋书》卷四二《王弘传》;"官分清浊",参周一良《魏晋南北朝史论集》,中华书局,1963年,第94—116页。

③ 实际上也很容易相混。《晋书》卷七〇《应詹传》记东晋地方上徭役对象有"文武吏",顾名思义,"文吏"至少一部分当在官府中服役。《宋书》卷三九《百官志上》称尚书省"郎以下则有都令史、令史、书令史、书吏、干"。按同书卷四〇《百官志下》官品表中无"书吏",令史品第八,书令史品第九,职位已最低,则其下的"书吏"恐即徭役对象"文吏"的一种。《隋书》卷二六《百官志上》记南朝梁制"郡县吏"中有"书僮",有"武吏",此"书僮"恐即"文吏""书吏",掌文书之事。《南史》卷二一《王弘传》将"小吏"与"官长""士人"对举,此"小吏"并不从事体力劳动,而是在官府中负责"主守"仓库等,类似后代赵宋的衙前,应即徭役对象之"吏"。这些都会促使这两类吏被门阀士族混同起来,而与"官"对举。这些变化比较复杂,还涉及当时与吏身份、地位接近的"干"。据陈仲安等《汉唐职官制度研究》(中华书局,1993年)第四章第二节第361—362页,两汉魏晋南北朝的"干"有两类:一类在官府中掌管一部分事务,地位略后于令史,一类从事"力役",以为二者"很容易混淆"。这和两类吏的情况正好相似。而有时"干"与"吏"连称为"干吏"(《后汉书》卷五七《栾巴传》注引《晋令》)。所以吏身份的变化恐与"干"也有关联。

④ 《通典》卷三七《职官十九》"晋官品""宋官品"令史均八品、九品,卷三八《职官二十》"后魏官品"令史从八品上。

为廷尉清官!"宣称要"依事奏闻"。迫使高阳王雍让步,赔笑说:"岂可以朱晖小人,便相忿恨。"此事一证令史由"小人"充任,身份卑贱;二证"省吏"乃"浊"官,并不得为"清官"。我们知道,北魏门阀制度没有南朝发达,吏胥身份要高于南朝,①所受压抑尚且如此,则南朝吏、官差别之大,便可知了。②

在对寒人、庶人的压制中,还有一个因素也加深了吏、官差别,这就是对吏可行杖罚。本来,汉初受秦法影响,官、吏有过错进行棰楚是很普通的,③人们一般并不以为大耻。随着儒家"刑不上大夫"思想发展,大官受棰楚渐受抵制,④但尚书郎、令史仍保留杖罚,直至南朝。《南史》卷一八《萧琛传》称:因尚书郎、令史都可行杖罚,"是以古人多耻为此职"。⑤ 而随着门阀制度进一步发展,郎官已被士族垄断,"参用高华(高级士族)",归入"清官"行列,职位"稍重",寒人无法染指,因而遇有杖罚便"许以推迁(推迁执行)",最后往往得以"息停"。但因杖罚制度毕竟仍然存在,深受儒家思想熏陶的士族,甚为不满,所以南齐萧琛建议,应在制度上明确规定,此后对郎官"其应行罚,可特赐(用钱、绢)输赎,使与令史有异",得到皇帝批准,长期行用。从此在这一制度上也体现了吏、官身份差别。至隋,更进一步在法律上规定:"其(官)品第九已上犯者,

---

① 参白寿彝总主编《中国通史》第五卷上丙编第三章《门阀制度》第四节。

② 据《通典》卷三七《职官十九》、卷三八《职官二十》"梁官品""陈官品",明定"令史"已从刘宋的八、九品下降到例由寒人、庶人充任的"三品蕴位""三品勋位",比"寒微士人"(低级士族)充任的"流外七班"还要低,离高级士族充任的流内"十八班"(梁)或"九品"(陈)就更远。

③ 《汉书》卷六二《司马迁传》在《报任安书》中便提到"受榜棰"。请参沈家本《历代刑法考》中《汉律摭遗》卷一九《棰令》、程树德《九朝律考》卷一《汉律考二·刑名考·鞭杖》。

④ 《汉书》卷四八《贾谊传》:贾谊上书主张对士大夫"有赐死而亡戮辱",反对肉刑,反对"笞""榜笞"。《后汉书》卷六一《左雄传》:左雄上言反对对"九卿""捶扑",顺帝"从而改之,其后九卿无复捶扑者"。

⑤ 就整个两汉言,羞为尚书郎及令史者,只东汉初丁邯一例,见《续汉书》志二六《百官志三》尚书"令史"下刘昭注引《决录》。而且据上下文,其意也不是出于可能受杖,而似是嫌郎、令史仅掌文书事务,难展抱负,故后拜其为"汾阴令""汉中太守"。其实,据应劭《汉官仪》,尚书令史"满岁为尚书郎,出亦与郎同,宰百里",可见尽管有杖罚,身份并不卑贱。萧琛所说,实反映南朝士大夫对杖罚的看法,而与汉代有别,见下。

听赎。"也就是说，从此不但郎官，凡九品以上流内官犯法，都不行笞杖，而大量的非流内官的吏胥，则不在其内，唐宋均沿此制。[①] 这样也就必然促使寒人、庶人与士族，吏与官，彼此差距越拉越大。《颜氏家训·涉务》："晋朝南渡，优借士族。……有才干者……典掌机要。其余文义之士……纤微过失，又惜行捶楚……至于台阁令史、主书、监帅、诸王签省，[②]并晓习吏用，济办时须，纵有小人之态，皆可鞭杖肃督。"这段话除表明台阁令史等吏胥皆由"小人"充任，地位与士族迥然有别外，还反映为发挥其长处，要用"鞭杖肃督"打击他们的"小人之态"（当指因素质较低而在处理公事上舞文弄法，贪污受贿等）。《宋书》卷七四《沈攸之传》：攸之为郢州刺史，"州从事辄与府录事鞭，攸之免从事官，而更鞭录事五十。谓人曰：'州官鞭府职，诚非体要，由小人凌侮士大夫。'"州衙系统的主要从事当时已由汉代百石少吏转化为朝廷品官（见后），多由士人充任，由于非公事随便鞭打军府系统由寒人充任的吏胥"录事"，沈攸之以为不合制度，故免州从事官；但起因是府录事侮辱了州从事，沈攸之又以为这是"小人凌侮士大夫"，此风不可长，所以又再鞭录事五十。此恐亦地方上以"鞭杖肃督"打击"小人之态"之例。[③] 而对吏胥"鞭杖肃督"，在儒家思想占主导地位的社会里，正是促使吏胥身份卑贱，吏、官身份差别进一步加深的重要因素。

以上是就**魏晋南北朝**而言。

第二，发展到唐宋，虽然早已"选无清浊"，[④]属于政治制度范畴的门阀制度业已成为历史，仅仅作为社会制度而存续，并最终在唐末五代的大潮中完全消逝，但一些新的因素的涌现，又促成吏、官身份差别并未随

---

① 见《隋书》卷二五《刑法志》，又见《唐律疏议》卷二《名例》"应议请减"条、《宋刑统》卷二《名例》"请减赎"条。当然，"听赎"是有条件的（如犯"十恶"者不得赎等）。

② 以上均寒人充任的吏胥。参王利器《颜氏家训集解》，中华书局，1996年，第317—318页。王氏未注之"监帅"，乃指"制局监"，"亦用寒人被恩幸者"，见《南齐书》卷五六《幸臣传序》。

③ 《南齐书》卷五六《幸臣·吕文度传》："永明中，敕亲近不得辄有申荐，人士免官，寒人鞭一百。"亦大体反映官员、吏胥差距鲜明之例。

④ 《隋书》卷五六《卢恺传》。

门阀制度的消逝而消逝,而是以一种新的形式继续存在下去。

如所周知,唐宋具有政治特权的门阀士族虽然已经没有了,但由科举出身,数量更为庞大的官员队伍取代了他们。这些官员,就一个家族言,仕途升降盛衰不定,与过去士族"平流进取,坐至公卿"无法相比,[①]但作为一个群体言,则随着科举制度的发展、完善,而十分稳定,不断发展壮大。[②] 由于政治、道德、文化素质较高,在官僚机构中一般担任着各部门、各地区的要职、长官,握有一定范围内司法、税收等的决策权,成为古代王朝的主要依靠力量。

而吏胥制度出现的则是以下变化:

一是两汉吏胥均长官自行辟除。经过魏晋南北朝的发展,到唐宋,随着中央集权的加强,中央吏胥和地方上主要吏胥,俱改由朝廷选用、控制,其中除一部分沿汉晋之制定为流内品官外,大多数则称流外官,归吏部进行"流外铨"。[③]

二是吏胥的作用也发生了重大变化。在两汉,特别是在地方上,由于长官独立性很强,故沿先秦诸侯国之制,长官与所辟吏胥存在"君臣"名分,[④]吏胥的作用便是全力为辟主、为长官服务、效忠,而于朝廷利益、得失则不甚在意,因为只是"陪臣"关系。[⑤] 但发展到唐代,情况基本改变。吏胥不但随着流外铨的存在,与长官的"君臣"关系已经消失,不必为其效忠,而且转为主要起着制衡、督促本地区、本部门的长官、官员奉

---

① 《南齐书》卷二三"史臣曰"。

② 据张希清《中国科举考试制度》(新华出版社,1993年)第七章,唐代所取进士才6603人,两宋所取进士已达11万人。

③ 《唐六典》卷二"吏部郎中、员外郎"条。又《唐律疏议》卷一一《职制》"役使所监临"条疏议:流外官是"有(朝廷)流外告身者"。

④ 见陈登原《国史旧闻》(生活·读书·新知三联书店,1958年)第一分册"两汉地方官"条按语。

⑤ 《东观汉记》:"梁鸿初与京邑萧友善,约不为陪臣,及友为郡吏,鸿以书责之而去。"见《太平御览》卷四一〇。又《三国志》卷六《刘表传》注引《傅子》:荆州牧刘表派属吏韩嵩去京师打听消息。嵩对曰:"今策名委质,唯将军所命,虽赴汤蹈火,死无辞也。……嵩至京师,天子假嵩一官,则天子之臣,而将军之故吏耳。在君为君,则嵩守天子之命,义不得复为将军死也。"

行朝廷统一政令,共同效忠朝廷的作用。①

照理说,经过上述变化,吏胥的身份应该比魏晋南北朝有所提高,吏、官身份差别因而也应该有所缩小以至泯灭了吧？实际不然。原因就在于吏胥还有另一方面的变化,即过去因遭门阀制度压抑而形成的比较低下的政治、道德、文化素质,在新形势下不但没有提高,而且进一步低落。而这又是唐宋吏胥职位低微,职掌具体、繁杂,分工琐细,王朝对他们素质的要求偏低,与科举进士无法相比的必然结果。

首先要看到的是,两汉掾史、少吏虽主要就其为"庶人之在官者"言,而归入吏胥行列,但因当时官府朝廷命官少(如丞相府,除丞相及长史、司直为朝廷命官外,其余成员皆掾史;地方上郡府,除太守、丞、尉为朝廷命官外,皆少吏),②因此尽管一定的决策权在官长手中,但和后代比,这些吏胥权力还是比较重的。如丞相府的东曹掾竟主管王朝官员的选用;③郡主簿、功曹亦均掌大事。《后汉书》卷七六《循吏·王涣传》:郡太守陈宠治郡甚有功效,和帝问他"何以为理?"对曰:"臣任功曹王涣,以简贤选能;主簿镡显,拾遗补阙。臣奉宣诏书而已。"即一证。而魏晋南北朝,随着统治经验的积累和中央集权的加强,凡原来权重吏胥,在中央,权力多转入诸尚书、丞、郎手中(如汉丞相府东曹之权转归尚书省吏部);在地方,均陆续转化为朝廷命官(以州为例,如别驾、治中、主簿、西曹、主

***

① 关于吏胥督促官员奉法,详参前揭拙文《试论我国古代吏胥的特殊作用和官、吏制衡机制》。简单说是这样的:唐宋官府处理日常政务,首先要由吏胥收集、整理有关事务、案件的资料,然后还要由他们向官员提供自己熟悉而官员一般不很熟悉的、应该适用的法、例,最后由官员据以做出判断。在"公坐"(非出于私心而工作出错)情况下,如果是吏胥提供的资料、法例出错,就由吏胥承担主要责任;如果吏胥没有错,是官员自作主张,不适用该法、例,则由官员承担主要责任。这样就等于不露痕迹地将官员处理日常政务,限定在必须适用朝廷颁布的法、例范围之内。宋代叶适把这叫作"以官听吏""废人(官)而用法",又叫"废官而用吏"。见《水心别集》卷一五《上殿札子》、卷一〇《始议二》。

② 参《汉书》卷一九《百官公卿表》、《续汉书》志二四至二八《百官志》。

③ 参拙作《两汉魏晋南北朝宰相制度研究》,中国社会科学出版社,1998 年,第二章第三节。

要州从事,均是)。① 经过这些变化,到唐宋为止,这一段时期的吏胥,与两汉比,虽同为"庶人之在官者",但实际上位望亦即在官府中的地位,对王朝的重要性,已下降了一个档次,职掌具体、琐碎,权力日益减轻。②

其次还必须看到,随着社会经济、文化的发展,唐宋统治事务比起两汉、魏晋南北朝来,大为繁杂,朝廷所颁法、例越来越多,因而吏胥分工越来越细,越琐碎,人数也大大增加。以尚书省六部之一的户部四司为例,其下具体分工唐代不详,宋代则比较清楚。《宋史》卷一六三《职官志三》记:户部司分左右曹。南宋左曹分案三,即"户口""农田""检法";"检法"下又分科三,即"二税""房地""课利"。右曹分案六,即"常平""免役""坊场""平准""检法""知杂"。此外,度支司分案六,金部司分案六,仓部司分案六(各案名目此处从略)。这样细的分工,过去从未有过。再就户部各司吏胥(令史等)人数言,按制度规定,唐代户部司68人,度支司54人,金部司36人,仓部司40人,共198人。宋代户部司96人,度支司51人,金部司60人,仓部司24人,共231人。③ 反观东汉,整个尚书台才有令史21人,见《续汉书》志二六《百官志三》;晋代极大增加,全台总共也只有令史250人,见《宋书》卷三九《百官志上》。两相对比,唐宋一个部已接近晋代全台吏胥人数。如就制度规定的中央、地方吏胥总数言,东汉14万余人,唐代近36万人(流外官及杂任),④北宋更

---

① 州官之权后又同是朝廷命官的军府府官(如长史、司马、诸参军)所侵夺,至隋,废"乡官"(即原州官),以府官为州官,唐沿其制。这里不必细说。参滨口重国《所谓隋的废止乡官》,载刘俊文主编《日本学者中国史论著选译》第四卷,中华书局,1993年;严耕望《中国地方行政制度史》乙部《魏晋南北朝地方行政制度》,影印本,(台北)"中研院"历史语言研究所,1997年。

② 以州为例:如在北齐,诸从事已成朝廷品官或流内比视官,吏胥便由下属掾、史充任(如户曹从事下有户曹掾、史等),见《西门豹祠堂碑》碑阴题名,载《金石萃编》卷三三。在唐代,诸参军已取代原诸州从事为州官,吏胥便由下属佐、史等充任(如司户参军下有"佐三人,史七人"等),见《唐六典》卷三〇。过去吏胥直接听命于州刺史,权重;这时吏胥直接受州从事或州参军指挥,而最后决定于州刺史,权轻。

③ 分别见《唐六典》卷三《尚书户部》、《宋史》卷一六三《职官志三》。又宋哲宗时"户部四曹人吏"曾扩张到487人,见《续资治通鉴长编》卷三八六元祐元年八月辛亥载上官均奏。

④ 分见《通典》卷三六《职官十八》、卷四〇《职官二二》。

增至 44 万余人。①

上述变化发展,对吏胥来说,产生了什么后果呢?

由于当时社会生产力、科学水平毕竟有限,王朝的统治事务基本上是行政事务,总体上说业务、技术和近代比一般是比较粗疏的,分工越细,也就越容易掌握。这样,吏胥在官僚机构中地位下降之后(见前),所掌业务之分工,又越来越琐碎,产生的后果便是:王朝对吏胥人选的政治、文化素质要求必然降低。试以前引宋户部司左曹所分三案之一,已经分工颇细的"户口"为例,据《宋史》卷一六三《职官志三》,此案"掌凡诸路州县户口升降,民间立户分财,科差人丁,典卖屋业,陈告户绝,索取妻男之讼"。又据同志,左曹共设吏胥四十人,则"户口"一案当有吏胥十余人。如按任务分工,每人所掌不过或"户口升降",或"民间立户分财",或"科差人丁"等一个狭小范围的业务,甚至二三人共掌同一范围业务,或许其中再行细分。很显然,类似琐碎业务,随着宋代文化较之过去的大发展,能胜任者较多,只要有一点文化水平,能保管、熟悉有关律令、文书,为官员处理各类案件、事务提供资料、法、例就可以了。② 至于在此基础上如何全面、深入领会法、例精神,结合繁杂的具体案件、事务,从王朝统治利益着眼,综合考虑,衡量轻重,最后判断、决策,则自有主要是科举出身,素质高的官员、长官在,由他们去负责。正因如此,王朝对吏胥素质的要求必然降低:逐渐演变成主要由虽"非贫户弱者",但仍需承担赋役的民户作为"役"来充任,③或经选拔,或经考试,对其业务要求尽管

---

① 此据王曾瑜《宋朝的吏户》一文估计,载台湾《新史学》第四卷第一期,第 81 页。需说明的是,以上三个数字,不仅包括本文所讨论的经办文书的吏胥,而且也包括大量地位更低的小吏。二者仅唐代,在史料上有所区别。如《资治通鉴》卷二一三开元二十一年六月记"吏自佐史以上五万七千四百一十六员",则据《通典》其他小吏(唐代称无流外品的"杂任")约三十万。见张广达《论唐代的吏》,载《北京大学学报》1989 年第 2 期。又《通典》载这三十万人中还杂有少数流内官,原因不详,参唐长孺《唐代色役管见》,载《山居存稿》,中华书局,1989 年。不过,由东汉至唐末,总体上说吏胥大量增加是肯定的。早在隋代,大臣牛弘便夸张地说"今令史百倍于前",见《隋书》卷七五《儒林·刘炫传》。

② 宋代地方各州已出现过"士、户、议、兵、刑、工"的曹名,略等于后代的"吏、户、礼、兵、刑、工"六曹或六房,见《文献通考》卷六二《职官十六》。

③ "非贫户弱者",见《庆元条法事类》卷四七《赋役门·逋欠税租》。参上引王曾瑜《宋朝的吏户》。并参张泽咸《唐代的衣冠户和形势户》,载《中华文史论丛》1980 年第 3 辑。

已有专业化倾向,但总体上说都比较简单、粗浅。如《旧唐书》卷四三《职官志二》:"凡择流外(吏胥),取工书(书法)、计(会计),兼颇晓时务(当指有工作经验,会办事)。"原注:"三事中有一优长则在叙限。"宋代中央吏胥考试,或"试书札",或"问律文并疏义",或"以所习公事试之"。① 对地方吏胥,要求更低,就业务言,多半不考试,只要求有一点文化水平,会办公事,就可以入役。② 这些,和科举出身官员需"十年窗下",③经多次内容艰深、具有综合性质的考试,亦即多次筛选,都合格后方得以录用,其素质要求是远不能相比的。

由于政治、文化素质要求降低,吏胥虽精熟鼻尖底下一点业务,可以督促官员奉法,但一般不学无术,知识贫乏,眼界狭窄、浅短,"不知大体",因此在统治集团心目中,其作用也就同样不能和"有学识,达治体"的科举官员相比④:吏胥只能在官员指挥下办理具体公事,决策权则在科举官员。在当时社会、历史条件下,社会越前进,统治事务越繁杂,分工越琐碎,入役越容易,吏胥素质总体上说也就越降低。由于在官僚机构中的作用远不如拥有一定决策权,统筹全局(一个地区、一个部门)的科举官员,因而备受歧视。所以《通典》卷二二《职官四》说:"自隋以来,令史之任,文案烦屑,渐为卑冗,不参官品。"宋苏洵说:和汉代吏胥多贤人,受重视不同,"今之吏胥……始而入之不择也(指选拔、考试要求低),终而遇之以犬彘也"。⑤ 也从一个角度反映了上述问题。

不仅如此,唐宋吏胥的道德素质也下降了。早在隋代,"高祖之世,以刀笔吏类多小人,年久长奸,势使然也"。⑥ 唐宋继之,"吏多贪污"。⑦

---

① 分见《续资治通鉴长编》卷一〇五天圣五年六月丁亥、卷一一一明道元年三月丁酉、卷二一七熙宁三年十一月甲辰。参陶绪《宋代吏人召募考试制度初探》,载《中国史研究》1989年第2期。

② 参陶绪《宋代吏人召募考试制度初探》。

③ 刘祁《归潜志》卷七:金行科举,"故当时有云'古人谓十年窗下无人问,一举成名天下知'"。古人,自指唐宋时人。

④ 参前揭拙文《试论我国古代吏胥的特殊作用和官、吏制衡机制》。

⑤ 苏洵《嘉祐集》卷四《衡论上·广士》。

⑥ 《隋书》卷七五《儒林·刘炫传》。

⑦ 《文献通考》卷三五《选举八》。

其主要原因可从两方面分析。一方面,正因当时业务分工琐碎,充吏容易,吏胥出身品类庞杂,因而一般说,儒家经史、礼义之教育欠缺,先天对腐败行为的抗拒能力就差;①另一方面,如前所述,社会前进,吏胥名额大量增加,远远超过官员,可是王朝财政经济力量有限,因而只得对在维护王朝利益上作用远不如官员的吏胥少给俸禄,不给俸禄,造成他们生活艰难。特别是地方上的吏胥,"无廪给之资,一人奉公,百指待哺"。② 这两方面结合,吏胥贪污受贿就很难避免。再加上其他因素,如王朝对吏胥仕宦前途的限制(见下),司马光所说"府史胥徒之属,居无廪禄,进无荣望,皆以唆民为生者也",③在唐宋社会也就毫不奇怪。

这样,在唐宋社会里,一方面出现了素质较高,④在官僚机构中发挥着主要作用的科举官员;另一方面,随着社会前进,业务分工日益琐碎等,吏胥素质和作用又逐渐降低,则虽然门阀制度已经瓦解,吏、官身份差别又怎么可能有所缩小以至泯灭呢?

特别要指出的是:正由于二者素质差别颇大,唐宋统治集团固然作为基本措施之一,需要利用吏胥制衡官员,但主要依靠力量仍然是而且不得不是科举出身官员;并且鉴于吏胥素质低下的消极作用,还主要采取了两项措施对他们加以压制、防范:

首先,类似过去寒人、庶人只能任浊官一样,逐渐限制吏胥的仕宦前途。如早在武则天建立周政权之时,尽管为了扩大统治基础,拔擢人才很滥,但仍"降敕:流外出身,不许入三品"。⑤ 至中唐,更进一步。唐德

---

① 《通制条格》卷五《学令·科举》:"吏人不习书史,有奸佞贪污之性,无仁义廉耻之心,欲求慎行止,无过犯,其可得乎!"虽为元初人语,亦可适用于唐宋社会。

② 胡太初《昼帘绪论·御吏篇》。

③ 《续资治通鉴长编》卷一九六嘉祐七年五月丁未。

④ 当然,科举官员素质很差的也不罕见,但总体上说,比起吏胥来,数量要少得多。金朝宰相张浩曾有一个比喻:"进士受赇,如良家女子犯奸也;胥吏公廉,如娼女守节也。"见《归潜志》卷七。

⑤ "流外出身",主要指升为流官的吏胥。当时有一"令史"出身的张衡,因缘时会,"位至四品",将升三品,入唐律犯法"议贵"行列。因退朝路上买一蒸饼,"(在)马上食之",为御史弹劾,武则天即降此敕。这一压制当是不少"流外出身"者素质不同程度低下的反映,而通过张衡之行,促使武则天下此决心。见张鷟《朝野金载》卷四"周张衡"条。《旧唐书》卷四二《职官志一》则记作:武则天制流外等出身"不得任清资要官"。

宗"敕：流外出身人今后勿授刺史、县令、录事参军"。① 即不得任地方长官、要职。南宋之制："凡吏职年满，依法补授将仕郎。后有恩赏者，许循修职郎，用考第关升，至从政郎（阶官名，流内从八品）止。"② 就是说吏胥出职后晋升（出职见后），一般被控制在从八品以下。③ 经过种种限制，吏胥仕宦前途有限，也就是前引司马光说的"进无荣望"。

其次，借助官员制衡吏胥，打击其"小人之态"。主要即沿魏晋南北朝之制，允许官员对吏胥行笞杖。前引苏洵语：官员对吏胥"遇之以犬彘"，即就可任意行笞杖而言。此例甚多。宋真宗时孙何为两浙转运使，"所至州郡，刺察苛细，胥吏日有捶楚"。④ 可见官御吏之严。又宋仁宗时包拯为开封府尹，有民犯法，当杖脊，"吏受赇，与之约曰：'今见尹，必付我责状。汝第呼号自辩，我与汝分此罪。……'既而包引囚问毕，果付吏责状，囚如吏言，分辩不已。吏大声诃之曰：'但受脊杖出去，何用多言！'包谓其市权，捽吏于庭，杖之七十，特宽囚罪，止从杖（指臀杖，比脊杖轻）坐，以抑吏势。不知乃为所卖"。⑤ 这条史料本在说明吏胥之狡诈，连包拯也为之愚弄，但在官、吏关系上却也反映：长官随时可翻脸"捽吏于庭"，予以杖刑；而此杖刑目的则是为了"以抑吏势"，清楚地体现宋统治集团对吏胥"其势不可废鞭挞"的指导思想。⑥

按《孝经·开宗明义章第一》："身体发肤，受之父母，不敢毁伤，孝之始也；立身行道，扬名于后世，以显父母，孝之终也。"而上述两项措施使得吏胥一生命运与此《孝经》精神正好背道而驰：既可能随时遭笞杖，"毁伤"身体发肤；又遇到重重限制，一般说终生无"扬名于后世"之日。在本

① 《唐会要》卷五八《尚书省诸司中》"吏部尚书"条。
② 李心传《建炎以来朝野杂记》乙集卷一四《官制二》"吏职补官至从政郎止"条。按此处之阶官，与出职之官有关联，但又不同，请参穆朝庆《宋代中央官府吏制述论》，载《历史研究》1990年第6期。
③ 如果原是中央"堂吏"（堂后官，宰相属下吏胥），南宋"出职止通判"，通判为流内七品，但通判只是州的副长官，仍有限制，见《建炎以来朝野杂记》甲集卷一二《官制三》"堂后官"条。
④ 《续资治通鉴长编》卷四七咸平三年六月乙亥。
⑤ 沈括《梦溪笔谈》卷二二《谬误》。按"杖之七十"一作"杖之十七"，见胡道静《梦溪笔谈校证》下册，中华书局，1959年，第720页。
⑥ 此苏轼语，见《文献通考》卷三五《选举八》。

来官、吏素质差别已经不小的唐宋社会，随着儒家学说进一步占据统治地位，并成为选任官、吏的指导思想，与科举出身官员犯法享有"输赎"特权，仕宦飞黄腾达，前途无限相比，吏胥身份卑贱，遭受歧视，①吏、官身份差别加深，是必然的。

三

（一）

在制度上吏职、官职界限分明和吏胥身份总体上进一步低落阶段——金、元、明、清。

在上一阶段，直到唐宋为止，尽管吏、官深化了身份差别，但在制度上吏职、官职并未完全、明确区分开来。而到这一阶段，吏职、官职在制度上界限分明了；后来吏胥身份且跌落到历史的最低点，成为与官员（包括流内与未入流）截然不同的另一特殊群体。

所谓上一阶段在制度上吏职、官职并未完全、明确区分开来，是指在唐宋，不但不少吏胥在制度上仍属"流外官"，还是"官"，②而且有些高级

---

① 何薳《春渚纪闻》卷七《诗词事略》"骂胥诗对"条记：宋代某"郡有胥魁"，以年劳出职，大喜，"跃马还家"，路上冲撞张道人。道人书偈言曰："畜生骑畜生，两个不相争。坐者只管坐，行者只管行。""胥览之惭而退。"同条记一"魏处士"以对联骂一吏胥（孔目）为"驴纣"（驾驴的革带，实指驴），该吏胥只得"拂袖而出"。

② "流外"，始见于《魏书》卷一一三《官氏志》。南朝梁武帝改官制，陈朝沿之，亦有"流外"之目，但当时主要为了以此区别"寒微士人"与高级士族，见《隋书》卷二六《百官志上》、《通典》卷三八《职官二十》。及至门阀瓦解，旧的士族等级及其与寒人差别消失，到唐宋，流外官主要指中央官府吏胥（见吴宗国《唐代科举制度研究》第二章第二节，辽宁大学出版社，1992年），宋代还包括路、州吏胥（见前揭王曾瑜《宋代的吏户》，文称路州吏胥可出职，应即流外官），流内流外转为主要区别官员和吏胥。但无论流内还是流外，毕竟都是"官"。《通典》卷四○《职官二二》"大唐官品"中分"流内""流外勋品"等，即表明其"品"都是"官"品；而且"流外"包括在"内外文武官员"之内。故《唐律疏议》卷一一《职制》"役使所监临"条云"流外官者，谓诸司令史以下，有流外告身者"。又《宋史》卷一六九《职官志九》"流外出官法"下"流外"有"孔目官""勾押官"等。赵彦卫《云麓漫钞》卷七"唐人多称使"条云"本朝……下至吏胥则有通引官、专知官、孔目官、直省官"，亦其证。

吏胥如三省都事、主书、主事以至令史,还有流内官品。① 也就是说,尽管官僚机构内部在铨选上(流内铨、流外铨)和相互关系上(流内官中官员与吏胥),存在吏、官之别,但在平民面前,在基本官制上,就上述这一部分吏胥言,则和其他官员一样,都是"官",甚至都是"流内官",吏和官是混在一起的。正因如此,在流内,有些职位是官,还是吏,也还没有最后固定,而处在变动之中。封演《封氏闻见记》卷三"铨曹"条:

> 旧良酝署丞(正九品下)、门下典仪(从九品下)、大乐署丞(从八品下),皆流外之任(意指流外入流所任之官,虽在流内,乃是吏职)。国初,东皋子王绩始为良酝丞。太宗朝,李义甫始为典仪府。中宗时,余从叔(封)希颜始为大乐丞。三官从此并为清流所处。

所谓"并为清流所处",即指其官已非吏职,而是以士人充任,②成为官职。这从同上书同卷同条下另一段记载,看得更清楚:

> 开元中,河东薛据自恃才名,于吏部参选,请授万年县录事。吏曹不敢注,以咨执政,将许之矣。诸流外共见宰相诉云:"酝署丞等三官,皆流外之职,已被士人夺却。惟有赤县(此指万年县)录事是某等清要,今又被进士欲夺,则某等一色之人无措手足矣!"于是遂罢。

这条材料证明:甲、万年县录事(从九品下)也和上述三官一样,是流外入流之官。乙、在流外入流官中,万年县录事大概声望比较好,所以进士薛据才会"请授",而"诸流外"则视之为"某等清要"。丙、某一流内官职长期成为流外入流所任之官,即成吏职,例由吏胥出职者充任;如果长期改用士人,又成官职,变成例由士人充任。上述良酝署丞等三官"并为清流所处",为后者之例。而此万年县录事虽然士人"欲夺",因遭"诸流外"抗议,而保留下吏职,继续归流外入流者充任,为前者之例。又《旧唐

---

① 唐都事、主书均从七品上、主事从八品等,见《通典》卷四〇《职官二二》;宋尚书省都事正八品,三省主事、令史从八品,见《宋史》卷一六八《职官志八》。
② 上引"清流",即指士人。《唐六典》卷八"门下省典仪"条注:"初,用人皆轻。贞观初,李义府为之,是后常用士人。"

书》卷八一《刘祥道传》载其上疏称三省都事、主书、主事等，"比来选补，皆取旧任流外有刀笔之人，纵欲参用士流，皆以俦类为耻，前后相承，遂成故事"。他认为三省是要害部门，"而多用胥徒，恐未尽铨衡之理，望有厘革，稍清其选"。但因"时公卿以下，惮于改作，事竟不行"。此亦前者之例：都事等"皆取旧任流外有刀笔之人"，即意味已成吏职；"纵欲参用士流"和这次刘祥道建议"稍清其选"，是指前后两次想搞改革，使之成为官职，但或因士人"皆以俦类为耻"，或因"惮于改作"，而终归失败。①

再看宋代，情况与唐代相似。宋王栐《燕翼诒谋录》卷一：

> 太祖皇帝以堂吏擅中书事权，多为奸赃，开宝六年（973）四月癸巳，诏流内铨于前令、录、判、司、簿、尉（以上一般均科举进士出任之流内低级官员），选谙练公事一十五人，补堂后官，②三年一替……此太祖开基立国之宏规也。不特此尔，寇准为宰相，刑部、大理寺、三司法直副法直官，旧例以令史迁补，准悉用士人。……盖仰体太祖谨重堂后官之意而推广之也。然改制之初，不能一扫而清之，新旧杂用（指保留一些旧吏胥，与新来士人共职），士大夫耻与为伍。又三年，为（新）任人无固志，旧吏长子孙为世业，一齐不胜众楚之咻，③太祖皇帝美意数传之后，寂然无闻，④是可恨也。

此证刘祥道所说的三省都事等（即后来的政事堂堂后官），是选用士人，

---

① 刘祥道所说三省"主事"，据《唐六典》卷九"中书省主事"条注称："前代用人皆轻，而隋氏杂用士人为之。故颜愍楚文学名家，为内史（即中书）主事，寻罢士人，皇朝并用流外入流累转为之。"反映早在隋代已有"杂用士人"而未成功之事。

② 堂后官，即前句的"堂吏"，指宰相直属的吏。《建炎以来朝野杂记》甲集卷一二《官制三》"堂后官"条："谓三省诸房都（事）、录事也。"又称之为"堂吏"，此亦"吏"称"官"一例。又宋孙逢吉《职官分纪》卷一三"（三司）孔目官"：宋太祖"开宝七年，以光禄寺丞崔宏充盐铁孔目官，太仆寺丞徐元充度支孔目官，少府监丞张玘充户部孔目官"。"孔目官"，同条又称"孔目吏"。此亦宋太祖以士人为吏之一证。

③ 语出《孟子·滕文公下》。意为个别改革抵挡不住周围大量事物的影响，终归失败。

④ 据《燕翼诒谋录》卷四载"祖宗重堂后官，更用士人"，至宋仁宗时仍有"士流""士人选用"，直到神宗改革，"新法既行，增置宰属，而士流不复为堂后官"，可见这里的"数传之后，寂然无闻"，就堂后官言几乎延续了北宋一代。

还是吏胥,直到宋代,仍处在徘徊、摇摆之中。再举一例。宋叶梦得《石林燕语》卷九记载:

> 枢密都承旨与副承旨,祖宗皆用士人。……真宗后,天下无事,稍稍遂皆用吏人。欧公(欧阳修)建言请复旧制,而不克行。熙宁初,始用(士人)李评为都承旨,至今行之。[1] 初,评受命,文潞公(文彦博)为枢密使,以旧制不为之礼。评诉于神宗,命史官检详故事,以久无士人为之,检不获。乃诏如阁门使(李评原官,士人充任的流内品官)见枢密之礼。

这里文彦博坚持的"旧制",即指从真宗以来都承旨已成吏职,不是官职。所以尽管李评乃士人,且为外戚,文彦博仍视之为吏胥,"不为之礼"。最后检"故事"不获,神宗便采用调和办法,让李评以原官礼晋见应付了过去。

以上诸例证明,在唐宋社会,一部分有流内官品之职位,是官,还是吏,尚处在不断摸索、变动之中,并未最后固定下来;而且往往要视长期由进士、士人充任,还是由流外入流者即吏胥出职者充任而定,而主要不以工作任务是掌握一定范围决策权,还是仅仅经办文书为区分标准。这一特点,就是前述唐宋社会吏职、官职尚未完全、明确区分开来的一个最突出的标志。当然,这里所说,仅仅指的是"一部分有流内官品之职位",一般是低级官品。[2] 另外,主要指吏胥的流外官仍称官,也是吏、官相混的一个标志。至于有着高级官品之官员,和无任何流内流外官品之低级吏胥(如大部分地方吏胥),则一般不存在这个问题。因为在长期演变中,它们的官员或吏胥性质早已明确、固定了。这也反映,唐宋尽管就统一与分裂、门阀士族特权的有无和魏晋南北朝有所不同,但在吏、官问题上,却属同一类型,都是由二者身份毫无差别的两汉,到二者身份

---

① 《文献通考》卷五八《职官十二》"都副承旨"下此句作"不用院(指枢密院)吏,而更用士人,自评始也"。其演变过程参《宋史》卷一六二《职官志二》。

② 个别也曾有高品,如宋代枢密都承旨乃从五品,见《宋史》卷一六八《职官志八》。正因品高,所以最后仍被士人夺去。

有别而且吏职、官职界限分明,吏、官成为不同群体的金元明清的过渡阶段。

那么,为什么直到唐宋,吏职、官职仍未最后区分开来,特别是还要将一部分有流内官品之职位定为吏职,使一些吏胥在制度上归入流内官行列,形成与后来金元明清不同的特点呢?

固然,由吏、官身份无别到吏、官身份有别,再到吏职、官职完全分离,在具体职位为吏为官的确定上必然有一个发展过程,需要摸索、积累经验,上引诸例亦其证;但在唐宋其所以会形成上述特点,更主要原因当是统治集团有意如此安排,目的是在吏胥身份卑贱,政治、社会地位低落的条件下,借以激发、调动他们为王朝服务的积极性。魏晋南北朝在处理"清官""浊官"问题上,早已积累了类似经验。

当时一方面"士庶天隔""官分清浊",寒人、庶人一般只能担任浊官(包括吏胥、武官)。浊官总体上被压在士族充任的清官之下。前引北魏元顺压制寒人朱晖,只许他任浊官(尚书省令史),不许他任"廷尉清官",即其一证。但是另一方面,浊官毕竟仍是官,就尚书省令史言,在制度上很长一个时期品居第八,位在诸县丞、尉,甚至诸县令、长之上;①而且其中的都令史还很有权,梁武帝在一诏令中便说它"职参政要,非但总领众局,亦乃方轨二丞(指尚书左、右丞,清官)"。② 这样,便等于对寒人、浊官又压又拉,使他们在受到压抑的同时,又萌生某些希望,一定程度上激发他们为王朝服务的积极性。在这一问题上,武官作为浊官,其具体制度起的作用更突出,由于与本文中心距离稍远,限于篇幅,此处从略。③

---

① 位在诸县丞、尉上,见《宋书》卷四〇《百官志下》;位在诸县令、长上,见《通典》卷三七《职官十九·秩品二·晋》。

② 《隋书》卷二六《百官志上》。

③ 武官的官品远比吏胥高。如骁骑将军虽是浊官,但官品达第三或第四,且往往统军,比起低品清官如七品著作佐郎、六品秘书郎等,声望、发展前途固然不如,但毕竟有官位,有实权,因而可以更大地激发寒人为之奋斗的积极性。在全国分裂、战争频繁的条件下,其所以大量涌出寒人出身的猛将,为各王朝厮杀、立功,然一般又受清官为主体的朝廷控制,"官分清浊"及关于武官的具体制度是起了不小作用的。

唐宋吏胥制度所体现的基本上也是这一指导思想,即在对吏胥大力压抑的同时,又要让他们感到有一定的奔头,于是便有了前面已经提到的流外入流即出职制度。所谓出职,赵升《朝野类要》卷三《入仕》"年劳"条:"内外百司吏职及诸州监司吏人,皆有年劳补官法,俗谓出职是也。"这就是说,一部分地位比较高的吏胥(州以上至中央),如果称职地服务若干年,经过一定手续,便可由流外出职为低品流官;同时为免士人抗议,"以侪类为耻",又将长期由吏胥出职、升进的某些低品流官定为吏职。尽管这些吏职遭士人轻视,而且如第二节所述,升迁前途有限,但是在平民面前毕竟仍是流官,还可以升至七品或八品,这对吏胥来说,终究是不小的安慰。从上引唐代吏胥视万年县录事为"某等清要",也约略可以看出它对吏胥的吸引力。何况除了年劳还有因功不时出职之制。《宋史》卷二九九《李溥传》:"初为三司小吏",就财赋改革事回答宋太宗的提问,"帝以溥等为能",语辅臣曰:"如溥辈虽无学,然于金谷利害,必能究知本末,宜假以色辞,诱令开陈。"于是一下子擢溥为"左侍禁(流内八品),提点三司孔目官"。[①] 这条材料既说明在特殊情况下,吏胥可以不计年劳,随时出职;又说明其目的是"诱令开陈",即激励他们努力服务,基本上仍体现了前述其所以要在低级品官中保留吏职的指导思想。

(二)

然而,前述直到唐宋所存在的这个特点,全都是在吏胥身份日益卑下的历史背景下逐渐形成的,而到金元,这一状况发生了极大变化。

这个变化,从金代已经开始。如所周知,在金代,文化素质比较差的女真族统治中原,十分重视军功和吏事。但是它有一个特点,就是总体上说,重吏事但不轻儒,不轻士大夫。表现为中央主要官府的令史,虽然

---

① 左侍禁虽非吏职,但所提点的三司孔目官却是流外。擢任此职,仍可看出李溥原来的吏胥身份。

是"吏员"，没有官品，但"仕进皆列于正班，斯则唐宋以来之所无者"。①
特别是尚书省令史，其出职后之仕进，经过历练，竟有可能升为"宰执"，
而且比例不低，②这在唐宋，是不能想象的。③ 不过由此却不能得出金代
重吏轻儒，轻士大夫的结论，因为金代尚书省令史很重要一个来源，是由
汉人、女直（真）人进士出身官员或未出仕进士来担任的。④《金史》卷九
六《梁襄传》"赞"便说：金代"始立国即设科取士，盖亦知有文治
也。……至（世宗）大定间，人材辈出，文义蔚然"。金代出身进士充任尚
书省令史，其著者比较早的皇统年间有王蔚、童师中、李晏等，后来正隆
年间有马琪、张万公、路伯达、康元弼等，大定年间更多，如李仲略、王贲、
张大节、张岩叟、贺扬庭、阎公贞、马百禄等，《金史》皆有传。⑤ 学者有引
顾炎武《日知录》卷八"都令史"条原注金代升至"宰执"者十五例，以证
金吏胥之重。这固然不错，但如察其出身，便知其中十三人原为科举进
士。⑥ 这些都说明金代总体上并不轻士大夫。⑦ 之所以采用这一制度，或
许因金统治集团初意只在重吏事，因受儒家思想影响，想依靠少数族王
朝的强大威力，通过硬性规定由素质高的进士出身者充尚书省令史，以

---

① 《金史》卷五一《选举志一》。意思是出职后仕进前途、声望，和一般门荫、科举等流内
官员一样，不受影响与限制。

② 见孟繁清《金代的令史制度》，载《宋辽金史论丛》第 2 辑，中华书局，1991 年。文章统
计出《金史》列传中出身、履历比较清楚的尚书省令史 97 人，其中 31 人升至"宰执"。

③ 元好问《遗山集》卷二一《平叔（商衡）墓铭》：金哀宗时许古（字道真）上书"言八座
率非其材，省寺小臣有可任宰相者"，诏问"孰可为相？""道真以尚书省令史商衡对。"此亦前
所未有。

④ 参前揭孟繁清文。而进士备受重视，"选曹以为贵科"，见《遗山集》卷一七《闲闲公
墓铭》。

⑤ 《金文最》中也有二十余例。如卷八六《焦公（旭）墓碑》（辑自《柏乡县志》，李嗣周
作）、卷八八《姬公平叔墓表》（辑自赵秉文《滏水集》）、卷九二《张文贞公神道碑》（辑自元好问
《遗山集》），等等。又参《归潜志》卷七。

⑥ 《金史》皆有传。其中只有移剌道、粘割斡特剌二人非进士出身，分别见《金史》卷八
八、卷九五。

⑦ 金室迁都开封后，"奖用胥吏，抑士大夫"，"吏权大盛，胜进士矣"，见《归潜志》卷七。
但这只是一个时期用人政策的变动，基本制度并未更改。如著名文学家元好问便是这时由进士
为尚书省令史的，见《金史》卷一二六《文艺·元好问传》。孙德秀是先已为尚书省令史，又去应
科举，于金末中进士第的，见《遗山集》卷二二《御史孙公墓表》，可见进士出身之受重视。故元
初有"金以儒亡"之说，见《元史》卷一六三《张德辉传》。

提高吏事质量；但这样一来，某种意义上竟和唐宋统治集团的指导思想相通，做了后者想做，但由于"耻与（吏胥）为伍"的士大夫力量强大而做不到的事，即用士大夫改造上层吏胥队伍。而由此也就导致了以下后果：

首先，吏胥身份和政治、社会地位提高。就中央主要官府，特别是尚书省的令史言，其来源可以是进士、举人、现任官员，[1]出职或考满补官后前途又是"仕进皆列于正班"（见前），甚至升至"宰执"，则和唐宋吏胥比，吏与官身份、地位差别缩小，是必然的。[2]至于地方上高级吏胥，即"诸州府吏人"，其地位虽比不上中央吏胥，但因按制度有可能"试补"六部令史（见《金史》卷五三《选举志三》），并由此攀缘而上，[3]所以总体上说，他们的身份、地位，比起唐宋来也是有不小的提高的。

其次，和上一点紧密关联，由于吏、官身份、地位差别缩小，中央主要官府令史且多有以士大夫充任者，因而前讲唐宋在低级品官中保留专由吏胥出职充任之吏职，以激励他们为王朝努力服务的必要性也就不存在了。于是金代出现了一个明显变化，这就是不像唐宋那样，在某些流内品官中往往根据出仕者出身是吏胥还是士人，以分别吏职、官职，而是基本上改为以统治任务之分工为标准，来分别吏职、官职。一是凡主要任务是具体经办文书者，如尚书省、枢密院、御史台、六部等官府令史，不管出身是吏胥，还是进士、举人、现任官员，一律定为"吏员"，没有官品，既不是流内官，也不是流外官（见后）。因而和唐宋不同，吏职、官职变得在制度上界限分明，毫不相混。尽管这一部分"吏员"，包括最上层的尚书省令史，也和下层吏胥一样，沿旧制，"有过辄决杖……故士大夫有气概

---

[1] 参前揭孟繁清《金代的令史制度》。如枢密院令史可以由进士充任，御史台令史可以由"终场举人"（指未考中进士者）充任，六部令史可以由地方官员充任。

[2] 《金石萃编》卷一五五有《（金）礼部令史题名记》。按唐宋各类题名记，如署衔，或为官员，或为进士，从无某官府吏胥集中题名者；且作此记之党怀英，乃进士出身、国史院编修官，"能属文，工篆籀，当时称为第一"（《金史》卷一二五《文艺·党怀英传》），竟肯为吏胥写题名记，此均吏胥身份、地位提高之强证。《遗山集》卷二三《故河南路课税所长官兼廉访使杨公神道之碑》称"（御史）台掾要津，士子慕羡而不能得者"，亦一证。

[3] 因六部令史还可补御史台、枢密院，甚至尚书省令史。如前述粘割斡特剌就是由户部令史转补尚书省令史，最后当上"平章政事"即宰相的。参前揭孟繁清《金代的令史制度》。

者往往不就",①但因出职或考满补官后仕途通畅,②任吏时间又不长,③故召进士等补吏,就绝大多数人而言,都可以接受。④ 唐宋士大夫"耻与(吏胥)为伍"风气,这时基本上消失。二是唐宋有着低级官品之三省都事、主事等,因长期由吏胥充任而成为吏职,在金代则依其任务乃管理吏员,"掌本司受事付事,检勾稽失,省署文书",⑤而定为官职,都事正七品,主事从七品,即使出身吏胥者为之,也不再是吏职了。以下诸人历官即其证:贺扬庭,进士,"由安肃(县)令补尚书省令史",考满复为官,"授沁南军节度副使,入为监察御史,历右司都事……";斡勒忠,"历兵部、枢密院、尚书省令史",出职为官后累迁"为监察御史,转尚书省都事";贾铉,进士,由地方官"补尚书省令史",考满复官,"除陕西东路转运副使,入为刑部主事";⑥商衡,进士,为县令,"入为尚书省令史,历粮草、边关、知管差除三房,考再满,授户部主事,两月,擢监察御史,又充右司都事"。⑦ 可见都事、主事都是官职,不是吏职。

金代以上变化,元代基本沿用。如中书省(即金尚书省,元改)都事正七品,六部主事从七品,均官职;⑧而中央主要官府即省、院、台、部之吏

---

① 见《归潜志》卷七,并举有四例,请参看。《金史》卷九七《马百禄传》:中进士,为县令,"召补尚书省令史,不就",亦一例。

② "仕进皆列于正班",见前引《金史》卷五一《选举志一》;"旧制,尚书省令史考满优调",见《金史》卷九九《孙即康传》。

③ 尚书省令史一考只有三十个月,即可补官;两考六十个月,补官品级更高,见《金史》卷五二《选举志二》。

④ 见前考及第174页注⑤所引各例。金末士人刘祁说"士大夫有气概者往往不就",其中就有他的父亲刘从益(见《归潜志》卷七),但这种人极少。一代文宗元好问也没有这种"气概",见《金史》卷一二六《文艺·元好问传》。

⑤ 《金史》卷五五《百官志一》。此乃都事执掌。六部主事(金都省不设主事)执掌提法略同(当然,权力只限本部)。这些在唐宋基本上是左、右司郎中、员外郎一部分执掌,见《唐六典》卷一《尚书都省》、《宋史》卷一六一《职官志一》。

⑥ 《金史》卷九七《贺扬庭传》《斡勒忠传》、卷九九《贾铉传》。

⑦ 《遗山集》卷二一《平叔墓铭》。

⑧ 《元典章》卷七《吏部一·官制》中有都事、主事,与卷一二《吏部六·吏制》分别清楚。又《元史》卷一八二《宋本传》:进士,"授翰林修撰……除监察御史……移兵部员外郎……转中书左司都事";同卷《许有壬传》:进士,"授同知辽州事……州遂大治。……除山北廉访司经历……迁吏部主事"。二人历官,亦是都事、主事非吏职之证。

胥,或称掾史,或称令史,均和地方下层吏胥一样,没有官品,职官充吏比金代发展。① 但既充吏,在任期间即随吏制,同样无官品,意味吏职、官职绝不相混,和金代相同。但是和金代比,元代又有一个特点。这就是就个人出身言,金代重吏事但不轻儒,不轻士大夫,而元代统治集团的指导思想以及相关政策的实际运作,直到元亡,总体上说,始终是重吏轻儒的。

虽然表面看来,元太宗时曾通过考试录取四千余人,定为"儒户",优免其差役,②世祖年间又有各路"岁贡儒、吏"补充六部令史(一般一路一名),而且为保证所贡儒生质量,需先在"儒户"中选拔年少子弟入府、州学"修习儒业",然后通过"选试"贡送的规定,③元仁宗又行科举,并限制吏胥仕进,但由于以下原因,应该说元代并未到达重儒、重士大夫阶段,尽管认为元制"人有十等……九儒十丐",也有夸张,并不符合实际。④

最主要的原因是,元代整个统治、官僚集团由于素质所限,不可能越过吏事带来的直接的税收、判案等利益,而看到儒学所涵蕴的宏观的、长治久安的治国大计。

首先,和金代皇帝不同,元代皇帝"多不习汉文",要靠翻译成蒙古文方能读一点儒书,⑤则理解其精神必然是有限的。

———————————

① 元武宗甚至规定中央、地方凡地位较高吏胥("有出身人")的一半,可从职官中选取,见《元典章》卷一二《吏部六·吏制·职官吏员》。不过元仁宗以前未行科举,职官多出身吏胥,与金代有所不同。请参许凡《元代吏制研究》(劳动人事出版社,1987年)第三章第四节。

② 《庙学典礼》卷一《选试儒人免差》《秀才免差发》,又见《元史》卷二《太宗纪》。请参萧启庆《元代的儒户:儒士地位演进史上的一章》,载《元代史新探》,(台北)新文丰出版公司,1983年。

③ 《元典章》卷一二《吏部六·吏制·儒吏》,又《庙学典礼》卷一《岁贡儒吏》。关于岁贡儒生及儒学学生充吏,详参许凡《元代吏制研究》第三章第三节。

④ 参上揭萧启庆文;及陈垣《元西域人华化考》卷八《结论》,载《励耘书屋丛刻》上册,北京师范大学出版社,1982年。

⑤ 赵翼《廿二史札记》卷三〇"元诸帝多不习汉文"条。在同书卷二八"金代文物远胜辽元"条中,则列举了金诸帝"好文学""以诗文著称""与诸儒讲论"等事。

其次，元代百官皆蒙古人为之长。[1] 元末叶子奇便说:元"天下治平之时,台省要官皆北人(主要指蒙古人)为之,汉人、南人万中无一二,其得为者不过州县卑秩,盖亦仅有而绝无者也"。[2] 这些人文化素质、儒学修养一般说是很差的,"朝廷大臣亦多用蒙古勋旧,罕有留意儒学者"。[3]《元史》卷一七三《崔斌传》:元初"江淮行省事至重,而省臣无一人通文墨者"。直至元末,陶宗仪仍在说"今蒙古、色目人之为官者,多不能执笔花押,例以象牙或木,刻而印之"。[4]

再次,元长期进行战争,必然重视军功与吏事,统一天下前后,要职也多被这两类人占有。正如虞集所说:"我国家初以干戈平定海内,所尚武力有功之臣。然钱谷、转输、期会、工作(指工程)……非刀笔简牍无以记载施行,而吏始见用。固未遑以他道进士,公卿将相毕出此二者而已。事定,军将有定秩,而为政者吏始专之。"[5]他们的文化素质、儒学修养一般说也是有限的。元末余阙说:元重吏胥,"虽执政大臣亦以吏为之。由是中州小民粗识字,能治文书者,得入台阁,共笔札,累日积月,皆可以致通显"。[6] 元后期慕完,"年十三而孤贫,不能卒儒业,习法家即有声",始为"府宪史掾",最后竟升至从二品大员——侍御史,[7]即一例。

以上整个统治、官僚集团的这一状况,决定了元代尽管最高决策者某个时期受到儒者影响,着眼于王朝利益,也会颁布前述在人事上不同程度有利于儒生、士大夫的诏令,但因素质所限,或者是朝廷对儒学理解浅,政策时有反复;更重要的是,各级官府冥顽不灵,执行走样,上有政策,下有对策,结果与预期者相差甚远。

---

① 参《廿二史札记》卷三〇"元制百官皆蒙古人为之长"条;蒙思明《元代社会阶级制度》第二章第二节《四级等差待遇之法律与事实》,中华书局,1980年。

② 叶子奇《草木子》卷三上《克谨篇》。

③ 《廿二史札记》卷三〇"元诸帝多不习汉文"条。

④ 陶宗仪《南村辍耕录》卷二"刻名印"条。《草木子》卷四下《杂俎篇》也说:"北人不识字,使之为长官……要题判署事及写日子,'七'字钩不从右七而从左寸转,见者为笑。"

⑤ 《元文类》卷五四,虞集《岭北行省郎中苏公墓志铭》。

⑥ 余阙《青阳集》卷四《杨君显民诗集序》。

⑦ 许有壬《至正集》卷五九《故中奉大夫侍御史慕公墓志铭》。

关于政策反复,执行走样,因离本文中心稍远,这里无须细说,①兹就执行结果——儒吏地位相差悬殊——略加申述。

本来,如按前述儒户免差役,"岁贡儒吏"名额相等,以及儒学学生充吏等政策看,似乎元代儒吏地位至少应是差不多的,但实际上由于上述原因,吏胥仕途、地位远远优于儒生:

甲、至元六年下"岁贡儒吏"之诏,十余年后,至元二十一年"中书省奏……天下习儒者少,而由刀笔吏得官者多"。②

乙、又过了十余年,姚燧于大德三年说:"大凡今仕惟三途:一由宿卫,一由儒,一由吏。由宿卫者……十之一;由儒者……十分一之半;由吏者……十九有半焉。"③

丙、又过了十余年,元仁宗重儒,为抉破"吏弊"行科举制,④但阻力重重,后一度中辍,且录取人数有限,"对有元一代的既定用人格局,没有

---

① 只举二事。一、元仁宗以前旧制,吏员出职"秩止四品";仁宗重儒改制,"由吏出身者,限以从七(品),不使秩高权重,得以纵恣"(《至正集》卷七五《吏员》)。但仅约十年,泰定帝又恢复旧制,且在执行中突破四品,有"不次登显融者,往往列八位(即指'八府'、宰执,见《元史》卷二○《成宗纪三》大德七年二月)而不斠也"(杨维桢《东维子文集》卷四《送江浙都府史倪光大如京师序》,《四部丛刊》本。他本"融"作"荣","斠"作"鲜",似文义更顺)。二、岁贡儒吏,对儒本要求"洞达经史,通晓吏事"(至元六年中书省札,见《元典章》卷一二《吏部六·吏制·儒吏·随路岁贡儒吏》),但实际执行中,或"试补之间,多不依法"(《至正集》卷七五《吏员》),或"岁贡一科,所举例皆不公"(胡祗遹《紫山大全集》卷二二《时政》),或"贪缘势援,互相梯引"(郑介夫《上奏一纲二十目·任官》,载《元代奏议集录·下》,浙江古籍出版社,1998年),在各级、各类轻儒官、吏的操纵下,岁贡总的趋势必然是偏重吏事,或吏多儒少,或儒名实亡,使得儒生"皆日何必读书然后富贵"(郑介夫《上奏一纲二十目·养士》),"甚者反舍其所学,而以趋世媚俗为能","号曰用儒,其实非也"(危素《危太朴集》文集卷六《送陈子嘉序》)。以上请参许凡《元代吏制研究》第四章。

② 《元史》卷八一《选举志一·科目》。

③ 《元文类》卷三四:姚燧《送李茂卿序》。"十分一之半",指十分之零点五。"十九有半焉"似当为"十八有半焉"。此处之"儒",是指狭义之儒,如儒学学官、教授等,升迁极难(参苏天爵《滋溪文稿》卷六《送韩伯敬赴杜浦巡检序》,及郑介夫《上奏一纲二十目·任官》)。此处之"吏",当理解为职位较高,可以出职入"仕"之吏胥,而非下级吏胥。其来源有刀笔吏,也有儒生,包括岁贡中央之儒生。从"十九有半焉"这话虽看不出二者比例,但如本页注①所述,吏多儒少是肯定的,郑介夫另有《因地震论治道疏》(载《元代奏议集录·下》),亦上于大德年间,与姚燧此序约略同时,疏称"今合朝官职,尽属吏员……问其儒,则不通文理句读。十数年后,儒之类灭,欲求识一丁字者,亦无之矣!"虽然夸张,却足可证当时吏多儒少。

④ 《元文类》卷三五,元明善《送马翰林南归序》。

发生什么大的影响"。①

丁、接近元末的大臣揭傒斯说："我元有天下,所与共治,出刀笔吏十九。"②

戊、由于以上事实,整个社会风气必然与之相适应:重吏轻儒。大德年间各地"民家子弟多不攻书。……为父兄者多令废弃儒业,学习吏文,以求速进"。③ 元后期的情况是:以新城县为例,"今学者仅能执笔,晓书数,其父兄已命习为吏矣"。苏天爵说:"岂独新城为然,是则天下之通患也。"④元末陶安更说:"朝廷以吏术治天下。中土之才,积功簿书,有致位宰执者,时人翕然尚吏。虽门第之高华,儒流之英雅,皆乐趋焉。"⑤

固然,从总的趋势看,随着蒙古人的进一步汉化,人事上的重吏轻儒迟早要为轻吏重儒、重士大夫所取代,⑥但是由于种种原因,还未发展到这一地步,元代就灭亡了。而在此之前,由于元代总体上吏胥身份、地位实际上比金代进一步提高,更加无须像唐宋那样通过在低级品官中保留吏职,去激发他们的积极性,于是吏职、官职毫不相混,明确区分之制,也就最后固定了下来。其证如下:

甲、《元典章》卷七及一二分别规定"官制(文武职品、员数、杂职)""吏制"。"吏制"中绝不掺入官员,包括流内及流外;"官制"中介绍职官,也绝不掺入吏胥。

乙、《元史》卷八一《选举志一》在简述科举取士,然而"仕进有多歧"之后,又说:"吏有补用之法,曰掾史、令史,曰书写、铨写,曰书吏、典史,

①　韩儒林《元朝史》上册,人民出版社,1986年,第346页。书中经过统计,指出科举取士只占元后期五十多年中"文职官员总数的百分之四"。又《元史》卷一八五《韩镛传》称科举取士十余年后"泰定四年(1327)……当时由进士入官者仅百之一,由吏致位显要者常十之九"。《草木子》卷四下《杂俎篇》:"至于科目取士,止是万分之一耳,殆不过粉饰太平之具。"均可为侧证。

②　《揭傒斯全集·文集》卷六《善余堂记》,上海古籍出版社,1985年。

③　《元典章》卷一二《吏部六·吏制·司吏·试补司吏》。

④　《滋溪文稿》卷四《新城县庙学记》。

⑤　陶安《陶学士集》卷一五《送马师鲁引》。

⑥　如果元代发展到重儒轻吏阶段,情况或许与唐宋不同,因为金、元推行以士大夫为高级吏胥等制度,吏胥至少是高级吏胥素质有了提高,到时吏胥弊病会低于唐宋,而统治质量会高于唐宋也未可知。

所设之名,未易枚举。"①单独如此明确提出吏胥,并对吏名略加介绍,虽金制亦未见,②恐此亦吏制成熟,与官制区别之一证。

丙、唐宋流外官是官,又是吏胥,已见前考。而至元,吏胥已从流外官中分出。流外官是官,不是吏胥。流内官、流外官均与吏胥明确区别。故《元史》之《刑法志》所载诸法条中,规定违法犯罪主体,或作"诸职官",或作"诸吏员";有时"诸职官"与"诸吏员"对举,大量则作"诸官、吏",这在唐律中从未一见。特别是还有单提流外官的,如卷一○二《刑法志一·职制上》:"诸流外官越受民词者,笞一十七;首领官二十七,记过。"按此处流外官地位显然高过首领官,所以越受民词,首领官判刑更重一些。而首领官,始于金,盛于元,主要是管理吏胥的官员。③ 在《元史》之《刑法志》中亦将它与吏胥对举,如《职制上》凡公文申禀,有关官员自书其名,"有故,从对读首领官代书之,具述其故于名下;曹吏辄代书其名者,罪之"。由此亦证,流外官与吏胥是明确区别的。④

(三)

下面极简略地交代一下明清吏制之变化。

如所周知,明代由汉族士大夫掌权,继承唐宋传统,取消士大夫、职官充吏之制,就个人出身言重新重儒轻吏,但吏职、官职明确区别这一制度却无法改变了。《明(万历)会典》和《元典章》一样,"吏员"和"官制"是分开的。官员中包括流内品官和"未入流"即流外官,而"吏员"中则

---

① 许凡《元代吏制研究》第一章称元代之吏共有三十余种,主要者十种。

② 南宋《庆元条法事类》卷五二《公吏门》,虽对"公人""吏人"有界定,但只限于地方上一般吏胥,而不涉及全部吏胥,特别是与官相混的中央令史等,与此是无法相比的。

③ 参许凡《元代吏制研究》第二章第三节。

④ 日本学者牧野修二《元代勾当官体系的研究》(大明堂,1979 年)一书,称元代令史、掾史为"勾当官"(第 3 页)。固然,《元典章》卷九《吏部三·官制三》确有勾当官的条目,但在同书卷一二《吏部六·吏制》中明明纳入了令史、掾史,与"官"截然不同。所以这一"勾当官",恐当理解为元代习惯用语,意为"办事员",并非制度上与"吏"对举之"官"。牧野氏在另一处说"勾当官乃(六)部令史之异称"(第 180 页)。或亦此意?

包括中央、地方各类吏胥，并明确规定充吏是"役"，与官员之"仕"截然不同。①

《清（光绪）会典》在这一问题上与《明会典》略同，并在卷一二《吏部验封清吏司》规定："凡京吏之别三：一曰供事，二曰儒士，②三曰经承。外吏之别四：一曰书吏，二曰承差，三曰典吏，四曰攒典。皆选于民而充之，役五年而更焉。……役满不退者，舞文弄法者，皆治以法。"充吏有时限，这和当官终身迁转也明显不同。

《清会典》同上条还给吏胥做出界定："设在官之人，以治其房、科之事，曰吏。"这里"官"指官府。"在官之人"即前述"庶人之在官者"，并非官员。"治其房、科之事"主要指办理官府各房、科与文书有关的公务，③而不涉及由皂隶从事的生活、工作中一般厮役。这一界定，著于会典，如此准确，在中国政治制度史上还是第一次。这是我国古代吏胥制度已发展到第三阶段，亦即最后阶段的反映。

最后，再说明两个问题，作为本文之结束。

第一，金、元两代特别是元代，吏、官身份、地位差距极大缩小，一人时而可以职官充吏，时而又可以吏出职为官，甚至"五辟掾（为吏），六迁官"，④这和在制度上吏职、官职界限分明的观点会不会矛盾呢？不矛盾。从历史上看，情况应该是这样的：唐宋吏、官身份、地位差距相当大，士大夫耻于与吏为伍，故王朝在制度上需要将某些吏职、官职的区别规定得含混一些，以激发、调动吏胥的积极性。金元吏、官身份、地位差距极大缩小，元代"曰官曰吏，靡有轻贱贵重之殊，今之官即昔之吏，今之吏即后之官。官之与吏，情若兄弟"。⑤于是反而可以促成王朝在制度上按进步

---

① 参《明会典》卷一○《吏部九·稽勋清吏司·资格》、卷七《吏部六·吏员》、卷八《吏部七·吏役参拨》。

② 由无功名之儒士充任，供职礼部。

③ 事，古代原指文书，见周一良《魏晋南北朝史札记》，中华书局，1985 年，第 456—460 页。清震钧《天咫偶闻》卷一《皇城》记：清帝批奏折毕，由"奏事官徐捧折而出，高呼曰：'接事'"。（北京古籍出版社，1982 年，第 2 页）此"事"即指奏折、文书。"治其房、科之事"，主要乃此意。

④ 参许凡《元代吏制研究》第二章第四节，第 107 页。

⑤ 吴澄《吴文正公集》卷一四《赠何仲德序》。

的、以统治任务之分工来区别吏职、官职，①使吏职、官职界限分明。而至明清，在新的历史条件下，吏、官身份、地位差距又复扩大，但因进步的吏职、官职界限分明之制已无法改变，于是便完全靠一套吏胥出职制度来激发、调动他们的积极性。② 不同的是，出职后充任的是官职，而不再像唐宋那样，吏胥所出之职，名义上具有官品，实际上仍被定为吏职。

总之，在唐宋、金元，吏、官身份、地位差距的大小，与在制度上吏职、官职界限分明与否，是正相反的；而至明清，二者走向一致，这是历史的必然。

第二，两千年中吏胥选拔的标准是越来越降低的。在汉代，因为朝廷委派的郡县长官、佐官人数极少，必须依靠吏胥方能统治地方，故长官所辟主要吏胥多为本地望族、知名人士，本文第一节所举鲁恭、杨震、王允均其例（鲁恭"世吏二千石"，本人"居太学"，"为诸儒所称"）。中央各官府府吏情况略同。③ 到魏晋南北朝，尽管由于一些位高权重之吏职已转化为官职，且吏胥均寒人、庶人，位望和两汉比已下降了一个档次（见前），但总体上选拔标准依然不低。④ 一直到唐宋，所选吏胥在本地势力仍颇强大。如宋代吏胥多从乡村上户（占有土地数顷甚至百顷，韩琦称

---

① 元人对这一分工是明确的。王恽便说："今夫一县之务，领持大概者官也，办集一切者吏也。"这可适用于一切官府，意思是官是抓大事，掌管全面的，引申可理解为有一定范围决策权的；而吏是在官统率下办理具体事务（特别是经办"簿书"）的，引申可理解为没有任何决策权的。见《秋涧集》卷四六《吏解》。

② 出职，参王天有《明代国家机构研究》第七章，北京大学出版社，1992年；宫崎市定《清代的胥吏和幕友》，载《日本学者研究中国史论著选译》第六册，中华书局，1993年；《清会典》卷一二。

③ 《汉书》卷七七《郑崇传》："（崇）本高密大族……少为郡文学史，至丞相大车属。"同书卷七八《萧育传》，育父萧望之为御史大夫、太傅、辅政大臣，"大将军王凤以育名父子，著材能，除为功曹"。《后汉书》卷六四《史弼传》，父为尚书、郡守，本人"仕州郡，辟公府"。同书卷六二《钟皓传》："为郡著姓"，"为郡功曹"，"辟司徒府"。欧阳修说"古（两汉）虽吏属，亦必选用贤材"，见《宋文鉴》卷三七《前杭州司理参军范衮可卫尉寺丞》。

④ 以吏胥中地位不高的县功曹为例，入选者多非普通平民。《晋书》卷五八《周访传》，访祖为将军，父为左中郎将，本人是县功曹。《晋书》卷八二《虞预传》，虞氏乃会稽"豪族"（见同书同卷《王隐传》），"宗人共荐预为县功曹"。中央吏胥中常见的令史情况略同。《宋书》卷八四《邓琬传》，刘宋时募民捐米五百斛、钱十五万、杂谷一千五百斛，即可得一"三品令史"（三品非官品，乃令史等级），可见捐献者必然是富人、豪族。《北齐书》卷三八《赵彦深传》，父为中书舍人（六品），行洛阳令"，本人先后为尚书省书令史、正令史。

之为"兼并之家")选拔,然后与"官户"即流内品官之家一样成为"形势户"。①《水浒传》第22回:宋江只是一名县吏(押司),而父亲称"宋太公""宋大户",拥有田庄,便是一侧证。

而至明清,情况便大不同了。在金元制度上吏职、官职界限分明的基础上,随着科举制度的进一步发展,大约从明代中叶起,形成了绅士阶层,从此一直存在到清末。它主要由科举中式的进士、举人、生员(秀才)和入仕的官员组成。其中官员、进士、举人为上层集团,生员为下层集团。② 如果说宋代"形势户"中的吏胥是王朝在地方上仅次于"官户"的社会基础的话,③那么它们的这一地位到明清便为生员组成的下层绅士集团所取代。生员是从明代开始大发展起来的社会力量。他们读过儒家经书,一般说素质要优于吏胥;同时又与举人、进士和由此出身的官员同为科举士人,有着天然的联系;④再加上生员数量庞大,⑤散布于全国各地,这样就使生员整体说来形成不小的势力。于是便被王朝看中,赋予他们一些特权,如免刑罚,免徭役,受到地方官礼遇,⑥使之成为自己统治全国的另一新的社会基础。慢慢地,不拥有生员这些特权的吏胥便相形见绌,⑦选拔标准以及与之相关联的身份、地位便又下降了一个档次:一

---

① 参朱瑞熙《宋代社会研究》第二章,中州书画社,1983年,第34页;又参前揭王曾瑜《宋代的吏户》一文第一节。

② 这一区分采张仲礼说,见《中国绅士》第一章第二节,上海社会科学院出版社,1991年。也有将二者分称"绅""衿"的,见伍丹戈《明代绅衿地主的发展》,载《明史研究论丛》第2辑,江苏人民出版社,1983年。

③ "官户",略相当于明清的上层绅士集团。

④ 顾炎武曾说生员彼此相隔千万里,"语言不同,姓名不通",但很容易"朋比胶固,牢不可解",即反映这一特点,见《亭林文集》卷一《生员论·中》。

⑤ 《亭林文集》卷一《生员论·上》估计"天下生员,县以三百计,不下五十万人"。

⑥ 《生员论·上》:"一得为此(指生员),则免于编氓之役,不受侵于里胥,齿于衣冠,得以礼见官长,而无笞捶之辱。"又明生员可结社论文,"诸生征文汇选曰社稿,从来已久"(明采采疏),所结之社,如明末张溥为首之"复社","声势动朝野",吏胥绝无法比拟。以上见蒋逸雪《张溥年谱》,商务印书馆,1945年,第51、26页。清生员曾集体反对知县,"大闹公庭""罢考",参张仲礼《中国绅士》第一章第五节。

⑦ 如吏胥在官府见官长需下跪,随时可遭笞杖;本人已为吏服役,家中可免徭役者只有"人丁一丁",和生员本身不服徭役,还可免"人丁二丁"服徭役者差别颇大,见《明会典》卷二〇《户部七·户口二·赋役》载嘉靖二十四年议定优免则例。

般从普通农户金充,亦称"农吏",表示有别于士(包括生员);①主要由于素质差,以及在官府中的耳濡目染,他们中相当多的人习于舞文弄法,敲诈勒索,于是便被视为"无赖子",②所谓"奸猾者为之,无赖者为之,犯罪之人为之,缙绅豪强之仆、逃叛之奴为之",③以及"吏皆四方游民无籍者充之"。④ 为了限制、打击吏胥的恶行,除了以官员制衡吏胥外,⑤明清王朝还采取种种手段压制吏胥。⑥ 所有以上变化,既使"吏员之与科第高下天渊矣",⑦也使吏胥身份、地位从宋代的形势户,元代与官员"情若兄弟"(见前)的境遇中,跌到了历史上的最低点。所谓"自明中叶以后,士大夫之于胥吏,以奴隶使之,盗贼待之",⑧便是它的反映。当然,这并不是说吏胥作为一个群体,对王朝的统治已不重要了。随着明清法、例的增加和繁杂,吏胥制衡官员,督促官员奉法仍是巩固王朝统治不可或缺的环节;上述变化,仅仅意味,吏胥就每个个体言,在统治集团心目中,一般说,更加无足轻重了。这主要因为,随着社会进步,一方面在当时生产力、科学条件下,如前所述,官府业务分工琐细,易于掌握,对吏胥素质要求必然降低;另一方面社会上具有一点文化水平的人大量增多,金充,招

---

① 朱元璋《大诰三编·农吏》,载《全明文》第一册,上海古籍出版社,1992 年。士人(如生员、监生)在明代只有学习不好、有过错,才罚充吏,参李洵《论明代的吏》,载《下学集》,中国社会科学出版社,1995 年。

② 《明夷待访录·胥吏》:"天下之吏……为无赖子所据。"

③ 侯方域《额吏胥》,载《清经世文编》卷二四《吏政十·吏胥》。

④ 清末李慈铭语,见《越缦堂日记补》第十册庚集末,第 27 页。其所以说"四方游民无籍者",是因为明清还行募吏之制,先募为非经制(非正式)的贴写等,然后再使之转为经制(正式)吏胥,此处从略。

⑤ 参前揭拙文《试论我国古代吏胥的特殊作用和官、吏制衡机制》。

⑥ 明代"吏员资格,(出职等)其崇者止于七品,用之为佐贰、幕职、监当、管库之职",一般"不得为州郡正员",见《大学衍义补》卷一〇《公铨选之法》。特别是出职后需候补方能得实缺官,比科举慢,"乃有老死不能得一官者",见同上。而且吏员不许应科举。详参关文发《明代政治制度研究》第七章,中国社会科学出版社,1995 年。清例规定"吏、卒骂举人"要杖七十,而一般骂人只"笞一十",见《大清律例增修统纂集成》卷二九《骂詈》。这是唐宋法例也未见的,反映科举势力之上升与吏胥身份、地位之进一步低落。

⑦ 顾炎武著,黄汝成集释《日知录集释》卷一七"通经为吏"条。

⑧ 同上条《集释》引钱大昕语。

募,甚至允许捐纳为吏胥,均毫无困难。这样,既然吏胥个体是廉价的,来之甚易,不用担心吏胥群体的存在和延续,再加上吏胥数量庞大,素质又低,王朝势必要在物质待遇和铨选上给予压抑,同时另一新的社会基础生员势力又已发展,则吏胥(个体)身份的进一步低落,"与科第高下天渊矣",也就成为不可抗拒的历史规律。

第四编

谈 取 士

《后汉书·党锢传》太学生"三万余人"质疑[*]

《后汉书·儒林传序》:"(质帝至桓帝时)自是游学增盛。(太学)至三万余生。"①

《后汉书·党锢传序》则作桓帝时"太学诸生三万余人"。②

后代史书多沿用这一人数,如《资治通鉴》径直抄作"太学诸生三万余人"。③

可是这一人数是值得怀疑的。

第一,三万余人,不是一个小数目,首先一个问题就是太学如何安置他们。《后汉书·儒林传序》:顺帝时"更修黉宇,凡所造构二百四十房,千八百五十室"。④ 这样一些房室能安置下三万余人吗?据《唐会要》卷三五《学校》,唐太宗时,"数幸国学、太学,遂增筑学舍一千二百间",安置生员、博士凡"三千二百六十员"。⑤ 两相对比,同样是一千余间房子,唐代只能安置三千多人,尽管东汉房子多了约九百间,⑥可安置人数难道

---

* 原载《中华文史论丛》2010 年第 1 期。

① 《后汉书》卷七九上,中华书局,1965 年,第 2547 页。

② 《后汉书》卷六七,第 2186 页。

③ 《资治通鉴》卷五五汉桓帝延熹九年四月,古籍出版社,1956 年,第 1788 页。

④ 《后汉书》卷七九上,第 2547 页。

⑤ 《唐会要》卷三五,上海古籍出版社,1991 年,第 739 页;《资治通鉴》卷一九五唐太宗贞观十四年二月条作"二千二百六十员",第 6153 页;《新唐书·刘禹锡传》仍作"贞观时,学舍千二百区,生徒三千余",中华书局,1975 年,第 5130 页。

⑥ 此房、室相加之数。古代房、室有别,参《明堂庙寝通考》,《观堂集林》卷三,收入《王国维遗书》第 1 册,上海古籍书店影印,1983 年,叶 1A—2B。下简称《遗书》。

却能增多八九倍？如果再考虑到太学中传授经书的博士只有十四人，[1]试问：在当时的物质条件下，对三万余人如何传授？纵使东汉的风气是讲学者不亲授，往往由高业弟子转授，即弟子教弟子，[2]可是既为三万余人，必得层层转授，这得要多少层次，多少地方？在上述有限房室中又如何安排、管理？

第二，会不会东汉太学房室很大，容纳生员特别多，比唐代多上十倍呢？据现有史料看，似也没有这种可能：

《后汉书·鲁恭传》："与母及（弟）丕，俱居太学，习鲁诗。"

《后汉书·循吏传·仇览》载其桓帝时"入太学，时诸生同郡符融有高名，与览比宇，宾客盈室"。融谓览曰"与先生同郡壤，邻房牖"。后来郭林宗"与融赍刺就（仇览）房谒之，遂请留宿"。

《后汉书·儒林传上》孔僖与崔骃"同游太学"，一日，二人由讲"画龙（本作'虎'，避唐讳改）不成反为狗"，论及汉武帝，"邻房生梁郁儳和之曰：'如此，武帝亦是狗邪。'"[3]

据此可见，东汉太学每间房室住人有限。鲁恭是一人一间（母弟同住，属另一问题）。符融也是一人一间，所以可以"宾客盈室"；而仇览之"房"可以自行"留宿"郭林宗，证明原住当亦一人。孔僖、崔骃似是两人一间，[4]故出现的第三人，便是"邻房生"了。居住如此宽松，则近两千间房室，如像唐代那样容纳三千余人，自然合适；若三万余人，是无论如何也无法住下的。

---

[1] 《续汉书·百官志二》博士祭酒条，《后汉书》，第 3572 页；《后汉书》卷七九上《儒林传序》，第 2545 页。东汉光武时一度增博士四人，"未几而罢"，"自是讫后汉之末无所增损"，《观堂集林》卷四《汉魏博士考》，收入《遗书》第 1 册，叶 10A—11A。

[2] 原因是当时书籍（竹木简）极少，无法自学，经书需从师写录，其"训诂句读皆由（经师）口授"，故亲授者有限，必得转授。见皮锡瑞《经学历史》四，中华书局，1959 年，第 131 页。又参《吕思勉读史札记》乙帙秦汉部分"讲学者不亲授"条，上海古籍出版社，1982 年，第 675—678 页。又《晋辟雍碑考证》"弟子、门人"条，《余嘉锡论学杂著》，中华书局，1963 年，第 164—165 页。

[3] 以上分见《后汉书》卷二五，第 873 页；卷七六，第 2481 页；卷七九上，第 2560 页。

[4] 《后汉书·光武帝纪上》"受《尚书》，略通大义"下李贤注引《东观记》"与同舍生韩子合钱买驴"，当是二人一舍，虽西汉长安事，亦可参考，第 1、2 页。

有没有可能是游学者在太学附近自行盖房居住呢？私学的确存在这种情况，①但当时的太学则不同。因为它所无法容纳，需要盖房者不是十人八人、几百人，而是两万多人，如果盖了，最后必将在太学周围形成一个庞大的建筑群，这在历史上岂能没有反映？然而事实是毫无文字记载，从而也就反证它的可能性不大了。

第三，更重要的是三万余太学生如何出仕？据《后汉书·徐防传》，西汉"开置太学"，"立博士十有四家"传经，并对博士弟子"设甲乙之科，以勉劝学者"，凡考试（射策）合格者即可出仕，②其数西汉末王莽秉政时最多，达到百人。③ 如果按元帝时博士弟子千人计，其出仕比例为十分之一；如果按成帝时博士弟子一度为三千人计，出仕比例则为三十分之一，出仕已经很困难了；现在太学生达三万余人，出仕比例成为三百多分之一，④希望就更微乎其微了。然而如所周知，两汉习经乃"禄利之路"；统治者是以"设科射策，劝以官禄"，来鼓励、诱导士人入太学的。⑤ 如果在太学生三千人时出仕已不易，则还会有几个士人情愿继续游太学，进行越来越少出仕希望的学习，以致太学生膨胀至几乎毫无出仕希望的三万余人呢？

综上所述，说东汉桓帝时太学生达到三万余人，矛盾是颇多的。

我怀疑《后汉书·儒林传序》"自是游学增盛。（太学）至三万余生"，其前半句当句断，后半句当理解为"前后至三万余生"。意即：此后

---

① 如《后汉书·郑玄传》王先谦集解：惠栋引《郑玄别传》，玄以马融为师，"住左右，自起精庐"。《后汉书集解》卷三五，中华书局影印，1984年，第425页上。又《拾遗记》卷六记东汉任末"学无常师，负笈不远险阻。……或依林木之下，编茅为庵"。中华书局，1981年，第156页。

② 参黄留珠《秦汉仕进制度》第十四章第三节，西北大学出版社，1998年。

③ 《汉书·儒林传序》，中华书局，1962年，第35页。

④ 这里太学生射策合格人数姑且仍按百人计算，其实那是王莽篡位前为笼络人心而增加的人数，东汉很可能不到百人。如据《后汉书·徐防传》上疏建议太学"甲乙（科）策试"，"五经各取上第六人"，"诏书下公卿，皆从防言"（第1501页），则两科出仕者只有六十人。由于两汉每岁察举孝廉乃入仕之正途（参黄留珠《秦汉仕进制度》第九章第三节），所以太学生出仕比例不高，是可以理解的。

⑤ 《汉书·儒林传赞》，第3620页。上引《后汉书·徐防传》"设甲乙之科，以勉劝学者"，也是此意。

太学生大量增加。前后加在一起，东汉一代其总数竟达到三万余人。就是说，这"三万余生"并非仅限于桓帝一时。请看《儒林传·牟长》，长习欧阳《尚书》，诸生"常有千余人，著录前后万人"。① 所谓"著录"，②是指报名隶学籍，为名师之门人，不一定真到门下来学习，为的是借以提高自己的声望，特别是在东汉晚期。③ 而"前后"万人，便是指这类人前前后后报名的总数，并非指一时之隶学籍者。实际上在当时物质条件下，一位大师也不可能同时传授万人，哪怕是层层传授。马融门徒仅"四百余人"，郑玄在门下竟"三年不得见"，即其显例。④ 如同时万人，每位门徒见经师需等多少年？ 由于将三万余人视为桓帝一代太学生之数存在前述种种矛盾，无法解释，则依《牟长传》此例，将《儒林传序》"至三万余生"理解为"前后至三万余生"，看成从东汉初年到桓帝时太学生累加之总数，恐怕不是毫无理由的，只不过此处范晔未用"前后"二字罢了。何况还有以下侧证：

《后汉书·翟酺传》：酺顺帝时上书曰"孝文皇帝始置一经博士，武帝大合天下之书，而孝宣论六经于石渠，学者滋盛，弟子万数"。可是据《汉书·儒林传序》，明明说元帝时博士弟子"员千人"，"成帝末……于是增弟子员三千人。岁余，复如故"，岂能元帝、成帝之前（或理解为至元帝、成帝之时）会是"弟子万数"？⑤ 吕思勉先生认为"盖非专指一时"（其意当同指"弟子前后万数"），非常正确。⑥ 由此可知，有关《后汉书》中博士弟子数字，据上下文确可以理解为是若干皇帝在位时的累积之数的。又

---

① 《后汉书》卷七九上，第 2557 页。

② 亦作"编牒"，《后汉书·儒林传论》"编牒不下万人"，第 2588 页。

③ 《吕思勉读史札记》"讲学者不亲授"条："隶籍者可以不来"，"居其门下者，得毋皆仰慕虚名，甚或借资声气乎？ 此在后来，诚为习见之事"。当然，这仅指私学，太学是未见"著录"的。

④ 《后汉书》卷三五《郑玄传》，第 1207 页。

⑤ 《后汉书》卷四八，第 1606 页；《汉书》卷八八，第 3596 页。

⑥ 《吕思勉读史札记》"讲学者不亲授"条，第 676 页。这个"前后万数"，如理解为由宣帝（或元帝、成帝）上溯至武帝元朔五年（前 124）下制设博士弟子，七十余年，或一百一十余年间的弟子总数，就不奇怪了。因为当时每次（亦即"一时"）通过推选等所补弟子虽人数不多，但百年左右一批一批弟子（犹如今天一届届分年级的大学生）加在一起，说达"万数"应该不是夸张（前述东汉"至三万余生"之计算，当亦由此得出）。

"学者滋盛,弟子万数"句,如在"学者"前加"自是","万数"前加"至"字,其句序与"自是游学增盛,至三万余生"几乎相同(虽然此处"学者"与"游学"并非一义),则据前者推断此"三万余生"同样"盖非专指一时",自亦可为另一侧证。这也就是说,范晔行文,有时列举数字,可能比较笼统,理解起来不可简单化。

至于《党锢传》的"太学诸生三万余人",原文很可能本为"三千余人"。① 按西汉成帝时博士弟子一度达到三千人,岁余又恢复到千人(见上引),则经济缓慢恢复的东汉前期,应该不会超过这个数字。直到顺帝时盖了近两千间校舍,于是桓帝时"游学增盛",太学生方扩展到"三千余人"。有一强证:西晋挚虞《决疑要注》说"汉初置博士而无弟子,后置弟子五十人,又增满五百;汉末至数千人"。② 按挚虞早于《后汉书》作者范晔一百多年,且"才学通博",③所说自然可信。它正好证明,桓帝时太学生不是"三万余人",而应该是"数千人"(可理解为"三千余人")。④《儒林传序》为了强调这一"游学增盛"状况,便略去这一习见之数,直接推出

---

① 按《史记》卷四七孔子"弟子盖三千焉",所以"三千"就成为后代太学往往法定的学生之数(中华书局,1959年,第1938页)。《汉书·儒林传序》汉成帝时"或言孔子布衣,养徒三千人","于是增(太学)弟子员三千人"(第3596页)。《晋书·嵇康传》当时"太学生三千人",《南齐书·礼志上》同(《晋书》卷四九,中华书局,1974年,第1374页;《南齐书》卷九,中华书局,1972年,第145页)。《魏书·儒林传序》载道武帝时"增国子太学生员至三千"(中华书局,1974年,第1841页)。前引唐太宗时国学、太学"生徒三千余",到唐玄宗时国子监依然是"三千学徒"。见杨玚《谏限约明经进士疏》,《全唐文》卷二九八,中华书局影印,1983年,第3027页下。

② 《太平御览》卷五三四《礼仪部一三·学校》引。按此句下文为"魏之务学者,始诣太学为门人二岁"云云,知此"汉末"乃指东汉末,包括桓帝之时。中华书局影印,1960年,第2425上页。

③ 《晋书·挚虞传》,第1419页。

④ 关于这一问题,还可举一反证。沈约(或徐爰)《宋书》卷五五"史臣曰",在强调汉世重视"六经","崇本务学"时形容说:"于是人厉从师之志,家竞专门(指经学)之术。……黉舍暂启,著录或至万人。"中华书局,1974年,第1552页。如果当时他们所见到的范晔《后汉书》称桓帝时太学生有三万余人,并相信这一记载,则作为盛况之例,岂非远比私学"著录或至万人"有说服力?为什么不举以代之呢?结论恐怕很可能是:范书《党锢传》太学生只有"数千人"或"三千余人";而《儒林传序》之"至三万余生",因与《党锢传》和从孔子到西汉的弟子或博士弟子"三千人"之数冲突,成为孤证;更重要的是,沈约(或徐爰)作为比较接近东汉的南朝史学家,了解历史上太学规模和落后的社会物质条件,恐怕是不可能相信它能容纳在古代类似天文数字的"三万余生"的,而对之存疑。于是,比较之下,"史臣曰"便用了稳妥的私学"著录或至万人"之说。

包含这一数字在内的从东汉初年以来的太学生总数，是可以理解的。但由于上下句之间文意不很明确（当然也可能其间有脱字），"至三万余生"易被误解为仅桓帝一代之数，很可能后人又据此误解，将《党锢传》原文"三千余人"校改为"三万余人"，二者成为互证，[1]于是连《资治通鉴》也不得不相信是"三万余人"了。对之，今天是否应该重新审视呢？

附带一说，《汉书·王莽传上》称莽为宰衡时"奏起明堂、辟雍、灵台，为学者筑舍万区"；《太平御览》卷五三四引《黄图》云：王莽时"太学……博士舍三十区……五〔经〕博士，领弟子员三百六十；六经三十博士，弟子万八百人"。[2]据此似乎西汉末年一段时间内太学生数量已很庞大了，并有大量校舍，其实不然。因为王莽篡位前后，为笼络、收买人心，不考虑当时经济、文化条件，政令行事多夸诞，后果多失败。[3]故篡位前所奏"为学者筑舍万区"，是否能落实，值得怀疑。上引《黄图》并未提及，或其一证。又所说"弟子万八百人"，怕也只是书面规定，未必完全实行。[4]何况纵使真的"筑舍万区"，也在西京长安，东汉建都洛阳，建筑无法随

---

① 固然，袁宏《后汉纪》卷二二也称桓帝时"太学生三万余人"，与《后汉书·党锢传》之叙述略同。但袁宏虽东晋人，早于范晔，却晚于挚虞。据《两汉纪》（中华书局，2002年，第3页）"点校说明"，今存《后汉纪》最早版本已是明本，则不排除以下可能：该书此处原文太学生人数本同于挚虞，是"数千人"或"三千余人"，中间经人用范书已错改了的《党锢传》参校（唐代以后因《东观汉记》佚失，范书便代而与《史记》《汉书》合称"三史"，地位提高），也改为"三万余人"，从而成为另一互证（据上引"点校说明"，明本《两汉纪》便存在用"三史"参校之事）。

② 《汉书》卷九九上，第4069页；《太平御览》卷五三四引，第2424下—2425上页。

③ 张帆《中国古代简史》第六章说王莽"举措多流于空想，具体执行漏洞甚多，不切实际"。北京大学出版社，2001年，第104页。

④ 上举《太平御览》引《黄图》"五〔经〕博士，领弟子员三百六十"，乃指这些博士每人各领弟子三百六十；王莽则将其扩展成"六经三十博士，弟子万八百人"（王莽增立《乐经》，于是成"六经"，又"益博士员，经各五人"，而成"三十博士"，见《汉书·王莽传上》，第4069页）。这两句话的关键是"三百六十"这一数字，当是王莽根据《周礼》改制，依旧官"六官之属三百六十"提出的（关于王莽尊《周官》，并据以改制，参顾颉刚《秦汉的方士与儒生》第十七章，上海人民出版社，1962年，第108—109页。故《汉书·王莽传中》天凤元年条说"三百六十"，是"应符命文也"，第4136页）。则三十博士每人弟子三百六十，正好"万八百人"。联系王莽其他作为，很可能这些数字只是"应符命"的书面规定，在当时条件下并未完全实行。《三辅黄图》作者时代较晚，约东汉末年（参陈直《三辅黄图校证》序言，陕西人民出版社，1980年；何清谷《三辅黄图校注》前言，三秦出版社，1995年），这些数字当是从书面规定上抄来（和所说"博士舍三十区"当有遗址可考者不同），所以正好如此整齐，恐怕是不能当真的。

迁,如上所考,顺帝新修的近两千间房室,是无论如何也容纳不了三万余生的。而且根据王莽这一理想,筑舍万区(此区当指房室),容纳万八百人,此亦证依汉代制度,太学每房室仅容纳一二人,且不必在附近自行盖房,则桓帝一代太学的房室,恐怕顶多也只能适合"三千余人"的居住!

论八股文取士制不容忽视的
一个历史作用[*]

在中国古代,通过八股文取士的科举制度,在明代正式形成,一直沿用至清末。对这一制度的评价,今人几乎都持否定甚至全盘否定之见,认为在历史上它从来没有起过积极作用。如有的学者说:"八股的考试制度……残酷地愚弄了和腐化了中国的聪明和智慧的学者至五个世纪的久长。"它"是专制君主愚民的政策"。① 关于这一问题,笔者有着不同的看法,全面论述,容俟他日,本文仅就这一制度一个不容忽视而又并非小小的作用,略陈己见,作为献给尊敬的何兹全先生九十大寿的一份薄礼。

我以为评价八股文取士之制,除着眼于立法意图、制度利弊、直接作用外,还不应忽略一个视角,即将这一制度与明清社会文明程度的提高联系起来,加以考虑。

毫无疑问,我国古代的平民,绝大多数是文盲、半文盲,文化为极少数贵族、官僚、地主及其子弟所垄断,整个社会的文明程度是十分低的。可是在明清几百年中,却出现、发展了一个突出现象,即广大平民中的一部分人拼命识字、读书,读"四书""五经",逐渐摆脱了文盲、半文盲境地,转化成为士人。关于这一可喜的进步,远的不说,将宋金元的士人数目与明清的士人数目加以比较,便可了然。

据《文献通考》卷三一《选举四》,北宋仁宗年间行"四年一贡举"之

---

* 原载《求是求真永葆学术青春》,河南人民出版社,2001 年。

① 容肇祖《明太祖的〈孟子节文〉》《记廖燕的生平及其思想》,载《容肇祖集》,齐鲁书社,1989 年。又参见何忠礼《二十世纪的中国科举制度史研究》,载《历史研究》2000 年第 6 期。

制,全国各地经府州解试,贡举至京师者"恒六七千人";英宗改为三年一试,贡举名额减少,"四分取三",当为四五千人。① 同书载欧阳修"上言",当时解试"东南州军……百人取一人……西北州军……十人取一人"。由于东南文化发展,西北落后,如全国取人按高比例计算,平均八十取一,则可推知当时应举士人约 40 万。② 金朝占领北方,士人数量大减。据《金史》卷五一《选举志一》,金朝中期最下级的乡试等于虚设,后且罢去;其上府试、会(省)试录取比例多为 5∶1,而每次会试中试者五六百人。由此可以算出:参与会试者每次 2500 人至 3000 人③;则参与府试者仅有 1.5 万人。当然,如考虑到北方经长期战乱,一些汉族士人隐居不仕,士人实际数量应多一些,但不会有很大变化,也是可以肯定的。南宋情况则不同。由于未经大的战乱,北人大量南下,文化又比较发达,士人数量显著增加。据《文献通考》卷三二《选举五》,南宋省试为 17 人取 1 人。每一次录取名额据学者研究平均当为 474 人,④则参加省试者约 8000 人。府州试录取如全按北宋"东南州军"百人取一比例计算,全境应举士人当有 80 万。⑤ 也就是说,南宋与金之士人比北宋约增加一倍多一点。

元朝士人数量回落。王圻《续文献通考》卷四四《选举考·举士二》:自元仁宗行科举至元亡 50 多年,开科 16 次,每科取士多者百人,少

① 洪迈《容斋随笔·四笔》卷八"省试取人额"条:黄庭坚于哲宗元祐三年为贡院参详官,"试礼部进士四千七百三十二人",可证。
② 毕仲游《西台集》卷一《理会科场奏状》称宋哲宗时,"天下应举者无虑数十万人";卷四《官冗议》又称"今科举之士……十数万人"。李弘祺《宋代教育散论》(台北东升出版公司,1980 年,第 67 页)以为,由宋徽宗建中靖国元年到宣和二年的 20 年中,共进行了 7 次考试,"每次参与考试的人数大约在十万人到四十万人"。
③ 《金史》卷五一《选举志一》载金末御史中丞把胡鲁言:"(世宗)大定间赴(会)试者或至三千。"
④ 张希清《中国科举考试制度》(新华出版社,1993 年)附录三《南宋贡举登科表》共 49 榜,录取正奏名进士 2.3 万余人。由此计算得出。
⑤ 葛绍欧《宋代府州的贡院》,载《国际宋史研讨会论文选集》,河北大学出版社,1992 年,第 302—305 页。文中列有南宋 21 篇府州军"贡院记"表,其中记有投考人数者 10 篇,由"数百人"至万人不等。经粗略计算,平均为 3900 余人。按南宋府州军监共 204(见顾颉刚等《中国疆域沿革史》,商务印书馆 1999 年,第 162—165 页),则可知投考人数亦为 80 万,与上一数字吻合。

者35人；"旧例……会试三分内取一分"，则取士百人，参加会试者只有300人。其乡试（等于宋之府州试）比例即使按百人取一计，全国投考士人总数也不过3万人。再看学校。同上书卷六〇《学校考·郡国乡党学》：元世祖末年司农司上报全国学校2.13万余所。这或可被引作元重儒学之证，其实情况并非如此。一是这些学校绝大多数应是设于农村，属于启蒙性质的"社学"，远非宋金以来培养、提高士人以应科举的府州县学，所以才由掌农桑等包括"立社"以劝农桑的"司农司"而非礼部上报。① 二是即使就少数的府州县学包括书院言，实际生员人数也很少。如据史料记载：元成宗大德年间在文化发达的建康路，除路学达64人外，涉及的明道书院、南轩书院、上元县学、江宁县学，其生员多者14人，少者7人，4学一共仅40人。② 而且同一时期的郑介夫上奏更说"今内而京师，外而郡邑，非无学也，不过具虚名耳"。学校已为虚设。③ 其所以如此，是整个蒙古统治集团重吏轻儒政策所决定的。④ 所以虽元仁宗一度重儒，元朝后期社会风气依然是"时人翕然尚吏"；⑤"今学者仅能执笔，晓书数，其父兄已命习为吏矣"，苏天爵以为这是"天下之通患"。⑥在这一历史背景下，无论是行科举，或是设学校、书院，都很难收到多大实效，元朝士人数量回落的大势是无法改变的。由此推定其总数应远少于南宋与金之和——80万，当无大误。

可是明清两代的情况就大不同了。

------

① 参见孟宪承等编《中国古代教育史资料》第三章第七节，人民教育出版社，1962年。又柳诒徵《中国文化史》（中国大百科全书出版社，1988年）下册第2编第22章第570页，便说这两万多学校"盖合社学而言"。

② 见《庙学典礼》卷五"行省坐下监察御史申明学校规式"条。又徐梓《元代书院研究》（社会科学文献出版社，2000年）第109页说极受推崇的元代书院，"规模都比较小……有些书院只有二三十名学生"。同书第124页引近人学术成果称元朝共有书院296所。如果平均收学生按40名计，一共也只有1.2万人，远不足与80万之数相比。

③ 郑介夫《上奏一纲二十目·养士》，见《元代奏议集录》，浙江古籍出版社，1998年，下编第93页。

④ 关于"重吏轻儒政策"，参见拙文《试论我国古代吏胥制度的发展阶段及其形成的原因》，载《燕京学报》第9期，北京大学出版社，2000年。

⑤ 陶安《陶学士集》卷一五《送马师鲁引》。

⑥ 苏天爵《滋溪文稿》卷四《新城县庙学记》。

顾炎武曾估计:明末"合天下之生员(秀才),县以三百计,不下五十万人"。①

清朝秀才,据近人研究,太平天国前任何一个时期大体为 52 万余人。②

比秀才数量多若干倍的士人,还有参加童试然未考中的童生。

清朝太平天国起义前童生之数,据近人研究,一个县在 1000 人至 1500 人,全国总数"可能达到近二百万"。③

清末童生,康有为估计为 300 万人,"足以当荷兰、瑞典、丹麦、瑞士之民数矣"。④ 梁启超也估计:"邑聚千数百童生……二十行省童生数百万。"⑤

早于清朝的明末童生,总数无考,但从其秀才数与清朝秀才数大略相等推测,童生数纵使略少,也不会相距甚远。⑥

这样,明清两代任何一个时期的秀才加童生,亦即一般士人的总数,按保守估计,也有二三百万。⑦

这是一个什么数字呢?

我们知道,宋金元地方上科举考试,实际上只有一级,相当于明清的乡试,录取后即为举人,所以其应试者总数,本应与明清应乡试的秀才,

---

① 顾炎武《亭林文集》卷一《生员论上》。

② 张仲礼《中国绅士》第二章第二节,上海社会科学院出版社,1992 年。这一人数,不是每次童试录取之数,依张先生算法,它是 21 次童试中试秀才,又终生未考上举人者所积累之数。具体算法,请参见该书。顾炎武所估计明末秀才数,亦大体当如此理解。又明清都有武举,张仲礼上书当以为太平天国前武秀才有 21 万多,因非八股文取士,本文从略。

③ 同上书,第 90 页。

④ 《光绪二十四年四月二十九日康有为请废八股试帖楷法试士改用策论折》,见朱有瓛主编《中国近代学制史料》第一辑下册,华东师范大学出版社,1986 年,第 77 页。

⑤ 《光绪二十四年四月梁启超上书请公车上书请变通科举折》,见同上书,第 79 页。

⑥ 清初叶梦珠《阅世编》卷二《学校一》称明末江南各县"县试童子(即童生)不下二三千人"。江南文化发达,如全国每县童生平均低估为 1000 余人,据《明史·地理志一》,明代府州县共 1471 个,则全国童生总数也近 200 万。

⑦ 士人中还有高中级士人,即进士、举人,各级官府之幕友,以及隐士等,但因数量都很少,这个数字已可包容,不再另计。

以及为取得秀才资格而应童试的童生二者总数大体相当,或后者略高一些。① 可是,如上所考,元代士人总数当远低于 80 万,而现在明清秀才加童生的总数竟有二三百万,后者比前者增加了数倍。

原因何在?我以为主要当从八股文取士的科举制度中去探寻。

众所周知,明清科举制度和宋金元相比,一个最突出的特点,就是在地方上乡试前,增加了童试,以选拔进入府州县官学读书的秀才;而童试和乡试、会试一样,考试内容是八股文,则是另一大特点。这两个特点,共同构成八股文取士之制,影响巨大:

第一,自宋以来,府州县官学一般多非考试入学,②直到明初,秀才依然"听于民间选补",③实际上由官员决定,选补的多是官僚、绅士子弟,平民子弟对之不抱多大希望。大体从明英宗起,渐行"考选"之制,④后又发展为童试,通过考八股文,实行平等竞争。这一基本制度在与以下措施结合之后,就对平民子弟读书应试产生极大的诱惑力。首先就是录取名额大增。宋金元的第一级考试,如前所述,是选拔举人。全国每次录取总数,最多的如南宋,也只有 8000 人;而明清第一级考试——童试,全国每次录取秀才总数,一般达到 2 万多人。⑤ 而且宋金元按制度这一

① 这是考虑到明清经济、文化进一步发展(如印刷术普及、书籍大增等),人口增加等因素。但人口增加与士人增加,比例并不一致。据王育民《中国人口史》(江苏人民出版社,1995年)第 396 页,元代全国人口突破 1 亿,"较宋金户数之和增 14.7%",但如上所考,士人总数减少;第 459 页,明万历时人口 1.5 亿,但秀才加童生即士人总数却有 200 余万,增加好几倍;第510 页,清道光三十年,即太平天国起义前,人口猛增至 4.3 亿,但秀才数 52 万余,仅比明末 50万略多。可证士人总数变化当主要决定于其他因素。
② 如元代是"选秀民充弟子员","选民俊秀入学"等,见《续文献通考》卷六〇《学校考·郡国乡党学》。
③ 《明(万历)会典》卷七八《礼部三十六·学校·儒学·选补生员》。同条记载后来又规定:生员缺,"许本处官员军民之家……选补","官员"在首位。
④ 《明(万历)会典》卷七八《礼部三十六·学校·儒学·选补生员》。
⑤ 据《续文献通考》卷六〇《学校考·郡国乡党学·皇明》"风宪官提督"条:明万历敕谕"童生必择三场俱通者,始收入学。大府不过二十人,大州县不得过十五人"。如录取人数平均按十三四人计,《明史·地理志一》记明代府州县共 1471 个,则全国每次童试录取约 2 万人。清太平天国起义前每次童试录取总数为 2.5 万人,见前引《中国绅士》第 86 页。

考试是三年一次,而明清童试则是三年两次,曰岁试、科试①。这样,作为一个同样是参加第一级考试的士人,在明清,录取的可能性显然增加了好几倍。

当然,秀才资格不如举人,特别是不能直接参加会试,但是仍享有若干特权:一是秀才需入府州县官学读书三年,由学官教授经史和八股文体。一般来说,只有秀才方能参加高一级的、选拔举人的乡试。换言之,凡获得会试资格,有可能中进士飞黄腾达的举人,一般必须从秀才中选拔。这样必然提高秀才的社会地位。二是对秀才生活,国家给予补贴。明代"……月廪,食米人六斗,有司给以鱼肉";后有所增加,"廪馔月米一石"。② 而且"生员之家……除本身外,户内优免二丁差役"。③ 清代对秀才"免其丁粮,厚以廪膳。……一应杂色差徭,均例应优免"。④ 秀才还享有免笞杖,见县官不下跪等特权。用顾炎武的话说就是:一为秀才"则免于编氓之役,不受侵于里胥,齿于衣冠,得以礼见官长,而无笞捶之辱"。⑤ 所有这些,也就必然有利于秀才发展成为地方绅士。⑥

这样,参加明清童试,一方面和过去的第一级考试相比,录取的可能性激增了数倍;另一方面如考中秀才,又可享有若干民间十分羡慕的特权,甚至进一步发展成为地方绅士。平民子弟中稍有条件的一部分人,对读书应试怎能不动心呢?

第二,以上只是就"硬件"而言,如果没有良好的"软件"配合,这一制度仍然不能发挥作用。所谓"软件",是比喻考试内容。如果新制度仅

---

① 《续文献通考》卷六〇《学校考·郡国乡党学·皇明》"风宪官提督"条:万历十一年题准,已有三年内"岁考"及"科举之年"再考的规定。《阅世编》卷二《学校一》载明末"三年两试",称"科入""岁入"新生云云。清三年两试,参《中国绅士》第71页。

② 分别见《明史》卷六九《选举志一》及《明会典》卷七八《礼部三十六·学校·儒学·廪馔》。

③ 《明会典》卷七八《礼部三十六·学校·儒学·风宪官提督》。

④ 《清(光绪)会典》卷三二《礼部》"简学政……敦其士习"条。

⑤ 《亭林文集》卷一《生员论上》。又《清会典》卷三二"敦其士习"条:对秀才"各衙门官以礼相待";秀才违法,"地方官不得擅自扑责"。如"笞杖轻罪,照律纳赎",见《大清律例增修统纂集成》(任彭年重辑)卷四赎刑条例。

⑥ 参见伍丹戈《明代绅衿地主的发展》,载《明史研究论丛》第2辑,江苏人民出版社,1983年;又见前引《中国绅士》第一章第三节。

具备上述诱惑力，但考试内容，特别是童试内容很难，平民望而生畏，则还是无法促成他们真正投身于读书应试的潮流之中。然而在明清，事实上是这一"软件"出现了，这就是内容改用八股文，从而形成八股文取士之制。这一变化对平民来说意味着什么？它意味着考试难度下降，不是高不可攀的了。下面略作阐释。

八股文考试，其答题要求包括三方面：经义、代圣贤立言、八股对仗。① 三者之中，经义是实质内容，代圣贤立言是阐述经义的角度，八股对仗是阐述经义的文体。故其核心仍是宋以来科举所考的经义。但是明清又有不小的发展，这就是除"五经"外，沿元制加考"四书"；而且经过摸索，逐渐演变成以"四书"为考试主要内容，所谓"专取'四子'书"。②《四库全书总目》卷三六《经部四书类二·四书大全》提要便说：明成祖时编《四书大全》，"尊为取士之制……初与《五经大全》并颁。然当时程式以'四书'义为重，故'五经'率皆庋阁。所研究者惟'四书'，所辨订者亦惟'四书'。后来'四书'讲章浩如烟海，皆是编为之滥觞"。清朝康熙时依然以"'四书'艺为重"③。乾隆时"士子所诵习，主司所鉴别，不过'四书'文而已"。④ 特别是童试，在乾隆中叶以前很长一个时期明定"正试'四书'文二，复试'四书'文、《小学》论各一"，竟不考"五经"⑤。乾隆自己也说："国家设科取士，首重者在'四书'。"⑥ 和上述措施紧密相配合的是，明清全都明定：阐述"四书"义，必须根据朱熹的《四书集注》，否则

①　《明史》卷七〇《选举志二》："其文略仿宋经义，然代古人语气为之，体用排偶。谓之八股。"参见拙文《略论中国封建政权的运行机制》第五节"人事机制"，见马克垚主编《中西封建社会比较研究》第十章，学林出版社，1997 年，第 316—317 页。

②　《明史》卷七〇《选举志二》。

③　《清史稿》卷一一五《选举志三》。

④　此钱大昕语，见《十驾斋养新录》卷一八"科场"条。直到清末依然是科举"唯重'四书'文"，见徐勤《中国除害议》，载前揭《中国近代学制史料》第一辑下册，第 46 页。

⑤　《清史稿》卷一一三《选举志一》。《小学》，朱熹所作，内容浅显，"意取启蒙，本无深奥"，参《四库全书总目》卷九二《子部儒家类二·小学集注》提要。

⑥　《钦定学政全书》(嘉庆十五年)卷六"厘正文体"门。当然，这并不意味着忽视"五经"，此处不具论。

不予录取。① 所有这些同样是考经义而发生的重大变化，从明清统治集团的指导思想看，主要在于以此进一步宣扬程朱理学，培养合格的统治人才，更好地维护新形势下的王朝利益。② 可是对于一般平民，却产生了意想不到的后果，这就是考试难度的显著降低。过去主要考"五经"，内容艰深，文字晦涩，加上汉唐诸儒烦重的训诂注释，③平民子弟基础薄弱，不能不对之望而却步，心有余而力不足。现在换为重"四书"，分量减少，内容比较浅显；④特别是朱熹《四书集注》，摈弃旧的注释，注意"略释文义名物，而使（即引导）学者自求之"，⑤被评为"很讲究文理"，和其他宋儒解经一样，"求文理通顺"。⑥ 由此平民子弟就不难读懂其内容，领会大义了。再加上阐述经义的角度要求代圣贤立言，不许涉及后代史事，⑦客观上减轻了平民子弟应童试的负担。⑧ 至于文体八股对仗，虽麻烦一些，但毕竟只是形式问题，一般经过一定时期的揣摩、练习，便可驾驭。⑨这样，总体上说，考八股文便为平民子弟读书应试，首先是童试，打开了方便之门。他们不但心羡秀才，而且敢于参加童试，为一领青衿而拼搏

---

① 参《明史》卷七〇《选举志二》、《清史稿》卷一一五《选举志三》、《续文献通考》卷四五《选举考·举士三》。

② 参见拙文《"四书"传播、流行的社会历史背景》，载《庆祝邓广铭教授九十华诞论文集》，河北教育出版社，1997 年。

③ 虽然实际上士人只选考一经，仍甚烦重。如清礼部便曾评价郑玄等注疏《礼记》"卷帙繁多，学者难以诵习"，见光绪增修《钦定科场条例》卷一七"乡会试艺"门，乾隆五十八年。

④ 参拙文《"四书"传播、流行的社会历史背景》。如《论语》在唐代为"小儿"学习之书，是"易习"之书等。

⑤ 朱熹《朱文公文集》卷三一《答敬夫〈孟子〉说疑义》。参见束景南《朱子大传》，福建教育出版社，1992 年，第 379 页。

⑥ 参见钱玄同《答顾颉刚先生书》，载《古史辨》第一册中编，上海古籍出版社，1982 年。

⑦ "四书""五经"，作者均被认定是先秦时人，如代其中圣贤立言，自不能涉及秦汉以下事。如乾隆年间一次会试，题出《诗经》，某考生用"肠一日而九回"句，"上（乾隆）以言孔孟言，不应袭用《汉书》语"，下令"严重磨勘"，查禁类似现象。见梁章钜《制义丛话》卷二。

⑧ 就统治集团主观意图言，只是为了逼使士人认真读经书，阐述经义，不要胡乱联系后代史事。早在北宋已有"经义禁引史传"之例，见《朱文公文集》卷六九《学校贡举私议》。

⑨ 清初大儒陆陇其《示子帖》便说：学八股文体，"只当择数十篇时文，看其规矩格式足矣"，只有"读经"等，才是"根本功夫"，"根本有得，则时文亦自然长进矣！"见《制义丛话》卷二。顾炎武《日知录》多处只就经义内容被剽窃，尖锐批评八股文后来的弊端，虽介绍八股文体、格式，无一字批评语，原因亦在于此。

了。故清初杨宁曰："入仕之途易,则侥幸之人多,而读书又美名,此天下所以多生员也。"①

一方面,如果只行童试,而所考内容艰深,不是八股文,则平民子弟不敢应试,也不会关心读经书,以提高自己的文化素质;但另一方面,八股文虽比较浅显,如不以之取士,平民子弟同样也不大可能有读经书以提高文化素质的积极性。清雍正时,"有议变取士法,废制义(即八股文)者。上问张文和(廷玉),对曰:'若废制义,恐无人读四子书,讲求义理者矣。'遂罢其议"。② 而只有将二者结合,实行八股文取士之制,平民子弟才真正会为摆脱文盲、半文盲境地而行动起来。

试举二例:

吴敬梓《儒林外史》第二回:明代山东汶上县薛家集百十来户"务农"人家,其所以要"做个学堂",请老童生周进来教"像蠢牛一般"的孩子读书,不就是因为他过去教过的顾小舍人"中了学"(考中秀才),希望自己子弟也能"进学"吗?而"进学",在他们心目中,其预兆竟会是正月初一"梦见一个大红日头"落在头上,可见分量是何等之重。③

俞樾《春在堂随笔》卷六:清代"彭雪琴(玉麟)侍郎,先世务农,贫无田,佃人之田。其先德鹤皋赠公,幼读书,年逾弱冠,府县试屡居前列,而未得入学。④ 其伯叔父及诸昆弟啧有烦言,曰:'吾家人少,每农忙时,必佣一人助作。此子以读废耕,徒费膏火资,又不获青其衿为宗族光宠,甚无谓也。'"这事再次证明,务农之家不惜全家劳动,勉强供一人读书,目

---

① 《日知录集释》卷一七"生员额数"条集释引。何炳棣统计1371—1904年1.2万多名进士,1804—1910年2.2万多名举人、贡生履历,发现超过49%的"绅士",均出身"布衣"家庭,转引自李弘祺《宋代教育散论》第29页。生员中"布衣"比例当更高。

② 陈康祺《郎潜纪闻二笔》卷一五"议考试废制义"条。此证行八股文取士制主观上是为了宣扬"义理",即程朱理学,前文已提及;但客观上却促成人们读"四子书"。

③ 李宝嘉《官场现形记》第一回:陕西朝邑县一村庄"祖上世代为农"。后因赵姓人家有人中了秀才,十分风光,方焕"瞧着眼热",也出钱办一学堂,请一"举人老夫子""来教他们的子弟读书"。同样反映秀才的诱惑力。

④ 当时童试需经县试、府试和院试(由学政主持),方能入学,成秀才。此彭鹤皋虽在府县试"屡居前列",当因未通过院试,故仍不得入学。参见商衍鎏《清代科举考试述录》第一章,生活·读书·新知三联书店,1958年。

的就是要他"青其衿",即考中秀才,"为宗族光宠"。

八股文取士制在推动平民子弟读书应试,提高其文化素质,使之转化成士人上的巨大作用,是再明显不过了。

当然,无可否认,明清两代确有不少尖锐抨击八股文取士制的言论,甚至认为它是明代灭亡、清代官员愚昧无能的罪魁祸首①(近人对此制持全盘否定论者,也不乏引此作为佐证),但那是因为他们全都从造就、选拔合乎规格的统治人才——官员的角度,以比较高的标准来衡量全体童生、秀才、举人、进士、翰林,来要求、评价八股文取士之制,再加上涉及情况复杂,看法很容易出现片面、极端。② 关于这一问题的讨论,将留诸他日。

本文立论角度则不同。如前所考,主要由于实行八股文取士之制,明清社会增加了数倍士人,涌现了几百万童生,几十万秀才。如完全按或基本按合乎规格的统治人才——官员的标准去衡量,他们绝大多数的确难以达标。③ 但是如果换一个角度,从明清社会的实际出发,将他们去和未行八股文取士制以前,原来的亿万文盲、半文盲相比,成绩便十分明显,因为他们毕竟都是不同程度上读过"四书""五经",至少能撰写八股文,文化素质大为提高的知识分子。梁启超便赞誉数百万童生"皆民之秀也"。④ 他们的存在,构成由宋金元最多 80 万士人,到现代"为旧社会服务的几百万知识分子"⑤这一梯链中不可缺少的中间环节。这些童生、秀才,除一小部分后来成为官员外,绝大多数以其参差不齐的知识,默默地在政治、经济、文化、军事各方面不同程度地发挥着亿万文盲、半文盲

---

① 认为它导致明亡,见容肇祖《吕留良及其思想》引吕留良《真进士歌赠黄九烟》诗注,见前引《容肇祖集》第 500 页;认为它导致清官员愚昧无能,参徐勤《中国除害议》,载前揭《中国近代学制史料》第一辑下册,第 45—51 页。

② 因评价涉及立法意图、制度本身的长处与不足、一定时期内的客观效果、后来逐渐出现的严重弊端,以及统治集团的对策和由此引起的新的弊端,它们互相纠缠在一起,通常容易夸大弊端,以偏概全。

③ 只有其中很少一部分士人,包括一些考上举人、进士、翰林者,有可能达标。

④ 《光绪二十四年四月梁启超等公车上书请变通科举折》,见朱有瓛主编《中国近代学制史料》第一辑下册,华东师范大学出版社,1986 年,第 79 页。

⑤ 毛泽东《关于正确处理人民内部矛盾的问题》,人民出版社,1951 年,第 21 页。

所发挥不了的作用，①从而使整个明清社会的文明程度得到相当大的提高，推动着历史的进步。追根溯源，八股文取士制的这一功绩，是明明白白的，是不应被抹杀的。

最后再补充一点，这就是据先辈学者研究，八股文逻辑性强。钱基博先生便说："就耳目所睹记，语言文章之工，合于逻辑者，无有逾于八股文者也！"还认为近代"纵横跌宕""文理密察"的文章，多源于八股文的基础。他说："章炳麟与人论文，以为严复气体比于制举；②而胡适论梁启超之文，亦称蜕自八股。斯不愧知言之士已！"③如果这一见解不偏颇，则八股文取士制在促成明清士人注意逻辑思维上还有一功。④

---

① 此例不胜枚举。清代大藏书家鲍廷博只是秀才，自称"诸生无可报称，惟有多刊善本，公诸海内，使承学之士，得所观摩"，见支伟成《清代朴学大师列传》，岳麓书社，1986 年，下册第529 页。不少这类士人在清代从事游幕活动，"佐理政事"，"参赞戎幕"，特别是传播、研究学术。见尚小明《学人游幕与清代学术》，社会科学文献出版社，1999 年，第 42—43 页，又参有关章节。最不济的，如《儒林外史》第四十八回：当了三十年秀才的王玉辉，也不停撰写"三部书嘉惠来学"，"一部礼书，一部字书，一部乡约书"。

② "举"字，疑为"艺"或"义"之误。

③ 《现代中国文学史》下编新文学二《逻辑文》，世界书局，1933 年，第 351 页。钱氏自己也说：康有为、梁启超、严复、章士钊，"其文……要皆出于八股"，见同上页。

④ 八股文在文学方面的优点，近人亦有论及者。如周作人说"八股文生于宋，至明而稍长，至清而大成，实行散文的骈文化，结果造成一种比六朝的骈文还要圆熟的散文诗，真令人有观止之叹"，"八股文……永远是……中国文化的结晶"。见《中国新文学的源流》附录一《论八股文》，人文书店，1932 年，第 116—118 页。当然，此乃单纯从文学史上立论，非科举史范围，更非本文中心，但可说明评价八股文可以有多种视角。

"四书"传播、流行的社会、历史背景[*]

在中国古代，《大学》《中庸》《论语》《孟子》合称"四书"，始于朱熹。① 元代仁宗延祐元年（1314）实行科举考试，第一次将"四书"列为内容。② 明清两代沿而不改，开始"四书""五经"并重，后来又发展成往往主要根据"四书"成绩录取，正如清钱大昕所说："乡、会试虽分三场，实止一场。士子所诵习，主司所鉴别，不过'四书'文而已。"③

如所周知，儒家经典本为"五经"。汉代尊崇，经学成为"禄利之路"，即所谓"二汉登贤，莫非经术"。④ 由魏晋南北朝至隋唐，发展虽有过曲折：如两晋南北朝行察举制，重视允许自由陈述政见或以文学辞采见长的秀才科；⑤唐代行科举制，后又推崇以诗赋作为录取主要标准的进士科。⑥ 而两晋南北朝考试"五经"的孝廉科和唐代的明经科，⑦则相对

---

　* 原载《庆祝邓广铭教授九十华诞论文集》，河北教育出版社，1997年。

　① 出版《四书集注》，广泛传播，始于宋孝宗淳熙九年（1182）。见束景南《朱熹佚文辑考》，《〈四书集注〉编集与刊刻新考》，江苏古籍出版社，1991年。

　② 唐代科举曾考《论语》，见《唐六典》卷二"考功员外郎"；宋代科举曾考《孟子》，见《宋史》卷一五五《选举志一》。但从未合考"四书"。

　③ 《十驾斋养新录》卷一八《科场》。《清史稿》卷一〇八《选举志三》记康熙时首场兼考"四书""五经"，"名为三场并试，实则首场为重，首场又'四书'艺为重"。直到清末依然是科举"虽策问极博，唯重'四书'文"，见徐勤"中国除害议"，载《中国近代学制史料》第1辑下册，华东师范大学出版社，1986年，第46页。

　④ 分见《汉书》卷八八《儒林传赞》、《梁书》卷四八《儒林传序》。

　⑤ 参阎步克《察举制度变迁史稿》，辽宁大学出版社，1992年，第七章，第134页；第十一章，第238页；第十二章，第265页。

　⑥ 参见吴宗国《唐代科举制度研究》第七章，辽宁大学出版社，1992年。

　⑦ 参见吴宗国《唐代科举制度研究》第八章。

说较少受重视。然而经过王安石变法，宋代罢诗赋，科举又回归到主要以"五经"取士的道路上来了。① 回归的最主要理由是：士人"闭门学作诗赋，及其入官，世事皆所不习"（王安石语），而"专意经术"，方可得到人才。这是"百王不易之法"（司马光语），②因为经术历来被认定是古代安邦定国统治经验的总结。③

现在的问题是：既然从两汉以来经过一番曲折，到宋代又回归到主要以"五经"取士，为什么后来又会出现、传播"四书"，并且最终发展成专重以"四书"出题取士，因而使"四书"广为流行，远远超过"五经"呢？④

这就必须分析当时的社会、历史背景。

一

早在西汉，已有人慨叹："六艺经、传以千万数，累世不能通其学，当年不能究其礼。"⑤所以太学中博士弟子，经过课试，只要"能通一艺（经）以上"，即可入仕。⑥ 后来纸张发明、传播，学习条件有所改善，虽也曾经有过如太学生课试兼通五经，出仕给予优遇的规定，⑦但出仕基本上一直只要求通一经。如《梁书》卷二《武帝纪中》：天监八年（509）诏"其有能通一经始末无倦者，策实之后，选可量加叙录"。《周书》卷六《武帝纪

① 一度曾取消《春秋》，此处不具论。
② 参《宋史》卷一五五《选举志一》。
③ 如《汉书》卷八八《儒林传序》便说：儒家经书是"先圣所以明天道，正人伦，致至治之成法也"。连宋太祖赵匡胤也说"今之武臣，亦当使其读经书，欲其知为治之道也"，"作宰相当须用儒者"。见《宋朝事实类苑》卷一《祖宗圣训·太祖皇帝》。
④ 《四库全书总目》卷三六说：明代永乐十三年（1415）撰成《四书大全》，"初与《五经大全》并颁，然当时程式，以'四书'义为重，故'五经'率皆庋阁，所研究者惟'四书'，所辨订者亦惟'四书'"。后来"四书"讲章浩如烟海，"由汉至宋之经术，于是始尽变矣"。清梁杰说："四书"文源流传，"学者舍此，几似无书可读"。虽重就八股文立言，亦是"四书"本身的写照。见《"四书"文源流考》，载《清经世文编》卷五。
⑤ 《史记》卷一三〇《太史公自序》。更早晏婴已有此语，见同书卷四七《孔子世家》。
⑥ 《汉书》卷八八《儒林传序》。因为通一经已不容易。西汉末刘歆便指出当时"学者罢老，且不能究其一艺"，见《汉书》卷三六《楚元王传附刘歆传》。
⑦ 如魏文帝黄初五年（224）立太学，便规定"能通五经者，擢高第，随才叙用"。但并非必须通五经。见《通典》卷五三《礼一三·大学》。

下》：建德六年诏山东诸州"儒生明一经已上，并举送，州郡以礼发遣"。《通典》卷五三《礼十三·大学》：唐高祖武德七年（624）诏诸州县学校"有明一经以上者，有司试策，加阶叙（用）"。唐太宗亦下令国子学"学生能通一大经（指《礼记》《左传》）已上，咸得署吏"。① 其后科举制中的明经科，虽曾一般要求试二经，但中唐以后仍以"精通一经"取人；至于进士科"贴经"，一直是只限一经。② 宋王安石改革，强调理解经义，不再以前人注疏为依归，然还是只要求"士各占治《易》《诗》《书》《周礼》《礼记》一经"。③ 直到明初，乡、会试所考"五经"，依然规定"士各专一经"。④

可是，以经术取士，如前所述，是因为历代都把"五经"看成安邦定国的统治经验总结或大全，力图通过这一制度选拔有效地为各王朝服务的人才，仅专一经，能达到这一目的吗？一些有识之士逐渐持怀疑、否定态度，最著名的便是朱熹。他于晚年撰写《学校贡举私议》，强调士人必须兼通"五经"，而不能仅通一经。理由是：

> 盖天下之事皆学者所当知，而其理之载于经者，则各有所主，而不能相通也。况今《乐》经亡，而《礼》经缺，二戴之《记》已非正经，而又废其一焉（指《大戴礼记》不列于经）。盖经之所以为教者已不能备，而治之者类皆舍其所难，而就其所易，仅窥其一而不及其余，则于天下之事宜有不能尽通其理者矣。⑤

可是同时考试"五经"又太难，因此朱熹相应地便提出分年考试之法：

---

① 《旧唐书》卷一八九上《儒学传序》。
② 参吴宗国《唐代科举制度研究》第三章、第七章。
③ 参《宋史》卷一五五《选举志一》。
④ 参丘濬《大学衍义补》卷九"朱熹作贡举私议"条按语。
⑤ 《朱文公文集》卷六九。按朱熹以前，北宋毕仲游主张科举应恢复诗赋，理由之一是仅考经义不能得人才，因为"为《书》者不为《诗》，为《诗》者不为《易》，为《易》者不为《礼》，为《礼》者不为《春秋》，是知一经而四经不知也"。见《西台集》卷一《理会科场奏状》。又持类似见解的刘挚，则从另一角度说："经义之题出于所治一经，一经之中可为题者，举子皆能类聚裒括其数，预为义说，左右逢之……其弊极矣"。见《续资治通鉴长编》卷三六八元祐元年闰二月庚寅。道理均无朱熹透彻，精神则一致。

立科取人……如子年以《易》《诗》《书》取人……卯年以《三礼》
取人……午年以《春秋三传》取人……①

这就是说，需经三次考试，前后九年，方能录取，再加上其间穿插诸子
（"论"）、诸史（"策"）的考试，朱熹认为，这样便可使所取之士"无不通之
经，无不习之史，而皆可为当世之用矣"。②

这完全是空想！当时和后代急于选拔人才以巩固统治的王朝，和急
于仕进以飞黄腾达的士人，从没有也绝不能允许将这一分年试经之议付
诸实施，使取士间隔时间推迟如此之久；何况即使实施，对烦琐、深奥的
经书和注疏，一般士人也断难兼通！

不过，和"五经"兼通一时有困难，而仅通一经作用又不大的思想紧
密关联，朱熹长期从事的另一总结性而又富有创造性的学术活动，却被
后代统治者看中了，这就是"四书"的提出、章句、集注和传播：有的人甚
至说："大抵朱子平生精力，殚于'四书'。"③

按"四书"的强调、传播，有一长期过程。

远的不说，早在唐代科举明经科中，已规定除了正经，同时还要考
《孝经》《论语》。④为什么？《旧唐书》卷一五五《薛放传》，唐穆宗问曰：
"六经所尚不一，志学之士白首不能尽通，如何得其要？"薛放对曰："《论
语》者，六经之菁华，《孝经》者，人伦之本，穷理执要，真可谓圣人至言。
是以汉朝《论语》首列学官，光武令虎贲之士皆习《孝经》，玄宗亲为《孝
经》注解。"司马光在主张宋代资荫出身人最初出仕只需考《孝经》《论
语》时说："若使之尽通《诗》《书》《礼》《乐》，则中材以下或有所不及；今
但使之习《孝经》《论语》，傥能尽期年之功，则无不精熟矣。此乃业之易

①　《朱子语类》卷一〇九。《朱文公文集》卷六九也提分三科、分年考试，文字无此明确。
又《明夷待访录·取士下》主张"科举之法，其考校仿朱子议"，径将分年考经称为"第一场""第
二场""第三场"，更明确，或有所本。
②　《朱文公文集》卷六九。
③　《四库全书总目》卷三五。朱熹自己更说"于《大学》用工甚多"，"平生精力"尽在《大
学》，见《朱子语类》卷一四。
④　见《唐六典》卷二"考功员外郎"。所谓正经，指《诗》《书》《易》《三礼》《春秋三传》，见
同上。

习者也。然《孝经》《论语》其文虽不多,而立身治国之道,尽在其中。"①两者意思一致,即认为这两书和正经比,简明易通,而又体现"立身治国之道",是其"菁华",可以弥补正经烦琐难懂之不足,或供难以尽通"五经"的中材之人学习。杜甫《最能行》诗曰:"小儿学问止《论语》,大儿结束随商旅。"②可见在唐代儿童读的书正是《论语》,此亦《论语》乃"业之易习者"一证。宋初宰相赵普读书不多,"所读者止《论语》"。他曾坦白地对宋太宗说:"臣平生所知诚不出此。昔以其半辅太祖定天下,今欲以其半辅陛下致太平。"③语虽有夸张,却又足可为"立身治国之道,尽在其中"之证。

《孟子》命运比较坎坷。尽管东汉赵岐为之章句,赞它"佐明六艺之文义,崇宣先圣之指务"等,④可是直到北宋,对它非议以至全盘否定者,依然存在。⑤ 幸亏在这个发展过程中,肯定、推崇的人也逐渐增加。唐代杨琯赞孟子是"儒门之达者",主张科举中《孟子》应与《论语》《孝经》并列,"兼习此三者为一经(意谓相当于'五经'之一经)",合格者即可录取。⑥ 其后韩愈更大力推崇孟子,第一次提出上继孔子、传孔子学说者是孟子,"孟氏,醇乎醇者也"。⑦ 唐末进士皮日休上书以为孟子"其文继乎六艺……真圣人之微旨也",建议列为科举内容,"有能精通其义者,其科选,视明经"。⑧ 北宋后期程颐将《孟子》与《论语》并提,高度推崇说:"学者当以《论语》《孟子》为本,《论语》《孟子》既治,则六经可不治而明矣。"⑨王安石变法后,如前所述试进士仍只要求各占一经,但却将过去的

---

① 《司马文正公传家集》卷四二《再乞资荫人试经义札子》。
② 《九家集注杜诗》卷一三。
③ 罗大经《鹤林玉露》乙编卷一《论语》。
④ 焦循《孟子正义》附赵岐"孟子篇叙"。
⑤ 参陈登原《非孟与〈孟子〉节文》,《国史旧闻》第一分册,生活·读书·新知三联书店,1958年。又参束景南《朱子大传》,福建教育出版社,1992年,第772页。
⑥ 《全唐文》卷三三一《上贡举条目疏》。
⑦ 《韩昌黎全集》卷一一《读荀》,又参《原道》。
⑧ 《全唐文》卷七九六《请〈孟子〉为学科书》。
⑨ 《近思录》卷三"格物穷理"。

"兼"试《论语》《孝经》改为兼试《论语》《孟子》。① 其后司马光为相，因为他"疑孟"，②曾奏请撤掉《孟子》，但其好友范纯仁便劝说"《孟子》恐不可轻"，如撤《孟子》，"犹黜六经之《春秋》矣"。③ 经过朝廷集议，至元祐四年新分经义、诗赋进士"两科"，无论哪一科除试经书外，都仍兼试《论语》《孟子》。④ 曾任太子詹事的晁说之南宋初告老，高宗曰："是尝著论非《孟子》者，《孟子》发明正道，说之何人，乃敢非之！"遂令致仕。⑤ 这些都证明大体到南宋，《孟子》地位方才巩固。正是在上述长期摸索基础上，朱熹进一步赞《孟子》"义理精明"，将它与《论语》一起归入"四书"，给予高度评价说："（读）《语》《孟》工夫少，得效多；（读）六经工夫多，得效少。"⑥

《大学》《中庸》在元朝以前从未列为科举内容，可是受到推崇也比较早。⑦ 特别是韩愈，为了对抗佛教，为了给自己的"道统"说寻找经典根据，专门从《礼记》中挑选出《大学》，加以宣扬。弟子李翱又从《礼记》中挑选出《中庸》，尊信推崇。⑧ 程颢、程颐继之，认为"初学入德之门，无如《大学》"；⑨《大学》"乃孔氏遗书，学者所当先务"。⑩《中庸》之书……虽是杂记，更不分精粗，一概说了。今人语道，多说高便遗却卑，就本便遗却末。"江永注释以为这话意思是"《中庸》语道，高卑本末皆兼之"。⑪ 朱熹更是大声疾呼，起了关键作用。他高度推崇"《大学》是为学纲目，先通《大学》，立定纲领，其他经皆杂说在里许"；"《中庸》工夫密，规模大"，⑫"历选前圣之书，所以提挈纲维，开示蕴奥，未有若是其明且

---

① 参《宋史》卷一五五《选举志一》。
② 《司马文正公传家集》卷七三《疑孟》，共提出十二条疑问。
③ 《续资治通鉴长编》卷三七一元祐元年三月壬戌。
④ 《续资治通鉴长编》卷四二五元祐四年四月戊午。又《宋史》卷一五五《选举志一》。
⑤ 《建炎以来系年要录》卷一九建炎三年正月戊戌。
⑥ 《朱子语类》卷一九《〈语〉〈孟〉纲领》。
⑦ 参陈登原《四书》，《国史旧闻》第二分册，生活·读书·新知三联书店，1958年。
⑧ 参冯友兰《中国哲学史新编》第四册，人民出版社，1986年，第299页。
⑨ 《近思录》卷三"格物穷理"。
⑩ 《朱文公文集》卷一一《壬午应诏封事》转引。
⑪ 《近思录》卷三"格物穷理"。
⑫ 《朱子语类》卷一四。

尽者也"。① 特别是朱熹还著文倡议在科举试经的同时,"皆兼(试)《大学》《论语》《中庸》《孟子》"。② 这就进一步把《大学》《中庸》从《礼记》中突出,主张单独列为考试内容了。虽然这一倡议在南宋并未被采纳,但却给后来元朝科举正式规定除"各治一经"外,还要考《大学》《论语》《孟子》《中庸》,制造了舆论。③

以上分别简单回顾了到朱熹之时为止,和"五经"相比,《大学》等四部书逐渐受到重视并得以传播的大体历程。其所以有此发展变化,主要因为这四部书被认为既能体现"五经"修身齐家、治国安邦的基本精神,而又简明扼要,易于为广大士人理解、掌握;在历代统治集团困于必得以"五经"培养、选拔人才,而"五经"却烦琐、深奥,"志学之士白首不能尽通"(见前引)的情况下,这四部书很自然要脱颖而出了。朱熹及时抓住、总结了这一历代经验,又创造性地将《大学》等概括称"四书",④为之章句、集注,进一步阐发其精神,宣扬其重要性。如说"四书"是"六经之阶梯","道理粲然。……若理会得此'四书',何书不可读,何理不可究,何事不可处"。⑤ 再加上他在历史上第一次倡议,不仅《论语》《孟子》,而是要将整个"四书"列为科举内容,元代以后被正式采纳。这样,从舆论到制度,就使"四书"的传播、流行成为不可遏制的大势了。

二

可是,"四书"的传播、流行,还有没有别的原因? 特别是,为什么大体从宋代开始,这一传播、流行的历程日益加速,经过元代到明、清,最后甚至形成远远超过"五经"的态势呢?

我以为,这里面还存在着更深层次的原因。

---

① 《朱文公文集》卷七六《〈中庸章句〉序》。
② 《朱文公文集》卷六九。
③ 《元史》卷八一《选举志一》。
④ 有时亦称"四子""四子书"。
⑤ 分见《朱子语类》卷一〇五、一四。

大家知道，自从秦汉建立起中央集权君主专制制度以后，历代统治集团面对着的是一个土地辽阔，人口众多，民族复杂，而经济、文化发展却比较缓慢、落后，各地交通联系又十分薄弱的社会。如何方能进行有效的统治呢？首先当然是向各地区、各部门委派官吏，其次就要靠由君主最后拍板的最高统治集团频繁决策，针对不同情况，颁布大量的"法"，要求各级官吏严格遵行，方能保证政令的统一和统治的巩固。正如顾炎武所说：厉行君主专制后，"尽天下一切之权而收之在上。而万几之广，固非一人之所能操也，而权乃移于法，于是多为之法以禁防之……"①唐代律令格式已发展到"不胜其繁"，宋代更是"事无大小，一听于法"。②并且往往把统治产生危机主要归结为法之不善。宋代庆历新政、王安石变法便是在这种思想指导下进行的。如庆历新政的主要人物之一富弼便上书说"臣历观自古帝王理天下，未有不以法制为首务。法制立，然后万事有经，而治道可必"，认为当时统治危机严重，"其所以然者，盖法制不立，而沦胥至此也"。③可是结果如何呢？庆历新政虽颁布了不少革新法令，但在执行中却遭到从中央到地方一些私心自用的官吏，因个人、小集团利益受损害而不择手段地抵制、反对，仅仅一年就废罢了。④王安石变法推行时间长一些，积极作用大一些，但同样由于各级官吏个人素质不同，而产生许多新的弊端。后来朱熹便说："嘉祐间法可谓弊矣，王荆公未几尽变之，又别起得许多弊，以人难变故也。"⑤在他以前，程颢对王安石变法并非一般笼统反对，但认为因斥去"君子"，用"小人"执行，"争为刻薄，故害天下益深"。⑥朱熹把变法"别起得许多弊"的原因归之于有关官吏的"私心""人欲"。他说："将天下正大底道理去处置事，便公；

---

　　①　《日知录》卷九"守令"。

　　②　分见《新唐书》卷五六《刑法志》、叶适《水心别集·官法上》。

　　③　《续资治通鉴长编》卷一四三庆历三年九月丙戌。同卷九月丁卯庆历新政主将范仲淹上书则说，如行新政，"庶几法制有立，纲纪再振"，意思一致。

　　④　参漆侠《范仲淹集团与庆历新政》，载《宋史研究论丛》第 2 辑，河北大学出版社，1993 年。

　　⑤　《朱子语类》卷一〇八。

　　⑥　《邵氏闻见录》卷一五。以上参冯友兰《中国哲学史新编》第五册，人民出版社，1986 年，第 91—95 页；钱穆《国史大纲》下册，商务印书馆，1994 年修订本，第 591 页。

以自家私意去处之,便私。"①以私意处置事的风气盛行,这便是"时弊"。又说:"今世有二弊:法弊、时弊。法弊但一切更改之,却甚易;时弊则皆在人,人皆以私心为之,如何变得!"②

这样,朱熹便极其明确地提出:为巩固统治,固然需要变法,改革制度,但更重要的任务却在解决"时弊"问题,即设法使人们去掉"私心",转变为能处处以"公心"理事的人才。所以他曾叹曰:"法度尚可移,如何得人心变易。"③可见他把思想意识对巩固统治的重要性,提到了前所未有的高度。这便和宋代以前的看法大不相同了。

按人才问题虽然历代统治集团从来都是异常关注,但是对人才的理解则不同。秦代重在吏干,东汉渐转儒学,魏晋南北朝又为门第高低取代,至于个人思想道德品质的好坏,则是次要的。如《晋书》卷六六《陶侃传》:庾亮抵抗苏峻失利,"亮司马殷融诣(陶)侃谢曰:'将军(指庾亮)为此,非融等所裁。'(亮属下)将军王章至,曰:'章自为之,将军不知也。'侃曰:'昔殷融为君子,王章为小人;今王章为君子,殷融为小人。'"殷融出身名门陈郡殷氏,所任将军府司马,是士族常出仕的官职;王章出身则是将门。陶侃的意思是:殷融本来出身名门,故是君子,王章出身将门,故是小人。但现在打仗失利后,殷融归过府主,而王章却风格甚高,肯替庾亮承担责任,故从思想品质说,两人倒换了位置。但在东晋,这并不影响殷融不断升迁至吏部尚书、太常卿,④而王章则始终无法摆脱浊官命运,默默无闻,因为当时人才标准基本上是以门第高下区分的。真正着重以在处理统治事务时思想上的正与邪、公与私作为人才标准,并以之区分君子、小人,则是宋代以后的事。这是因为随着唐、五代社会经济发展(包括印刷术),文化大为普及,门阀制度彻底消灭,一般富裕的平民子

---

① 《朱子语类》卷一三。

② 《朱子语类》卷一〇八。按北宋已有类似思想,如苏轼曾说:"夫天下有二患:有立法之弊,有任人之失。……当今之患,法令虽有未安,而天下之所以不大治者,失在于任人,而非法制之罪也。"只不过没有明确指出"私心"问题。见《苏东坡集·应诏集·策略第三》。

③ 《朱子语类》卷一〇八。

④ 《世说新语·文学》"江左殷太常父子"条注。

弟,都有条件读书,由之增长统治才干,并通过科举跻身各级官吏以至卿相行列。① 因此,一个王朝的统治,也就转为主要依靠这批科举出身、读书多、文化素质好的官吏,辅佐君主来进行了。和"以贵承贵,以贱袭贱"的门第用人比起来,②这在历史上是一大进步。本来以为,由这样的官吏掌权,进一步立法、执法,或变法、执法,王朝就可以长治久安。谁知事实证明,结果并不理想。如前所述,法制虽好,却会因遭到反对而废罢,或因执行时歪曲立法本意而起相反作用,何况立法本身,也难免出错。原因何在? 主要就在于旧的腐朽的门第用人、门荫用人的矛盾虽大体解决,但科举及第人才中原来就存在的差异,却上升为新的基本矛盾。这就是很长一个时期正与邪、君子与小人之辨。奸邪、小人被认定是统治出现危机、变法无法成功的罪魁祸首。宋太宗早就说过:"外忧不过边事,皆可预防;奸邪共济为内患,深可惧也。"真宗、仁宗时三宰辅王钦若、丁谓、夏竦"世皆指为奸邪"。③ 欧阳修著《朋党论》,以为"退小人","用君子","则天下治矣"。④ 神宗初副相吴奎说:"帝王所职,惟在于判正邪,使君子常居要近,小人不得以害之,则自治矣。"⑤

判别正与邪、君子与小人的标准是什么? 这就是思想道德品质的好坏。⑥ 而强调思想道德品质,正是新的历史时期的产物。宋代以前,社会经济、文化落后,具有统治才干的人才比较少。在汉代,只能以是否通经学或精律令作为主要标准,来选拔官吏;到魏晋南北朝,由于典籍、文化基本上为门阀士族垄断,于是又不得不以门第高低来区分人才。尽管在上述人才中也存在思想道德品质的差异,从而也会影响统治质量,但从

---

① 参钱穆《国史大纲》下册,第786—794页。

② 《魏书》卷六〇《韩显宗传》。又《旧唐书》卷一八上《武宗纪》会昌四年(844)宰相李德裕还坚持"朝廷显官,须是公卿子弟"。这种门荫制乃门阀制的余绪,在唐代仍占重要地位。

③ 分见《宋史》卷二九一《宋绶传》、卷二八三史臣"论曰"。

④ 《宋文鉴》卷九四。

⑤ 《宋史》卷三一六《吴奎传》。

⑥ 如欧阳修曰:"小人所好者禄利也,所贪者财货也……君子则不然,所守者道义,所行者忠信,所惜者名节。"见《宋文鉴》卷九四。元代一份官文曰:"以德胜才为君子,才胜德为小人。"见《庙学典礼》卷五《行台坐下宪司讲究学校便宜》。

人才选拔、使用的总体上说,这一问题却还没有提上议事日程。① 而到宋代就不同了。由于就全国言,读书多、文化素质高、具有统治才干的人才比过去大大增加,经过科举等制度筛选所任用的各级官吏特别是高级官吏,一般说又是其中的高层次人物和佼佼者,在才干相差并不悬殊的条件下,对于封建王朝统治利益来说,他们思想道德品质的好坏,很自然就越来越重要。而且越是小人、奸邪,越是有才干,危害也就越大。庆历新政、王安石变法及随后几十年政治斗争的激烈,都反反复复证实了这一问题。②

正是在此基础上,如前所述,朱熹明确提出解决法弊易,解决时弊、"人心变易"难的问题,把思想意识、道德品质好坏在巩固王朝统治中的作用,进一步突出了。

用什么办法解决时弊、"人心变易"?

就是理学(或曰道学)。按理学早在北宋后期已经形成,至南宋而大备。其所以如此,有其从先秦以来的复杂学术渊源,但正好出现、发展于宋代,却绝非偶然,而是适应了新的历史时期思想道德品质问题逐渐突出,亟待解决的需要。理学有一套系统、复杂的理论观点和体系,但归根结底全为了解决时弊、"人心易变"问题。朱熹说:"圣贤千言万语,只是教人明天理,灭人欲","是底即天理之公,非底即人欲之私","学者须是革尽人欲,复尽天理",③就是这个意思。整套复杂、深奥的理论,实际上就是为深入有力地宣扬这一根本观点服务的。

需指出的是,长期以来君子、小人之辨,多半讲的是思想道德品质的

<hr>

① 如晋王述,出身第一流高门,"人或谓之痴,司徒王导以门地辟为中兵属(七品清官)";后任县令,受贿甚多,王导不问。又晋孙盛,出身高门,为郡太守,"赃私狼籍",上级"舍而不罪",盛继续升官。均其例。分见《晋书》卷七五《王述传》、卷八二《孙盛传》。

② 《宋史》卷四七一《奸臣传序》:"宋初五星聚奎,占者以为人才众多之兆。然终宋之世,贤哲不乏,奸邪亦多。方其盛时,君子秉政,小人听命,为患亦鲜。及其衰也,小人得志,逞其狡谋……君子在野,无救祸乱。有国家者,正邪之辨,可不慎乎!"虽就两宋立论,单就北宋后期言,也是适合的。

③ 分见《朱子语类》卷一二、一三。冯友兰先生认为道学(理学)"是讲人的学问",内容"一个是什么是人,一个是怎样做人"。核心是要求一个人"在日常的生活中积累道德行为,时常消除自私"。非常精辟。参冯友兰《中国哲学史新编》第五册,第11、16页。

两个极端,而且涉及的主要是公卿将相等高级官吏(因为在这些人物中出现君子、小人,影响王朝统治至巨)。而朱熹虽然也在一些地方泛论君子、小人,但着眼点更多的,是这些公卿将相的后备力量和社会基础,即一般官吏和广大士人,教导他们学习理学,克服私心,企图从根底上,从更广泛范围内,解决时弊,培养和提高人才的思想道德品质,以巩固封建统治。社会经济、文化越发展,这一问题也就越重要。理学其所以在宋代以及与宋代社会面貌大致相同的元明清,[①]越来越受到各王朝尊崇,根本道理便在这里。

理学不能自行。二程、朱熹都宣扬它们体现在"五经"里。可"五经"太烦琐,于是上下而求索,最后发现、选定了"四书"。然而"四书"毕竟是古人著作,不能尽如意,于是为之章句、集注,反复修订,[②]用以简明扼要地阐述自己的理学观点。如将理学的一些基本概念、具有新含义的"天理"、"人欲",强加给"四书"和"圣人"。认为天理便是公心,人欲便是私心。学习"四书",体会"圣人"心意,就可以发扬公心,克服私心。朱熹说:"圣贤教人,只是要诚意、正心、修身、齐家、治国、平天下。所谓学者,学此而已。"[③]每个士人都能如此,时弊便解决了,人才也涌现了。正因此故,他才会建议以"四书"作为科举考试内容,目的就是通过科举做官的刺激,来推动天下士人读"四书",以"明天理,灭人欲"。元初几十年,未行科举,重用吏人。至仁宗年间才仿汉制,开科举,考"四书",用朱注等。其所以如此,则是因为"吏人不习书史,有奸佞贪污之性,无仁义廉耻之心","往往受赃曲法",[④]吏人越受重用,给元朝统治造成的危害也就越严重;[⑤]仁宗"患吏弊之深以牢也,思有以抉而破之。于是考

---

① 唐宋之际社会面貌发生很大变化,内藤湖南认为"唐代是中世的结束,而宋代则是近世的开始",见《概括的唐宋时代观》,载《日本学者研究中国史论著选译》第一卷,中华书局,1992年。

② 参束景南《朱子大传》第十章、十七章,福建教育出版社,1992年。

③ 《朱子语类》卷一一八。

④ 《通制条格》卷五《学令》。

⑤ 参许凡《元代吏制研究》第四章,劳动人事出版社,1987年。

（科举）取士之法仿于古而不戾于今者，乃设两科，以待国之士"。① 可见，其科举直接目的虽在以儒代吏或儒吏并用，但着眼点主要却不在才干高低，而在思想道德品质上儒超过吏，并认定考"四书"，用朱注等可造就这种人才。② 这和二程、朱熹宣扬"四书"原意，完全一致。明清沿元制，越来越重视"四书"，指导思想同。如清代为乾隆主编《钦定四书文》的方苞便说："……盖以诸经之精蕴，汇涵于四子之书。俾学者童而习之，日以义理浸灌其心，庶几学识可以渐开，而心术群归于正。"另一大儒、大臣阮元则说：一般士人"若以'四书'文囿之，则其聪明不暇旁涉，才力限于功令，平日所诵习惟程朱之说，少壮所揣摩者皆道理之文，所以笃谨自守，潜移默化，有补于世道人心者甚多……"③

综上所述，可见"四书"的传播与流行，除了由于它比"五经"简明扼要，易于为更多的士人理解、掌握外，更重要的原因还在于它经过二程、朱熹注解，体现了理学内容，在宋代以后思想道德品质对巩固封建王朝统治越来越重要的新的历史时期，成为"明天理，灭人欲"，使"心术群归于正"的有力手段。

一句话，"四书"的传播、流行，有着更广泛的社会、历史背景。

三

最后，对"四书"的传播、流行，作一简略评价。为此，需要首先明确：

① 元明善《送马翰林南归序》，载《元文类》卷三五。按元明善，仁宗居东宫，为太子文学；仁宗即位，一直是近臣，任翰林学士；开科举，第一次会试，"首充考试官"。所以他所说仁宗行科举的动机，应是十分可信的。见《元史》卷一八一《元明善传》，又仁宗"深见吏弊，欲痛划除之"，亦见《元史》卷一七五《李孟传》。

② 元仁宗批准的一道中书省奏文便说：考"四书""五经"，"以程子、朱晦庵注解为主，是格物致知修己治人之学，这般取人呵，国家后头得人材去也"。见《通制条格》卷五《学令》。

③ 以上俱见梁章钜《制义丛话》卷一。郑板桥说："夫读书中举、中进士、作官，此是小事，第一要明理，作个好人。"如对"家人（奴仆）儿女"，要"爱惜"，不可"凌虐"；对佃户，"必须待之以礼。……要怜悯他，有所借贷，要周全他，不能偿还，要宽让他"等。这正是受"四书"教育，并用以教育兄弟的一个范例。如果每个士人都做到这一点，统治秩序自然稳定。见《郑板桥集》之《潍县署中与舍弟墨第二书》《范县署中寄舍弟墨第四书》。

二程、朱熹鼓动学习"四书",要求"明天理,灭人欲",主要对象指的是谁?原来其初衷并不是为了毒害广大农民,而是为了教育封建统治集团以及作为其社会基础的广大封建士人。

第一个教育对象是君主。朱熹便说:"天下事有大根本,有小根本,正君心是大本",①"故人主之心一正,则天下之事无有不正"。② 他为教育君主而编写的"经筵讲义"首先宣讲作为"四书""纲领"的《大学》,③也是一证。

其次便是各级官吏。前引朱熹所谓变法中"人皆以私心为之",希望这些人克服私心;而能参与变法、执法的"人",显然指官吏。在另一处朱熹说:"且如荐举一事,虽多方措置堤防,然其心只是要去私他亲旧,应副权势,如何得心变。"④能荐举他人为官者,本身自亦是官吏。固然,在朱熹的论述中,"人"往往是泛指,但如联系他讲话基本精神和指责"私心"危害性的锋芒所向,便可知这些"人",主要是指官吏。甚至他提到的"小人",也是如此。如说"小人多是有才底"。如果"有大圣贤者(指英明君主)出","小人自是不敢放出无状;以其自私自利办事之心而为上之用,皆是有用之人矣"。⑤ 这个能"为上之用"的"小人",也只可能指官吏。

再次便是一般士人。很明显,朱熹大力宣扬读"四书";并倡议以"四书"出题取士,其心目中的"学者"即主要对象,自然也绝不可能是广大农民,而只可能是一般士人。朱熹其所以兴复江西白鹿洞书院、湖南岳麓书院,在白鹿洞书院开学那天亲自"入院开讲",讲授《中庸首章或问》;⑥把《四书集注》作为岳麓书院主要教材,以至书院"学者云集至千余人",

---

① 《朱子语类》卷一〇八。
② 《朱文公文集》卷一二《己酉拟上封事》。
③ 《朱文公文集》卷一五《经筵讲义》。《大学》是"纲领",见《朱子语类》卷一四。故后代经筵官讲"四书"成为制度,如明代见《春明梦余录》卷九,清代见《养吉斋丛录》卷五。
④ 《朱子语类》卷一〇八。
⑤ 《朱子语类》卷一〇八。
⑥ 《朱文公文集》卷三四《答吕伯恭》第三十二书。

也都反映这一意图。①

明代大臣丘濬在供皇帝经筵学习用的《大学衍义补》序中,将上述朱熹心目中的主要教育对象加以概括说:"臣惟《大学》一书,儒者全体大用之学也。……关系乎亿兆人民之生。……圣人立之以为教,人君本之以为治,士人业之以为学,而用以辅君……"并引南宋真德秀《大学衍义》序文说:"为人君者,不可以不知《大学》;为人臣者,不可以不知《大学》。"很清楚,《大学》虽关系乎亿兆人民生计(实质主要指王朝统治),但力图以之教育的主要对象,却不是亿兆人民,而是"人君""人臣""儒者""士人",联系前面论述可知,就是要求他们通过学习《大学》和整个"四书",②在处理政务和事务上,要出以"公"心,以整个王朝统治利益为重,而不许私心自用,胡作非为。

既然如此,对"四书"的传播、流行,科举用以取士,评价就不应是否定的,而应是肯定的,至少就二程、朱熹指导思想,以及各王朝"四书"传播、流行的一定时期内应是如此。因为通过鼓励或限定学习"四书"及其所体现的理学内容,力图使君主、官吏和广大士人能够在处理政务以及个人事务中"明天理,灭人欲",以保持王朝政治的清明和社会秩序的稳定,对"亿兆人民"生计和生产、经济发展,多多少少是有利的。至于在当时社会里"私心"无法彻底克服,"时弊"绝不可能真正解决,那是另一回事,它不应该影响我们的上述评价。

---

① 参束景南《朱子大传》,第884—885页。又,元代早在未行科举之时,即已十分重视国子学与地方学,特别是在各地奖励、提倡建立书院,后来总数且超过宋代,诸生学习内容即程朱理学,"教法止于'四书'"(元袁桷语),这与朱熹意图一脉相承,参陈元晖等《中国古代的书院制度(三)》,上海教育出版社,1981年。又参《庙学典礼》卷五、卷六,浙江古籍出版社,1992年。

② 由于《大学》是"纲领","立定纲领,其他经皆杂说在里许"(见前正文所引),就是说《论语》等经皆围绕此纲领分别地、交错地具体阐述,所以丘濬关于《大学》主要教育对象的概括,同样适用于整个"四书",是绝无问题的。

正确认识和评价八股文取士制度[*]

如所周知,通过考八股文取士的科举制度,明代正式形成,一直沿用至清末。这一制度对古代王朝统治的巩固和社会经济、文化的发展,究竟起的是推动作用,还是阻碍作用? 今人看法,几乎都是后者。其实这是不公正的。关于这一制度在提高整个明清社会文明程度上的作用,我已有专文论述。^① 本文再从立法意图、制度利弊和直接作用等更主要的方面,来认识和评价这一制度。

一

要正确认识、评价八股文取士之制,关键在于历史地把握这一制度,探讨它在明清几百年中,在总体上究竟是否选拔出了具备不同程度政治、文化素养的统治人才,充任各级官员,治理国家,在一定历史时期,保持社会稳定,巩固大一统王朝。我以为,如果不存先入为主之见,而正确、全面理解明清有关史料和论述,如顾炎武的"八股之害等于焚书","败坏人才有甚于咸阳之郊所坑者但四百六十余人也"等,^②便得承认,

---

* 原载《国学研究》第 9 卷,北京大学出版社,2002 年。

① 《论八股文取士制不容忽视的一个历史作用》,载《求是求真永葆学术青春》,河南人民出版社,2001 年。

② 见《日知录集释》卷一六"拟题"。其实顾炎武抨击的是八股文取士制的流弊,抄袭剽窃之风。因明代科举考"四书""五经"(任选一经)经义,其中有意义之题不过一二百道,时间久了,一些"富家巨族"便可请"名士"预测所有考题,各撰一篇成文,令子弟背熟,入场碰上,抄誊一过,便可中式。这样,士人便可不读经书,虽为官而无真才实学。正是在这个意义上,顾氏抨击八股"败坏人才"。他并无全盘否定八股文取士制之意。详参拙文《正确理解顾炎武八股文取士"败坏人才"说》,载《文史知识》2001 年第 2 期。

尽管这一制度本身先天存在缺陷(如仅限于书面考试,不能准确反映实际才干,特别是品德。详见下文论述),后来流弊又很严重,但在19世纪西方民主、科学大量传入前的历史条件下,总体上看,仍然优点突出,作用明显,是历史上任何制度所无法比拟的。明何良俊虽曾痛斥八股文取士之流弊如"读旧文字"等,但仍说:"愚以为自汉以后,取士之科,莫善于此。"[①]王先谦也说:"制艺取士,前古莫尚之良法也。"[②]这种评价,大体不错。

　　按八股文取士之制,其答题要求有三点:经义,代圣贤立言,八股对仗。[③] 三点之中,经义是实质内容,代圣贤立言是阐述经义的角度,八股对仗是阐述经义的文体,故其核心仍是宋代以来科举所考之经义。[④] 所以下面首先就"经义"展开对本文基本观点的论证:

　　宋代科举考经义,直到明清重"四书"义,有一长期演变过程。

　　大家知道,汉武帝独尊儒术,历代踵事增华,儒家经学除在魏晋南北朝某些时期略受玄学、佛学冲击外,一直并越来越受各王朝推崇。至唐代,更由国家出面撰定并颁布《五经正义》于天下,自唐至宋,科举取士皆遵此本,儒家经学由此得到进一步发展。[⑤] 其所以如此,是因为经过反复摸索和实践,历代统治者深知,儒家经典适合中国古代社会特点,奉它为指导思想,并用以培养、选拔人材,十分有利于维护整个王朝的统治。正如《汉书》卷八八《儒林传序》所说,儒家经典是"先圣所以明天道,正人伦,致至治之成法也"。《后汉书》卷七九下《儒林传论》则说,宣传儒家

<hr>

　　① 何良俊《四友斋丛说》卷三《经三》,中华书局,1983年,第23页。按"读旧文字"即指不读经书,但读他人写好的成文,包括科举中式者的程文等。

　　② 王先谦《虚受堂文集》卷一《江西乡试录前序》。

　　③ 《明史》卷七〇《选举志二》:"其文略仿宋经义,然代古人语气为之,体用排偶。谓之八股。"又,八股文还有制义、制艺、时文、时艺等名目,本文除引文外,一律称八股文。

　　④ 《日知录集释》卷一六各条所言"经义",即指八股文,原因就在于"经义"乃八股文之实质内容。章太炎说"注疏者,八股之先河",所言"八股",亦就其阐述经义而言,从而"注疏"方能成其先河(因"注疏"即从文字训诂上注释经文)。见《菿汉三言》,辽宁教育出版社,2000年,第139页。又,"经义",有时单指"五经"义,与"书义"("四书"义)并举,本文一律称"经义",不再分别。

　　⑤ 参皮锡瑞《经学历史》第七章《经学统一时代》,中华书局,1959年。

经典可使"人识君臣、父子之纲,家知违邪归正之路"。宋人亦说它能体现"治国治人之道"。①

　　然而发展到北宋,科举制度包括试经的方法却越来越不适合统治的需要。因为当时明经科考试只重死记硬背,主要以帖经、墨义取士,②而忽视对经书本身大义的理解。正如司马光所指责"专取记诵,不询义理……诘之以圣人之道,懵若面墙",③以及王安石所批评"徒以记问(闻)为能,不责大义,类皆蒙鄙者能之"。④特别是最受统治者重视的进士科,尽管也需帖经,试策、论,但中唐以后,"主司褒贬,实在诗赋",至北宋乃"专以词赋取进士"。⑤其弊病就是,这些进士虽工诗赋,"及使之从政,则茫然不知其方者,皆是也"。⑥为了培养、选拔真正能临政治民的人材,经王安石建议,宋神宗"罢诗赋、帖经、墨义",规定应试者除论、策外,首先要"各占治《易》《诗》《书》《周礼》《礼记》一经,兼《论语》《孟子》",而考以"大义"。⑦从此以后直到明清,虽在是否考诗赋上小有反复,⑧但

---

　　①　《续资治通鉴长编》卷一四三庆历三年九月丁卯,载范仲淹疏语。

　　②　帖经之格式,见《通典》卷一五《选举三》。墨义,原为"口问大义",后因"不形(诸)文字",落第者"喧竞",唐德宗时改为问、答均写在纸上,"事堪征证",乃称墨义。见《册府元龟》卷六四〇《贡举部·条制第二》。其格式参《文献通考》卷三〇《选举三》按语。帖经限经文,墨义兼及汉唐注疏,均死记硬背之学。

　　③　司马光《司马文正公传家集》卷五四《起请科场札子》。又见《续资治通鉴长编》卷三七一元祐元年三月壬戌。

　　④　王安石《王文公文集》卷三二《取材》。早在唐代开元年间一诏书已说:"今明经以帖诵为功,罕穷旨趣……以此登科,非选士取贤之道也。"见《册府元龟》卷六三九《贡举部·条制第一》。

　　⑤　分别见《通典》卷一七《选举五》赵匡议,《续资治通鉴长编》卷一四三庆历三年九月丁卯范仲淹疏。"词赋",在该疏中意同"诗赋"。

　　⑥　《王文公文集》卷一《上皇帝万言书》。后来王安石又说:"闭门学作诗赋,及其入官,世事皆所不习。"见《宋史》卷一五五《选举志一》。朱熹也强调取士重"实行","而诗赋又空言之尤者,其无益于设教取士,章章明矣"。见《朱文公文集》卷六九《学校贡举私议》。

　　⑦　《宋史》卷一五五《选举志一》。所谓大义,唐人往往用以指口义、墨义。此处"大义",是指从经文中挑选具有政治、社会意义的内容、语句出题,如《事君能致其身》(《论语·学而》)等。同时应试者只需依据注疏答出自己所理解的基本精神即可,文字不要求与经文、注疏相同,因而考前不必死记硬背。

　　⑧　如宋哲宗时恢复考诗赋,单立一科,与经义科并行,南宋基本沿用,见《宋史》卷一五五《选举志一》。元代以后,取消诗赋,清乾隆时又恢复试诗,作为试八股文之辅。参商衍鎏《清代科举考试述录》第七章,生活·读书·新知三联书店,1958年。

经书必考"大义"这一制度，却从未改变。帖经、墨义再也没有恢复。由此可见，科举考经义，绝非偶然，而是长期统治实践证明，在培养、选拔人才上，它远胜帖经、墨义、诗赋的结果。而考经义，重经义（包括重"四书"义），正是就这一点言，一般认为王安石改革乃明清八股文取士之滥觞。[①]

但王安石这次科举改革的重要意义不仅于此，还在于规定应试者回答"大义"，在涉及对具体经文的理解上，实际上是引导、要求他们依据王安石等别出心裁所作《三经新义》（"三经"指《诗》《书》《周礼》），[②]而不必再沿用汉唐以来权威注疏（如《五经正义》等）。按王氏"新"义，盖有所本。一般认为其风始于庆历年间，晁公武引"元祐史官"的话说："庆历前学者尚文辞，多守章句注疏之学，至（刘）敞始异诸儒之说，后王安石修《（三）经（新）义》，盖本于敞。"[③]王应麟也说："自汉儒至于庆历间，谈经者守训故而不凿，《七经小传》出，而稍尚新奇矣，至《三经义》行，视汉儒之学若土梗。"[④]其实，这种"以己意言经"之风，[⑤]是社会进步在思想文化上的必然反映，早在唐代已有所萌芽。如开元年间元行冲便将前人魏征改变《礼记》结构，"芟萃"旧注所编《类礼》，加以义疏，只不过时机不到，被斥为"与先儒乖，章句隔绝"，不得行用，[⑥]没有像《七经小传》那样开一代风气，更没有像《三经新义》那样幸运，颁于学官，影响科举罢了。[⑦]

---

① 此说极普遍。如明丘濬《大学衍义补》卷九《清入仕之路》"（宋）神宗时"条按语，清梁章钜《制义丛话》卷首杨文荪《序》《例言》。

② 此要求未见明文规定。但王朝颁《三经新义》"于学官"（见《宋史》卷一五七《选举志三》），显然要士人平时学习和科举时遵用。特别是在具体录取中，"科场程试，同己（指王说）者取，异己者黜"（《司马文正公传家集》卷五四《起请科场札子》）。所以南宋晁公武说："熙宁以后专用王氏之说，进退多士。"（氏著《郡斋读书志》卷一《东坡书传》）朱熹也说熙宁以后取士"专主王氏经义"（《朱文公文集》卷六九《学校贡举私议》）。

③ 《郡斋读书志》卷四《七经小传》。

④ 王应麟《困学纪闻》卷八《经说》"自汉儒至于庆历间"条。以上参皮锡瑞《经学历史》第八章《经学变古时代》。

⑤ 南宋陈振孙语，见氏著《直斋书录解题》卷三《七经小传》。

⑥ 为此，元行冲"恚诸儒排己"，退而著文，慨叹当时"宁道孔圣误，讳闻郑（玄）、服（虔）非"，如想"变易章句"，有五"难"云云，以自释。俱见《旧唐书》卷一〇二《元行冲传》。

⑦ 日本学者本田成之说："然敞书流传不甚广，安石新经义便影响到一般学生了……也因他踞政治上的要津，所以他的经义刺激学界很大。"见氏著《经学史论》第六章第三节，江侠庵译，商务印书馆，1934年。

当然，就《三经新义》本身言，行用时间并不长，但它在庆历风气的基础上，由于自己的特殊历史背景与地位，却进一步促进学术界思想的解放。从此，士人、学者不但敢于扬弃汉唐注疏，甚至连整个经文也开始怀疑起来。[①] 特别重要的是，《三经新义》实际上等于一个典范，促使后人有意无意地敢于结合当时政治、社会、人生的需要，"以己意言经"了。[②] 冯友兰先生认为，唐《五经正义》等是"书斋中的一种知识"，"是脱离实践的"，而王安石的"新经义"，则是"联系实践的"，从此"开了一种风气，为经学开辟了一条新路"，即注意结合当时的政治、社会、人生。[③] 这确为卓见。对明清科举所回答"经义"影响巨大的程颐、朱熹等对"五经""四书"之注解、释义，便是沿着这条新路走出来的。关于这一问题，因为还涉及与程朱理学的关系，所以需要联系历史背景一并阐述。

我过去曾经写过一篇《"四书"传播流行的社会、历史背景》的文章，[④]现把有关内容扼要介绍一下：

由于社会经济、文化的显著发展，为巩固统治，和唐以前比，宋代的首要任务已发生转化。在这以前，"自古帝王理天下，未有不以法制为首务"；[⑤]在这以后，正如苏轼所说，"当今之患，法令虽有未安，而天下之所以不大治者，失在于任人，而非法制之罪也"。[⑥] 而在"任人"上，重点也从才干逐渐转向品德。[⑦] 品德好的为"君子"，处事着眼于整个统治利

---

① 皮锡瑞说："宋人不信注疏，驯至疑经。"见《经学历史》第八章《经学变古时代》。本田成之说："宋儒对于《尚书》最大的功劳，莫过于识破伪《古文尚书》和伪'孔传'之为伪了。"见上引《经学史论》第六章第三节。又参刘起釪《尚书学史》第七章第五节，中华书局，1989年。

② 《三经新义》即"以己意言经"之作。晁公武便说王安石"所以自释其义者，盖以其所创新法尽傅著之，务塞异议者之口"。见《郡斋读书志》卷二《新经周礼议》(王安石撰)。

③ 冯友兰《中国哲学史新编》第五册第五十章第六节《道学的兴起》，人民出版社，1988年。所谓"书斋中的一种知识"，当指对经书纯学术的注释(章句、训诂等)，虽然也自来为王朝统治服务，但毕竟有些迂曲，如能结合新形势下统治需要来解经，作用会大得多。

④ 《"四书"传播、流行的社会历史背景》，载《庆祝邓广铭教授九十华诞论文集》，河北教育出版社，1997年。

⑤ 《续资治通鉴长编》卷一四三庆历三年九月丙戌，富弼语。

⑥ 苏轼《苏东坡集·应诏集》卷一《策略第三》。

⑦ 这是因为随着社会经济、文化显著发展，一般富裕的平民子弟，也都有条件读书，由之增长统治才干，并通过科举跻身各级官员以至卿相行列。这方面的人才已不匮乏，于是"任人"的主要矛盾便从才干高低转向品德好坏。

益,出以"公心";品德恶劣者为"小人",处事着眼于个人利益,出以"私心"。统治集团内部的君子、小人之争从此遍及于朝野上下,孰占主导地位,成为统治是否能巩固的关键所在,①直至明清。朱熹把以"私心"处事之风叫"时弊"。他说:"今世有二弊:法弊、时弊。法弊但一切更改之,却甚易;时弊则皆在人,人皆以私心为之,如何变得!""法度尚可移,如何得人心变易。"②这便是宋代统治集团要求"任人"由以往重才干转向重品德的明确反映。为了促使"人心变易",实际上只是促使统治集团(首先是皇帝,其次是将相大臣)和一般官员,以及其主要社会基础广大士人的"人心变易",使其能以"公心"代替"私心"处事,适应这一新形势下的统治需要,于是出现了程朱理学。它的形成有其从先秦以来复杂的学术渊源,本身也有着复杂的理论体系和观点,主要是接受、继承并将儒家伦理学说提高到本体论高度进行论证,但核心思想则是宣扬"天理",③全部学说的目的归根结底只是为了解决"时弊""人心变易"问题,所以朱熹说:"圣贤千言万语(实即程朱理学千言万语),只是教人明天理(树公心),灭人欲(灭私心)。"④

然而这一理学如仅作为程朱个人学说,影响不可能很大。程朱理学家的高明之处在于:一面大量培养弟子,并在各种场合,通过各种方式,独立阐述自己的观点;另一面便是把自己这一套学说尽可能地依附于儒家经典上进行宣扬。具体说就是沿袭刘敞《七经小传》,特别是王安石《三经新义》以来"以己意言经"之新风,去对儒家经典进行注解和释义。就"五经"言,程颐著《易传》,朱熹著《周易本义》,还著《诗经集传》。来不及进行的,则直接间接让理学弟子辈等去完成。如朱熹命弟子蔡沈著

---

① 《宋史》卷四七一《奸臣传序》:"宋初五星聚奎,占者以为人才众多之兆。然终宋之世,贤哲不乏,奸邪亦多。方其盛时,君子秉政,小人听命,为患亦鲜。及其衰也,小人得志,逞其狡谋……君子在野,无救祸乱。有国家者,正邪之辨,可不慎乎!"

② 俱见《朱子语类》卷一○八《朱子五·论治道》,中华书局,1986年。

③ 冯友兰《中国哲学史新编》第五册第五十一章第一节说:"天理是道(理)学的中心思想。"

④ 《朱子语类》卷一二《学六·持守》。朱熹还进一步说:"讲明……天理、人欲之辨……考其归趣,无非欲为臣忠、为子孝而已。"见《朱文公文集》卷一二《甲寅拟上封事》。

《书经集传》;①元代与朱熹有传承关系的陈澔著《礼记集说》。② 又两宋之际"学出程氏(颐)"的胡安国则著《春秋传》。③ 特别重要的是,朱熹还在程颢、程颐研究基础上,创造性地提出既全面体现所谓"五经"修身齐家、治国安邦基本精神,而又简明扼要,易为广大士人理解、掌握的"四书",④并着意为之章句、集注、释义。

所有这些新注解、释义,最大特点就是总体上力图宣扬程朱理学的精神。因而不可避免地存在以下问题:从文字训诂言,可能未必正确,有的甚至完全错误;从所释大义言,可能未必符合"五经""四书"本义。此处试举一典型之例。如《大学》第一句:"大学之道,在明明德,在亲民,在止于至善。"对"明明德",郑玄注"谓显明其至德也",很实在,符合先秦两汉一般理解。而朱熹却训释说:"明德者,人之所得乎天,而虚灵不昧,以具众理而应万事者也。但为气禀所拘,人欲所蔽,则有时而昏。然其本体之明,则有未尝息者。""明明德"就是要使人"有时而昏"的"明德","复其初也"。并说如达到"明明德""亲(新)民""止于至善"三"纲领",就可以"尽夫天理之极,而无一毫人欲之私也"。这里所谓"气禀""人欲""天理"等,全是程朱理学的用语与内涵,⑤其相互关系又体现程朱理学的思想,⑥与《大学》文字原义不尽相符。而且原文"亲民",朱熹竟依"程子(颐)"说,改为"新民",这"并没有版本上的根据",是"以意改",

---

① 《书经集传序》:"先生文公(朱熹)令沈(蔡沈)作《书集传》。"当时人且有其书曾经朱熹"订正"之说,见朱彝尊《经义考》卷八二《书十一·蔡氏书传》引赵希弁、黄震语。

② 其传承关系,参《四库全书总目》卷二一《经部礼类三·云庄礼记集说》提要。

③ "学出程氏",见《四库全书总目》卷二七《经部春秋类二·(胡安国)春秋传》提要。朱熹评此书"议论有开合精神",特别是赞其"大义正"。见《朱子语类》卷八三《春秋·纲领》。

④ 如朱熹说"四书"是"'六经'之阶梯",见《朱子语类》卷一〇五《朱子二·论自注书·近思录》。清乾隆十四年(1749)上谕"'六经'精微,尽于四子书",见《制义丛话》卷一引。

⑤ 《礼记·乐记》虽有"灭天理而穷人欲"句,只是就各人情欲是否节制而言。故郑注"理犹性也"。孔疏谓如"恣其情欲",人就会"灭其天生清静之性,而穷极人所贪嗜欲也"。其"天理""人欲",无程朱理学哲学内涵。

⑥ 参冯友兰《中国哲学史新编》第五册第五十二章第三、四节,第五十四章第三至第七节。

后遭到明王守仁的批驳。其原因就是为了迁就自己一套学说。① 类似之例，甚至有为此歪曲、否定历史事实的。如清皮锡瑞就宋儒《尚书》注释评论说："宋儒解经，善于体会语气，有胜于前人处。而其失在变易事实以就其说……宋儒乃以一己所见之义理，悬断千载以前之故事，甚至凭恃臆见，将古事做过一番。虽其意在维持名教，未为不善，然维持名教亦只可借古事发论，不得翻前人之成案。"② 近人钱玄同甚至说："宋儒所言经义，大都是将他们自己底学说套在古经底身上，无论好坏，总之十有七八非古经所本有。"③

尽管如此，由于这些注解、释义毕竟在《三经新义》之后，注意结合政治、社会、人生，"其意在维持名教"，符合时代需要，符合元明清王朝在意识形态领域推崇程朱理学，力图培养、选拔能"明天理，灭人欲"，处事以"公心"代替"私心"的统治人才的需要，所以从元代开始，明清继之，法定科举考"经义"，必须以前述程朱等的注解、释义为根据。④ 元朝中书省大臣便说：科举取消诗赋，考"'四书''五经'，以程子、朱晦庵注解为主，是格物致知、修己治人之学。这般取人呵，国家后头得人材去也"。⑤

同时，如前所述，"四书"简明、扼要、全面，特别是又经朱熹着意注释，⑥更集中地体现了程朱理学精神，适合明清王朝巩固统治需要，其所以后来科举逐渐重"四书"义，主要原因当在于此。

---

① 参冯友兰《中国哲学史新编》第五册第五十五章第四节《王守仁的〈大学问〉》。如将"亲民"改"新民"，是和他要人们"灭人欲"，所谓"去其旧染之污"思想相一致的，参朱熹《大学章句》"在止于至善"句下注。

② 皮锡瑞《经学通论·书经》"论宋儒体会语气胜于前人而变乱事实不可为训"条，中华书局，1954 年，第 87 页。

③ 钱玄同《答顾颉刚先生》，见《古史辨》第一编中册。按此说应补充一句方才完备，即理学与古经基本精神是一致的。又参刘起釪《尚书学史》第七章第二节第六条。

④ 参《元史》卷八一《选举志一》、《明史》卷七〇《选举志二》、《清史稿》卷一一五《选举志三》。

⑤ 《通制条格》卷五《学令·科举》。又明世宗诏："朕历览近代诸儒，惟朱熹之学醇正可师。"故科举"经书义一以朱子传注为主"，"今后若有创为异说……非毁朱子者，许科道官指名劾奏"。见余继登《典故纪闻》卷一七。

⑥ 《四库全书总目》卷三五《经部四书类一·大学章句等》提要："大抵朱子平生精力，殚于'四书'。"清戴名世说：朱熹"阐明'四书'之义者，尤为详密而完备"，其《集注》"增损一字不得"，见《戴名世集》卷三《四书朱子大全序》。

当然,说从宋代开始"任人"重点转向品德,因而科举重视体现程朱理学精神之"经义"尤其是"四书"义,并不意味各王朝选拔人才就不再重视才干了,关于这一问题,后面还要讨论。

以上表明,在 19 世纪西方民主、科学观念传入前,科举主要考"经义",在制度上比考帖经、墨义、诗赋更符合选拔人才的需要;而阐述"经义"规定必须以程朱等的注释为依据,则反映在内容上考程朱理学,更符合元明清新的历史时期选拔人材的需要。这也就是说,以阐述"经义"为考试内容,历代之制,"莫善于此"(明何良俊语,见前)。

附带解释两个相关问题:

1. 宋明陆王心学虽与程朱理学在世界观和修养方法上不同,但归根结底也着眼、致力于培养、提高统治人才的道德品质,要求去私欲,"致良知",同样符合新时期的统治需要,所以明代中后期王学才会十分流行。不过心学由于主观唯心主义本质所限,强调自我内心修养,对"五经""四书"没有注释或没有系统、权威的注释,①而科举需要客观标准,自我内心修养的高下,是无法准确衡量的,②这就是元明清科举在制度上一直用程朱等经书注释考"经义",即使王学流行的明中后期也无法例外的原因,也是陆王心学社会影响远不如程朱理学的原因,同时也反衬出程朱理学家的高明。

2. 清乾嘉学派倡汉学,贬宋学,自有其历史、社会原因。他们运用文字音韵、训诂等考据方法,抓住宋儒包括程朱理学家解经中这一方面粗疏、错乱之处,匡谬正误,切实批判,进而发扬光大这一学风,使儒家经学以及史学等有关研究达到前所未有的高度,在学术史上的确业绩辉煌,彪炳时代,然而与科举史却毫不相干。因为如前所述,自宋以后科举选

---

① 就陆九渊、王守仁本人言,只有王氏一篇《大学问》(见《阳明全书》卷二六),虽然精粹,毕竟单薄,且非逐句注释。弟子辈注释(如九渊弟子杨简《杨氏易传》等),更不足与程朱等注释抗衡。

② 如《阳明全书》中《传习录》《大学问》等名篇,关于是否"真格物""致良知",并对该知的"天下事物""礼乐名物",能够掌握,都只有原则、抽象论述,而未提出具体衡量标准,科举无法凭以区别等第高下,选拔人才。

拔人材重点已逐渐转向道德品质,而乾嘉学派特点只有琐碎考证,①并无提高人才道德品质的系统理论,实际上是在引导经学返回如同唐《五经正义》等那样,脱离政治、社会、人生,成为"书斋中的一种知识"(冯友兰先生语,见前)的老路,而不符合当时科举的基本需要。这就是尽管乾嘉学派著作汗牛充栋,王朝科举仍规定,继续以宋学、以程朱等经书注释为依据,考"经义"的原因。

二

下面讨论"代圣贤立言"。

八股文取士虽主要考"五经""四书",但阐述经义之角度却要求"代古人语气为之",即"摹圣人之言,不敢称引三代以下事,不敢出本题以下之文"。② 这也被叫作"代圣贤立言"。

为什么要做此规定?这要从宋代讲起。宋代考试经义,本只要求应试者根据所习经书内容及权威注疏回答,并无"代圣贤立言"的限制。可是在科举制的推移中(包括《三经新义》行用的终止),逐渐产生了严重弊端,最主要的就是应试者平日并不认真阅读经书及注疏(因考经义,无死记经文、注疏之要求,见前),体会其精神实质,等到考试拿到题目后,信口开河,胡乱联系后代历史或当时现实,发表新奇见解,旨在哗众取宠,打动考官,争取中第。

北宋末毕仲游已指出:当时考经义之弊是"治经者不问经旨之何如,而先为附会之巧。一章之中有十意,一意之中有十说……反破'五经'之正论,而强纳以佛老之说。圣人之经旨,几芜没而不见"。③

南宋朱熹批评更尖锐:"近年以来,习俗苟偷,学无宗主。治经者不

---

① 纪昀总评当时汉学曰"其弊也琐"。见《四库全书总目》卷一《经部总叙》。

② 分见《明史》卷七〇《选举志二》及《清经世文编》卷五七《礼政四·学校》魏禧《制科策上》。所谓"不敢出本题以下之文"是指如"摹"成汤之言,便不得引用后来的《周易》,尽管二者同为"三代"事。见《制义丛话》卷二。

③ 毕仲游《西台集》卷五《经术诗赋取士议》。

复读其经之本文与夫先儒之传注,但……择取经中可为题目之句,以意扭捏,妄作主张,明知不是经意,但取便于行文,不暇恤也……主司……反以为工,而置之高等。习以成风,转相祖述……名为治经,而实为经学之贼",①"后生辈违背经旨,争为新奇,迎合主司之意,长浮竞薄"。②

怎么办呢? 朱熹建议:"今欲正之,莫若讨论诸经之说,各立家法,而皆以(汉唐)注疏为主。"③同时兼用若干宋人(如胡瑗、石介、欧阳修、程颐等)注疏,"令应举人各占两家以上,于家状内及经义卷第一行内一般声说,将来答义则以本说为主(此即'家法'),而旁通他说,以辨其是非,则治经者不敢妄牵己意,而必有据依矣"。④ 朱熹还说,这就是要应试者"直论圣贤本意"。⑤ 而要做到这一点,朱熹认为,首先要在学习经书时把经书内容钻研成如同自己讲的,想的,方能体会其精髓。他说:"学者观(经)书,先须读得正文,记得注解,成诵精熟。注中训释文意、事物、名义,发明经指,相穿纽处,一一认得,如自己做出来底一般,方能玩味反复,向上(此指觉悟、领会)有透处。""看正文了,却着深思熟读,便如己说,如此方是。"⑥"大抵观书,先须熟读,使其言皆若出于吾之口;继以精思,使其意皆若出于吾之心,然后可以有得尔。"⑦

由此可见,早在南宋,朱熹已提出要应试者在认真体会经文和注疏精神的基础上"直论圣贤本意"的建议,目的就为了解决当时士人束书不读,考试时违背经旨、胡乱发挥、哗众取宠之弊。由于要求言必有据,不

---

① 《朱文公文集》卷六九《学校贡举私议》。

② 《朱子语类》卷一〇九《朱子六·论取士》。当然,应试者其所以如此,也有某些考官"出隐僻题目"、割裂经文出题以难考生等原因,此处不具论。又参《文献通考》卷三二《选举五》。

③ 宋哲宗时刘挚反对专用《三经新义》等,奏请科举"其解经义,仍许通用先儒传注",得到批准,见《续资治通鉴长编》卷三六八元祐元年闰二月庚寅。其"先儒传注",即汉唐注疏,朱熹所说"注疏",当指此。

④ 这段话,朱熹在《学校贡举私议》另一处又说成是"使答义者通贯经文,条陈众说,而断以己意"。其"断以己意",即此处之"辨其是非"。就是说并非要求应试者提出新见,而只要求在"众说"中肯定一说,否定他说。此即"不敢妄牵己意","必有据依"。

⑤ 朱熹以上建议俱见《朱文公文集》卷六九《学校贡举私议》。

⑥ 《朱子语类》卷一一《学五·读书法下》。

⑦ 《朱子语类》卷一〇《学四·读书法上》。

许"妄牵己意",①如能这样阐述经义,实际上已接近"代圣贤立言"了。

在这一类思想影响下,②当时也有了类似"代圣贤立言"的文章。清梁杰说:"至代言口气、八股对仗,虽备于前明,其实南宋杨诚斋、汪六安诸人已为之椎轮,至文文山则居然具体。"商衍鎏说得更细致:"文文山(天祥)'愿比死者一洒之'文(按语见《孟子》),顺语气,按题位,已启明文代言口气之风。若杨诚斋(万里)'国家将兴必有祯祥'文(按语见《中庸》),点题后用'以为'二字起;'至于治国家则曰姑舍女所学而从我'文(按语见《孟子》),点题后用'谓'字起,更类于代言口气。"③

这样,既有了强调"直论圣贤本意"的论述,又有了类似"代圣贤立言"的文章,再加上金代同样存在宋代科举的弊病,而要求阐述圣贤本意,④经过元代对程朱理学的推崇(见前),发展到明初,在朱熹阐述经义"不许妄牵己意"精神的影响下,科举正式规定"代古人语气为之",就水到渠成,是很自然的。⑤

这里要指出的是,前引魏禧所说阐述经义不许涉及三代以下历史之限制,同样源于北宋:王安石进行科举改革,为使应试者专意阅读经书及《三经新义》,后来逐渐形成"经义禁引史传"之例。⑥ 为弥补此缺陷,宋

① 朱熹反对"妄牵己意"之言论多处可见。如批评"将自己身上一般意思说出、把做圣人意思","学者不可用己意迁就圣贤之言"等,见上引《朱子语类》卷一〇《读法上》、卷一一《读书法下》。

② 说"这一类思想",是因为早在北宋已多有强调读经书、认真体会圣贤本意之说。如朱熹、吕祖谦辑《近思录》卷三《致知》记程颐曰:"读书者当观圣人所以作经之意,与圣人所以用心……句句而求之……则圣人之意见矣。"江永《近思录集注》卷三引朱熹解释这段话说:"今人不会读书……只缘……把己意放里面胡乱说……那里见圣人之意!"

③ 分见《清经世文编》卷五《学术五·文学》梁杰《四书文源流考》、商衍鎏《清代科举考试述录》第七章第一节。

④ 如金宰相徒单镒"病时文之弊",以为"诸生不穷经史,唯事末学",建议科举不仅经义,连考时务策也要增加内容,"以疑难经旨相参为问,使发圣贤之微旨"。得到批准,"诏为永制"。见《金史》卷五一《选举志一》。

⑤ 焦循《易余籥录》卷一七:"余谓八股入口气,代其人论说,实原本于(金、元)曲剧","自诩为圣贤立言,不知敷衍描摹,亦乃优孟之衣冠……第借圣贤之口以出之耳"。此说如作为代圣贤立言制形成的一个次要因素,似亦有可能。近人马叙伦便以为焦说"亦颇有因",见氏著《石屋续渖·八股文程式》(上海书店,1984年)。

⑥ 见《朱文公文集》卷六九《学校贡举私议》。

徽宗时蔡嶷等列奏，"欲望今后时务策，并随事参以汉唐历代事实为问"。宋徽宗本已同意，可有一御史李彦章反对，上言以为：经书是"先王之学"，秦汉以下史书乃"流俗之学"，蔡嶷等之论"不使士专经，而使习流俗之学，可乎"？徽宗竟立即取消原决定，并说如依蔡嶷等议，"则士不得专心先王之学，流于俗好，恐非先帝以经术造士之意"。① 这就是说，不但经义禁引史传，连考时务策也不鼓励联系历史。南宋初"后生晚辈往往不读史书"。② 这应是一个重要原因。此后由于有识之士的反对，③虽未再见科举强调"经义禁引史传"之例，但因联系历史毕竟有利于引导士人认真体会经书、传注精神，只要能找到一结合点，使"直论圣贤本意"与史学相互为用，而不相互排斥，就可以大胆地坚持行用此例。这一结合点到明清终于被找到了。这就是在考试制度中虽然要求阐述经义正文"代圣贤立言"，自然不许涉及后代史事，但在正文之后写"大结"时却可联系后代历史和当代现实。顾炎武说：经义"篇末敷演圣人言毕，自摅所见，或数十字，或百余字，谓之大结。明初之制可及本朝时事，以后功令益密，恐有借以自炫者，但许言及前代，不及本朝"。④ 清梁天池说："前明制义，每篇之后多有大结。……汉、唐以下之事皆可借题立论……明之中叶，每以此为关节。……我朝康熙六十年（1721），始悬之禁令。"⑤这样，"代圣贤立言"难以联系后代历史和当代现实"自摅所见"的矛盾，通过"大结"便得到了解决，并且由明初至清康熙年间行用三百多年。它至少说明，简单化地将"代圣贤立言"归之为限制应试者的自由思想，并不符合明清科举立法意图和历史事实。相反，如前所述，倒应承认，"代圣贤立言"这一角度，是宋代科举改考经义以后，经过长期经验积累，而规定下来的方法。在不影响"自摅所见"条件下，立法意图主要是力图引导

---

① 吴曾《能改斋漫录》卷一二《记事》"罢史学"条。

② 《文献通考》卷三二《选举五》绍兴十九年条。

③ 如朱熹便指责"经义禁引史传"是"王氏末流之弊"，声称"当有以正之，使治经术者通古今"。见《学校贡举私议》。

④ 《日知录集释》卷一六"试文格式"。又参阮葵生《茶余客话》卷一六"八股文坏文风文运"条。

⑤ 《制义丛话》卷一引《书香堂笔记》。又参《清史稿》卷一〇八《选举志三》。

应试者认真钻研儒家经典,体会圣贤本意。清管世铭便说:"前人以传注解经,终是离而二之。惟制义代言,直与圣贤为一,不得不逼入深细。"①而这正是前述朱熹关于熟读经典"使其言皆若出于吾之口""使其意皆若出于吾之心"言论在制度上的落实,目的就在于要保证所选拔的人才能达到、具备当时历史条件下尽可能高的质量,作为官员接班人,为巩固明清王朝统治服务。当然,由于种种原因(主要是借以"自炫",通"关节"舞弊等,影响所选拔人才质量),"大结"后来没有坚持下去,但这并不妨碍应试者还可于经义以外,通过其他考试项目,联系历史和现实,发表自己的意见。因为明清科举,乾隆中叶以前乡试、会试除主要考经义外,还要考"论",考"策"以至"判""诏、诰、表"(任选一种);清乾隆后又增考"诗"。② 其中"策",明清都要求结合经史、时务论述,故也叫"经史时务策"。③ 这样,取消"大结"后"代圣贤立言"不涉及三代以下历史与当时现实的缺陷,其实算不上多大缺陷,因为在"策"中同样可以涉及,以"自撸所见"的。④ 这些都说明,对"代圣贤立言",应全面、历史地分析,而不应贸然否定。

三

最后讨论八股对仗。八股对仗,也就是文体"排比有定式"。⑤ 除破题、承题、起讲等外,其格式一般需要四组文句,每组两个段落,相互对

---

① 《制义丛话》卷一引。

② 参《清代科举考试述录》第二章第三节、第三章第一节。

③ 《明史》卷七〇《选举志二》,《清史稿》卷一一五《选举志三》。清金埴《不下带编》卷二"埴少时当乡赋之岁"条:"国家取士,经术与时务并重。"光绪增修《钦定科场条例》卷一七《乡会试艺》同治元年(1862)上谕:"三场策问,以经史与时事分问,使贯串古今、通达治体者得以敷陈政事得失利弊。"

④ 如阮元《揅经室集》二集卷八《(嘉庆)己未会试策问》,有"《史通》所论得失参半欤",此史题;有"弭盗之法……必先剿而后抚,若原杰抚荆襄流民四十余万,王守仁抚降田州蛮,其方略可法欤",此有史有时务。空疏杂滥之弊,同卷《试浙江优行生员策问》甚至问"我朝以经术教士,当若何提倡,以矫欤?"

⑤ 《清经世文编》卷五七《礼政四·学校》魏禧《制科策上》。《明史》卷七〇《选举志二》作"体用排偶"。

仕。因共有八个段落即八股,故称八股文。① 这种格式,早在宋代已萌芽,②明初科举正式定为制度,但要求尚不严格,宪宗成化以后方才最后定型。③ 因为应试者为照顾排比对仗,所阐述经义内容易流于敷衍、空疏,早在明清已有人反对这一文体;④而近人更以其限制士人自由表达思想,而予以批评、否定。

可是为什么这一文体前后能存在数百年呢? 原来,这一文体固有流弊,可是对科举取士来说,它又有一个优点,就是对仗工稳与否,标准很具体,使考官对内容大体达到要求的若干考卷,容易判定高下,避免引起纠纷争论。这一优点,表面看似乎是形式、技巧问题,然而在考生多、录取名额少、判定时间短的条件下,⑤却是至关重要的。历史上的科举,从来都十分重视这一类的标准。以唐、北宋为例,为什么逐渐主要以诗赋取士? 固然,它反映一个士人的才华,如南宋人所说:诗赋需"贯穿六艺,驰骋百家,拘以骈俪之制,研精覃思,始能成章"。⑥ 但同时也还是因为诗赋要求的标准具体,考官容易掌握。

如宋仁宗行庆历新政,科举进行某些改革。庆历四年三月乙亥正式下诏"进士试三场,先策,次论,次诗赋",把诗赋放在次要地位。⑦ 可是

---

① 《清代科举考试述录》第七章第二节。又参章中如《清代考试制度》下卷《文格》,黎明书局,1932 年。按此处乃指狭义之八股文,仅就文体对仗而言,而非指包括三点要求之广义八股文。参本文第一节。

② 参朱瑞熙《宋元的时文——八股文的雏形》,载《历史研究》1990 年第 3 期。又参卢前《八股文小史》第一章,商务印书馆,1934 年。

③ 参《日知录集释》卷一六"试文格式"。

④ 如王夫之《宋论》卷六《神宗》关于熙丰新法"经义取士"部分,及前引魏禧《制科策上》,都有具体论述。

⑤ 北宋仁宗时省试,二千人取五百人,欧阳修已抱怨考卷太多,"而日限又迫,使考试之官殆废寝食,疲心竭虑,因劳致昏"。见《文献通考》卷三一《选举四》。明清考生大增,而录取比例降低。如乾隆年间各省乡试,规定小省五十取一,大省八十取一,实际则有百人取一者。见张仲礼《中国绅士》第三章,上海社会科学院出版社,1992 年,第 170—172 页。其中多有实例。又钱大昕主持湖南乡试,考生四千多,才录取四十六人,判卷"时日有限",而阅卷官仅十一人,共收考卷五万六千篇(包括八股文及论、策、诗等),十八天阅毕,则每人每天所阅约二百八十篇,其困难可知。钱氏还曾主持山东、浙江、河南乡试,情况略同。见氏著《潜研堂文集》卷二三《山东乡试录序》《湖南乡试录序》《浙江乡试录序》《河南乡试录序》。

⑥ 见《文献通考》卷三二《选举五》宋宁宗庆元四年条。

⑦ 《续资治通鉴长编》卷一四七庆历四年三月乙亥。

一年以后就恢复了旧制。上言建议恢复旧制的是杨察,理由是:"诗赋声病易考,而策、论汗漫难知。"他还说:"故祖宗莫能改也。"①可见宋代统治者一直如此认识。

宋神宗时王安石进行科举改革,试经义,废诗赋。苏轼对废诗赋提出异议,理由之一便是仅考经义策论,"其为文也,无规矩准绳,故学之易成;无声病对偶,故考之难精。以易学之士,付难考之吏,其弊有甚于诗赋者矣"。②正由于当时经义尚"无规矩准绳",如后代八股对仗然,所以宋哲宗时刘挚又说:经义之文"无所统纪,无所隷括,非若诗赋之有声律法度,其是非工拙,一披卷而尽得知也"。③

"无规矩准绳"这一使坚持经义取士者头痛的问题,经过摸索经验,到明代逐步形成八股对仗,便得到了解决。清乾隆时有人上奏请废八股文取士制,礼部议复主张维持旧制(详见后),重要理由之一便是经义"范之规矩准绳,以密其法律"。④当年苏轼批评经义"无规矩准绳",现在有了;当年刘挚欣赏诗赋"有声律法度",现在八股对仗"密其法律"了。则大量经义之文,"其是非工拙",自然也是"一披卷而尽得知也"。如果内容质量相等,而录取名额有限,必须将一部分考卷黜落,则从文体上挑毛病就会是比较容易的。其所以在八股对仗基础上后来又增加了一些附带的苛刻要求,⑤主要原因亦在于此。当然,这一文体尽管有人高度赞扬,⑥从总体上看,形式毕竟呆板,远非可灵活表达思想的古文可比,如非功名利禄驱使,士人一般不可能对它有多大兴趣。正因如此,八股文才

---

① 《续资治通鉴长编》卷一五五庆历五年三月己卯。
② 《苏东坡集·奏议集》卷一《议学校贡举状》。
③ 《续资治通鉴长编》卷三六八元祐元年闰二月庚寅。
④ 《清经世文编》卷五七《礼政四·学校》乾隆三年礼部议复《议时文取士疏》。
⑤ 如不许"侵上""犯下""平头""并脚"等,参《制义丛话》卷二三。
⑥ 清焦循说:"明人之于时文,犹唐之诗、宋之词、元之曲也。"见氏著《雕菰楼集》卷一〇《时文说三》。近人黎锦熙先生甚至评论说:八股文"集众(指辞赋、诗词曲)美,兼众长,实为最高、稀有的文体"。转引自《凌霄一士随笔》第四册第六卷一五七条《八股文之优劣》,山西古籍出版社,1997年。

会被有些人叫作"敲门砖","得第，则舍之矣"。① 在如前所述科举应试者越来越多、录取名额有限等条件下，这一文体之所以被采用，实在是没有办法的办法。② 只要科举内容重在经义，而上述诸条件未发生变化，则这一文体便是无法被废弃的。

四

综上所述，可以说科举以八股文取士，是宋代以后，特别是明清统治集团，经过长期摸索，总结经验教训，最后确定、沿用下来的制度。其立法意图，绝不是为了实行愚民政策，陷士人于愚昧无知，恰恰相反，正是力图以此培养、选拔能掌握孔孟之道、程朱理学，合乎规格的统治人才，作为官员，以巩固自己的江山。当然，由于八股文取士之制本身也存在缺陷，加以行之既久，流弊丛生，逐渐出现的危害有些也是惊人的。问题在于我们如何结合历史背景，正确分析这些弊病：是立法意图、制度本身所固有的，还是"上有政策，下有对策"所造成的？

八股文取士在明清受到指责，以为它最大的弊病就是导致士人不读经书，不读注疏，只顾揣摩考题，预先背诵请他人所作成文或已中式者之"程文"，③入场"撞太岁"，如果恰好碰上，便抄袭一通，考中为官。④ 由于

---

① 《制义丛话》卷一引清冯班《钝翁杂录》。其实明代后期已有此说，如田艺蘅《留青日札》卷三七"非文事"条："其既得第也，则号之曰敲门砖。"

② 正因如此，考官阅卷以挑毛病、多黜落为原则。清龙启瑞《经德堂文集》别集下《幕友条约》声称科场"阅文以淘汰为先，沙砾既除，金石斯见"。《制义丛话》卷二三记甚有考官"每阅一破题便定去取"。清李调元《制义科琐记》卷三"止逗四行"条记明末科举有只看首篇考卷四行字，就决定黜落者。

③ 参《日知录集释》卷一六"十八房""拟题""程文"条。

④ 田艺蘅《留青日札》卷三七"非文事"条："其未得第也，则名之曰撞太岁。"沈德符《万历野获编》卷一六《科场》"录旧文"条；甚至有"全场剿(坊)刻(程)文……自破、承至结题，不易一字"，而"登高第者"。李调元《淡墨录》卷一五"解元袭旧文"条：清有乡试解元"四书"艺"剿袭"他人旧作者。

空疏不学,往往临政乏术,笑话百出。①

可是这并非八股文取士立法意图所在,也不是制度本身做此要求,恰恰相反,大量史料证明,立法意图、制度本身全都力图避免这一弊病。

第一,第二节已讲到,明清科举主要考经义,同时还要考"论""策""判""诏、诰、表"(任选一种,后废诏、诰),清乾隆以后又增考试帖诗。这些科目相互配合,目的就是力图使选拔的人材,除品德为主外,还要有"实学",②即知识、学问渊博。关于这一指导思想,清黄中坚分析得很清楚:"夫先之以经义,以观其理学(此指对经书义理的理解);继之以论(如论《孝经》等),以观其器识;继之以判,以观其断谳;继之以表(如给皇帝上贺表、谢恩表等),以观其才华;而终之以策,以观其通达乎时务。以是求士,岂不足以尽士之才。士果有能与其选者,岂不足以当公卿之任,而佐理国家之治!"③这就表明,八股文取士之立法意图、制度本身,与不学无术而抄袭程文之弊病,是完全对立的。固然,考经义在首场,考论、策等在二、三场,④而由于种种原因(如君主重经义,特别是重"四书";⑤应试者多,判卷时间短等),不少考官凭首场即定去取,⑥这似乎对抄袭程文者有利。但必须看到,这只是风气,而并非制度。相反,就统治集团指导思想言,是反对这种风气的。如:"顺治十六年(1659)定科场例:首场工而后场不称者,黜不与选;首场平通而二、三场博雅详明者,并与收录。雍正六年(1728)定试官必将后场试卷尽行细加校阅,不得专重

---

① 明代科举中第"或有不知史册名目、朝代前后、字书偏旁者",见《大学衍义补》卷九《清入仕之路》"朱熹作贡举私议"条按语。清代"有一代名臣而不知范仲淹为何人,曾入翰林而问司马迁为何科前辈者",见徐勤《中国除害议》,载朱有瓛主编《中国近代学制史料》第一辑下册,华东师范大学出版社,1986年,第46页。

② 清《钦定学政全书》(嘉庆增修本)卷五有《崇尚实学》一门,多条"上谕"均强调录取"实学"人才。如乾隆六十年上谕要求士人"力学穷经"等。

③ 《清经世文编》卷五七《礼政四·学校》黄中坚《制科策》。明王鏊早有类似评价,见孙承泽《春明梦余录》卷四〇《礼部二·贡举》。

④ 此乃明代及清乾隆中叶以前之制,后略有变化,为免烦琐,此处从略。

⑤ 乾隆十四年上谕"国家设科取士,首重者在'四书'",见嘉庆《钦定学政全书》卷六《厘正文体》。

⑥ 黄宗羲便说:明考官其所以重首场,对二、三场甚至"未尝过目","亦以时日迫速,不得不然"。见《清经世文编》卷五七《礼政四·学校》黄宗羲《科举》。

头场,忽略后场;十一年上谕以二、三场策论,尤足觇经济实学,乃向来士人多不留心,而衡文者又每以经义已经入彀,遂将策论滥收恕取,不复加意阅看,殊非设科本意。"①咸丰元年(1851)礼部议复:"臣等查定例……考官衡文合三场以定去取……固不可先存定见,专重首场,使空疏者得以侥幸。"②同治十一年(1872)上谕:"闱中校阅文艺,本应三场并重,不得专重第一场。"③正因指导思想如此,在实际录取中兼重三场者大量存在。如乾隆年间钱大昕主持山东乡试后所说:"于'四书'、经义观其学养,于诗律观其才华,于论、策观其器识。所录之文不皆一格,所得之卷不皆兼长,要归于有本有原,不使空疏蹈袭者得以滥厕科名。"④持类似态度的考官不胜枚举。⑤ 这就是说,统治集团的上述指导思想总体上说,是得到贯彻了的。

第二,君主下令明确反对抄袭、空疏学风,如明英宗"赐敕谕":要求士人"先将圣贤经书熟读背诵……讲解明白……体而行之……将来朝廷庶得真才任用"。指责"有等生徒,不肯实下工夫,惟记诵旧言语,意图侥幸出身,今宜痛革此弊"。⑥ 清顺治时议准"试艺雷同剿袭,偶然幸中者……立即黜革"。⑦ 乾隆四十四年(1779)上谕指责"近时文风日坏……无论经籍束之高阁,即先儒传注亦不暇究心","惟取庸陋墨卷,剿袭掊扯";嘉庆二十年(1815)上谕指责士子不认真读经书,但"抄撮类书,

---

① 见俞正燮《癸巳存稿》卷一二"科举之学不坏人才论"条所引。又金埴《不下带编》卷二"埴少时当乡赋之岁"条也说:康熙时"求实学","若论、诏、诰、表及判、策,一不精进,虽经书(义)可观,拟列元魁,亦在所摈"。

② 光绪《续增科场条例》(不分门)咸丰元年。

③ 光绪增修《钦定科场条例》卷一九《同堂校阅》。

④ 《潜研堂文集》卷二三《山东乡试录序》。同卷《浙江乡试录序》谓"于策,取其通晓古今",更明确。清朱筠于乾隆年间主持考试,"春秋两闱校士,恒以对策为主。尝言以此观士所学之浅深,若持权衡以测轻重云"。见氏著《笥河文集》卷首李赓芸《从游记》。

⑤ 陈康祺《郎潜纪闻初笔》卷一三"孙侍御记问之渊博"条:"康祺阅历名场,见朋辈中钻研古书、不工制艺者,遇稍解风雅之主,多以二三场弹洽见收;而一二揣摩时尚、趋风承沫之士,迄老死不获知遇。"此风清末犹然。徐一士《一士类稿》(书目文献出版社,1983年)"谈吴士鉴"条记吴士鉴光绪年间会试,"卷在同考官吴鸿甲手,头场已屏而不荐,追阅第三场对策,乃叹其渊博精切,深得奥突,始行补荐,竟获中式",殿试获榜眼。

⑥ 《明(万历)会典》卷七八《风宪官提督》。

⑦ 咸丰增修《钦定科场条例》卷五一《附载旧例》。

剿袭撦拾,冀图诡遇"。① 故清《乡会试磨勘例》明白规定:"全篇抄录旧文幸中者……将本生黜革。"②为减少背诵、抄袭他人之作,康熙九年(1670)、雍正元年(1723)还曾下令坊间私选、私刻程文"一概禁止",③以逼使士人认真学习经书,反映统治集团为求真才之苦心。乾隆年间虽又弛此禁,是由于乾隆认为此禁使"大家名作,不得通行",士人因参考不到高水平文章而眼界狭窄,"因陋就简"。为提高士人经义质量,乾隆还特命方苞编选"《四书文》(后称《钦定四书文》)颁行,皆取典重正大,足为时文程式","并将入选之文,批抉其精微奥窔之处,俾学者了然于心目间",使"士子咸当知所崇尚矣"。④ 这一措施绝无限定士人仅学习《钦定四书文》而不读经史等书之意,而是和明代以来由礼部选刻程文意图一样,反映统治集团另一方面苦心,旨在使士人在学习经书、传注基础上,从中得到启发,洞悉"精微奥窔",写出高质量的经义来。也正因如此,乾隆还命令"将选定《四书文》颁贮内帘(指科场阅卷之地)。令考官知所程式",⑤也就是说,还要以此提高考官阅卷质量。可见如果将抄袭、空疏学风主要归罪于王朝颁行《钦定四书文》等,显然是不符合事实的。

第三,考官出题也力图防止上述弊病。如经常被否定八股文取士制者作为愚弄士人手段之一,予以指责的截搭题,⑥其实正是为了防止应试者臆测考题,预先请人拟作或背诵已有程文,"冀图诡遇"(嘉庆语,见

---

① 分见嘉庆《钦定学政全书》卷六《厘正文体》、《制义丛话》卷二。

② 吴荣光编录官书所成《吾学录》卷四引。所谓"将本生黜革",乾隆三十四年(1769)议准,除黜革已考中的举人、进士外,还将原来的秀才、监生资格也一并黜革。参咸丰增修《钦定科场条例》卷五〇《磨勘处分》。光绪十年(1884)复准,又进一步,本来"钞写成文"只罚已考中者,此后连"未中式者"也要惩罚。参光绪增修《钦定科场条例》卷五一《磨勘处分》。

③ 嘉庆《钦定学政全书》卷六《厘正文体》。

④ 同上,载乾隆元年、十九年上谕。关于《钦定四书文》,请参《四库全书总目》卷一九〇《集部总集类五》所载提要。又《日知录集释》卷一六"程文"条集释引沈彤语,据《明神宗实录》:万历"十五年八月,命礼部会同翰林院,取定开国至嘉靖初年中式文字一百十余篇,刊布学官,以为准则"。其指导思想与乾隆前后如出一辙。

⑤ 光绪增修《钦定科场条例》卷五一《磨勘处分》。

⑥ 所谓截搭题,如"而众星拱之,子曰诗三百",前句出《论语·为政》第一章尾,次句出同篇第二章首,截上搭下,始成此题,故名。参前揭章中如《清代考试制度》下卷《文法》,其中举例甚多。

前)而摸索出来的。早在南宋,考官命题为"求出于举子之所不意,于(经文)所当断而反连之,于所当连而反断之"。① 此当即截搭题之萌芽。明清截搭题大量出现。《制义丛话》卷二四称:出截搭题"前明即尚此巧法",并举一考题"以杖叩其胫,阙党童子"为例,②指出"欲以杜钞录成文之弊"。卷二二又称:"乾隆间会试、乡试题多用搭截及小题,③盖避士子揣摩熟题也。"由于出此目的,皇帝也不反对截搭题,称"乾隆三年议准",如出熟题,"士人……或无从浚发巧思;间出截搭题,则旁见侧出,亦足觇文心之变化"。④ 后来又说这样出题是"避熟取新","欲杜抄袭之弊";只不过强调上下截搭"(意思)必联络贯穿,勿背于理"而已。⑤ 上引"乾隆三年议准"也强调出截搭题"第必须意义联属,血脉贯通",而反对"上下绝不相蒙,恣意穿凿,割裂语气……"如果割裂过甚,考官则要受到处罚。⑥ 这些至少表明,出截搭一类的题,从统治集团主要指导思想看,绝非旨在愚弄士人,是可以肯定的。

通过以上三点分析,必然产生一个问题:既然明清统治集团的立法意图,以及由此决定的制度本身,是力图选拔合乎规格的统治人材的,在科举发展过程中,又是想方设法要矫正空疏、抄袭等流弊的,为什么这类弊病会产生、流行,无法根绝呢?

早在南宋,朱熹已就类似后代明清的问题发表意见,道中肯綮。

当时对以经义为主的科举之指责是"科举之业妨功""以举业为妨实学""科举累人",⑦意思是,为应科举,考时文(经义),士人无法读儒家经

---

① 《朱文公文集》卷六九《学校贡举私议》。

② 前句出《论语·宪问》第四三章尾,后句出同篇第四四章首。

③ 小题,主要指意思空泛或"单辞只字"之题(见《戴名世集》卷四《己卯行书小题序》)。如"曾谓泰山""则又曰""有是哉""是也""予虽然"等,甚至只有一字,如"仪""坐"等,见《目耕斋全集》中《目耕斋小题》,光绪戊子(1888)宝华堂重刻本,共收小题八股文八十篇及评语。

④ 《制义丛话》卷二二。

⑤ 嘉庆《钦定学政全书》卷二一《考试题目》,乾隆二十五年议准。

⑥ 《清(光绪)会典》卷三二《礼部·简学政》"正其文体"条:"遇有命题怪僻……者,照例指参。"光绪增修《钦定科场条例》卷一六《三场试题》:乾隆四十年因四川乡试题"牵上连下,全无义理",将正副考官"交与吏部议处"。又咸丰年间河南学政俞樾,童试出题割裂怪僻,遭罗织,革职永不叙用。见近人刘禺生《世载堂杂忆》"清代之科举"条,中华书局,1960年。

⑦ 《朱子语类》卷一三《学七·力行》。

书,只能读时文,背时文,①其所以实学人材匮乏,是科举制度造成的。这种指责,和明清对八股文取士的指责原则相同,只不过这时弊病的严重程度尚不及明清而已。

请看朱熹的见解:他反对这种指责,引程颐语曰应科举"不恐妨功,惟恐夺志","非是科举累人,自是人累科举"。② 所谓"夺志",按朱熹理解,指的便是一些士人"役役求仕",急于"功名利禄",只想"追逐时好",走捷径,自然把精力全放在时文上,而无"志"学习儒家经书,掌握实学。这是士人自己的过错,并非科举"妨功"。他说:"若高见远识之士,读圣贤之书,据吾所见而为文以应之(指科举),得失利害置之度外,虽日日应举,亦不累也。居今之世,使孔子复生,也不免应举,然岂能累孔子邪!"③

所谓"非是科举累人,自是人累科举",就是说不是科举制度败坏人才,而是很大一部分士人急于求仕,又不肯学习、掌握实学,唯知读时文,不学无术,碰巧中举为官,又"心心念念只要做得向上去(指升高官),便逐人背后钻刺,求举觅荐,无所不至",④从而败坏了科举制度。这便涉及前面第一节朱熹所说的"法弊""时弊"问题。对南宋科举考经义,朱熹原则同意,但不满意,⑤曾说"科举是法弊"。⑥ 不过他从来都认为法弊更改起来容易,并曾对科举提出过影响极大的改革方案,建议分年分经考经义等;⑦难办的是时弊,朱熹说时弊即人们皆以"私心"去对待"法",去处理事务(相当于今天的"上有政策,下有对策"),"如何变得"。⑧ 就科举言,以"私心"去对待,便会引发前述空疏不学等弊病,给科举抹黑,糟

---

① 亦即"取近时科举中选之文,讽诵摹仿",见朱熹《学校贡举私议》。

② 《朱子语类》卷一三《学七·力行》。清朱一新《无邪堂答问》卷五也说:"士真能为科举之学者,必不为科举所累。为所累者,只是无志耳。无志则可累者甚多,借口于科举,岂不冤哉!"

③ 《朱子语类》卷一三《学七·力行》。

④ 《朱子语类》卷一三《学七·力行》。

⑤ 如说"今科举之弊极矣",所考经义"分明是侮圣人之言"。见《朱子语类》卷一〇九《朱子六·论取士》。

⑥ 《朱子语类》卷一〇九《朱子六·论取士》。

⑦ 朱熹《学校贡举私议》。

⑧ 《朱子语类》卷一〇八《朱子五·论治道》,又参本文第一节。

蹋了科举。"人累科举",从朱熹深层次思想言,大体离不开此意。应该说,这一看法是深刻的。

明清八股文取士的弊病,根子也在这里。

如前所述,明清统治集团科举的立法意图和制度本身的确是想通过八股文取士选拔统治人才的。[①] 因此考经义最初"皆摘取经书中大道理、大制度,关系人伦治道者,然后出以为题",以求真才;[②]并且旨在以此引导后来士人注意钻研经书中有意义、有价值的内容和所积累的统治经验,提高自己的品德、才干。可是对于相当大一部分"私心"严重,无"志"求实学,一心只想如何尽快中举当官、谋取功名利禄的士人来说,正好借这类题目有限之机会钻空子,揣摩考题,临场背诵、抄袭成文或程文,幸中为官后自然不学无术,统治无能,为世诟病。为堵塞这一漏洞,考官被迫出截搭题。本来截搭题应是"意义联属""勿背于理"的。可是后来这类题也出完了,容易揣摩了,于是渐次一些上下关联甚少,以至毫无关联的截搭题、小题等便相继出现,形成恶性循环。尽管如能将毫无关联的截搭句关联起来,也反映"巧思"(乾隆语,见前),[③]但毕竟与经书中大道理和统治经验教训无干,有意无意引导士人穷思竭虑于这些问

---

① 方苞曾说:学习考试经义可使士人"心术群归于正"(《制义丛话》卷一)。王先谦也说:可"束天下豪杰于追章琢句之中,以柔其犷悍横逸不驯之气"(《虚受堂文集》卷一《江西乡试录前序》)。但这和唐太宗说行科举"天下英雄入吾彀中矣"(王定保《唐摭言》卷一五《杂记》)一样,由此并不能得出其目的是毒害士人、行愚民政策之结论。它只不过说明历代统治集团力图将士人、豪杰、英雄招徕、培养成合乎规格的人才、官员,为自己服务,而不致成为异己力量而已。总体上说,行此制度,减少无谓动乱,稳定王朝统治,对全国统一、发展经济是有利的。

② 《大学衍义补》卷九《清入仕之路》"朱熹作贡举私议"条按语。此本指明代。李调元《制义科琐记》卷一"题目无多"条称"国初"仍如此出题。嘉庆《钦定学政全书》卷二一《考试题目》载嘉庆元年(1796)上谕,以为只有如此出题,"方可征实学而获真才"。

③ 如《制义丛话》卷二三:喻世钦应试,截搭题为"可以人而不如鸟乎?《诗》云:穆穆文王"(出《大学》)。隔舍生作一承题云"夫人不如鸟,则真可耻矣",下句接不上,反复吟哦。喻闻憎曰"耻矣,耻矣,如耻之,莫若师文王",该生照录于卷。主司阅全文平庸,惟此"承题为通场之冠",遂中式。周作人以为"将(截搭)题中不相干的两种意思能渡(联系)在一起",是"很妙"的(见氏著《中国新文学的源流》,人文书店,1932年,第64页),都意味"巧思"。

题,也是八股文取士受到指责的重大罪状之一。①

可是难道这些弊病主要应归罪于八股文取士之制吗？显然不应该。因为如上所述,它的根子实际上是在很大一部分士人的"私心"和"意图侥幸出身",甚至通关节等不轨行为上。道高一尺,魔高一丈,上有政策,下有对策,尽管明清统治集团前后化解了各种高招,②可全国有几百万童生,几十万秀才,只要一部分人处心积虑地在钻空子,上面也就很难一一招架,何况总还有一些考官营私舞弊,规避法令,为这些人大开方便之门。由此可见,在明清同样"非是科举累人,自是人累科举";同样主要不是"法弊",而是"时弊"。将前述抄袭、空疏不学等弊病的产生笼统地全都算在八股文取士制度账上,认定它"败坏人才",要求予以废除,显然是不公正的。

五

当然,由此并不能得出结论:严格根据立法意图和制度本身所进行的八股文取士是完美无缺的。对它也应一分为二。

一方面应该承认,它的缺陷是显然的。

除"四书""五经"中可出的有意义的题毕竟不太多,科举时间久了,容易被钻空子,出现揣摩考题抄袭成文、程文等一系列弊病,难以根除,已如上述外,更值得注意的是,即使严格按照立法意图和制度本身所进行的考试,应试者循规蹈矩所答之文卷,毕竟仍是书面文字,它与该生的实际德才,不能等同。关于这一矛盾,早在北宋苏轼反对科举改革废诗赋,试经义、策、论之时,便已强调过。他说实行科举"自文章而言之,则策、论为有用,诗赋为无益;自(处理)政事言之,则诗赋策论均为无用矣!"③南宋

---

① 这一指责主要在清代。如昭梿《啸亭杂录·续录》卷三"法时帆(式善)谑语"条,讥讽"好出搭题"是"割裂"孔孟二夫子著述"。类似指责参徐勤《中国除害议》、唐才常《时文流毒中国论》,载前揭《中国近代学制史料》第一辑下册,第45—54页。

② 本文第二部分所述士人利用八股文"大结"通关节,康熙废"大结",即一例。

③ 《苏东坡集·奏议集》卷一《议学校贡举状》。苏轼这里未提"经义",当系策略,避免太刺激。实际上"经义"也是书面文字,自可归入"无用"之列(指未临政实践,均书面空谈)。

朱熹还联系上了品德说"专做时文底人,他说底都是圣贤说话",如说廉,说义,他都"会说得好,待他身做处,只自不廉,只自不义。缘他将许多话只是就纸上说"。① 乾隆时关于反对废时文取士的"礼部议复"也承认"夫凡宣之于口,笔之于书,皆空言也,何独今之时艺为然",并合德才在一起评说"人之贤愚能否,有非文字所能决定者"。②

这样,既然流弊层出不穷,难以根除,而书面考试经义,回答即使再杰出,也可能与实际德才有出入甚至极大出入,则在19世纪末年以前的几百年中,为什么不坚决废除八股文取士之制呢? 首先是不可能。因为离开书面考试,"行古之制"(如汉代乡举里选),在明清社会、经济条件下,已绝无可能,"徒为纷扰,而不可行"。③ 而如果仍行书面考试,则废除八股文取士之制又没有必要了。主要理由有二:

第一,苏轼曾经说过,书面考试虽未必得到真才,但"自祖宗以来莫之废者,以为设法取士,不过如此也"。④ 此话对后代影响颇大。连乾隆也说:"苏轼所云'设法取士,不过如此',最为通论。"⑤苏轼的意思是,既然古制已不可复,必得采用书面考试,则只要以一种判分标准容易掌握的科目(他主张用诗赋)为主来进行,大致上足以选出文化素养相对说比较高的人才,就可以了,不必要也不可能对这种书面考试及选出的人才期望太高。这就是所谓"设法取士,不过如此"的含义。可是由于所选出的人才就群体言,毕竟文化素养高过其他社会群体,其中总会出现相当多的德才兼备者,成为名臣,所以对之又不应估计过低。他反对废除诗赋取士的理由便是"自唐至今,以诗赋为名臣者,不可胜数,何负于天下,而必欲废之"。⑥ 乾隆及其批准反对废时文取士的"礼部议复",正是照

---

① 《朱子语类》卷一三《学七·力行》。《文献通考》卷三一《选举四》也说科举只是"进身之阶","其人之贤否,则初不缘此"。

② 《清经世文编》卷五七《礼政四·学校》乾隆三年礼部议复《议时文取士疏》。

③ 同上。早在北宋,苏轼已说"风俗之变……譬如江河之徙移",无法恢复,如强行古制,"无乃徒为纷乱,以患苦天下耶!"见其前揭《议学校贡举状》。

④ 苏轼《议学校贡举状》。

⑤ 光绪《续增科场条例》同治二年(1863)四月礼部议复引。

⑥ 苏轼《议学校贡举状》。

搬这一思想,只不过将诗赋换为经义,也说"文武干济、英伟特达之才未尝不出乎其中"。① 乾隆还强调说,八股文取士"惟借为登进先资,至得人之适用与否,则尚需历试(即历练)"。② 都成为不废此制的主要理由。

第二,同样是"设法取士,不过如此"思想,但比起诗赋取士来,八股文取士的优点、作用毕竟稍胜一筹。

甲、八股文取士,首重经义,必然推动全国学习孔孟之道与程朱理学,进而一定程度上推动士人克服"私心",树立以整个王朝统治利益为重的"公心",培养、提高道德品质。康熙年间一度废经义,仅保留论策表判,但数年后即复旧,主要原因便是"不用经书为文,人将置圣贤之学于不讲"。③ 雍正年间又有人主废经义,"上问张文和(张廷玉,大学士),对曰若废制义,恐无人读四子书,讲求义理者矣"。④ 其议遂罢。清阮元说:以"'四书'文取士",使士人"平日所诵习惟程朱之说,少壮所揣摩皆道理之文,所以笃谨自守,潜移默化,有补于世道人心者甚多,胜于诗赋(取士)远矣"。⑤

乙、在一定历史时期,考官认真阅卷,磨勘官(对已录取者考卷进行复查之官)严格把关,必然推动士人钻研经史,留心"实学",并在八股文中有所体现。所以顾炎武才会赞说万历以前传世八股文"无一字无来处"。⑥ 黄宗羲则说:"余见高曾(祖)以来,为其学者,'五经'、《通鉴》《左传》《国语》《战国策》《庄子》、八大家,此数书者,未有不读以资举业之用者也。"⑦清乾隆年间磨勘顺天乡试一卷,有"社稷镇公子"句,主官裴曰修(谥文达)"心疑非杜撰",问其子裴麟,对以出自《国语》,后门客

---

① 前揭乾隆三年礼部议复《议时文取士疏》。钱穆《国史大纲》第六篇第三十三章,商务印书馆,1994年,第598页,以为此礼部议复"全用苏轼议论"。钱氏对八股文取士持否定之见,因说苏轼"其见解乃足贻误六七百年后人"。

② 光绪《续增科场条例》同治二年四月礼部议复引。

③ 《清史稿》卷一一五《选举志三》。上言者为黄机。在他以前已有左都御史王熙、仪制员外郎王士禛上疏请复旧制,见王士禛《池北偶谈》卷三《谈故三》"八股"条。

④ 陈康祺《郎潜纪闻二笔》卷一五"议考试废制义"条。

⑤ 《揅经室集》续集卷三《四书文话序》。

⑥ 《亭林文集》卷三《与彦和甥书》。顾氏同时还建议选择八股文一二十篇加以注解,"如李善之注《文选》"。此与"无一字无来处"看法正好一致。

⑦ 《清经世文编》卷五七《礼政四·学校》黄宗羲《科举》。

于《左传》检得之，裘麟时已为翰林院编修，"遂长跪而几受责"，[①]把关、要求之严可见一斑。正因如此，只有认真读书方易中举的见解在士人中广为传播，[②]甚至嘉庆二十年上谕也说："士子研经稽古，于五经三传自应诵读全书，融铸淹贯，发为文章，方足以觇学识。"[③]

丙、八股文取士要求不但所写经义文字体现实学，而且观点具有新意者（当然必须不违背经书、注释内容的基本原则），中式可能性最大。《制义丛话》中其例不胜枚举。乾隆便曾多次在上谕中反对试卷"浮词俗调"，"全无精义"，"于传注无所发明"。[④]乾隆三年的"礼部议复"疏则从正面强调："时艺所论，皆孔孟之绪余，精微之奥旨，未有不深明书理而得称为佳文者。今徒见世之腐烂抄袭，以为无用，不知明之大家……国初诸名人，皆寝食梦寐于经书之中，冥搜幽讨，殚智毕精，始于圣贤之义理，心领神会，融液通贯，参之经史子集……而后可称为文。"[⑤]晚清左宗棠在谕子书中所推荐的"作八股"要点，除"熟读经史"外，便是"其识解必求出寻常意见之外"。[⑥]梁章钜盛赞李光地、韩菼、方舟、方苞之八股文，以为"专于义理求胜……而识力透到，往往补传注所不及"。[⑦]清俞长城一八股文，题出《论语·阳货》，为"唯女子与小人为难养也"一章，所论以大量史实为背景，被评为"括尽宦官、佞幸诸列传"（因"代圣贤立言"，不能明说，只能暗征），其精到之见，"危言笃论，如闻清夜钟声"。[⑧]具有如上学力、识见的士人，一般说自然符合人才的基本规格。

丁、八股文取士还可以培养士人的逻辑思维。《池北偶谈》引清初汪

---

① 《制义丛话》卷二。又光绪增修《钦定科场条例》卷一七《乡会试艺》：嘉庆十八年（1813）一乡试文有"昔武王克殷，使闳夭进招华之桂于太庙"等三句，磨勘官以为此语未见所出，称是"近人之书"，说出《尚书大传》，但"查《尚书大传》并无此语"，上奏，嘉庆上谕"所奏是"。此亦把关严一证。关于清重磨勘，请参李调元《淡墨录》卷一四"甲戌始重磨勘"条。

② 《郎潜纪闻初笔》卷一四"凌廷堪不好八股文"条甚至说："尝谓通经志古之彦，苟欲以科第自娱，譬如池鱼阑豕，取以供客，可立而待。"卷一三"孙侍御记问之渊博"条还以诗夸张说"从无万卷撑肠士，犹困区区甲乙科"。

③ 《制义丛话》卷二。

④ 嘉庆《钦定学政全书》卷六《厘正文体》载乾隆四十四年、二十四年上谕。

⑤ 前揭乾隆三年礼部议复《议时文取士疏》。

⑥ 刘声木《苌楚斋五笔》卷三《论左宗棠家书二篇》。

⑦ 《制义丛话》卷一三。

⑧ 《目耕斋全集》中《目耕斋小题》载俞长城文，徐（楷）荆闻评。

琬(钝翁)语"不解八股,即理路终不分明"。① "理路",应即指逻辑。钱基博先生曾说:"八股之文……其为之工者,无不严于立界(犯上连下,例所不许),巧于比类(截搭钓渡),化散为整,即同见异",文章具有"不可乱不可缺之秩序","就耳目所睹记,语言文章之工,合于逻辑者,无有逾于八股文者也"。并引章太炎、胡适语,论严复、梁启超逻辑严密之文"乃蜕自八股",钱先生赞曰"斯不愧知言之士也"。②

以上八股文取士四优点。

同时还要看到,在明清社会即使空疏不学、抄袭之风泛滥,然在道德品质、实学、创见、逻辑四方面,或一、二方面,能不同程度达到标准的人才是存在的,是有社会基础的。这主要就是望族世家、科举出身官员子弟。前述空疏不学、剽窃抄袭之风,一般说是流行于平民(一般地主、富裕农民、富商等)子弟中。他们学无渊源,底子薄,除极少数优秀者外,往往采用平庸的甚至不正当的方式学习、考试,③意图幸中,被视为"俗学"。望族世家等则不同:"世家所教,儿童入学,识字由《说文》入手,长而读书为文,不拘泥于八股试帖,所习者多经史百家之学,童而习之,长而博通。"④此种情况不胜枚举。⑤ 正因如此,科举中式,后来居高官要位者数量都比较多。明代沈德符列举现任大臣子弟中式者数十百例。⑥ 清

---

① 《池北偶谈》卷一三《谈艺三》"时文诗古文"条。章学诚《乙卯札记》(中华书局,1986年)第17页引用此条,肯定"理路"说。

② 钱基博《现代中国文学史》下编新文学《逻辑文》,世界书局,1933年,第351页。

③ 不正当方式如臆测考题、剽窃抄袭等。平庸方式如不读经史,唯知诵习前人程文。《儒林外史》第十五回马二先生说:"书中自有千钟粟……而今什么是书? 便是我们的文章选本了。"具有相当普遍性。他们虽不抄袭,但因所学仅文章格式、作法,本人学无根柢,临场为文,内容只能空洞无物。人们否定八股文取士制最爱引用的清徐灵胎关于"时文"乃"欺人技"等语(见袁枚《随园诗话》卷一二第五〇条),讥讽的也仅是这类人。

④ 刘禺生《世载堂杂忆》"清代之科举"条,并说"俗学则(仅)钻研时艺"。

⑤ 如清初大儒陆陇其《示子帖》:"惟读经,读古文,此是根本工夫。根本有得,则时文亦自然长进矣。"见《制义丛话》卷二。左宗棠喻子书:欲成"八股人才",取得科第,必须"熟读经史","熟精传注",见《茱楚斋五笔》卷三《论左宗棠家书二篇》。曾国藩喻子"穷经读史,二者迭进","看胡刻《文选》",甚至要求学"天文算学"等,见《曾国藩家书训日记》,北京古籍出版社,1995年,第432—436页。

⑥ 《万历野获编》卷一五《科场》"现任大臣子弟登第"条。《日知录集释》卷一七"大臣子弟"条引《五杂组》:明代"执政子弟擢上第者,相望不绝"。

代也有类似情况。① 当时行弥封、誊录等制，作弊可能性小，登第当主要缘于文化素养。他们再经过历练，升迁高官可能性也较大。王士禛列举清初"兄弟九列""父子尚书""父子宰相"等多例，②即其一证。这就是说，这一阶层子弟的上进，与统治集团八股文取士的指导思想（重品德、实学等），是天然默契的，同以孔孟之道、程朱理学为渊源，③因而成为八股文取士制得以存在、演变，而不至于被废除的社会基础。④ 这就是为什么尽管流弊严重，明清王朝总可以选拔出统治人才，相应地也就并未感到有必要坚决废除八股文取士制，相反，还振振有词举出杰出人才"未尝不出乎其中"作为理由的根本原因。至于一般平民子弟，明清科举对之期望本不高。其中极少数优秀者能出类拔萃，通过科举为官，甚至经过历练，跻身显宦行列，成为统治集团新鲜血液，一般形成新的"世家"，⑤自然多多益善。而绝大多数"俗学"，空疏不学，剽窃抄袭，往往弄得科场乌烟瘴气，也无妨选拔人才之大局，其中稍胜一筹者或许还可"幸中"，成为秀才，组成下层绅士集团，⑥为巩固王朝统治服务。因此，从这一方面

① 如刘统勋，进士，内阁大学士，子墉，孙钚之，皆进士，见《清史稿》本传。王安国，进士，吏部尚书，子念孙（"八岁十三经毕，旁涉史鉴"），孙引之，皆进士，见《清史稿》本传及《儒林传》。潘世恩，进士，内阁大学士，子曾莹，孙祖荫，皆进士，见《清史稿》本传。

② 均见《池北偶谈》卷一〈谈故一〉。康熙以后仍不乏其例。如上注所引刘统勋子墉，内阁大学士，孙钚之，吏部尚书。王安国子念孙，道台，孙引之，工部尚书。潘世恩子曾莹，吏部侍郎，孙祖荫，工部尚书。还有一突出之例：翁心存，进士、内阁大学士；子同书，进士，巡抚；同爵，巡抚；同龢，状元，协办大学士。见《清史稿》各本传。

③ 嘉庆《钦定学政全书》卷五〈崇尚实学〉载乾隆五年（1740）上谕：程朱理学"（个人）循之则为君子，悖之则为小人；为国家者，由之则治，失之则乱"。

④ 潘光旦《明清两代嘉兴（府）的望族》（载《潘光旦文集》第三卷，北京大学出版社，1995年）统计"望族"91，其考中"魏科"者（指会试会元及殿试状元、榜眼、探花、传胪，明清两代全国共达960人），明代10人，而非望族才考中2人，即83.3%与16.7%之比；清代17人，非望族考中11人，为60.7%与39.3%之比；合之40人中望族27，非望族13，是67.5%与32.5%之比。这些数字可为明清望族世家乃科举存在、演变社会基础之重要证据。当然，这一阶层和魏晋南北朝长期延续的门阀制有所不同，特点之一是：因为没有高级士族子弟直接起家为官，甚至"平流进取，坐至公卿"的优待，就个别家族言，延续数代后，出于种种原因，可能衰败没落，但就这一阶层子弟总体言，却总因有新的望族世家涌现而延续下去。

⑤ 由于一般地主等平民子弟数量庞大，故其中极少数优秀者最后中举为官，一般形成新的世家，在整个世家中占的比例还是不小的。这也就是说，望族世家子弟成为八股文取士之长期存在的社会基础，与科举中式者平民子弟占相当甚至颇大比例，二者并不矛盾。

⑥ 参见伍丹戈《明代绅衿地主的发展》，载《明史研究论丛》第2辑，江苏人民出版社，1983年；又见张仲礼《中国绅士》第一章第三节。

看,统治集团也很难会感到非坚决废八股文取士制不可。

何况还存在以下问题:这就是在19世纪西方民主、科学大量传入我国以前,纵使对八股文取士制不满意,想废除也找不到更好的制度来替代它。因为在当时社会条件下,必须也只可能以孔孟之道、程朱理学作为治国和培养人才的指导思想。这一思想不变,则八股文取士如前所述已是选拔人才最理想的制度,想废也废不掉。俞樾说:这一制度"康熙间曾议废之,不久而复,诚未有以易之也"。① 乾隆时"礼部议复"说:"人知其弊而守之不变者,非不欲变,诚以变之而未有良法美意以善其后。"② 都是这个道理。

当然,如果发展到由此选拔的人才实在无法适应新形势需要,危及王朝统治,则尽管阻力重重,最后也定会将这一制度废除的。光绪年间改革即其证。但是在此之前很长一个时期,明清王朝却无此迫切需要。这是因为到19世纪中后期以前,古代王朝就全国范围言,为巩固统治,最最经常、基本的任务,只是行政管理,特别是收税与判案。而八股文取士所选拔的多数人才、官员,由于学经习史,文化素养较高,经过"历试"(乾隆语,见前引),一般都能完成这些任务。这样,一方面找不到更好的制度,"未有以易之也";另一方面旧制度虽不令人满意,但还未到山穷水尽、非改不可的地步,则统治集团怎么可能具有超前意识,来废除八股文取士制呢?

再就掌握先进的科技等言,在明清社会生产力条件下,它们在巩固王朝统治事务中,远不占重要地位;而且一般说,由于整体水平不高,有兴趣的士人、官员也可兼通,并用以处理统治中出现的有关问题。③ 因而

---

① 俞樾《春在堂随笔》卷四。

② 前揭乾隆三年礼部议复《议时文取士疏》。

③ 方豪《中西交通史》(岳麓书社,1987年)第四篇《明清之际中西文化交流史》各章,兼通之例颇多。如徐光启、李之藻、方以智、梅文鼎等,皆以士人、官员兼学先进科技包括西方科技,取得明显成就。又参阮元《畴人传》、《清史稿·畴人传》。又《中西交通史》第四篇第七章(下)第五节,第868—869页:清廷(康熙)曾派大员率人前往西藏测绘地图,以利"统一"。虽因技术粗糙,图不完备,但"已窥知其面积甚广,且充满可注意之事物",并"认识若干城市及经过之水道"。这是其人虽水平不高,但已基本适应当时统治需要之例。

统治集团也就更不可能具有超前意识,过早地用兴办新式学校等培养各类专门人才,来取代八股文取士所选拔的行政官僚了。

一句话,在19世纪中后期以前,明清统治集团没有必要,也没有可能废除八股文取士之制。而只有发展到了19世纪末,西方民主等思想、制度包括文官制度、教育制度,以及先进的科学技术大量传入,导致我国社会经济结构和思想发生不少变化,清王朝已不能再完全依靠孔孟之道、程朱理学统治下去了,这时才会被迫产生彻底改革之需要,特别是借鉴西方,逐步懂得如何改革,如何在废除八股文取士制之后,用"良法美意,以善其后"(乾隆时礼部议复语,见前)。① 只有大体到了这个时期,才可对八股文取士制全盘否定。而在这之前的几百年中,尽管八股文取士制流弊严重,制度本身也颇可疵议,但因它"实取历代之法而折衷之",②"取士之科,莫善于此"(何良俊语),当时没有别的制度可以取代它;而王朝的主要任务又和过去一样,只是行政管理——收税和判案,所以总体上观察,还得承认,八股文取士制基本上适合明清社会状况,所培养、选拔的大批人才,在巩固王朝统治,维护国家统一,发展经济、文化上,都不同程度地起了积极作用。它的历史功绩,绝不应抹杀!何况从方法论上说,道高一尺,魔高一丈,二者固然有关联,可怎能因魔高一丈,作恶多端,就连道高一尺也一概反对?同样,上有政策,下有对策,二者也是相因而生的,可怎能因下面的对策煽起歪风邪气,就将上面苦心孤诣所制定的政策,也全盘否定?

总之,评价八股文取士之制,必须历史地、全面地分析,否则,结论是不可能公正的。

---

① 康有为于清末奏请废八股文取士制,但他承认"以经义试士……立法之始,意美法良","当闭关之世"一直起着积极作用。只有当"今者万国交通,以文学、政艺相竞,少不若人,败亡随之",方需废八股,并"宏开校舍,教以科学",如"工艺、物理、政教、法律"等。见《光绪二十四年四月二十九日康有为请废八股试帖楷法试士改用策论折》,载前揭《中国近代学制史料》第一辑下册,第75—79页。"宏开校舍,教以科学"云云,在闭关之世是没有必要,也没有可能提出的。

② 《清经世文编》卷五七《礼政四·学校》黄中坚《制科策》。

第五编

读 史 记

《史记》导读*

　　大家都知道,《史记》是我国古代最优秀的一部史学著作,文学水平也很高。它的作者司马迁是我国古代最杰出的一位文学家和史学家。我今天来介绍《史记》,也要介绍司马迁,但侧重在史学方面,讲四个问题。

　　先介绍两个知识性问题。一个是《史记》的名称问题。大家或许以为这本书一开始就叫作《史记》,其实不是。在司马迁以前,"史记"是一个泛称,凡是春秋、战国的史官记下了本国的大事,形成的原始史料都可以叫"史记",秦国史官、魏国史官记的都可以叫"史记"。所以司马迁出书后差不多 200 年中,这部书有时叫《太史公书》,这是司马迁自己定的名字;有时叫《太史公记》;甚至于有时候叫《太史公》,并不叫《史记》。根据学者研究,要到 200 多年后的东汉末年才开始叫《史记》,从此直到今天,"史记"这个名字就专属于司马迁。

　　第二个知识性问题是《史记》的存失问题。据《史记》司马迁自序,他说他写出来的书一共是 130 篇。今天的《史记》是 130 卷,正好吻合。但今天的《史记》是不是全是司马迁写的呢?并不是。经过学者们的研究,一般认为:绝大多数是司马迁写的,也有小部分遗失了,后人增补进去,所以今天仍有 130 卷。补写的部分有两类:一类是整篇地补,因《史记》有十篇整篇地遗失了,比如说《景帝本纪》《武帝本纪》等,所以整篇地补;另一类是司马迁写的,但后来已有缺漏,故零散地补缺,如《匈奴列

　　* 原载《中国大学人文启思录》第二卷,华中理工大学出版社,1998 年。

传》，在正文后补了几百字。是谁补的呢？大多数是西汉后期，元帝和成帝的时候，有一个人叫"褚少孙"，是个博士，教《春秋》经的，由他补写的，文笔远不如司马迁，但作为史料，仍有很高价值。还有一部分是其他人补的，但不知是何人了。

下面讲正文。我的看法和很多学者以至教科书不完全一样，作为一家之言。

第一个问题就是简单介绍一下司马迁的经历。司马迁，西汉夏阳（当今陕西韩城市）人，生于公元前 145 年（也有说法是公元前 135 年），死于公元前 87 年左右，这都是学者研究的结果，没有明确记载。他的祖先曾当过周朝太史，他父亲司马谈又当了汉朝太史令。司马迁从小受到良好教育，20 岁到全国各地旅游，包括孔子的家乡曲阜，使他大大丰富了社会知识，开阔了眼界。当时正是西汉鼎盛时期，经过文景之治，国力强盛，对匈奴也打了三次大胜仗，汉武帝的文治武功在当时是很辉煌的。同时，汉武帝推崇儒家学说，所以儒家学说日益得到尊重，所有这些都给了司马迁深刻的印象。司马迁最初做官时才 20 多岁，做一个叫"郎中"的小官，大体相当于后代的九品官。官虽然不大，但任务是保护皇帝：皇帝宫殿的门户郎中要守卫，皇帝出去郎中也要跟着保卫，所以接近汉武帝的机会较多。由于司马迁才干出众，所以得到汉武帝赏识，曾被派出去到巴、蜀了解统治情况，反映出汉武帝对他的信任。

公元前 108 年，司马迁接替父亲司马谈当了太史令。太史令是一个中下级官，大体相当于后代七品官，主要负责天文历法，同时掌管整理国家图书资料。所以司马迁得以大量阅读图书资料，给他后来写《史记》打下了雄厚基础，他于公元前 104 年开始写《史记》，前后十几年方才完成。上起传说中的黄帝，下至汉武帝，共三千多年历史，52 万多字。司马迁在公元前 99—前 98 年，因替李陵说情遭受宫刑。李陵是一位将军，替汉武帝打匈奴，开始打了很多胜仗，后来救兵不来，矢尽粮绝，他就投降了匈奴。汉武帝听到后非常生气，问司马迁怎么看，司马迁替李陵做了一些辩护，汉武帝生气，将他处以宫刑。执行以前，司马迁很痛苦，曾想到要自杀，但《史记》已经写了，还没有完成，死了轻如鸿毛，思想斗争的结果，活了下来。后来他又接受了一个比太史令还要高的职位，叫中书令，大体相当于后代六品官，继续为汉武帝服务，直到死去。

下面讲第二个大问题：《史记》的指导思想。司马迁为什么要写《史记》？他想通过《史记》宣扬一个什么思想？这是我们首先要明确的。我以为，司马迁的指导思想有两个：首先一个是为了歌颂汉王朝。有不少学者认为《史记》是揭露汉王朝，揭露汉武帝阴暗面的，我认为这个看法不妥当。《史记》是歌颂汉王朝的，可以从两方面得到证明：一方面是司马谈、司马迁父子的言论，从言论中看他们为何要写《史记》。司马谈临死时叮嘱司马迁必须写一部史记，歌颂汉朝"明主、贤君、忠臣、死义之士"，从中可看出司马谈对汉朝是肯定的。司马迁当时曾流泪表示：我虽然才干不高，但一定要把您收集整理的材料细致完备地写出来。后来他又向别人表了同样的态，他说，汉武帝是明君，对汉武帝的盛德和一些王侯将相的功绩，自己如不能写史书记载下来，作为史官是没有尽责，作为儿子来说是违反了父亲的遗志，"罪莫大焉"。无论从司马谈还是司马迁关于为何写《史记》的言论，都可看出他们是歌颂汉王朝的。另一方面，更重要的是要看《史记》内容。举两个例子。首先，在《自序》中，司马迁在提到为什么要写汉武帝本纪的时候，说"汉兴五世，隆在建元"，"建元"是汉武帝的年号，从刘邦到武帝是五世，这话是说汉武帝功绩达到五世最高峰的意思。在此之前，司马迁对汉朝的皇帝都给了很好的评价，比如说，刘邦，"汉行功德"，所以打败了项羽。另外又提到了文帝，也用了"天下归心"。现在说武帝，又超出了前几任皇帝，歌颂的意思十分明显。再一个例子，《封禅书》。"封禅"指皇帝有了很大功德，到泰山去祭天地。《封禅书》是八书之一。司马迁在其中首先表达了一个意思：自古以来受命的帝王都要进行封禅，而这种帝王在受命的时候就会有符瑞，即神秘的征兆，比如什么地方出现麒麟，什么地方出现龙，等等。这意味着这个帝王是天满意的，有大功德，可封禅。《封禅书》接着记载了自古以来封禅的情况，如周成王。下面讲到秦汉时，记载了一个鲜明对比的事，一方面说秦始皇很残暴，没有功德，硬行登泰山封禅，结果天老爷不满意，来了大风雨，遭到别人讥笑。另一方面对汉武帝则记载有符瑞：公元前113年,在山西出现一个鼎,宝鼎,有关官吏认为这是"受命"的象征。公元前110年汉武帝到泰山封禅,"无风雨灾",天气很好,从此建立封禅制度。很明显,《封禅书》表现了对汉王朝肯定、歌颂的态度。更能说明问题的就是司马谈在封禅的时候很想去,但没让他去,结果一气得了重病,临死时抓住司马迁说:封禅是不容易的,上次封禅是周成王的时候,距今有1000年了,今天天子好不容易又去封禅了,而我不能参加,这是命啊! 这是司马迁在《自序》里写的。很明显,这是司马迁肯定汉武帝功德的一个强证,否则,如果他否定封禅,否定汉帝,又这样来写他父亲,就是把他父亲拿出来充当一个愚蠢可笑的典型。因为在汉代非常重视孝道,皇帝死后谥号都有一个"孝"字,在这个时代,他这样写他父亲,表明他是绝不可能否定封禅,否定汉武帝的。何况这是他父亲临死的遗嘱,谁也不知道,没有人强迫司马迁一定要写出来,如果他对封禅,对武帝的功德持否定态度,又何必把这话写出来呢? 既然写了出来,在讲究"孝"道的汉代,就证明他对此是持肯定态度的。

有很多人说如果司马迁是肯定汉朝的,那么《史记》中有不少暴露汉朝君主、武帝的错误、罪行的,如何解释? 我以为:司马迁继承了先秦史官如实反映历史真实情况的传统,后来班固给他的评价是"不虚美,不隐恶",把抱这种态度写下来的史书叫作"实录"。所以尽管司马迁主观上要歌颂汉王朝,但对皇帝的错误和罪行(如汉武帝好大喜功、穷兵黩武、穷奢极欲、迷信鬼神,甚至于汉高祖刘邦的一些流氓行为)都如实写了下来。这里有一强证:凡是属于君主的一些错误和罪行都是在正文里,作为史料如实记载,凡表示司马迁自己的看法的,在"太史公曰"里面,都没有关于错误罪行的叙述,都是肯定汉朝的。通过这一对比,可以看出:主观上司马迁是要肯定汉朝的,但又有先秦史官传统的影响,所以要如实记载,这正是一个伟大史学家的伟大之处,并不因为他想肯定汉朝而隐瞒罪责和错误。

司马迁为什么会有这样一个指导思想? 这和他的政治态度分不开,他的政治态度是一贯忠心于汉武帝的,有以下三点证明:第一,司马迁的家庭和汉王朝的利益是一致的,父子俩先后担任太史令(是六百石的官），官虽不大，但西汉时官职不多，作为一般士人，能到这个位置就很满足了。这个位置有些特权，是颇为光荣的，比如：六百石以上的官，犯了罪不能直接判刑，必须上报给皇帝，叫"先请"，如果皇帝对你有好印象，就可能减刑或免刑了。另外，出门坐车，车上可施幡，即装车耳，所以司马谈曾说：我死了以后你会当太史令的，这就可以"继吾祖"。这证明当太史令很光荣，这是一个证明。第二，正因如此，司马迁对武帝十分感激，曾说自己一直想通过拼命工作，"亲媚于主上"，取得武帝欢心。这是自己说的对武帝的态度。后来为什么又得罪了汉武帝呢？据史载，司马迁和李陵并无深交，其所以要替他辩护，主要原因之一是听到李陵投降消息后，汉武帝食不甘味，非常难过，无心上朝，大臣们不知所为，司马迁想给汉武帝一点安慰，表达自己一片愚忠之心，所以解释说李陵过去一直表示忠心于国家，这次打匈奴开始也立了很多大功，最后是不得已才投降的，将来有机会还是会报答汉朝的，意思是劝武帝多从好处着想，别太难过。谁知汉武帝认定他是给李陵辩护，将他处以宫刑，这是他完全没有料到的。这是汉武帝的错误。第三，是不是从此后司马迁开始反对汉武帝呢？没有。事实上他又做了地位更高的官吏，中书令是千石之官，相当于皇帝的机要秘书，天天在汉武帝身边工作，前后七八年，直至死去。如果不是和汉武帝关系好，得到信任，不可能充当这么久的中书令。从中也可看出他和汉武帝的关系非同一般。而且这是有材料证明的。如班固写《司马迁传》说他当中书令，"尊宠任职"，意思是工作很出色，胜任职务。司马迁的朋友任安写信给他，要他以古贤臣来要求自己，大力推荐人才。通过这一要求也反映当时司马迁在人们眼中地位不低。由于遭受宫刑，具有强烈士大夫精神的司马迁内心痛苦，但这没有影响到他在政治上继续忠心于汉武帝。据史书记载，他是一个正直坦率的人。如果他反对汉武帝的话，而汉武帝晚年是一个喜怒无常的人，把皇后和最大的儿子都逼死了，司马迁怎么能在他身旁"尊宠任职"呢？以上三点证明司马迁在政治上是忠心于汉朝，忠心于武帝的，很多学者把遭受宫刑作为司马迁对汉武帝态度变化的一个重大转折点，其实我看来，他的家庭出身，个人经历都和汉王朝结合在一起，从小受的教育也把他培养成为一个忠君孝亲的人，他遭受宫刑的时候已经40多岁，思想已定型，虽痛苦，但不可能转变为反对汉武帝，思想上没有基础。何况不久汉武帝又拉了他一把，给他升了官，当的又是皇帝身边最亲信的、相当于机要秘书的官。因为后来汉武帝觉得李陵的投降也是有点原因的。

《史记》的另一个指导思想是为了体现、宣扬儒家思想，实际上也是紧跟时代潮流的。因为汉武帝是独尊儒术的。这也可从两方面证明：一方面，从司马迁的学术流派来看，虽其父是道家学派，但他本人基本是受儒家思想支配的，受春秋公羊学派影响。史书记载，他曾向儒学大师董仲舒请教学问，有人认为他就是董仲舒的弟子，或是汉朝公羊学派的重要人物。司马迁在《自序》中极力推崇孔子，表示要继承孔子《春秋》的传统。为什么要写三千年通史？司马迁表示主要是为了探讨历代统治成功或失败的经验教训，以"拾遗补艺，成一家之言"。"艺"，指经书。拾遗即收集古史中遗漏的史料，"补艺"即弥补儒家经典不足之处。儒家经书发展到汉武帝时，数量很多，内容烦琐，多半是抽象、枯燥的原则，仁义礼智信之类，而当时的注释都是从文字训诂上解释，或是从"微言大义"方面注释，所以有些注释是越看越糊涂，很难被一般士人理解、吸收。而汉武帝又要广泛传播它，司马迁敏感地感觉到如果能在已有的史料基础上更广泛地收集一些史料，即"拾遗"，写出一部系统的通史，通过生动具体的史实，用儒家思想来指导，来总结历史上的经验教训，就可以更有效地宣传儒家思想，"成一家之言"即是此意。另一方面，从《史记》的内容来看，也是基本上贯彻儒家思想的，特别是宣扬儒家的"仁义"思想。举一个例子：比如写到西周代替商朝，在《殷本纪》里记载纣王如何残暴，如何违反仁义，又在《周本纪》里极力描写周文王如何推行仁义，"积善累德"，到他儿子周武王又接着推行仁义，结果推翻殷朝。这样，通过具体生动的事实，就使儒家思想更容易被人接受。不仅是周朝，而且是系统介绍了三千年的史实，这就是他的"拾遗补艺"。到汉代，他记载孝文帝如何废除肉刑，如何把"夷三族"的刑法废除了，评论说："德至盛也，岂不仁哉"，对孝文帝是用儒家的标准去评价的，说明他在宣扬儒家思想，也是歌颂汉家君主。

说《史记》宣扬儒家思想也有些难以解释的问题,如被很多著作用来作为《史记》否定儒家思想的一个例子:在《游侠列传·序》里,说"窃钩者诛,窃国者侯,'侯之门仁义存',非虚言也",前三句在庄子的原文里确是对儒家仁义进行讥讽,意思是当时的社会并没有什么仁义和公理,谁有权力就可以当侯,统治国家,可以自封为"仁义",而如果没有实力,偷一个带钩就会被处死。庄子的思想是道家的,这话的确是讥讽儒家的仁义道德的,但司马迁引此句,是不是同一个意思呢? 根据上下文全面研究,我个人认为他本意并不反对仁义,而是用来说明他对"仁义"的一个看法。司马迁对"仁义"理解得很实在,认为在别人有困难(经济困难、政治困难)时进行帮助,这就是有德,就是仁义,别人也就会赞美他仁义。用这种标准来衡量,司马迁认为,偷一个带钩的人只有他自己得到好处,别人没有得到好处,所以没有人支持他,他就被抓来杀了;相反,窃国者,即推翻旧统治,建立新统治,如周武王,在他"窃国"的过程中,跟随他得到好处的人很多,很多老百姓支持他拥护他,他就可以成为王、成为侯,成为统治者,这就是司马迁所理解的"窃国者侯"的意思。至于"侯之门仁义存",是"窃国者侯"在道德上的评价,意思是夺取了政权以后,得到好处的人很多,原来受害的人得到好处,所以赞美新统治者有德。对于这种大力给别人带来好处的人,司马迁是肯定的,"窃钩""窃国"只是一个比喻,想说明大力帮助别人就是仁义。在序里说这样的话,是和后面相呼应的,因为游侠就是这样一种人:牺牲自己,帮助别人。所以如果仔细研究这三句话,就可以知道司马迁不但不否定仁义,而且是赞美仁义的。大家也许要说,那司马迁引用庄子的话,不是反其意而用之吗? 是的,当时确有这种风气,在先秦和两汉,写史书和写诸子书很不一样,写法不同:写史书必须如实记载,不能歪曲,不能变动原意;写诸子书是表达思想,举个例子涉及到历史,可以是真的,也可以是歪曲的、捏造的,所以诸子书上很多记载是子虚乌有的,只是为了说明观点,只要观点被人接受就行了。这是许多学者,特别是清朝学者早已论述过的,这是当时的风气。所以司马迁也不例外。他写本纪、列传,写正文时一点也不敢出错,而写序和"太史公曰"的时候,因为是在阐述自己的主观观点,所以引用别人的话、引用史实可以任意阐释，可以根据自己的理解来写，甚至反其意而用之，这是允许的。如司马迁在《报任安书》里举了七个例子来表达他想写《史记》的思想，这七个例子并不都对，而且和《史记》正文就有出入。因是写信，信手写来也没有关系。

概括一句：《史记》的内容基本体现了上述指导思想。必须指出一个问题：当时的汉王朝是处在一个上升时期，儒家思想是为巩固统治服务的，所以《史记》宣传歌颂帝王将相和儒家思想，丝毫不影响它的伟大，相反，它是高度评价《史记》的一个前提。应看到：司马迁主观上是想歌颂肯定汉王朝的，但客观上又如实地暴露了汉王朝的错误和罪行，在某种意义上说，更伟大，更不容易。

下面讲第三个问题，也即《史记》的杰出成就，分四个方面来介绍。

第一，《史记》创立了中国史学中的纪传体体裁。这一体裁的最大特点是以君主为中心来编写历史，即：首先将一代代君主在位期间一年年的大事编成本纪，"纪"是纲的意思，"本"是根本，指的是当时皇族中最根本的一支，亦即帝系。本纪记载的内容是全书的纲，围绕这个纲，再用"世家"（记载贵族、王、侯）、"列传"（大臣）、"表""书"四种形式（"表"是排列时间的，"书"是记载典章、制度和政策的）记载具体细致的部分，这在后代被叫作"五体"。这五种体裁在司马迁之前都有萌芽，如《禹本纪》。司马迁在吸取前人成果的基础上，把五体集中起来创造了纪传体。从政治上说，是突出了皇帝至高无上的地位，适合大一统国家的需要；从史学角度说，既用"本纪"突出了全国的大事，又用"列传"等按照政治、军事、经济、文化记载下来各种人物、事件、典章制度以至于细节，容纳的内容相当广泛，而又不流于烦琐，比编年体更适合需要。因编年体全部是按年排下来的，在一年当中不仅记一些大事，连一些具体小事也都记进去，缺点就是重点不突出，有些烦琐。现在则很好，本纪把大事列出来，列传、世家等记具体、生动、形象的事，相互配合。这就是为何两千年来都用纪传体作正史的原因。

第二，《史记》记载了全国范围，包括少数民族地区的三千年的通史，这在中国史学著作中是第一部。在司马迁的时代，社会经济文化比起过去是进步了,但实际上还很落后,全国的交通联系非常不易,所以流传下来的古代史料相当少,零碎片断,甚至相互矛盾。少数民族的史料更少。要以一个人的力量,在很薄弱的基础上写一部三千年的通史,涉及政治、军事、经济、文化,这是非常浩大的工程,在司马迁时代没有一个学者敢于提出做这项工作。司马迁以无比的气概,给自己提出了这一任务(他父亲交代给他的任务主要是让他写当代史,而他却向上延伸,成为三千年通史)。经过司马迁对史料广泛地收集和天才地考证、鉴别,《史记》成为信史。如《殷本纪》,记载的世系(当时司马迁并没有看到甲骨文,金文也很少见)今天用甲骨文和金文来对照,只有很少的出入,这是非常了不起的。须知,那还是个用竹简的时代,写作困难极大。

第三,《史记》如实地反映历史真实情况。对秦始皇这样一个被推翻的君主应该采取什么态度?当时朝野上下都认为他特别坏,所以秦朝不久灭亡了。光讲其坏,不讲其好。司马迁不否认秦始皇的残暴,并用大量史料证明了这一点,如焚书坑儒等,但他又如实记载了秦国和秦始皇统一全国各方面的巨大功绩,赞扬秦的一些好的经验,这就是实事求是的态度。值得一提的是对待项羽。司马迁一方面根据儒家思想指出项羽的失败是由于暴虐,记下了他烧杀抢掠大失民心的罪行,另一方面又记下了他与士卒同甘苦、勇冠三军,一次次打败秦军的汗马功劳,巨鹿之战写得非常有声有色,体现了对项羽的感情。他写项羽用了最高规格的"本纪",这也不容易,因为项羽是被刘邦打败了的人物,现在他不仅记下了项羽的暴虐,也记载下了他的功绩,表明了他对项羽实事求是的态度。不过有一点要指出:在西汉,和三国以后不一样,"不虚美,不隐恶",如实记载君主罪行,在当时政治压力并不很大,司马迁写《史记》便是如此。在西汉时代,从来没有人认为他记载了汉武帝错误有什么不对。因为先秦史官直笔的影响还存在。而且和后来,特别是纸张出现、印刷术出现以后不一样,史书传播范围小,影响不大,当时统治者还没来得及考虑抓这个领域。和后代尤其是明清写史书所受的政治压力不可同日而语,所以简单地把司马迁和后代史学家相比抬高司马迁,贬低后代史学家是不妥的。当然,尽管如此,还是应该肯定司马迁敢于记载皇帝和王侯将相的错误是了不起的。

第四，《史记》文学造诣非常高，在我国散文史上占有很高地位。《史记》很多地方文字非常生动，语言精练，刻画人物形象鲜明，栩栩如生，这也加强了史学效果。举例：如楚汉相争时，刘邦曾派韩信独当一面，韩占领山西、河北、山东大片地方，形成强大势力，在楚汉之间举足轻重。司马迁记载：这时韩信派了一个代表回来见刘邦，请求封韩信为"假王"，并说他占领了这么大地方，如果没有王的名义，就不能有效地统治这一地区。当时刘邦正处在困难之时，项羽刚派人射伤他，所以他就骂道："我正困难的时候你不来帮我，反过来要当王。"本来他下面要拒绝封王的，可这时陈平踩了他脚一下，意思是提醒刘邦，这时韩信力量已很大，如不封他为王，他去支持项羽，刘邦就要失败了。刘邦很机警地意识到这个问题，马上改口说：大丈夫要当王就当真王，当什么假王，立即封韩信为齐王。这段描写从他开始的态度到陈平踩脚，具体生动，给人印象很深，许多细节加在一起，突出了刘邦的形象。文学水平高了也就加强了史学效果。司马迁之所以是古代有名文学家，正是因为《史记》文学水平非常高的缘故。

从以上四点可以看出，《史记》是我国第一部采用纪传体编写的三千年的通史，这部史书史料翔实、丰富，文笔优美生动，紧跟时代潮流，力图歌颂汉王朝，力图宣扬儒家思想，为进一步巩固大一统的帝国服务，但又实事求是，成为后代史学著作的楷模，所以有人评价它是我国史学著作中光芒四射的明珠，是史学史上光辉的里程碑，从此以后我国古代史书中才有纪传体，才有三千年的通史。

第四个问题，即《史记》中的某些非正统的思想。一个人的思想不可能是很简单很单纯的，是复杂的，司马迁也不例外。比如他有肯定追求利、追求财富的思想，集中表现在《货殖列传》里，这思想本来是先秦齐国法家倡导的。在战国纷乱动荡时，追求利和财富基本符合各国统治的需要。因为让老百姓通过商业或手工业富起来，各国税收也会增加，有利于进行兼并战争，去统一天下。可是等大一统帝国建立后，特别是西汉文景之治后形势不一样了。这时汉王朝的首要任务已不是战争，也不是恢复经济了,而是如何维护大一统帝国的统治秩序,如果继续宣扬追求利、追求财富,让百姓经营商业、手工业,农民就会大量涌入城市,统治秩序难以维持,所以汉王朝大力宣扬要"重农抑商",在思想上倡导"安贫乐道、重义轻利",遵守儒家道德规范,强调"义"放在"利"的上面。司马迁写《货殖列传》,鼓励人们通过手工业、商业去追求利,他也说经营农业最好,这是"本富",经营手工业和商业是"末富",但又说末富最容易富,甚至于认为盗墓、赌博是"奸富",得来的钱,也是动了脑子的。最好是"本富","末富"也行,"奸富"他也不反对,而对于贫贱,他则轻视,所以这和正统儒家"重义轻利、安贫乐道"的思想相抵触,因而后来就受到正统儒家的指责。

第二个非正统的思想就是赞扬钦佩一些游侠讲究义气、言而有信,肯于救济帮助别人而不计较个人得失安危,司马迁在《游侠列传》里对他们基本是持赞赏态度的。这种游侠也是先秦分裂动乱社会的产物,在经济、发展中逐渐形成一些豪强势力、集团,重视义气,称为"游侠"。当时各国统治者对此也是默许的,希望他们能支持自己,害怕他们和敌国勾结反过来威胁自己。一度社会上对游侠的赞许也相当普遍,这是那时的社会风气。可是大一统帝国形成后,游侠越来越和当时秩序格格不入了,因为这些游侠讲义气,但缺乏国家和法律观念,所重的是私人恩怨,讲究义气,他想要帮助庇护谁,不管他是否触犯法律,所以一些逃犯也可以庇护,危害了社会秩序。另一方面,他如果和谁结仇,不是请求官府来处理,而是自己私下去报仇。根据史料记载,有时他们为一些很小的事情可以去杀人甚至灭族,无视官府的存在。对于这种游侠,大一统帝国越来越不能允许,曾给予打击。《酷吏列传》主要记的就是打击地方豪强。正统儒家宣扬任何人都没有权力包庇罪犯和随便杀人,生杀大权要掌握在官府手里,只有这样才能稳定秩序。就在这个时候,《史记》写了《游侠列传》,对这种游侠高度赞扬,表示钦佩,因此也受到了正统儒家的指责。

能不能因为《史记》中有这么两个非正统的思想就认为司马迁是站在人民的立场上反对西汉王朝和儒家思想呢?不能简单下这一结论。

就宣扬追求财富、追求利来说,要仔细读《史记》,可看出司马迁的动机:原来他的意思是只有大家富了,才有条件推行、接受儒家的仁义思想,还是归到儒家思想上去的。所以他明确地说:君子富了,"好行其德",即便于推行儒家道德规范。他还举了例子:陶朱公是经商的,三次因为手段高明而赚得千金,每次都分给亲友,救济穷人,推行了仁义之道。可见他宣扬赚钱,意思是只有有了钱,才能救济别人,推行仁义。在《货殖列传》里又说,小人富了,"以适其力",即恰当使用劳动力,不至于去犯法,也是归到能接受仁义思想。他说,追求利要"不害于治,不妨百姓",即以不妨害统治为原则,可见还是考虑到汉王朝利益。另外,从他赞扬游侠来说,其动机是宣传仁义思想,他认为肯于帮助救济别人,言而有信,不惜牺牲个人利益,就符合仁义思想,应加以推广宣扬,所以他寄托了感情,表示赞许,但对游侠随便杀人,触犯法网也是反对的,在这一方面,他也考虑到了汉朝的统治利益。总之,《史记》的非正统思想主观上丝毫没有想要反对西汉统治,而是力图体现宣扬儒家思想。只不过汉朝的形势已和先秦不一样了,而司马迁在这两个问题上受到先秦某些法家思想的影响,在新形势下没改变过来,在这一方面跟不上形势,因此和后来的正统儒家思想无法接轨。但这毕竟是在拥护汉朝和儒家思想的大前提下发生的,而不是要反对汉王朝和儒家思想,评价这个问题要全面,不能因此说他已站在汉王朝的对立面,必须全面地进行分析,不能简单化而走入误区。

说"史记"

——兼试论司马迁《史记》的得名问题[*]

清钱大昕曾说:在司马迁以前,"古者列国之史,俱称《史记》"。[①] 王利器先生据之,举证达四十三例之多。[②] 可是如将王先生所举诸例仔细读之,再联系有关史料,便可发现,准确地说,这些例子中的"《史记》",很可能本应理解为"史《记》"(或"《史〈记〉》"[③]),而不是今人观念中的"《史记》"。此"史"是史官之"史",而不是文史之"史"、历史之"史"。

一

1.《竹书纪年》周穆王"二十四年,王命左史戎夫作《记》"。王国维疏证以为此"王"、此"左史戎夫",即《逸周书·史〈记〉解》中之"王"与"左史戎夫"。其原文是:"王……召三公、左史戎夫。……取遂事(指历代亡国者二十八例)之要戒,俾戎夫主之,朔望以闻。"晋孔晁注"集取要戒之言,月朔日望于王前读之"。[④] 可见此"主之"即当理解为首先要"作

---

* 原载《田余庆先生九十华诞颂寿论文集》,中华书局,2014 年。

① 钱大昕《廿二史考异》卷七,商务印书馆,1958 年,上册,第 142 页。按此《史记》之书名号原无,据上下文补。

② 王利器《〈太史公书〉与〈史记〉》,收入《晓传书斋集》,华东师范大学出版社,1997 年,第 307—311 页。

③ 准确地说,作为专名,应标点为"《史〈记〉》",可是为免层层书名号带给各方面的麻烦,往下论及一律简称"史《记》"。

④ 《今本竹书纪年疏证》,收入方诗铭等《古本竹书纪年辑证》,上海古籍出版社,1981 年,第 247 页。又《史〈记〉解》原文及注请参黄怀信等《逸周书汇校集注》卷八,上海古籍出版社,1995 年,下册,第 1006—1009 页。

《记》",然后方可"于王前读之";而《史〈记〉解》之"史《记》"原本称《记》,因是"左史"所记,故又称"史《记》",其"史"指史官左史戎夫。

2.《春秋公羊传注疏》僖公二年"宫之奇果谏。《记》曰唇亡而齿寒"。何休解诂"《记》,史记也"。① 可见此"史记"本名《记》,据上《竹书纪年》例,自当理解为"史"所记,称"史《记》"。

3.《墨子·非命下》"昔者纣执有命而行",周武王"非之",曰"子胡不尚(上)考之乎商周虞夏之《记》,从《卜简》之篇以尚(上)皆无之也"。② 此《记》自类似上引《竹书纪年》所说写下历代"遂事之要戒"之"史《记》",方能据以对纣之统治"有命"说"非之"。

4.《吕氏春秋·务本》"尝试观上古《记》,三王之佐,其名无不荣者"。高诱注"上古《记》,上世古书也"。③ 从文意看,此古书当是"史《记》"。

5.《韩非子·说疑》凡三见《记》:"其在《记》曰尧有丹朱"云云、《记》曰"周宣王以来"云云、"故《周记》曰无尊大臣以拟其主也"云云。④ 此三《记》自是"史《记》"。

6.《史记·蒙恬列传》"昔周成王初立",年幼,有病甚殆",周公旦"自揃其爪以沉于河",向神表示愿代成王"受其不祥",并将此事"(命史官)书而藏之《记》府"。后成王长大,"观于《记》府",知周公忠心。⑤ 此证周初乃记事于《记》即"史《记》"中,并由专门之"府"收藏。文中"书而藏之《记》府",自毋须周公亲自动手,而是史官之事。《史记·封禅书》秦缪公称梦见上帝命自己"平晋乱",于是"史(官)书而记藏之府"(疑当依《蒙恬列传》作"史书而藏之《记》府⑥"),是其侧证。

7.《史记·六国年表》序讲到《秦记》共三处,即"太史公读《秦记》"

<hr/>

① 中华书局影印阮元校刻《十三经注疏》本,中华书局,1980 年,第 2248 页上栏。
② 吴毓江《墨子校注》卷九,中华书局,1993 年,上册,第 425、432 页。校注引孙诒让云"皆无之,谓皆以命为无也"。
③ 陈奇猷《吕氏春秋校释》,学林出版社,1984 年,第二册,第 713、715 页。
④ 陈奇猷《韩非子集释》,上海人民出版社,1974 年,第 924—932 页。
⑤ 《史记》卷八八,中华书局,1962 年,第 2569 页。
⑥ 《史记》卷二八,第 1360 页。

"独有《秦记》""因《秦记》"。索隐"即秦国之史记也"。① 这表明秦国史书本称《记》，为区别他国之《记》则称"秦《记》"（上引"周《记》"同），《记》前无"史"字。我这样说，还有以下强证：首先是《史记·秦始皇本纪》李斯议"臣请史官非秦《记》皆烧之"。② 这是上奏文书中的用语，可见无"史"字之"秦《记》"，必为本名或正式名称。其次，由于与诸侯史书被秦始皇焚毁者不同，秦国史书曾保存到汉晋以后很长一个时期，而见到它的人也一律称之为"秦《记》"，并无"史"字。甲、《史记·秦始皇本纪》末附汉明帝诏问班固，固答文中有曰："吾读秦《纪（记）》，至于子婴车裂赵高"云云。③ 乙、晋挚虞《决疑录要》注曰晋武帝问侍臣"旄头之义"，"侍中彭权对曰秦《记》云……"④丙、晋常璩《华阳国志·蜀志·僰道县》"故秦《纪（记）》言僰童之富"云云。⑤ 由此三例再一次证明流传到汉晋时的秦史书本名或正式名称是"秦《记》"，《记》前无"史"字。⑥

　　以上七点可证钱大昕说不准确，"古者列国之史"本名《记》，⑦而不是"《史记》"。

---

① 《史记》卷一五，第685—686页。索隐"史记"二字，此标点本未加书名号，当是为了区别于司马迁《史记》，我以为当理解为"史《记》"；又"秦《记》"，标点本俱加书名号为《秦记》，我以为当理解为"秦《记》"（《韩非子集释》之"周《记》"，原书加书名号为《周记》，当理解为"周《记》"）。理由均见下。

② 《史记》卷六，第255页。

③ 《史记》卷六，第293页。此班固语，参第290—291页"孝明皇帝十七年……"句下《正义》《索隐》，又梁玉绳《史记志疑》卷五，中华书局，1981年，第193页。又文中"秦《纪》"当为"秦《记》"。按纪、记本有别（见《王力古汉语字典》，中华书局，2000年，第910页），但因在"记载"这个意义上二字相通，因而古书校勘上亦有相混者，只能据上下文意确定，此即一例，下同。

④ 《太平御览》卷六八〇，中华书局，1963年，第3034页。

⑤ 《华阳国志》卷三，《国学基本丛书》本，1958年，第39页。

⑥ 《史记·秦始皇本纪》末附从秦襄公至秦二世之要事，索隐以为它们"皆当据《秦纪（记）》为说"，也是称《秦纪（记）》。金德建先生有《〈秦记〉考征》一文，收入其《司马迁所见书考》，上海人民出版社，1963年，第415—423页，请参看。

⑦ 又《周礼·小史》"掌邦国之《志》"。注引"郑司农云《志》谓《记》也。《春秋传》所谓《周志》《国语》所谓《郑书》之属是也"。《周礼·外史》"掌四方之《志》"。郑玄注"《志》，《记》也。谓若鲁之《春秋》……"以上分别见《周礼正义》，中华书局，1987年，第2098页及2137页。此二处虽非直接称《记》，而是称《志》，但通过二郑权威之注，仍间接知古史书称《记》。

二

现在的问题是,为什么先秦两汉史料中大量见到的列国之史被称引时,却不是《记》,而往往是"《史记》",钱大昕说的根据,王利器先生所举之证,都源于此(往下为了叙述方便,除今版书名外,凡引文称古列国"《史记》"者,一律依拙说作"史《记》")。

如泛称"诸侯史《记》":《史记·六国年表》序"秦既得意,烧天下《诗》《书》,诸侯史《记》尤甚……而史《记》独藏周室,以故灭"。①

如"周史《记》":《春秋公羊传注疏》隐公第一,《疏》引《闵因叙》"昔孔子……使子夏等十四人求周史《记》"。②

如"鲁史《记》":《汉书·司马迁传》赞"孔子因鲁史《记》而作《春秋》"。③

其所以如此,我以为原因有二:

第一,这些《记》乃"史(官)"所记。《史记·秦本纪》文公十三年"初有史,以记事"、④前引《竹书纪年》左史"作《记》"、秦缪公事"史(官)书而记藏之府(或'藏之《记》府')",均《记》乃"史"所记之证。因而《史记·周本纪》幽王三年"周太史伯阳读史《记》曰:周亡矣"下《正义》"诸国皆有史以记事,故曰史《记》"。⑤ 本名《记》,因史所记,有时亦可称"史《记》",这是很自然的。前引《竹书纪年》称左史"作《记》",《逸周书》篇名作《史〈记〉解》,或即此故。⑥

第二,但是在古代其所以往往将国家史书《记》称"史《记》",更重要的原因是为了把国家史书与其他著作、文书区别开来,因为当时《记》之

---

① 《史记》卷一五,第 686 页。

① 《史记》卷一五,第 686 页。

② 《十三经注疏》,第 2195 页上栏。

③ 王先谦《汉书补注》,商务印书馆,1959 年,第 4272 页。

④ 《史记》卷五,第 179 页。所记之事当即"秦《记》"。

⑤ 《史记》卷四,第 147—148 页。

⑥ 《逸周书》乃西周初文字,参拙稿《史佚非作册逸、尹逸考》,《文史》2009 年第 1 辑。可见称《记》为史《记》,时代是很早的。

名称不限史书，使用是很泛的。

一般著作称《记》。如《老子》称《记》。《庄子·天地》"《记》曰通于一而万事毕"。王先谦《集解》"《记》曰"下引《经典释文》"书名，老子所作"。①

《庄子》称《记》。《韩非子·外储说左上》"说在宋人之解书，与梁人之读《记》也"。《记》之文字为"既彫且琢，还归其朴"，乃出之《庄子·山木》。②

《孟子》称《记》。《韩非子·忠孝》"《记》曰：舜见瞽瞍，其容造（蹙）焉。孔子曰：当是时也，危哉！天下岌岌"。文见《孟子·万章上》。故陈奇猷曰"则所谓《记》者，《孟子》书也"。③

阴阳家言称《记》。《吕氏春秋·至忠》"臣之兄尝读故（古）《记》曰：杀随兕者，不出三月"。高诱注"比三月必死，故曰不出也"。楚王令人查找，"于故《记》得之"。同书《贵当》"《志》曰骄惑之事，不亡奚待"。高注"《志》，古《记》也"。陈奇猷校释以为以上两处"皆阴阳家言"。④

按称《记》之一般著作，两汉犹有存者。《大戴礼记·保傅》"青史氏之《记》曰古者胎教"云云，⑤证明戴德所见著作仅称《记》，为免与他《记》相混，故标明乃"青史氏"之《记》，⑥而到《汉书·艺文志》中则又被改称《青史子》，归入小说家（或许《艺文志》其他以作者名定先秦著作名者，也是这样由各种古《记》演变的，这应是我国书史上的一个进步）。⑦

一般文书、官文书称《记》。如《战国策·齐四》"后孟尝君出《记》，问门下诸客'谁习计会，能为文（田文）收责（债）于薛者乎？'冯谖署（此

---

① 王先谦《庄子集解》卷三，中华书局，1954年，第64页。

② 陈奇猷《韩非子集释》，第614、650页，及引王先慎、太田方说。《山木》此文见王先谦《庄子集解》卷五，第15页。

③ 陈奇猷《韩非子集释》，第1108、1112页。

④ 以上两篇分别见陈奇猷《吕氏春秋校释》，第578、584页，及第1629、1633页。

⑤ 方向东《大戴礼记汇校集解》，中华书局，2008年，第371页。

⑥ 这种办法，先秦已有。如《左传》成公四年有"史佚之《志》"、襄公三十年有"仲虺之《志》"。"《志》谓《记》也"，郑司农语，见《周礼正义》第2089页引。因当时仅称《志》或《记》的著作多，故标明作者以别之。

⑦ 王先谦《汉书补注》，第3168页。

《记》）曰能"。① 此贵族家文书称《记》。又《越绝书》卷十吴国左校司马
王孙骆"移《记》于东掖门亭长公孙圣,公孙圣得《记》,发而读之"。② 此
官府文书称《记》。

儒家《礼》书中补其《经》之不备者等,文亦称《记》。如《仪礼·士冠
礼》"《记》:冠义",贾疏"凡言《记》者,皆是记经不备,兼记经外远古之
言"。③ 胡培翚引熊伯未等三家说,指出《仪礼》十七篇中"有《记》十有三
篇……必出于孔子之后,子夏之前"。④ 再如《礼记·曾子问》"孔子曰:
'……《记》曰君子不夺人之亲……此之谓乎。'"孔疏"旧《记》先有此文,
故孔子引之"。又,《礼记·文王世子》"《记》曰虞夏商周有师保,有疑
丞",疏称汉代作《礼记》之人"更言'《记》曰',则是古有此《记》",故此
处"引之"。⑤《礼记·学记》"《记》曰蛾子时术之,其此之谓乎",疏谓
"旧人之《记》先有此议",此乃"引旧《记》之言";又,"《记》曰凡学,官先
事,士先志,其此之谓乎",疏引"旧《记》";又,"《记》曰:三王四代唯其
师,此之谓乎",疏引"旧《记》"。⑥

由上可见,在先秦,《记》之名称满天飞,故称引《记》者,一般很难判
别其为何书,是否史书,为将作为国家史书之《记》与其他著作称《记》者
区别开来,凡有三法:

一是《记》上冠以国名,如周《记》、秦《记》等,证明是国家之《记》
(史书)。

二是另立特殊名称,如晋史书又名《乘》,楚史书又名《梼杌》,鲁史

① 《战国策》卷一一,《国学基本丛书》本,1958 年,第 91 页。
② 《越绝书》卷一〇,《四部备要》本,第 27 页。
③ 《仪礼注疏》卷三,《十三经注疏》,第 958 页中栏。
④ 胡培翚《仪礼正义》二,《四部备要》本,第 34 页。又《孟子·滕文公上》"且《志》曰丧
祭从先祖"。赵岐注"《志》,《记》也",并引《周礼·小史》为证。焦循以为小史所掌之《志》即
《记》,"容有丧礼从先祖云云",实"不知"出自哪部礼书。见《孟子正义》卷五,世界书局《诸子
集成》本,1934 年,第 193 页。可为诸《礼》书中之《记》被单独摘出引用之证。
⑤ 以上分别见《礼记正义》卷一九、卷二〇,《十三经注疏》,第 1401—1402 页,又第
1407 页。
⑥ 以上三条均见《礼记正义》卷三六,《十三经注疏》,第 1521—1524 页。

书又名《春秋》。① 墨子便引用过"周""燕""宋""齐"四《春秋》，②甚至说过"吾见百国《春秋》"。③ 但《春秋》一名作为国家史书之义并不明确，私人著作论述历史者，也有名《春秋》的，如《虞氏春秋》《吕氏春秋》等。④

三即称引者在《记》上加一"史"字，证明乃史官所作之《记》，必为国家史书，而不是私人著作等。开始只是为了与后者区别，"史《记》"二字尚非专名，犹是史官所作之《记》的意思，但行之既久，约定俗成，便与《春秋》等一样，成为专名了。⑤ 由于作为国家史书之意它比《春秋》之名来得明确，所以使用最为广泛。强证便是司马迁在《史记》一书中，凡提及古代国家史书，除原名本为《春秋》者（即孔子《春秋》），⑥因袭称之不变外，其他皆称"史《记》"。如前引《周本纪》"太史伯阳读史《记》"、《十二诸侯年表》序"论史《记》旧闻"、《六国年表》序"诸侯史《记》尤甚"，等等。⑦ 这一"史《记》"与单称秦《记》、周《记》的区别是，后者兼分清史书之国别，而前者则多用于泛指（如上引"诸侯史《记》"等），然而与一般私人著作、文书等有明显区别，二者则同。

---

① 《孟子·离娄下》，《孟子正义》卷八，第 338 页。

② 《墨子·明鬼下》，《墨子校注》卷八，第 337—339 页。

③ 此语《墨子》及先秦两汉书均不载，最早见于《隋书·李德林传》转引，中华书局，1973 年，第 1197 页。按称列国之史为《春秋》，除鲁《春秋》，其他少见，疑乃墨子个人习惯用语。《公羊传》庄公七年何休解诂"不修《春秋》，谓'史《记》'也。古者谓'史《记》'为《春秋》"（《十三经注疏》，第 2228 页）。此证一般应称"史《记》"，司马迁称列国之史一般均为"史《记》"可证，见下。

④ 《虞氏春秋》见《史记》卷七六《虞卿传》，第 2375 页，又卷一四《十二诸侯年表序》，第 510 页（包括《吕氏春秋》）。

⑤ 何休谓"古者谓'史《记》'为《春秋》"（《十三经注疏》，第 2228 页），即一证（准确地说，"史《记》"应标点为《史〈记〉》，见第 267 页注③）。

⑥ 司马迁和当时人虽高度评价孔子《春秋》，但只把它视为私人著作。如《太史公自序》"壶遂曰孔子之时上无明君，下不得任用，故作《春秋》"，其非国家史书无疑。又《孔子世家》"孔子曰：后世知丘者以《春秋》，而罪丘者亦以《春秋》"，反映问题同，分别见《史记》第 3299 页及第 1944 页。关于西汉人视《春秋》为孔子私人著作，请参钱穆《孔子与春秋》，收入《两汉经学今古文平议》，商务印书馆，2001 年，第 263—270 页。

⑦ 王利器先生举有十四例，此外还举有其他先秦两汉著作称引史《记》者，请参看，见王利器《〈太史公书〉与〈史记〉》五，《晓传书斋集》第 307—310 页。其中所引《史记·孔子世家》"乃因史《记》，作《春秋》"（原文见《史记》，第 1943 页），更把"史《记》"与孔子所作《春秋》一公一私的性质区别得很清楚。

关于前人所称古之《史记》，实乃"史《记》"，通过司马迁书之得名《史记》，也可证明。

三

按早在 20 世纪 30 年代，杨明照先生在《太史公书称史记考》一文中，便曾详尽地考证了此《史记》之名"起自后汉灵、献之世"，并举有《武荣碑》等五证；在此之前凡有名称者五，即《太史公书》《太史公》《太史公记》《太史公传》《太史记》，①请参看。但他没有涉及以下这样两个问题，即长达三百年时间里为什么司马迁此书却没有"《史记》"之名？而到了东汉末年为什么它又得到了"《史记》"之名？先看第一个问题。

我以为司马迁此书其所以长期无"《史记》"之名，原因就在于自先秦以来直到东汉末，称"《史记》"（往下依前例但称史《记》）便是指国家史书，而司马迁此书乃私人著作：

1.《史记·太史公自序》司马谈告诫司马迁，要他成为大孝，务必留下史学著作，"扬名于世"。②《汉书·司马迁传》载他受宫刑之后在《报任安书》中说，其所以苟活是因为"恨私心有所不尽，鄙没世而文采不表于后也"，为的就是要完成这一史学著作，"成一家之言"。③两处皆指扬个人之名的私人著作，甚明。若古"史《记》"，如《礼记·玉藻》所说，天子（国君）"动则左史书之，言则右史书之"，④亦即由史官如实记下每天之统治事务，其《记》如后代的《起居注》，哪里谈得上个人扬名后世？即使如《周礼·宰夫》下之"史"，"掌官书以赞治"，郑注"赞治，若今起文书草也"，⑤也只是根据统治者意思起草文书和进行汇编，何能"成一家之言"？

---

① 此文收入杨明照《学不已斋杂著》，上海古籍出版社，1985 年，第 29—50 页。五个书名号均沿原书之旧。

② 《史记》，第 3295 页。

③ 王先谦《汉书补注》，第 4270 页。

④ 《礼记正义》卷二九，《十三经注疏》，第 1473—1474 页。

⑤ 《周礼正义》，第 193 页。

2. 更重要的是，《史记·太史公自序》自称要将这部书"藏之名山，副在京师"。① 如是国家史书，岂能由司马迁如此支配！

3. 正因司马迁此书乃私人著作，才仅得到《太史公书》等五个名称（见上），而不是"史《记》"。其中最典型的是《太史公》。如《法言·君子》"《淮南》说之用，不如《太史公》之用也"。② 《汉书·艺文志》"《太史公》百三十篇"。③ 可见从西汉到东汉司马迁此书皆可以名《太史公》。为什么？就因为司马迁曾自称"太史公"。如《史记·太史公自序》之篇名及其中三称"太史公曰"均其证。④ 而依先秦汉代之风气，个人著作往往可以作者之姓名（或尊称）称之，如《孟子》《伊尹》《太公（吕望）》《庄子》《毛公》等。⑤ 以此例之，称《太史公》自意味其为私人著作无疑。又《太史公书》一名最初乃出自司马迁自称，⑥而如前所述，他屡屡称引古"史《记》"，而对自己著作却另定此名（意指司马迁所著之书⑦），其非指国家史书甚明。至于《太史公传》，其"传"，意同于"书"。《史记·赵奢传》奢子赵括，"徒能读其父'书''传'，不知合变也"，⑧是"书""传"同义之例。"传"古可指个人著作。⑨ 则《太史公传》之非国家史书性质同样很清楚（《太史公记》《太史记》反映问题同，见下）。

固然，司马迁职太史令，但他主要是"主天官""掌天官（观察天

---

① 《史记》，第 3320 页。

② 汪荣宝《法言义疏》卷一八，中华书局，1987 年，第 507 页。

③ 王先谦《汉书补注》，第 3114 页。

④ 《史记》，第 3285、3296、3299、3321 页。《史记》其他自称"太史公"处尚多，不赘引。

⑤ 见《汉书·艺文志》，王先谦《汉书补注》，第 3132、3140、3140、3143、3156 页。此《志》中此例不胜枚举。

⑥ 《史记·太史公自序》，第 3319 页。

⑦ 很可能还有包括其父司马谈为著书者之意。因司马迁本称其父为"太史公"，并说此《书》"悉论先人所次旧闻"，见《史记》，第 3295 页。本文不深论。

⑧ 《史记》，第 2446 页。

⑨ 晋张华曰"圣人制作曰经，贤者著述曰传"，见《博物志校证》卷六，中华书局，1980 年，第 72 页。清赵翼也说"古人著书，凡发明义理，记载故事，皆谓之传"，"是汉时所谓传，凡古书及说经皆名之"，见《陔余丛考》卷五《史记一》，商务印书馆，1957 年，第 85 页。

象)",①同时还保管、整理国家文书,②而非记事之史。固然,魏如淳曾说汉太史公"序(叙)事如古《春秋》";唐刘知几也以为太史本"记言之司"。③ 可是首先汉武帝封禅泰山不让司马迁父太史公司马谈随从,如是序事、记言之司,如此大事,岂能不去?其次司马迁全书包括《自序》无一语及太史公序事、记言之任。可见西汉太史令已无此职任。这就是为什么:甲、司马谈临死叮嘱司马迁"汝为太史(掌握着大量国家文书),无忘吾所欲论著矣(指留下私人著作,扬名于后世)"。如"论著"是太史本身职任,何来忘不忘的问题?乙、司马迁自称要继孔子《春秋》之后留下著作,上大夫壶遂与之讨论创作意图,如是太史公职任,岂有讨论之必要!④何况司马迁所要"继"的孔子《春秋》正是私人著作。⑤

　　由于在汉人观念中,很长一个时期内(大体上直至东汉末年),如前所述,根据古代传统,称"史《记》",便指国家史书,则司马迁个人著作没有"史《记》"之名,是必然的。再看第二个问题,为什么到东汉末年它又得到了"史《记》"之名了呢?

　　我以为这和到汉代称引国家史书之名为"史《记》"已不多见,两者关联已逐渐淡化有关。据《汉书·艺文志》,西汉记事之国家史书已渐改称《汉著记》,凡百九十卷,"师古曰若今之起居注"。⑥《汉书·五行志》

---

① 《史记·太史公自序》,第3319、3293页。《史记·天官书》"太史公推古天变"云云,是掌观察天象之证,第1344页。

② 《太史公自序》"百年之间,天下遗文古事靡不毕集太史公",《史记》,第3319页。又3287页注引如淳曰"《汉仪注》……天下计书先上太史公"。又第3296页"迁为太史令,绅史《记》石室金匮之书",索隐"石室金匮皆国家藏书之处","绅谓缀集之也",缀集即保管、整理。又《汉书·司马迁传》补注以"绅"即"籀",读书,"言读而寻绎之也",亦可通。王先谦《汉书补注》,第4247页。

③ 分别见《史记》第3287页注;及浦起龙《史通通释》卷一一,上海古籍出版社,1982年,第307页。

④ 《史记》,第3296—3300页。

⑤ 参第273页注⑥、⑦。

⑥ 王先谦《汉书补注》,第3114页(请参补注引何焯等语);又第3417页《刘向传》载向上奏称"孝昭帝时"有"特异"现象,"皆著于《汉纪(记)》","著记"之"著",当即此义。此《汉纪(记)》"正规名称,应是《汉著记》。

"凡《汉著纪（记）》，十二世（由高祖至平帝），二百一十二年"。①《汉书·谷永传》成帝时上书言灾异，称"八世《著记》（由高祖至元帝）"。②《后汉书·皇后纪》和熹邓皇后时平原侯刘毅上书称"汉之旧典，世有《注记》"。③《后汉书·文苑李尤传》载其安帝时"受诏"与刘珍等"俱撰《汉〈记〉》"（后汉应劭《风俗通义》卷八《祀典·灶神》已称引此"《汉〈记〉》"④）。⑤ 又《风俗通义》"按《明帝起居注》"云云。⑥ 后汉荀悦《申鉴·时事第二》"先帝故事有《起居注》"。⑦《隋书·经籍志二》著录《汉献帝起居注》五卷；并附称"汉武帝有《禁中起居注》"云云。⑧ 总之，称引国家史书，名之为"史《记》"的历史和影响渐渐成为过去，它被新的各种名称代替了。这便为司马迁个人著作得以获史《记》之名准备了前提。

其演变情况当是这样的：

前述司马迁其书还有《太史公记》和《太史记》之名。《太史公记》最早见于《汉书·杨恽传》"恽始读外祖《太史公记》"。⑨ 按《太史公书》之

---

① 王先谦《汉书补注》，第 2541 页。同书第 1809—1815 页《律历志（下）》引《三统历谱》上有《著纪（记）》汉朝各帝在位年数。如"《著纪（记）》高帝即位十二年""惠帝《著纪》即位七年"等，可与上一史料互证（按此《著纪（记）》下至东汉光武帝，与刘歆《三统历》时代不合，清姚振宗《汉书艺文志条理》以为"原编至成帝止，其下皆后人所续"。收入《二十五史补编》，中华书局，1986 年，第 1566 页。

② 王先谦《汉书补注》，第 5008—5009 页。

③ 王先谦《后汉书集解·帝纪》卷一〇上，《万有文库》本，1940 年，第 402 页（请参王先谦集解引惠栋等评）。同前书第 908 页《马严传》，有诏命严与杜抚等"杂定建武《注记》"，是其证。按"注"与"著"用在《记》前，或说二者义同，或说否，请参王先谦《汉书补注》第 3114 页补注引何焯等语，本文不论，但国家史书名《记》则同。

④ 吴树平《风俗通义校释》，天津人民出版社，1980 年，第 302 页。

⑤ 王先谦《后汉书集解·列传》卷七〇上，第 2870 页。又第 2165 页《蔡邕传》"撰补《后汉记》"（注引《邕别传》）则作《汉记》）；又第 2306 页《卢植传》"补续《汉记》"；又第 2904 页《侯瑾传》"按《汉记》，撰《皇德传》"，均其证。此《汉记》即后代所称的《东观汉记》。

⑥《初学记》卷三〇《乌第五》引，中华书局，1962 年，第 732 页。此文今本《风俗通义》佚。《隋书·经籍志二》也说"后汉明德马后撰《明帝起居注》"，见《隋书》卷三三，中华书局，1973 年，第 966 页。

⑦《申鉴》，世界书局《诸子集成》本，第 15 页。晋袁宏《后汉纪序》称参阅过了《汉灵、献起居注》，收入《两汉纪》，中华书局，2002 年。

⑧《隋书》卷三三，第 966 页。

⑨ 王先谦《汉书补注》，第 4427 页。

名乃司马迁自定,杨恽作为晚辈为何要擅改?我以为很可能是因为当时尚有古来国家史书称《记》之传统(前有"秦《记》",汉有《著(注)记》,均见上),杨恽为突出司马迁此书乃相当于古来国家史书的史学著作性质,故改"书(无论视为'书'或'《书》')"为"《记》"(作"书"则此义不显)。但因毕竟乃个人著作,且为突出司马迁,故《记》上保留"太史公"三字以别之。这是先秦两汉书中"史《记》"之"记"本应理解为"《记》"的又一证明。也正因如此,到东汉中后期当"史《记》"之称进一步淡化,①而《太史公〈记〉》则因为在突出司马迁此书相当于国家史书性质上其含义优于《太史公书》《太史公传》及《太史公》,因而进一步流行,而后三者则渐被冷落。② 以下一事最能反映称《太史公〈记〉》的意图所在。如东汉明帝曾批评司马迁此书"微文刺讥,贬损当世(指西汉武帝)";③班固不予理睬,仍然在《汉书·司马迁传》赞中高度评价其书"其文直,其事核(实),不虚美,不隐恶,故谓之实录"。④ 尽管它违反皇帝意志,可发展到汉末,荀悦在所写《汉纪》评价司马迁此书时依然称引《汉书》,照抄这十七个字,这是这一评价早已深入人心,司马迁此书在人们心目中相当于国家史书之反映。⑤ 然而荀悦同时却将《太史公书》改为《太史公〈记〉》。(按《太史公自序》原文作"遭李陵之祸……乃喟然叹曰"云云,然后发愤写作,"自黄帝始","为《太史公书》"。《汉书》照抄《自序》这一段话,后面也作"自黄帝始","为《太史公书》"。而《汉纪》在照抄"遭李陵之祸,喟然而叹"著书之后,却改作"始自黄

---

① 参第 277 页注③、④"刘毅上书"等,证明东汉国家史书之名流行《注记》《著记》《汉记》,古来"史《记》"之名始终未见再被称引。

② 参杨明照《学不已斋杂著》第 47—50 页(汉末书已不见引此三名)。

③ 班固《典引》文引,《文选》卷四八,中华书局,1977 年,第 682 页。

④ 王先谦《汉书补注》,第 4273 页。

⑤ 十七字中之"实录",应劭曰"言其录事实",王先谦曰"自唐后每帝修实录,义取于此",可见二字分量之重,王先谦《汉书补注》,第 4273 页。又《三国志·王朗附王肃传》,不同意魏明帝否定《史记》之说,曰"司马迁记事,不虚美,不隐恶……谓之实录"(《三国志》,中华书局,1962 年,第 418 页),可见影响之深远。

帝……为《太史公〈记〉》"。① 三者对比，以"《记》"代"书"之迹显得十分突出。）很清楚，这是借此再一次强调司马迁此书相当于国家史书的"实录"性质，因而其《太史公〈记〉》之"记"，必当为《记》，而不是一般理解的记事义之"记"，因为如是后者，改"书"为"记"便无甚意义，荀悦何必要巴巴地通过前述文字排比、对比，突出这一意图！

正是在这一背景和学术风气下，汉末另一著名学者应劭在所著《风俗通义》中，不但称引《太史公〈记〉》，而且时而又将它简化为《太史〈记〉》。② 原因当在于称此二名，重点均在《记》，均在肯定司马迁所著乃相当于国家史书（"实录"）的《记》，至于作者称"太史公"或"太史"是都可以的，大家都知道是指司马迁。由于此故，当古来作为国家史书的"史《记》"之名及影响进一步淡化、消失，《太史公〈记〉》《太史〈记〉》便在不知不觉中又简化为"史《记》"了。③ 这"史《记》"与古来列国"史《记》"的共同点是，其《记》，全不是义指记事之"记"，而是指史学著作之《记》；区别是后者之"史"是国家记事史官之"史"，而前者之"史"则非国家记事史官之"史"，而是"世主天官"的"太史公"之"史"，因而后者之《记》虽自来是指国家史书，而前者之《记》则化为指司马迁的个人著作了。

综上所述，结论是，从史学史角度言，钱大昕所说"古者列国之史，俱称《史记》"，其《史记》当理解为"史《记》"，指国家史书。其"《记》"是专名，其"史"是官名。而司马迁之《史记》，大约在汉末开始一般还同样被理解为"史《记》"，是指个人著作。其"《记》"也是专名（尽管古列国"史《记》"之《记》与之有公私之别），其"史"乃指司马迁。至于约自汉末起，对"史《记》"的理解逐渐发生变化，主要是将此"史"理解为文史之"史"，

---

① 荀悦、袁宏《两汉纪》第 247 页。《太史公自序》原文见《史记》第 3300、3319 页。《汉书》照抄《自序》语，见王先谦《汉书补注》，第 4252—4253、4257 页。

② 吴树平《风俗通义校释》，称《太史公〈记〉》见卷一第 15、32 页，称《太史〈记〉》见卷二第 69、89 页。

③ 参杨明照《学不已斋杂著》，第 34—38 页。

历史之"史",而非史官之"史",①又将"《记》"仅理解为记事义之"记",司马迁"史《记》"自然也就成了今天一般所理解的"《史记》";后代又将它们发展成为一些新的专名,②则属发展变化问题。从史学史的角度,这是不能不分别清楚的。

① 在这之前,先秦两汉史料中之"史",仅指史官。关于"史"义这一变化,将另文详考。此处仅举一例,东汉末(192)王允将治蔡邕罪。因邕前曾撰补《后汉记》,未成,故此时刺史马日䃅救邕,向允提出的理由是邕乃"旷世逸才","当续成汉史"。此"史"自是历史之"史",而非史官之"史",见《资治通鉴》卷六〇灵帝初平三年,古籍出版社,1957年。

② 如《五代史记》《宋史记》《蒙兀儿史记》等其作者无疑便是这样理解先秦两汉《史〈记〉》,仿效定专著之名的。

有关《史记》崇儒的几个问题[*]

　　《史记》崇儒,抑或以正相反的"异端思想"为指导,^①至今学术界未能取得一致意见,看来犹有剩义可探,兹不揣简陋,就崇儒的几个问题,作一尝试。

一

　　人所共知《史记》对历史编纂学的巨大贡献之一,就是建立了由上古至西汉三千年的通史系统。它受什么思想支配?主旨为何?这应是了解《史记》政治、学术倾向的一个关键。可是对此似乎未见有人留意。

　　我以为,《史记》通史系统之建立,反映了儒家思想的需要,其主旨在为西汉独尊儒术的政策张目。

　　早在春秋战国之时,随着学在官府局面的打破,文化学术下移,诸子百家中越来越多的士人明白,要想使自己的学说有说服力,能为各国统治者采纳和实行,除了理论本身的成熟外,还需要古史,尤其是系统古史的羽翼。孔子为恢复"礼乐征伐自天子出"的理想天下,从古史中找出夏、商、周,特别是周代历史、文化,进行反思,予以宣扬。^②希望说服各国统治者"克己复礼"。商鞅在批驳"法古无过,循礼无邪"观点时说:"伏羲、神农教而不诛,黄帝、尧、舜诛而不怒。及至文、武,各当时而立法,因

---

　　* 原载《国学研究》第 2 卷,北京大学出版社,1994 年。
　　① 侯外庐等《中国思想通史(第二卷)》,第四章第一节,人民出版社,1957 年。
　　② 参冯友兰《中国哲学史新编》第一册第四章第一节,人民出版社,1982 年。

事而制礼。"①是用系统古史来证明变法正确,打消秦孝公顾虑。所以到战国中、后期出现了《竹书纪年》《世本》这类史书。《竹书纪年》乃魏国官修史书,可是体裁却与过去鲁国官修史书《春秋》有所不同,它不仅记战国魏事,而且上溯至远古,从五帝记起,历夏、商、周、晋,然后归到魏事,用以证明魏国统治渊源有自。《世本》可能是战国末年赵人作品,②虽形式上与《竹书纪年》不同,似非官修,因而不专主某一国之编年,而是分成帝系、王侯及卿大夫世系、氏姓篇、作篇、居篇、谥法等分别记事,但也是上溯至五帝,由此一直记到六国统一前十余年,具有通史性质,目的当亦在于为当时各国统治集团家族树碑立传,寻找统治的历史根据。但所有这类史书,由于割据局面的障碍,资料无法全面系统搜集,全都存在重大缺陷,或偏于某一国(如各国官修史记),或偏于某些方面(如《世本》主要限于世系,史实阙如)等,因而还谈不上构成一个完整的通史系统。秦汉大一统以后,割据障碍打破了,时代为全面、详尽搜集资料,建立三千年完整通史系统,提供了前所未有的优越条件。同时,为巩固这大一统帝国,防止分裂割据之恢复,时代也比以前更强烈地要求系统、具体了解古史,特别是在大一统帝国进一步巩固的汉武帝之世。这便涉及前面所说,建立通史系统乃适应儒家思想需要的问题。

我们知道,自汉武帝独尊儒术开始,儒家扬眉吐气,经学得到大发展。可是如何让士人进一步理解、掌握、应用,则还存在障碍。因为经传数量庞大,"博而寡要,劳而少功",③精神很难贯通。其基本观点仁义礼智之说,君臣父子之道,都是抽象原则,枯燥乏味;涉及微言大义,更是深奥莫测。固然,自先秦以来,经传和百家著作中已积累了不少古史资料,可以用来作为经学之羽翼,但又往往片断零乱,不系统,不具体,甚至相

---

① 《商君书》第一《更法》。

② 此据陈梦家说,见《六国纪年》附"世本考略",学习生活出版社,1955 年。

③ 《史记》卷一三〇《太史公自序》。

互矛盾。① 这样，在已有古史资料基础上，再进行广泛搜集，去伪存真，以儒家思想为指导，编写一部系统、具体、内容充实的三千年通史，就成为发展经学的重要环节。它不但可使抽象、枯燥原则变得容易为士人理解和接受，更重要的是，还可以通过系统总结历史经验教训，用以证明儒家思想的正确和尊崇它的必要。

《史记》正是适应这一需要的崇儒之作。试观下证：

（一）司马迁关于撰写《史记》指导思想的自白。

1. 在《史记》卷一三〇《太史公自序》中，司马迁除了多处盛赞孔子及六经，以至清王鸣盛据此认定他"尊儒""隐隐以己上承孔子"外，②还直接阐述撰写《史记》主旨是："网罗天下放失旧闻，王迹所兴，原始察终，见盛观衰，论考之行事……为《太史公书》，序略，以拾遗补艺，成一家之言，厥协六经异传，整齐百家杂语……"

这一段话，经常为人们引用，惜理解都不够准确。这里有几个关键地方，必须句斟字酌：

甲、"拾遗补艺"之"艺"。《集解》引李奇曰"六艺也"，证以司马迁惯用"六艺"指"六经"，③李奇之说极是。所谓"拾遗补艺"，便是说要为"六经"弥补缺憾、不足。

乙、用什么去弥补？便是系统通史。"（各朝）王迹所兴"四句含义即此。其中前三句，在《文选·报任少卿书》中改为"综其终始，稽其成败兴坏之纪"两句，置于"略考其行事"之后，意思不变。"行事"，《文选》六臣注以为指"古人行事"，误。它与"天下放失旧闻"对举，盖指西汉当时正在进行之事，犹如《天官书》"余观史记，考行事，百年之中"五星变动云云，"放失旧闻"大体便是此处"史记"，指古史资料；"行事"略相当于

① 如"三皇异说有六，五帝异说有三"，见吕思勉《三皇五帝考》，载《古史辨》第七册中，上海古籍出版社，1982年。虽然这些异说有的见于司马迁之后的纬书。另请参刘起釪《几次组合纷纭纷错杂的"三皇五帝"》，载《古史续辨》，中国社会科学出版社，1991年。

② 《十七史商榷》卷六。

③ 参《史记》卷一二一《儒林列传》、卷六一《伯夷列传》、卷八七《李斯列传》、卷四七《孔子世家》、卷一三〇《太史公自序》。

西汉当代史料。二者兼顾，方能对三千年通史"综其终始"，或对百年来五星变动有所了解。

丙、对"厥协六经异传，整齐百家杂语"两句，绝不能从字面简单理解。所谓"六经异传"，主要不应指对经文的不同文字训诂和大义，而应指各传记中用以诠释经文的不同古史传说，因为《史记》绝不可能，事实上也并没有去"协"六经的不同文字训诂与大义，而仅仅统一了不同古史传说。同样，所谓"百家杂语"，当亦就其中各种古史传说而言，并非泛指诸子百家的不同学说，因为后者除了政治上可以宣布罢黜，是没有办法，也没有必要去"整齐"的。

丁、必须强调，所谓"成一家之言"，根据上下文气，主要不是泛指，不是与一般史书和著作相比；而着重是在"拾遗补艺"，羽翼经学上，是和仅注重文字训诂和微言大义，而古史传说却相当零乱、矛盾的"六经异传"相比。意思就是，《史记》以前所未有的系统通史，包括纪传体等，来羽翼经学，有独特风格，不同凡响。

这样，《自序》中那一段话的基本意思便是：通过广泛搜集、考订古今史料，撰写一部"成一家之言"的，即"综其终始"而又统一"六经异传""百家杂语"中不同古史传说的通史，来"拾遗补艺"，羽翼经学。在司马迁心目中，《史记》恐无异于一部有独特风格的"六经"新传记。这是当时经学尚缺乏一部系统通史作为羽翼，司马迁敏感认识到这一点，力图以《史记》满足这一需要的反映。

2.《史记》卷一四《十二诸侯年表·序》："太史公曰：儒者断其义，驰说者骋其辞，不务综其终始……于是谱十二诸侯，自共和讫孔子，表见《春秋》《国语》学者所讥盛衰大指著于篇，为成学治古文者要删焉。""综其终始"四字，又见上引《报任少卿书》，指系统掌握或撰写古史。所谓"儒者断其义"两句，是紧接此序前文而言。在前文中，司马迁高度评价孔子撰《春秋》，又说："及如荀卿、孟子、公孙固、韩非之徒，各往往捃摭《春秋》之文以著书，不可胜纪。汉相张苍历谱五德，上大夫董仲舒推《春秋》义,颇著文焉。"①这之后,方慨叹"儒者断其义"云云。按断,判也;义,宜也,理也。②"儒者断其义",当指荀子、孟子等著书立说,"捃摭《春秋》之文",仅旨在宣扬、吸取其义理、原则。"驰说者骋其辞",当指韩非等著书立说,其"捃摭《春秋》之文",又仅旨在利用其文辞、内容。③意思是,他们全都不肯在掌握或撰写"综其终始"的历史方面下工夫,所以自己要谱《十二诸侯年表》,帮助人们学习和掌握《春秋》之要领。④这个评论,虽然涉及的只是由西周至孔子这一段时间,和《春秋》这一部经书,但联系上引《自序》,就不难看出,两处思想完全一致。《自序》是说,撰写全部通史旨在"拾遗补艺";此处是说,谱《十二诸侯年表》旨在从一个角度帮助人们掌握《春秋》。后者等于给全部通史如何"拾遗补艺"提供了一个具体范例,而成为《史记》崇儒的又一证。

3.《自序》又说:"先人有言:'自周公卒五百岁而有孔子,孔子卒后至于今五百岁,有能绍明世,正《易传》,继《春秋》,本《诗》《书》《礼》《乐》之际?'意在斯乎!意在斯乎!小子何敢让焉。"《正义》:"先人,司马谈也。"是。按司马谈虽然原则上崇道,但在此处却是崇儒的。推其意,就是叮嘱司马迁必须撰写史书,⑤并以六经精神为指导。这是《史记》原则上必不可能推崇与正统儒学对立的"异端思想"的强证。否则就等于表明司马迁违背了父亲的意愿,在他那个十分重视孝道的时代,将会承受极大的压力。即使确如有些学者所说,需要表面上应付一下来自某些方面的指责,那么,用他自己的话敷衍一下就行了,何必端出父亲

---

① 在这段话之前,还有"鲁君子左丘明……成《左氏春秋》"等 126 字,崔适举七证以为乃"刘歆之学者所窜入",似是,兹从之。载《古籍考辨丛刊》,中华书局,1955 年,第 626 页。

② 分别见《经籍纂诂》去声十五翰及四寘。

③《史记》卷六三《韩非列传》称他有《说林》《说难》之作,并全文载《说难》,所以此处将韩非包括在"驰说者"中,可能性极大。又《春秋》文极简约,无法捃摭。司马迁此处所谓《春秋》乃指《左传》,见金德建《司马迁所见书考》,上海人民出版社,1963 年,第 105 页。

④ 在"要删焉"下《索隐》曰:"言表见《春秋》《国语》,本为成学之人欲览其要,故删为此篇焉。"按"儒者断其义"等三句之"其",均指《春秋》,与此处"欲览其要"之"其"同。意思是,谱此年表是为帮助人们掌握《春秋》等。

⑤ 司马谈本来仅要求司马迁撰写"继春秋"的西汉近现代史,司马迁进而扩展为三千年通史,但以六经思想为指导,则同,见《自序》。

来？端出司马谈的话，就表明司马迁是真心诚意地崇儒。

（二）从贯串《史记》的历史观，也可看出其通史系统之建立，适应了儒家思想的需要，特别是配合春秋公羊学和董仲舒的三统说，为西汉统治寻找理论根据。

按三统说是一种唯心主义历史观，战国末年已经出现，系由五德终始说蜕化而成。[①] 汉武帝时，春秋公羊学大师董仲舒宣扬三统说，主张历史上王朝之递嬗，按黑统、白统、赤统三统依次循环。如夏代为黑统，殷代为白统，周代为赤统。每一统都有它自己独特的礼乐制度（正朔、服色等）。赤统以后注定必由黑统来统治天下。那么谁是继周代的黑统呢？就是汉王朝。[②] 很明显，这一学说是在为汉王朝统治的合理性提供理论根据。为了完备这个三统说，董仲舒构筑了一个独特的通史框架（见下）。但因为只是框架，缺乏具体史实，因而虽起了一定作用，仍缺乏足够说服力。要有足够说服力，就需要在这通史框架中填进具体史实。《史记》正好适应了董仲舒这一需要。

1. 董仲舒在《春秋繁露·三代改制质文》中提出一种理论，构筑了一个独特的通史框架。据此理论，古代存在"三王""五帝""九皇"这些名号。以周为例，"三王"便是夏、殷，加上周自己，均为大国；"五帝"便是黄帝、颛顼、帝喾、尧、舜，因时代离周已远，故其后裔均降为小国。"九皇"并不是九个皇，而是顺三王、五帝向上数的第九个朝代，它便是神农，后裔更降为附庸。但这些名号不是固定的，而是变动的。如时代由周进展到春秋，"三王"便改成春秋（鲁）、周、殷；夏则转为"五帝"之一，后裔降为小国。这叫"王鲁，尚黑，绌夏，亲周，故宋（即殷，宋为殷后裔）"。原"五帝"中的"黄帝"转为"九皇"，后裔降为附庸，而原"九皇"神农之后裔，则由附庸下降为民了。[③]

---

① 参顾颉刚《五德终始说下的政治和历史》六，载《古史辨》第五册，上海古籍出版社，1982年；杨向奎《中国古代社会与古代思想研究》上册，上海人民出版社，1964年，第258—265页。

② 参《春秋繁露·三代改制质文》。主汉为黑统，考见顾颉刚文、杨向奎文，出处见上注。

③ 参顾颉刚等《三皇考》七，载《古史辨》第七册中。

《史记》的通史系统的框架基本采用董仲舒此说。除了"三王"为夏、殷、周，"五帝"正好是黄帝、颛顼、喾、尧、舜，与董说全同外，更能说明问题的是，《史记》卷一《五帝本纪》叙述五帝以前历史，恰恰只记了一个"神农氏"，同于董说的"九皇"。不仅如此，《三代改制质文》据五行相生说，称神农为代表火德的"赤帝"，意思是注定要由代表土德的"黄帝"取代；而《史记》正好也隐以神农为"炎帝"，即"赤帝"。① 大家知道，在司马迁时代，"三皇五帝"是众说纷纭的，②而《史记》偏偏同于董仲舒说，不但撇开"三皇"诸说，在《五帝本纪》中连当时颇为时髦的"伏羲氏"也一字不提。③ 如果再联系司马迁曾向董仲舒请教过《春秋》，有人甚至以为司马迁乃春秋公羊学的主要传人，④则说《史记》通史系统框架基本采董仲舒说，旨在通过充实大量史料，弥补三统说的不足，为三统说服务，恐怕并非毫无根据的。当然这里有两点需说明：甲、《五帝本纪》不以"九皇"名神农。这当因"九皇"的提法容易与当时流行的"三皇""二皇"混淆（"九"表顺序，而"三""二"表数量），但在"三王""五帝"之上再单独提出一个神农，实际上不还是"九皇"吗？乙、按上引《三代改制质文》，"三王"等名号不是固定的，发展到汉代，"三王"应是殷、周、汉，⑤而《史记》却将"三王""五帝"固定下来，"三王"仍是夏、殷、周，未将汉归入"三王"。显然这有很大不同。但这个变化并非始于司马迁，董仲舒早已开了头。如在《天人三策》中说："遍得天下之贤人，则三王之盛易为，而尧舜之名可及也。"此"三王"在尧舜以下，汉代以上，按当时习惯，只能指

---

　　① 此据三家注，不从崔述说。《史记》卷一《五帝本纪》，《正义》引《帝王世纪》，神农"以火德王，故号炎帝"。在五行中，火属赤色，故也可叫"赤帝"。

　　② 参吕思勉《三皇五帝考》，刘起釪《几次组合纷纭错杂的"三皇五帝"》。

　　③ 至于在《封禅书》《日者列传》《自序》三处提到伏羲，是作为史料记载。这和《五帝本纪》中未把它归入通史系统，性质是不同的。

　　④ 参郑鹤声《司马迁生平及其在历史学上的伟大贡献》，载《中国史学史论集（一）》，上海人民出版社，1980年，第139—140页。又杨向奎《司马迁的历史哲学》，载《绎史斋学术文集》，上海人民出版社，1983年。

　　⑤ 殷周之后本为春秋（王鲁），但因按春秋公羊学，孔子只是"素王"，未能实行春秋的原则和制度，但他又"奉天命"为汉制法，这些原则、制度应在汉代实行，所以本由春秋继周，当时也说成由汉继周。参《三皇考》，载《古史辨》第七册中。

夏、殷、周。① 其所以会发生这个变化，当因长期以来经过战国诸子百家之宣传，"三王"已约定俗成，固定为夏、殷、周，致使董仲舒最后不得不适应这一现状。由于它对三统说并无大的妨碍（如仍可宣扬汉为黑统，继周之赤统等，见下），所以做了让步。可见，《史记》遵循的仍是董仲舒说。

2. 更重要的是，《史记》还努力宣扬三统说。《高祖本纪》论赞表述得最清楚："太史公曰：夏之政忠，忠之敝，小人以野，故殷人承之以敬。敬之敝，小人以鬼，故周人承之以文。文之敝，小人以僿（指轻薄），故救僿莫若以忠。三王之道若循环，终而复始。周秦之间，可谓文敝矣，秦政不改，反酷刑法，岂不缪乎！故汉兴，承敝易变，使人不倦，得天统矣。""天统"，这时意指合乎天意的原则、纲纪，也就是三统中的一统，董仲舒常用此词。所谓"三王之道若循环"，显然指的正是三统之循环。董仲舒在《天人三策》中早已提出，对"三王之道"出现的"弊"，必须补救："夏上忠，殷上敬，周上文，所继之捄（通救字。师古曰：'继，谓所受先代之次也；救，谓救其弊也。'），当用此也。"又说："今汉继大乱之后，若宜少损周之文致，用夏之忠者。"这里没有提到秦，这是因为董仲舒不把秦看成一统。所以他在该文另一地方说："至周之末世，大为亡道，以失天下。秦继其后，独不能改，又益甚之。"结果"以乱济乱"，成为"腐朽之木""粪土之墙"。意思就是，秦从未构成"上忠""上敬"或"上文"的任何一统。② 司马迁这里所遵循的正是这一思想。上文大意便是，经过夏、殷、周三统循环，已达到"文敝"阶段。③ 秦承其后，不但不救弊，反而加强刑法（即扩大"文敝"），结果短命。而西汉继之，却能改变政策措施，使人民从酷政下复苏，证明合乎"天统"。这不是和董仲舒一模一样，认为秦并没有成为一统，而汉则越过秦，直接继周，而成为一统吗？正因这段话精辟地阐述了三统说，并为汉代统治找到理论根据，所以后来进一步宣扬董仲

---

① 《春秋繁露》"仁义法""对胶西王越大夫不得为仁""循天之道"各篇之"三王"，甚至汉武帝诏书中之"三王"，均指夏、殷、周。参《汉书》卷五六《董仲舒传》。

② 《汉书》卷五六《董仲舒传》。

③ "文敝"，指政刑过于烦琐，人们疲于应付，而内心对君上并无忠诚之心。

舒学说的《白虎通义·三教》、纬书《春秋元命包》,①几乎全文照抄《高祖本纪》这段话。

当然,这里讨论的是指导思想。但由于《史记》是史学著作,而不像《春秋繁露》等是哲学著作,司马迁又是一位实事求是、秉笔直书的史学家,忠于史料,这样,所撰写内容便不可能与当时的三统说,与正统儒家思想完全合榫。所以他在《高祖本纪》虽如是说,而到写秦始皇时在充分记述暴政、"反酷刑法"史实的同时,又历载其统一功绩,并将他列入"本纪"。特别是在《六国年表》序中又说:"秦取天下多暴,然世异变,成功大。传曰'法后王',何也?以其近己而俗、变相类,议卑而易行也。学者牵于所闻,见秦在帝位日浅,不察其终始,因举而笑之,不敢道,此与以耳食无异,悲夫。"这些均与《高祖本纪》的三统说似乎有些矛盾,常被引用作为他不承认三统说的证据。其实,这不够全面。因为《高祖本纪》上明明白白宣扬三统说的话,绝对无法作别的解释;又是对汉代开国君主的论赞,书中地位极其重要,不能视为偶尔失言。而《六国年表》序的话却不同,在司马迁身上,是可理解为与三统说并存的,而构成他的思想特色,即司马迁一方面如前所考,从总体上、指导思想上是崇儒的,遵循三统说的;另一面在实际写作中,他又与一般儒家对秦一味诋毁不同,从大量具体史料出发,经过"察其终始",认为既要记载、批评秦之暴政,证明它不足以成为三统中的一统,又要看到秦"成功大",有些大一统政策与制度,汉代容易接受、推行,应予继承,因而讥笑将秦全面否定的儒家是"耳食"。由此可见,《高祖本纪》论赞与《六国年表》序实际上并没有矛盾。当然,司马迁高度赞许秦"成功大",宣扬向它学习一些东西,将秦及秦始皇列入"本纪",这与董仲舒将秦视作"朽木粪墙",一无是处相比,作为三统说者,是不够正统的;而宣扬秦、汉某些继承关系,甚至有否定三统说的危险。同时他所讥笑的、对秦功绩"不敢道"的学者,实际上也包括了董仲舒,不管司马迁主观上是否意识到了这一点。这是崇儒的司马迁的悲剧所在,也是一代史学宗师的伟大所在。关于司马迁这一特

① 《礼记·表记》"贼而敝"句下孔疏引。

色,后面还要讲到。

在历史观上,除了三统说,《史记》还受春秋公羊学和董仲舒其他思想影响,同样不能忽视。试举下例:

《史记》将匈奴、南越、东越、朝鲜、西南夷、大宛归入七十列传。按《自序》,三十世家写的是"辅拂(弼)股肱之臣",七十列传写的是"立功名于天下"的人物。它们就像"二十八宿环北辰,三十幅共一毂"一样,是"尊辅天子"的"文武之臣"。① 而匈奴等是"夷狄",历来为中原王朝或华夏诸国排斥,为什么也被归入七十列传,有似于"文武之臣"了呢? 这当与受《公羊传》和董仲舒思想影响分不开。大家知道,公羊家对待"夷狄",强调它与中国的区别,并不在种族的不同,而在文化的有无高低。如果"夷狄"吸收、提高了文化,不管它原来的种族是什么,也就成了中国,应与原来的中国一视同仁。② 同时,公羊家主张大一统,又有"三世"之说。"三世"即"所传闻之世""所闻之世""所见之世"。在前二世,夷夏之别很严格,即便"所闻之世",仍需"内诸夏而外夷狄"。③ 在这个过程中,需对"夷狄"教育,"正夷狄以渐治之"。随着"夷狄"文化提高,达到"所见之世","著治太平",于是"夷狄进至于爵(成为尊天子的诸侯),天下远近小大若一",④形成大一统的"太平世"。汉武帝时是哪一世? 董仲舒在《天人三策》中以为是太平世。他对汉武帝说:"今陛下并有天下,海内莫不率服……至德昭然,施于方外。夜郎、康居,殊方万里,说德归谊,此太平之致(至)也。"⑤司马迁正是本着公羊家、董仲舒这些思想来处理"夷狄"问题的。在《史记》中,除了记载匈奴行文有些特殊,似乎把它当作个别的、上一世遗留的问题外,记载其他"夷狄",全都把它们看作"进至于爵"的诸侯。如《自序》称南越"纳贡职",东越"葆守封禺(区)为臣",朝鲜"葆塞为外臣",西南夷"请为内臣受吏",大宛"引领内乡,欲

---

① 《汉书》卷六二《司马迁传》"运行无穷"句下师古曰:"言众星共绕北辰,诸辐咸归车毂,若文武之臣,尊辅天子也。"

② 参冯友兰《中国哲学史新编》第三册第二十七章第三节,人民出版社,1985年。

③ 《春秋公羊传注疏》隐公元年"所传闻异辞"下何注、《春秋繁露·王道》。

④ 参《春秋公羊传注疏》隐公元年"所传闻异辞"、成公十五年"言自近者始也"下何注。

⑤ 《汉书》卷五六《董仲舒传》。

观中国";各传、论赞中说得更明确,如南越"列为诸侯""比内诸侯",东越"世世为公侯矣"等。而且在列传的排列次序上,将"夷狄"与华夏诸传错出,而不是放在最后,似乎也是出于"太平世"华夏夷狄一视同仁的思想。

综上所述,《史记》在历史编纂上的一大贡献,即建立通史系统,无论从司马迁自己的介绍,或者从他的历史观分析,其指导思想,归根结底全都和正统儒学,特别是春秋公羊学紧密关联,实际上是适应了独崇儒术这一政策的需要,用独特的通史系统、丰富的史实为它张目,为汉王朝歌功颂德,起到了单纯经书所起不到的作用。"成一家之言",其实质就在这里。

二

《史记》崇儒说如想成立,至少还有两个看似否定儒家思想的问题,需要认真对待、解释,绝不能绕开。

(一)《史记》卷六一《伯夷列传》:"或曰:'天道无亲,常与善人。'……(然伯夷、叔齐饿死,颜渊早夭)天之报施善人,其何如哉!盗跖日杀不辜……竟以寿终,是遵何德哉!……若至近世……(类似情况)不可胜数也。余甚惑焉,倘所谓天道,是邪非邪?"

人们常举此例证明司马迁否定天命,持无神论观点,因而与儒家唯心论,特别是董仲舒天人感应说对立。就这一例孤立地看,似乎有些道理,但如联系《史记》中更多关于"天"的言论观察,就不然了。

首先来看"天人之际"。

《自序》曰:"礼乐损益,律历改易,兵权、山川、鬼神,天人之际,承敝通变,作八书。"据王先谦理解,"天人之际谓《天官书》,承敝通变谓《平准书》也"。① 而《天官书》中记具体天人感应之事极多。如"荧惑

---

① 《汉书》卷六二《司马迁传》"作八书"下补注。又参《太史公书亡篇考》,载《余嘉锡论学杂著》,中华书局,1963年。

（星）……出则有兵，入则兵散"；"五星色白圜（外有白边），为丧、旱；赤圜……为兵"；"汉之兴，五星聚于东井。……诸吕作乱，日蚀，昼晦。吴楚七国叛逆，彗星数丈。……由是观之，未有不先形见而应随之者也"；"日变修德，月变省刑，星变结和……日月晕适，云风，此天之客气，其发见亦有大运，然其与政事俯仰，最近天人之符。此五者，天之感动"。固然在《自序》中他曾说"星气之书，多杂禨祥，不经；推其文，考其应，不殊。比集论其行事，验于轨度以次，作《天官书》"，似乎相互有些矛盾。实际不然。"多杂禨祥"是指将天人感应搞得太琐碎，也就是《天官书》所轻视的"占验凌杂米盐"，《正义》"凌杂，交乱也；米盐，细碎也"，意思就是将历史上每一具体灾异都和特定的人事联系起来。故司马迁认为"不经"。但原则上他并不反对天人感应，所以又说："推其文（指星气书中不杂禨祥的内容），考其应（感应），不殊（不异，不差，即不错）"，因而据以作《天官书》。① 冯友兰先生说："司马迁在原则上承认所谓'天人之符'。但是他认为，占星术家把每一个具体天象的变化都跟特定的政治上的事件联系起来……这就不足为法了。"②冯先生这个观点是比较全面、准确的。如果将《天官书》如此大量、集中、鲜明地宣扬天人感应，亦即承认有意志的"天"存在的记载、言论撇在一边，反而把其他在行文中偶尔涉及"天"，很难准确把握，似是而非的片断言论，硬按否定"天"的唯物论去解释，认定是司马迁天道观的主流，怎能令人信服呢！

　　《天官书》以外偶尔涉及肯定有意志"天"的言论，还有一些。如《六国年表》序：秦统一天下"盖若天所助焉"。《魏世家》论赞："天方令秦平海内，其业未成，魏得阿衡之佐，曷益乎。"《秦楚之际月表》序：汉高祖出身低微而能统一天下，"岂非天哉，岂非天哉，非大圣孰能当此受（天）命而帝者乎"。孤立地看，这些地方的"天"，也未尝不可作唯物的解释，就

① 《天官书》另一处说，幽、厉以往天变，因时间距今太远，故说法各不相同，有关星占书"其文图籍禨祥不法"，即此处"多杂禨祥，不经"之意。又说"是以孔子论六经，纪异而说（对灾异的解释）不书"。意即由于缺乏可靠依据，孔子虽记灾异，但不解释它们和什么人事相感应。这并不意味原则上不承认天人感应。

② 冯友兰《中国哲学史新编》第二册，人民出版社，1964年，第178—179页。

像东汉王充的"天"一样。有些学者正是这样理解的。但是如果与《天官书》言论，以及三统说联系起来分析，就很难说不是有意志的"天"了。这和王充坚决批判天人感应说基础上提出的"天"，物质的"天"，是根本不同的。

如果以上看法不错，则上引《伯夷列传》的话也就不难解释了。它只不过表明，司马迁本来相信"天"有意志和"天道"福善祸恶之说，可是伯夷、叔齐、颜渊、盗跖等例子又摆在那里，与之抵触，因而感到惶惑，信口发出慨叹"倘所谓天道，是邪非邪"。请注意，这里的"天道"是与前面"天道无亲，常与善人"之"天道"相呼应的，也可以说是那两句话的节略。所以下面用"是邪非邪"（这话对还是不对），怀疑的仅是天道福善祸恶的这一说法，[①]而不是"天""天道"本身。如是后者，下面就应用"有邪无邪"了。换言之，只要全面考察司马迁关于"天人之际"的思想，则根据《伯夷列传》，是绝对得不出司马迁否定天命，与董仲舒儒家唯心论对立之结论的。

上面讲到《史记》的"天人之际"乃指《天官书》，其他地方的"天"，都是行文中偶尔涉及，不足以作为研究司马迁天道观的主要依据，由于对这个问题本身也有不同看法，而它又对正确理解《伯夷列传》关系至巨，所以在这里一并考证。

按《报任少卿书》："网罗天下放失旧闻……凡百三十篇。亦欲以究天人之际，通古今之变，成一家之言。"由于是在"凡百三十篇"之后讲"亦欲以究天人之际"等三句话，如果严格按文字逻辑，似乎"究天人之际"与"通古今之变"，应是通贯《史记》百三十篇的两方面问题，就像"成一家之言"，乃撰述整个《史记》的个人目的一样。事实上这样理解的人不少。有人甚至进而认为"究天人之际"指的是探讨古来天人关系上是否天神决定人间一切，而"通古今之变"则指考究古今历史演变的因果关系和规律为何，全是根本原则问题。如果这样理解，这个"天人之际"就与《自序》所讲百三十篇以内，限于指八书之一《天官书》的"天人之际"

---

① 冯友兰《中国哲学史新编》第二册，180 页。

不同了。

然而此说难通之处颇多:

1. 司马迁是史学家,又懂天文历法,为了"拾遗补艺",他重视具体史实包括古今天文变化资料之网罗,以及历史上各王朝盛衰兴亡具体经验教训之探讨,像上述高度概括的两大哲学问题,他会作为基本任务给自己提出来吗?

2. 如果司马迁提出的确是两大哲学问题,以"究天人之际"而言,自必要在《史记》中较多部分涉及,特别是应给予系统、明确论述。可是事实是除《天官书》外,其他地方涉及不多,偶有议论,也语焉不详,意思难以准确把握。而且即使《天官书》,也是排比资料多,论述少,特别是想找明确反对天神决定人事的言论,总有沙里淘金之感,好容易找到一两句,又有些似是而非,这又为什么?

3.《报任少卿书》在"亦欲以究"等三句话前,已经讲过根据古今史料,"稽其成败兴坏之纪"(见本文第一部分引),如果"通古今之变"是指探讨古今历史演变的因果关系和规律,则已把"成败兴坏之纪"包括了进去,至少性质相近,为什么要分为两橛,前后重复?

4. 更重要的是"古今之变"何所指?是指抽象的古今历史演变规律吗?这就需要仔细探究"变"的含义。

《史记》之"变",固然往往作一般的变化发展解,但在不少地方还指情况变化发展之后,各王朝相应地在政策措施与典章制度上所作的变动,或者说采用了不同的政策措施与典章制度,指的都是具体的东西。请看下例:

《高祖本纪》论赞:"故汉兴,承敝易变,使民不倦。""变"为"易"之宾语,指与周末、秦代不同的政策、制度。

《平准书》论赞:"汤武承弊易变,使民不倦。""变",指与夏末不同的政策、制度。

《六国年表》序:"秦取天下多暴,然世异变,成功大。传曰'法后王',何也?以其近己而俗、变相类,议卑而易行也。"前一"变"乃"异"之宾语。"世异变"指不同时代所采政策、制度也不同。后一"变"与"俗"

（风俗习惯）并举，亦指政策与制度。"俗、变相类"是其所以要"法后王"的理由之一。

《自序》："八年之间，天下三嬗，事繁变众，故详著《秦楚之际月表》。""变"与"事"并举，又成为由形容词"众"作谓语的主语。"事繁变众"指情况复杂，相应政策与制度变化甚多。同上"作《平准书》，以观事、变"。"事""变"与此处意同。《平准书》中所载"变"，即汉武帝适应"事繁"所采种种新的政策、制度。

另外，《史记》和汉人常用的"权变""天变"之"变"，也指具体的东西，而不是泛指变化。如《六国年表》序："然战国之权变亦有可颇采者。""权变"而用一"采"字，自指具体策略。

现在再让我们来考察"通古今之变"何所指。

《自序》："……天人之际，承敝通变，作八书。""承敝通变"与上引两处"承敝易变"意思相同。有一个可能，即"通"本为"易"字，后人据《报任少卿书》"通古今之变"之"通"而擅改（因正好在"究天人之际"下，句序与此处相同）。不过，据《周易·系辞上》"推而行之谓之通"，则按"通"字亦可解；"变"则都指具体政策与制度。

既然《报任少卿书》"究天人之际"等十个字，与《自序》等八个字，文字和意思颇相同，"变"字指的又是政策与制度，而《史记》八书又正好是讲政策与制度的，那么有没有可能，"通古今之变"仅仅指司马迁想要系统记下和考察古今一切经常变化的具体政策和制度，而不是泛指探讨抽象的古今历史演变的因果关系和规律呢？很有可能。当然，如这样理解，"通古今之变"的"通"，乃贯通、通彻之"通"，主体是司马迁，而与"承敝通变"作"推而行之"解释，主体是汉王朝之"通"不同。

这也就是说，"通古今之变"是与《自序》"礼乐损益，律历改易，兵权、山川、鬼神……承敝通变"，即八书中之七书相当。因为都讲政策措施与典章制度，所以在与任少卿书信中就概括地用"通古今之变"来表述。按《自序》，曾称"略协古今之变，作礼书"。可见司马迁确有将古来政策措施与典章制度称"古今之变"的习惯与可能。至于"天人之际"，因为主要讲天象和"天人之符"，和其他七书有所不同，所以单独出来，用

"究天人之际"表述。

如果以上考证不错，则《报任少卿书》中关于撰述《史记》之意图，便与《自序》的叙述完全一致。"凡百三十篇"以前所讲根据旧闻、行事，"稽其成败兴坏之纪"，这就是《自序》所说撰述本纪、世家、列传、年表，对古来王朝"原始察终，见盛观衰"之意。"亦欲以究"两句话，就是《自序》"礼乐损益"等等至"承敝通变，作八书"之意。前者重点在各王朝盛衰兴亡具体经验教训之总结，后者重点在古今经常变化的具体政策措施和典章制度，以至"天人之际"的考察。这应是司马迁自我认定的《史记》两大特色。固然，信中于"凡百三十篇"后再用"亦欲"云云，使文气不很规范，但也不是完全不可这样理解，因为在此处有关本纪、世家、列传、书、表等百三十篇的具体列举并不重要，①放在哪里，作者未必会留意。当然，也不排除司马迁另有意图，即为了突出"稽其成败兴坏之纪"，而把"究天人之际"两句，放在"亦欲"以后的次要地位。

这样一来，前述难通之处全可通了：

"究天人之际，通古今之变"不是讲两大抽象哲学问题、根本原则问题，而仅指记下和考察古今具体天象、政策、制度，这和司马迁汉代史学家的身份便一致了。同时"通古今之变"也与"稽其成败兴坏之纪"的内涵，不相重复。而由于"究天人之际"与《自序》"天人之际"指的是同一事，所以除《天官书》外，其他地方关于天人关系皆语焉不详，也就毫不奇怪了。

（二）《货殖列传》："富者，人之情性，所不学而俱欲者也。""天下熙熙，皆为利来；天下壤壤，皆为利往。"再加上《史记》其他一些地方被认为是揭露、批判"仁义"虚伪性的言论（如《游侠列传》"侯之门仁义存"云云，见后），这与董仲舒"正其谊不谋其利"的儒家思想不是明明白白对立吗？

问题没有这么简单。

---

① 《汉书》卷六二《司马迁传》所载《报任少卿书》。此处但言"凡百三十篇"，本纪、世家、列传、书、表均不提，《文选》同书有"本纪十二"等，或许是后人据《自序》补的。

1. 不能否认，司马迁受到先秦法家，特别是齐法家思想之影响。齐法家于重农之外，还照顾商业渔盐之利，[1]所以司马迁也大量论述"富""利"，甚至认为"奸富"（盗墓、赌博等）虽不如"本富""末富"，也是"用奇胜"，"皆诚一之所致"，可备一格。但是如所周知，重视物质生产、财富的思想，儒家并非阙如。《尚书·洪范》："八政：一曰食，二曰货。"《论语·子路》：卫国人口增多，"冉有曰：既庶矣，又何加焉"。孔子曰："富之。"《荀子·富国》："下贫则上贫，下富则上富……上下俱富……是知国计之极也。"固然，荀子重本抑末，但齐法家也重本抑末，[2]司马迁原则上也承认"本富为上"，所以他的经济思想与儒家基本一致，并不对立。

2. 更重要的是，司马迁丝毫没有只强调"富""利"，而否定儒家"仁义"，把它看成虚伪的这一思想。相反，他十分重视并努力宣扬"仁义"。《孝文本纪》："专务以德化民，是以海内殷富，兴于礼义。……太史公曰：孔子言'必世然后仁'。……汉兴，至孝文……德至盛也。……岂不仁哉。"《汉兴以来诸侯王年表》序：谱此年表，"令后世得览，形势虽强，要之以仁义为本"。《伯夷列传》引孔子语赞美伯夷、叔齐"求仁得仁"；引姜太公语称许二人"义人也"；记二人"义不食周粟"，是"积仁絜行"。

司马迁之所以要强调"富""利"，是因为他主张只有人们生活富裕了，才会接受仁义思想，见诸行动。所以他引《管子·牧民》语"仓廪实而知礼节，衣食足而知荣辱"。又说"礼生于有而废于无。故君子富，好行其德（仁义）；小人富，以适其力（恰当地使用力量，不违反仁义）"。因而说"人富而仁义附焉"。附，依也，随也。联系上下文，此话不能误解为：人一富，不论行为好坏，仁义也就加在他头上了，故这仁义是虚伪的；而是说，人富了，才有条件推行仁义。如他说：陶朱公"三致千金"，方有可能救济他人，"此所谓富好行其德者也"。司马迁又说"富者得势益彰"，子贡即其例。子贡经商致富，"所至国君无不分庭与之抗礼"，然后方"使孔子名布扬于天下"。至于司马迁说"无岩处奇士之行，而长贫贱，好语

---

① 参前揭《绎史斋学术文集》，第 119 页。冯友兰《中国哲学史新编》第一册，第 238 页。
② 冯友兰《中国哲学史新编》第二册，第 223 页。

仁义,亦足羞也",其意不过是说,除极少数有"岩处奇士之行"的人（指伯夷、叔齐、颜渊这些"岩穴之士",即真正力行仁义之人,见《伯夷列传》）外,就绝大多数士民言,没有本事在竞争中致富,长年贫贱,却空谈仁义,实际上无法推行仁义,这是可耻的。中心在于强调首先要富起来。班彪曾批评司马迁"序货殖,则轻仁义而羞贫穷"。班固将后一句改为"则崇势利而羞贱贫"。① 改得好! 好就好在把"轻仁义"删落了。班固大概觉得批评司马迁"轻仁义"有些牵强,所以含糊地改为"崇势利"。后者确是司马迁的问题。但如前所述,它恰恰着眼于"仁义"之推行,虽然班固未必这么考虑。

关于司马迁重视"富""势""利"而不"轻仁义",还有一些证据。据《伯夷列传》,司马迁虽肯定伯夷、叔齐、颜渊等"岩穴之士",但又说"伯夷、叔齐虽贤,得夫子（称扬）而名益彰;颜渊虽笃学,附骥尾而行益显",如无此机遇,就将青史无名,品行再高也无人了解。结论是:"闾巷之人,欲砥行立名者,非附青云之士,恶能施于后世哉。"这等于说,仁义之名,仁义之行,需靠"青云之士"方能广泛传播。所以他在《货殖列传》中又将"不厌糟糠,匿于穷巷"的原宪,与既"富"又"得势"的子贡相比,尽管司马迁赞许原宪高行,②但仍肯定"使孔子名布扬于天下者",是子贡。言下之意,原宪起不了这作用。③ 这可能就是班固心目中"崇势利而羞贱贫"的一例。可是事情很清楚,这种"崇势利而羞贱贫",是在同样被肯定的儒家高行人士之中进行比较的,人们可以说司马迁此思想不很正统,但与"轻仁义"却毫不相干。

由此也就不难明白,司马迁《货殖列传》的言论与儒家思想并不对

---

① 分见《后汉书》卷四〇《班彪传》、《汉书》卷六二《司马迁传》。

② 见《史记》卷六七《仲尼弟子列传》。

③ 同传后文认为季次、原宪如与"乡曲之侠"（相当于汉之游侠）,就"比权量力,效功于当世"这一点言,"不同日而论矣",言下之意是不如的,自然这不是全面比。季次、原宪乃属极少数"岩处奇士之行"的人,与游侠不是一个层次,但从司马迁提出这一点相比较,也可推出,如在同一层次中,他必然偏向"青云之士"。事实正是如此,他在《游侠列传》序中将"儒"实际分为两类。一类"以术取宰相卿大夫",即"青云之士"。一类"闾巷人也",指季次、原宪,即《伯夷列传》之"闾巷之人"。对后一类,他虽然也肯定"弟子志之不倦",然又说"当世亦笑之";而对前一类则不同,说他们"辅翼其世主,功名俱著于春秋",赞许进取的态度是清楚的。

立,与董仲舒"正其谊不谋其利"的思想也没有根本矛盾。董仲舒便说："天之生人也,使之生义与利。利以养其体,义以养其心。心不得义不能乐,体不得利不能安。"可见他也把"利"看成人不可或缺的,只不过和"义"比起来,认为"义"更重要而已。①

3. 现在来考察常被引用作为司马迁否定儒家仁义之强证的一段话,见《游侠列传》(用甲乙丙丁分段):

> (甲)鄙人有言曰:何知仁义,已飨其利者为有德。(乙)故伯夷丑周,饿死首阳山,而文、武不以其故贬王;(丙)跖、跻暴戾,其徒诵义无穷。(丁)由此观之,窃钩者诛,窃国者侯,侯之门仁义存,非虚言也。

这段话绝不能孤立地看,必须联系上下文方能得正解。

甲句是说,普通人都认为,凡本来处于困境,后来得到某人救助,便自然赞他"有德",行为合乎仁义。"为",谓也。"为有德"即谓之有德。司马迁实际上肯定这个"鄙人"之言。

乙句是说,伯夷蔑视周武王"以臣弑君"而饿死首阳山,虽为"义人",可是因为本处困境,后从武王伐纣中得到拯救的人极多,赞他仁义,故武王继续被拥为王,文王的谥号也因之不变。

丙句是说,盗跖、庄跻虽暴戾,但追随他们的大量徒众,因"已飨其利",故仍极力赞颂他们仁义。

丁句是说,窃国者因为涉及面宽,从其举事中得到利益的人极多,称赞这一行动合乎仁义,故被拥为诸侯。而窃钩者因无人得到好处,赞其仁义,故一犯法即被杀。此即"侯之门仁义存"。②

司马迁讲这些话,是否在讽刺儒家仁义呢?否。

我以为这些话中心是在阐述他对儒家仁义的理解。他理解得很实在,认为帮助他人,使之得到利益,行为就合乎仁义。对此,他是肯定的、

---

① 参冯友兰《中国哲学史新编》第三册,第78页。
② "窃钩者诛"三句见于《庄子·胠箧》。原话确是对"仁义"的批判,但司马迁引之,含义却不同,而是与《货殖列传》"人富而仁义附焉,富者得势益彰"相呼应的。

赞颂的,丝毫没有讽刺味道。我这样看,和《游侠列传》这段话的上文精神是一致的。上文是说,人总有缓急之需,要人帮助,即使虞舜、伊尹等"有道仁人"也难免,一般人自然更不能例外。由此证明帮助他人具有极大社会意义,这样便与我们讨论的这段话中,把这种行为视为"有德""仁义"的意思相互衔接。

我这样看,和这段话下文精神也是一致的。下文主要有两个意思。一是轻视"抱咫尺之义,久孤于世",对他人毫无帮助的"拘学",要求他们改变态度,积极助人,为社会做贡献,以取仁义之"荣名"。另一意思是,"游侠"与"暴豪之徒"(真正的恶霸、暴徒)不同,虽然"时扞当世之文网",但既然肯急人之难,就某种程度合乎仁义,值得歌颂。所以司马迁便在《自序》中说:"救人于厄,振人不赡,仁者有乎;不既信,不倍言,义者有取焉。"这两个意思与我们讨论的这段话隐含急人之难、济人缓急之需合乎仁义的思想,也是相互衔接的。而且这段话还有一个思想,即如能急人之难,纵使在别的方面有错误(如周武王被认为"以臣弑君",春秋战国一些大夫被认为"窃国"),毕竟产生正面的社会效果,仍值得肯定,这正好为下文歌颂虽时扞法网,又救人于厄、振人不赡的游侠做了铺垫。

当然,在这段话中举跖、跻之例,将"其徒诵义无穷"与周文王、武王得人拥立为王相提并论,是不妥当的,①再加上引了一句《庄子·胠箧》讥讽仁义的话作正面理解,很容易将人的思路引入误区。可是只要联系上下文,联系司马迁整个思想,仔细剖析,既然《史记》多处宣扬仁义,既然《游侠列传》又歌颂游侠,且把他们的行为视为合乎仁义,怎么可能忽

---

① 因《史记》对盗跖的评价,大体相当于被完全否定的"暴豪之徒"。他们和在司马迁笔下行为有正确,有错误,正确占主要地位的周武王、游侠等,类型不同。不过此处是"序",中心在阐明"已飨其利者为有德"这一观点,对所举之例是否恰当,司马迁未必留意。此乃当时风气。清人朱一新《无邪堂答问》卷四曰:"诸子书,发摅己意,往往借古事以申其说,年岁舛谬,事实颠倒,皆所不计。或且虚造故事……"还举汉人例:"至刘子政(向)作《新序》《说苑》,冀以感悟时君,取足达意而止,亦不复计事实之舛误。"又说,其所以如此,"盖文章体制不同。议论之文,源出于子,自成一家,不妨有此。若纪事之文,出于史……则固不得如此也"。司马迁此传之序,盖承袭先秦诸子遗风,"取足达意而止",举例不当,并不足怪。正如《自序》所列周文王等古代发愤著书七例,崔述《丰镐考信录》卷二以为史实全误;《游侠列传》所引《庄子》,乃反其意而用之,见前注。我们千万不可因此走入误区。

然又出来一段讥讽、否定仁义的话呢？如再进一步探讨，自然会明白这段话的真正含义所在了。

总之，无论强调"富""势""利"也好，或者肯定"游侠"也好，司马迁的主旨不但不想否定儒家思想，恰恰相反，是在极力宣扬、体现儒家思想，虽然有些偏离正统。

三

《史记》旨在崇儒，其所以早在汉代即被批评为"是非颇缪于圣人"，除"先黄老而后六经"一事乃将司马谈思想当作司马迁思想，出于误解外，如就"崇势利而羞贱贫""退处士而进奸雄"言，基本合乎事实，不过还必须对这些观点形成的时代背景和个人原因，进行具体分析，方能真正把握住司马迁某些思想的特质。

汉武帝之时，政治上的中央集权君主专制制度和大一统局面，已经建立了七八十年，完全稳定下来，可是思想上则尚处在一个过渡时期，儒学受到推崇，司马迁紧跟这个潮流；然而春秋战国以来，适合分裂割据时代需要的某些思想，在他头脑中又打下相当深的烙印：

春秋战国之际，从古代农村公社中解放出来的劳动者，拼命追求财富，努力发展生产，以求摆脱贫困处境；而各国统治者，为了增加国力和税收，保证兼并战争胜利，也大力予以提倡或默许，从而在以农为本基础上，使工商、渔盐等末业也全都不同程度地繁荣起来，以至与统治者重本抑末政策相反，出现"用贫求富，农不如工，工不如商"的谚语。① 对这种状况，一般说各国统治者无意也无法有效解决，尽管战国后期一些政治家、思想家一直大声疾呼。② 然而等秦统一后，特别汉武帝以后形势便不同了。统治者最迫切的任务，不再是进行兼并战争，而是如何千方百计维护大一统帝国社会秩序之稳定。而广大农民离开土地，从事末业，到

---

① 《史记》未点明此谚时间，据上下文，当在战国末至汉代。《商君书·外内》："故农之用力最苦，而赢利少，不如商贾、技巧之人。"可见萌芽当更早。

② 参吴慧《中国古代商业史（第一册）》第三章第四、五、六节，中国商业出版社，1983年。

处流动,既难有效控制,又极易出现违法犯罪之事,所以除政策上的重本抑末努力推行外,在思想上便是依正统儒家观点,重视教化,宣扬安贫乐道,重义轻利,遵纪守法,并推崇历史上典型人物颜渊、季次、原宪等。就在这个时候,司马迁跑出来强调"人富而仁义附焉""礼生于有而废于无",鼓励追求财富,连"奸富"也不坚决反对,而对"长贫贱好语仁义"者则加以讥讽,甚至对"处士"也略有微词,这怎能不遭后来正统儒家的批判呢!

同样,农村公社瓦解后涌出的"士",在全国分裂形势下,大显身手。谁豢养他,便为谁效死,阴谋诡计,暗杀狙击,无所不用其极。有些人由于种种机缘,本身也形成一股势力,号为游侠。他们招募宾从,称霸乡里,虽急人之难,同情弱者,同时又对追随者、气味相投者加意包庇,而不管他们是否违法犯罪。所有这些行为,还都被视为合乎"信""义",受到鼓励。如果说这些行为在全国统一前尚有一定积极意义,[①]而且在战乱中也难以尽行禁止的话,那么到汉武帝以后就越来越不被允许了。西汉王朝委派酷吏对地方豪强和游侠加以严厉打击,正统儒家强调不管是谁,都必遵奉天子法令,反对臣下、匹夫专擅生杀之权,都是明证。就在这个时候,司马迁跑出来,歌颂游侠"已诺必诚,不爱其躯,赴士之厄困",宣扬"侠客之义又曷可少哉",而且还欣赏可以说是位居"卿相"的"游侠"——孟尝、春申、平原、信陵君,在他们的列传中给予相当高的评价,包括信陵君"窃符矫命,戮将专师"(此班固语)。这自然也为正统儒家所不满。[②]

所有这些,某种意义上的确可以说是"异端"思想。但是必须看到,司马迁的主观意图还是想紧跟尊儒潮流,而且《史记》总体上也起到了这个作用,只不过由于他处在一个思想上的过渡阶段,还受着旧时代不少思想相当大的影响,以至于在某些方面偏离了正统儒学的轨道。这是司马迁的悲剧。他自以为是在"拾遗补艺",为"仁义"大声疾呼,而正统儒

---

① 通过这些行为,紧紧维系一些集团势力,在一定时期内,可支持各国君主巩固统治,发展生产,争夺天下。

② 参《汉书》卷九二《游侠传》。

家却抓住某几个问题说他"是非颇缪于圣人"。可是如果把这种"异端"思想夸大到不适当程度，看不到这是在崇儒大前提下的"异端"，而不是与儒家思想对立的"异端"，从而把司马迁的形象无限拔高，就未必妥当了。

最后，还想就司马迁之所以形成某些"异端"思想，从其个人来说的另一个重要因素，赘述两句，这就是他积极进取的人生哲学。

司马迁"恒克己而复礼，惧志行而无闻"，即使惨遭宫刑，仍"鄙没世而文采不表于后"，"思垂空文以自见"，以至官中书令而"尊宠任职"。①在还不很重视史学的西汉，之所以只有司马迁能够留给后世千古杰作《史记》，应该说也得力于他积极进取的人生哲学。这样的人，对历史上有所作为、留下业绩的人，同情、歌颂，纵然他们存在这样那样的问题；同时轻视、贬低那些消极无为、独善其身、"久孤于世"之辈，即便他们名气很大，这是很自然的。把握住这一点，对他某些"异端"思想，也就可以加深理解。如所周知，司马迁不以成败论英雄：他赞许项羽功绩"近古以来未尝有也"，写下《项羽本纪》；赞许陈涉功绩，肯定"亡秦，由涉首事也"，写下《陈涉世家》。过去往往把这看作是司马迁歌颂农民起义领袖。其实，客观上或许可以这样说，可主观上他何来这种思想基础！他不过是高度评价二人亡秦功绩，加上一度天下"政由羽出"，陈涉立为张楚王，响应者广泛，故一入《本纪》，一入《世家》而已。在他眼中，二人与其他灭亡前一朝代的帝王将相并无分别。这和他虽不承认秦为三统中之一统，仍肯定秦取天下"成功大"，讥笑不敢道其功绩的人是"耳食"，以及肯定游侠"救人于厄"等，思路全是一致的。这种思想与董仲舒"明其道不计其功"的观点确有差距，②但要看到，司马迁似乎已意识到了这个差距，而在努力缩小。试看他在《货殖列传》中，用大量篇幅肯定对"富""利"之追求，可到后来《自序》中，又限定这种追求要以"不害于政，不妨百姓"为原则。他在《游侠列传》中，用充沛的感情歌颂朱家、郭解等人，而到

① 见《艺文类聚·人部十四》司马迁《悲士不遇赋》、《汉书》卷六二《司马迁传》。
② 参冯友兰《中国哲学史新编》第三册，第76页。

《自序》中，又强调游侠其所以应歌颂，是因为其行为合乎"仁""义"。在《项羽本纪》中，他对项羽功业充满敬佩之情，钜鹿之战写得何等有声有色，垓下赋诗又写得何等悲壮动人，可是同时又根据儒家仁义观点，在论赞及《自序》中批判项羽"欲以力征经营天下"，"诛婴背怀，天下非之"，认为"子羽暴虐，汉行功德"，故项羽失败并非天意，而是个人的错误，实即指他违悖仁义。这些，和董仲舒"明其道"的原则，不也相差不太远了吗！所以后来班固作为正统儒学之代表，在《汉书》卷三一《项籍传》论赞中照抄《史记》，这绝不是偶然的。

由此可见，我们应该看到司马迁思想的复杂性，对《史记》必须句斟字酌，仔细琢磨，然后方能在扑朔迷离、似是而非的文字中，既把握住其主旨，又不忽略其特色。

有关《史记》歌颂汉王朝的几个问题[*]

早在东汉初年,汉明帝已批评司马迁著《史记》,"至以身陷刑之故,微文刺讥,贬损当世,非谊士也"。^① 三国之世,魏明帝更说:"司马迁以受刑之故,内怀隐切,著《史记》非贬孝武,令人切齿。"^②直到今天,仍有一些学者主张司马迁具有"叛逆"性格,《史记》乃旨在揭露、批判汉武帝,反对汉代专制统治之作。事实是不是这样的呢? 司马迁具备这一思想基础吗?

一

首先来探讨司马迁的人生观与政治态度。二者虽然不能等同,但紧密关联。一般说,前者对后者不同程度地起着制约作用,同时又一起对学术思想发生重大影响。

司马迁的人生观,和他同时代的士大夫比,有没有十分特殊的地方,以至于可看成是叛逆性格呢? 没有。他的人生目的就是要事亲孝,事君忠,并通过撰写一部高水平的通史著作,扬名于后世。

试看以下证明:

1. 据《史记》卷一三〇《太史公自序》,司马谈临终叮嘱司马迁:"夫

---

* 原载《国学研究》第 3 卷,北京大学出版社,1995 年。

① 班固《典引》一文引明帝诏,载《昭明文选》卷四八。

② 《三国志》卷一三《王朗传附子肃传》。

孝始于事亲,中于事君,终于立身,扬名于后世,以显父母,此孝之大者。"①
他要司马迁继任太史后,以孔子为榜样,无忘"论著",成为大孝。司马迁
流涕曰:"小子不敏,请悉论先人所次旧闻,弗敢阙。"这是儒家思想和父
亲遗嘱对他的影响,证以后来所写《悲士不遇赋》,表示"恒克己而复礼,
惧志行而无闻","没世无闻,古人惟耻",②可见他的人生观的确是依照
这个路子发展的。

2. 据《汉书》卷六二《司马迁传》,他遭李陵祸,下蚕室,后在《报任少
卿书》中说,其所以当时不"引决",是因为"恨私心有所不尽,鄙没世而
文采不表于后也"。又说"古者富贵而名摩灭,不可胜记,唯倜傥非常之
人称焉",全靠留下论著,"垂空文以自见"。他自己也是如此,为把草创
未就的《史记》最后完成,"是以就极刑而无愠色"。这一思想与上述惧
没世无闻的人生观,以及同书中"成一家之言"的愿望,完全一致。

3. 这一人生观也反映在司马迁忠于汉武帝的政治态度上。在《报任
少卿书》中,他说,继任太史令后,对武帝感激涕零,"日夜思竭其不肖之
材力,务一心营职,以求亲媚于主上",其所以要替李陵辩护,首先是"陵
败书闻,主上为之食不甘味……",自己"见主上惨凄怛悼,诚欲效其款款
之愚……以广主上之意"。其次是认为李陵一向忠心,"常思奋不顾身,
以徇国家之急",这次不得已降匈奴,"彼观其意,且欲得其当而报于
汉",③意思是,李陵投降是策略,迟早会得机"报汉"。一句话,司马迁的
辩护,全为汉武帝及汉室着想。可是他没料到,"事乃有大谬不然者",由
于"明主不深晓……拳拳之忠,终不能自列",致遭宫刑。很明显,这个后
果,和他忠心于武帝的动机毫不矛盾。

那么,受宫刑后,他的政治态度是否改变了呢? 否! 据《汉书》本传,

---

① 此乃儒家思想,见《孝经·开宗明义》引孔子语,次序略有出入。
② 《艺文类聚·人部十四》。此乃先秦两汉士人一般思想。《论语·卫灵公》"子曰:君子
疾没世而名不称焉。"《史记》卷六二《管晏列传》:"鲍叔……知我不羞小节,而耻功名不显于天
下也。"扬雄《法言·问神》:"或曰:君子病没世而无名。"
③ 此两句《文选》五臣注:"良曰:'彼观'犹'观彼'也。"《汉书》卷五四《李广附李陵传》则
作"彼之不死,宜欲得当以报汉也"。

汉武帝不久用司马迁为中书令,他"尊宠任职"。这个评价有两点证明:

第一,武帝晚年"游宴后庭",不去未央宫前殿朝会。由于百官包括尚书一般不能出入后庭,所以文书(有时是口信)上下要靠中书令传递。司马迁能任此职,虽然地位不算高,但这是枢机之任,必得武帝信任则无疑。同时他天汉三年(前98)被刑,不久为中书令,自此至太始四年(前93)报任少卿书,①时间少说也有三四年,如不称职,定遭斥责、免黜,而史书无此记载,则班固称他"尊宠任职",显然不是夸张。

第二,益州刺史任安(少卿)致书司马迁"责以古贤臣之义",要他"慎于接物,推贤进士",也可能有怨他不在武帝面前荐举自己之意。这就从另一角度反映当时人们对司马迁的观感。如果他不得武帝信任,从未有人出入他门下钻营,则"慎于接物"何从谈起,更不用说"推贤进士"了。任安的话肯定有所指,而这也和"尊宠任职"的评价一致。

固然,从司马迁给任安回信的行文看,似乎与"尊宠任职"有些矛盾,这就需要分析。对他某些话,我们不能不信,但也不能理解得太实,特别是涉及他在朝廷中的地位问题。先看太史令。当司马迁将太史令与"已亏形"的中书令对比时明明说"乡者仆亦尝厕下大夫(指太史令)之列,陪外廷末议",有资格"引维纲,尽思虑",似乎颇以为荣。可是到下文想说明为何接受宫刑而不引决时却又强调,太史令地位低微,"文史星历,近乎卜祝之间,固主上所戏弄,倡优畜之,流俗之所轻也"。死了"与蝼蚁何异",所以不如活下来完成《史记》。两种不同说法,哪个对呢?显然前一个对。依汉制,太史令秩六百石,地位相当于大夫,有罪上请,乘车可施轓(装车耳),极受时人羡慕,有"作吏高迁车生耳"之谚。②何况据《自序》,司马谈临死曾说:司马氏先世一直为太史,"尝显功名"于古代,后中衰,他自己也无甚成就,死后司马迁必为太史,"汝复为太史,则续吾祖矣!"如果太史令真是"倡优畜之"的贱官,司马谈岂会寄

---

① 据王国维说,见《太史公行年考》,载《观堂集林》。

② 参罗振玉《古镜图录》卷中;孙机《汉代物质文化资料图说》,文物出版社,1991年,第93页。

予那么大的期望？①

再看中书令。司马迁还宣称受宫刑后"为扫除之隶，在阘茸之中"，内心极其痛苦，已无法再"仰首信眉，论列是非"，更谈不上"推贤进士"。似乎地位极其低下。其实，中书令由宦官充任，这是事实。但在官制上，它毕竟秩千石，地位高过太史令，且为武帝近臣，岂能再是"扫除之隶"？说这话，如果不是有意自贬，便是把受宫刑后任中书令前的一段经历，当作现状描述了。② 后来汉元帝宠任中书令石显，"事无大小，因显白决，贵幸倾朝"。③ 证明中书令有时权势极重。固然，汉武帝精明，司马迁品质也与石显大不相同，不能简单类比，但联系任安"责以古贤臣之义"分析，无论如何司马迁当时拥有一定权势，却可以肯定。至于因内心痛苦而很少行使，"与时俯仰"，那是另一回事。

顺便一说，郭沫若先生曾主司马迁受宫刑后为中书令，再度下狱死，④其说未被学术界接受，此处亦不拟评论。只想就其中引用的一条史料略加分析，因为如依郭文考证，它恰好可证明司马迁晚年很得宠。这条史料见于《盐铁论·周秦》。原文是："文学曰：……古者君子不近刑人，刑人，非人也……故无贤不肖，莫不耻也。今无行之人贪利以陷其身，蒙戮辱而捐礼义，恒于苟生。何者？一日下蚕室，创未瘳，宿卫人主，出入宫殿，得由受奉禄，食大官享赐，身以尊荣，妻子获其饶。故或载卿相之列，就刀锯而不见闵，况众庶乎？夫何耻之有！（后九字郭文未引）"郭文以为此处即指司马迁。因为盐铁会议召开于昭帝初，离司马迁去世不远。这段时间里，既"下蚕室"，又"载卿相之列"的人，只有司马迁（郭文将中书令归入"载卿相之列"）；而他后来又"就刀锯"，"不就是暗指司马迁的再度下狱致死吗？"

① 《史记》卷一三〇《太史公自序》司马谈"为太史公"下集解引如淳曰《汉仪注》：太史公，武帝置，位在丞相上"。又《正义》引虞喜《志林》：汉太史公，朝会座位"居公上"。关于这些记载，虽有不同看法，但据此却可以肯定，对所谓史官为主上"倡优畜之"的话，决不能理解得太实。

② 《汉书》卷九三《佞幸·石显传》：显任中书令，遭劾，上书表示"臣愿归枢机职，受后宫扫除之役"。此证当中书令时绝无扫除之役。

③ 《汉书》卷九三《佞幸·石显传》。

④ 郭沫若《关于司马迁之死》，《历史研究》1956年第4期。

其实,这个"下蚕室"的人指司马迁,虽不无可能,[1]但绝对得不出郭文的结论。因为据上下文意,"文学"只是想说,由于下蚕室后可以尊荣,影响所及,连"载卿相之列"的大臣,也"就刀锯"而不在乎,并不以为耻辱,何况"众庶"?"载卿相之列"与"下蚕室"后尊荣者,并非一人;"就刀锯"也不是指下狱死,恰恰是指受肉刑后活下来。所以纵使郭文关于"下蚕室"者指司马迁之考证无误,也只能证明司马迁晚年确实"身以尊荣",且极受时人羡慕,而不是其他。

总之,我们决不能毫无分析地根据《报任少卿书》,把司马迁在朝廷中的地位估计太低,更不能进而据此推断他具有叛逆性格。因为如上所述,不用说千石的中书令,即使六百石的太史令,也是一个比上不足、比下有余的官吏。这就是说,除了宫刑,司马迁与汉王朝没有任何重大利害冲突;就宫刑言,由于长期孝亲忠君教育的影响,司马迁早已定型的人生观已不可能因此有多大改变,而且其政治上的损失已在随后几年"尊宠"的中书令任上得到补偿。而司马迁也以"任职",基本上表明了自己继续忠于汉武帝的政治态度。这也就是说,我们从家世、教育、仕进上,找不到《史记》旨在揭露、反对汉朝统治的思想基础。当然,遭到宫刑后的内心创伤,对士大夫出身的司马迁来说,终生无法愈合。所谓"居则忽忽若有所亡,出则不知所如往",但它不应是司马迁当时的主导思想,否则便无法解释处在晚年喜怒无常的武帝身旁,为何他仍可当枢机之任,且一直"尊宠任职"。人的思想形成原因是复杂的,要受多方面因素制约,以司马迁的家世、教育、仕宦经历,仅凭宫刑一个因素,是无法导致他成为"叛逆"之人的。

二

再来研究《史记》的基本政治倾向。

《平准书》《封禅书》等记下不少汉武帝穷兵黩武、穷奢极欲、迷信鬼

---

[1] 马非百《盐铁论简注》,中华书局,1984 年,第 406 页,亦主指司马迁,另有理由。

神、横征暴敛、人民遭难之事；《酷吏列传》暴露酷吏残酷镇压、冤杀无辜的罪行；等等。如《平准书》曰："自是之后，严助、朱买臣等招来东瓯，事两越，江淮之间萧然烦费矣。唐蒙、司马相如开路西南夷……巴蜀之民罢焉。彭吴贾灭朝鲜……则燕齐之间靡然发动。及王恢设谋马邑，匈奴绝和亲，侵扰北边，兵连而不解，天下苦其劳，而干戈日滋。……中外骚扰而相奉，百姓抏弊以巧法，财赂衰耗而不赡。入物者补官，出货者除罪，选举陵迟，廉耻相冒……"

人们常爱引用这一类材料，用以证明司马迁站在专制政权对立面，揭露、批判汉武帝的立场。粗粗一看，未始不可以同意这个观点；但深入一研究，又感到问题并不这么简单。因为司马迁还有大量对汉王朝、汉武帝歌功颂德的言论和史实记载，与此观点抵触。例如：

《自序》："汉兴五世，隆在建元，外攘夷狄，内修法度，封禅，改正朔，易服色。作《今上本纪》。""隆在建元"，这是很高的评价。其中改正朔，据《汉书》卷二一《律历志》，还是司马迁亲自参与奏请和测算定下来的。

《自序》："汉兴以来，至明天子（指武帝）……臣下百官力诵圣德，犹不能宣尽其意。""明天子"，与"隆在建元"的意思一致。

《汉兴以来诸侯王年表》序：汉武帝行推恩之令，形成"强本干，弱枝叶之势，尊卑明，而万事各得其所矣"，这是对汉武帝加强中央集权政策的肯定。

《建元以来侯者年表》序：自三代以来一直以臣服戎狄为务，"况乃以中国一统，明天子在上，兼文武，席卷四海，内辑亿万之众，岂以晏然不为边境征伐哉！自是后，遂出师北讨强胡，南诛劲越，将卒以次封矣"。这是对汉武帝开边政策的肯定，而且似乎用的是批驳反对者的口气。固然，在《匈奴列传》论赞中司马迁曾认为北伐匈奴"建功不深"，但他又将它主要归罪于有关臣下"诣纳其说"，而未能全面谋划，将帅又乏远虑，"人主因之以决策"，故有其失。所以司马迁对讨伐匈奴仍然支持，"尧虽贤，兴事业不成，得禹而九州宁，且欲兴圣统，唯在择任将相哉，唯在择任将相哉"。可见，他希望汉武帝成为"尧"，称赞其各项措施是"欲兴圣统"，这和上引"明天子"岂能"不为边境征伐"的看法，基本精神完全一致。

《封禅书》序:"自古受命帝王,曷尝不封禅。"清梁玉绳以为司马迁是否定封禅的,写封禅诸事,"正以著其妄"。① 可是《封禅书》明明称赞周文王"受命",至成王有功德,因而封禅;记载齐桓公因无"受命"征兆,为管仲所沮,封禅作罢;讥讽秦始皇"无其德",登上泰山,硬行封禅,结果"遇暴风雨",遭儒生笑;然后详载汉武帝封禅经过,从得宝鼎,有司以为是"受命而帝"的符瑞,到武帝封禅泰山,"无风雨灾",于是"建汉家封禅,五年一修封"。如果认为这些只是如实反映史实经过,不足以说明司马迁态度,那么上引《封禅书》序,一上来便称封禅是"受命帝王"的事,接着又说,受命帝王"未有睹符瑞见,而不臻乎泰山者也"。这显然是与得宝鼎一事相呼应,而把汉武归入"受命帝王"行列;不仅此也,在《自序》中他又再一次强调"受命而王",封禅"则万灵罔不禋祀",指的也是汉武"巡祭天地诸神、名山川"之事,②在本来可以不提"受命"的序、论中,一再点明汉武是"受命帝王",这不是直接表示对汉武封禅的基本肯定又是什么? 何况《自序》还记载司马谈因未能参与封禅而痛哭流涕:"今天子接千岁之统,③而余不得从行,是命也夫,命也夫。"如果司马迁确对封禅持否定态度,不就等于把父亲端出来,充当愚蠢可笑的典型吗? 在极重孝道的先秦两汉,这也是司马迁绝不可能否定封禅之强证。

《自序》《儒林列传序》赞扬孔子及"六艺",赞扬汉武帝批准置五经博士弟子等,"自此以来,则公卿大夫士吏斌斌多文学之士矣";并表示著《史记》是为了"拾遗补艺(六经)"。这些是对汉武帝尊崇儒术政策的肯定。④

以上全是司马迁的论述。至于他在《史记》中所记史实,有关汉王朝、汉武帝伟大功绩的内容,更不胜枚举。

这样,我们便不能不产生疑问:《史记》对汉王朝、汉武帝究竟是旨在

---

① 《史记志疑》卷一六"封禅书第六"附案。
② 见《封禅书》末"太史公曰"。
③ "接千岁之统",当从周成王封禅算起,和司马迁叙述一致。看来这是当时人们的一般看法。
④ 关于《史记》崇儒,详参拙作《有关〈史记〉崇儒的几个问题》,载《国学研究》第二卷,北京大学出版社,1994年。

揭露、批判呢？还是歌颂、肯定呢？

是歌颂、肯定。

因为凡是暴露汉王朝、汉武帝残暴、腐朽的内容，都是以记述史事的形式出现的。如上引《平准书》"江淮之间萧然烦费矣""巴蜀之民罢焉"；《酷吏列传》诸酷吏杀人如麻，或"专以人主意指为狱"；《汲黯列传》称其面斥汉武帝"内多欲而外施仁义"；等等。而凡是《史记》的序、传论，也就是直接表述司马迁观点的地方，如果涉及对汉王朝、汉武帝的评价，绝大多数是毫不含混的歌颂、肯定（某些部分有点批评，如《平准书》末议论，其解释见后）。①

这样就不能不使我们考虑：与其撇开大量明确地歌颂、肯定的论述和史实记载不提，或放在次要地位，而一味强调《史记》的揭露、批判和"叛逆"立场，是不是倒不如联系司马迁的人生观和政治态度，采用以下看法更全面些：

司马迁确把汉武帝看成"明天子"，对他和汉王朝旨在歌颂、肯定。这样，《史记》的有关史实记载，特别是序、传论中具有这一倾向的大量论述，便找到思想基础了。但作为一个继承古代"直笔"光荣传统的史官，司马迁同时又不得不如实记载下汉武帝和汉王朝的错误与失策，及其带给人民的灾难，并基本上根据儒家观点，给予批评，总结经验教训，而体现《史记》的基本指导思想："稽其成败、兴坏之理。"②这正是一个正直史学家的伟大所在。但由于这些错误与失策，在司马迁看来，是"明主"所犯的，③"明主"功大于过，瑕不掩瑜，与秦始皇不同，所以除不得不以记述史事的形式反映外，在序、传论中很少再提及它们，也就是毫不奇怪的。如果这一看法不错，则《史记》的基本政治倾向，就绝不可能是反对当时专制政权的，恰恰相反，正是拥护这一政权的。

---

① 有的传论则是对正文所暴露的史实，给予全面的评论。如《酷吏列传》虽列举他们"惨酷"的史实，但在传论中却说，采用这种手段，足以"禁奸止邪"，"虽惨酷，斯称其位矣"；特别是在《自序》中说："民倍本多巧，奸轨弄法，善人不能化，唯一切严削为能齐之。"更从维护统治秩序角度，明确给予肯定。

② 《汉书》卷六二《司马迁传》。参前揭拙作《有关〈史记〉崇儒的几个问题》。

③ "明主"乃司马谈的评价，而为司马迁所接受，见《自序》。

为证明《史记》这一基本政治倾向,试再以人们不太留意的《司马相如列传》证之。

如所周知,《史记》与《汉书》不同,很少全文刊载有关文章、奏疏,而往往是摘录或缩写。然而《司马相如列传》例外,它是列传中刊载全文最多的一篇。为什么呢?除了《子虚》诸赋文笔靡丽,特别是传论所说,"其要归引之节俭,此与《诗》之风谏何异",符合儒学精神外,还因为另外两篇政治性文章也和司马迁观点一致。

一篇是《喻巴蜀檄》。此檄的缘起是:唐蒙通西南夷,"发巴蜀吏卒千人,郡又多为发转漕万余人,用兴法,诛其渠帅,巴蜀民大惊恐。上闻之,乃使相如责唐蒙,因喻告巴蜀民以非上意"。这和前引《平准书》唐蒙等开路西南夷,"巴蜀之民罢焉",说的是一回事。而在此处明确记载是唐蒙之过,而"非上意"。檄文被全文刊载,除喻告此意图外,还有一重要内容,即强调汉武帝开边和通西南夷的意义,劝导百姓不要对抗、逃亡或自杀。意思是:唐蒙搞过头了,不对;但西南夷还要通,百姓对抗也不对。

另一篇是《难蜀父老》文。这可以说是一篇典型的歌颂和宣扬汉武帝开边政策的文章。内容先设蜀父老反对通西南夷的理由,如"士卒劳倦,万民不赡",而其地"无用"等,然后借"使者"之口,歌颂汉武帝开边是"非常之人"行"非常之事",成"非常之功";歌颂汉武帝作为"贤君",不甘心寂寞,而要"创业垂统,为万世规",对"夷狄"政策是"兼容并包","遐迩一体"。"故北出师以讨强胡,南驰使以诮劲越",并通西南夷。认为虽然推行这些措施"始于忧勤",会带给人民一些困难,但最终必使天下"佚乐"。"然则受命之符,合在于此矣。"这篇文章的意图和作用十分清楚。虽然司马迁说,司马相如撰此文是为了讽谏天子(当指反映蜀父老的痛苦、不满情绪),但又说另一面此文还想"令百姓知天子之意"(当指要求支持开边政策)。然而读罢全文,便会发现,文章开头的那一点点讽谏,几乎全被"使者"驳倒了,所能起的只是歌颂开边政策、并鼓动蜀人支持的作用。如果司马迁对开边政策抵触,他完全可以只摘录蜀父老的反对理由,强调司马相如讽谏天子的一面,不必刊载全文;或者原文一字不登,只讲司马相如曾有讽谏天子的《难蜀父老》之作,不也就可以了吗?① 既刊载全文,又未另加评语,自表明其基本赞许的态度。

值得注意的是,司马相如此文,还是前引《建元以来侯者年表》序中肯定汉武帝开边那一大段论述之所本;不但是基本精神,连"北讨强胡,南诛劲越"的文字,似乎也是脱胎于此文。② 这就再一次表明,是由于基本观点一致,《史记》方才予以全文刊载的。

还有一点重要补充:司马相如临死又撰文"言封禅事"上奏,《史记》也全文刊载。此文只有一个内容,就是竭力吹捧汉武帝"诸夏乐贡,百蛮执赞,德侔往初,功无与二",因而"符瑞"众多,相继而至,必须"奉符以行事",进行封禅壮举。③ 对这篇连《子虚》诸赋一点点可怜讽谏都付之阙如的文章,《史记》竟然也全文刊载,联系司马迁对汉武帝封禅的肯定态度,除了说明他是因为欣赏或至少不反对其内容观点,方才如此处理,还能说明什么呢?④

以小喻大,仅通过《司马相如列传》,《史记》的基本政治倾向是对汉王朝、汉武帝的歌颂、肯定,已可得其仿佛了,何况还有前述大量相同倾向的序、传论和史事记载在?

三

还有两个问题需要回答。

---

① 《商君列传》末评论,虽称读过商君《开塞》《耕战》之文,但原文一字不登,只在商鞅事迹中通过简略叙述变法措施,体现其精神,原因是司马迁根据儒家学说,对商鞅及其文章持否定态度。此证是否刊登文章,司马迁可以以意取舍。

② 八字又见《自序》述作《建元以来侯者年表》缘起之文。两处仅将司马相如此文之"诮"字,改为"诛"字,当因司马相如撰此文时尚未用兵南越等地,而司马迁撰《史记》时越地已平定之故。

③ 《论衡·须颂》举歌颂"汉家功德",首列此"封禅文"。

④ 在《司马相如列传》末,司马迁说,其所以刊载相如这几篇文章,是因为它们"尤著公卿者云"。"尤著公卿者",只能是歌功颂德之作。这就从另一角度反映了司马迁的观点。《习学记言序目》卷二〇曰:"若相如之文,不则于义,不当于用,而尽载之,亦不可晓。"《十七史商榷》卷六进了一步,看出《史记》载相如之文,欣赏、肯定占了一半成分,但又说"讥之之意"也占一半,仍然未达一间。

一、有没有可能《史记》序、传论,凡涉及对汉王朝、汉武帝总的评价之处,全都言不由衷,是为了敷衍当局,而将真正的揭露、批判和反对派的立场,通过记述史事的形式曲折体现呢?

没有可能,也没有必要。

首先是没有可能。最有力的反证就是《自序》记司马谈临死叮嘱司马迁的一番话。他说:"今汉兴,海内一统,明主、贤君、忠臣、死义之士,余为太史而弗论载,废天下之史文,余甚惧焉,汝其念哉。"如果司马迁著《史记》的真实意图与这一遗嘱正好相反,他何必要在《自序》中端出这段话来?须知这是遗嘱,他不说,谁也不知道,也没有人强迫他说。现在一说,后人如认定他肯定遵行遗嘱(《自序》后文还说过如不能对汉歌功颂德,"堕先人之言,罪莫大焉"之类的话),则苦心孤诣著《史记》的真实意图岂不因此被埋没了?后人如看破他的真实意图,则也必然会明白,这一遗嘱实际上等于《史记》暗中批驳的一个靶子,岂不要把他司马迁看成不孝的典型?甚至是卖父立论、不择手段的卑鄙小人?司马迁为什么要给自己找这个麻烦呢!

其次是没有必要。因为当时先秦史官"直笔"的传统犹存,在史书中如实反映汉代诸帝包括汉武帝的错误与失误,并依据儒家观点予以批评,在司马迁心目中,以及当时和后来很长一个时期士大夫心目中,并不认为有什么不对,更谈不上是诽谤了。这里有一个强证,就是尽管东汉明帝因《史记》记下汉武帝的错误、失策,指责司马迁"微文刺讥,贬损当世",但明帝以前,却从来没有人就此问题批评《史记》。

《汉书》卷六二《司马迁传》:"迁既死后,其书稍出。宣帝时,迁外孙平通侯杨恽,祖述其书,遂宣布焉。"如果杨恽认为有"诽谤"内容,他敢于"宣布"吗?

《史记》卷一三○《太史公自序》集解引张晏曰:司马迁死后,《史记》有十篇亡佚,"元成之间,褚先生补缺"。如果褚少孙把反映汉统治者错误等内容看成是"诽谤",他怎么会去"补缺"呢?特别是《封禅书》,涉及武帝迷信鬼神,为方士愚弄等丑事颇多,他竟把它补为孝武本纪,他的胆子何以有那么大？①

《史通·古今正史》："《史记》所书，年止汉武，太初以后，阙而不录。"其后刘向、刘歆、冯商、扬雄等十五人"相次撰续"。其中刘向对汉室十分忠心。如果当时人们视《史记》某些记载是"诽谤"，刘向等人为什么要替这部"谤书"写续篇？②

《后汉书》卷四十《班彪传》对《史记》学术思想不满，给予尖锐批评，还说："此其大敝伤道，所以遇极刑之咎也。"如果他认为《史记》政治上有"诽谤"内容，至少总得与"遇极刑之咎"联系吧？可是不但批评内容一个字也未涉及"诽谤"之事，而且在肯定《史记》优点之后，还为其"作《后传》数十篇"。更值得注意的是，班彪之子班固继承其观点，在《汉书》卷六二《司马迁传》论赞中，一面重复班彪的批评，但另一面又极力赞许《史记》"不虚美，不隐恶，故谓之实录"，在《汉书》有关各纪、传中几乎照抄《史记》内容无误。如抄《封禅书》入《汉书》之《郊祀志》，抄《平准书》入《汉书》之《食货志》等，这又是什么道理呢？

回答只能有一个，就是因为在这一段时期内，从未有人把《史记》有关记载视为"诽谤"，更没有人加《史记》以"谤书"之名。《史记》的"实录"，被认为是史官的美德，是理所当然的。正因如此，当东汉明帝在历史上第一次批评司马迁"微文刺讥，贬损当世，非谊士也"之后，班固作为当时亲自读到诏书的一员，最后到章帝时完成《汉书》，对司马迁的评价依然如故，这绝不是偶然的。

为了进一步证实上述判断，我们还必须弄清，在后代往往会兴起文字狱的内容，这时则被誉为"实录"，其原因何在？

原因恐在于时代不同。先秦史官晋董狐、齐大史兄弟秉笔直书的光荣传统，在两汉尚在延续。当时，中央集权君主专制主要尚停留在政治领域：汉高祖镇压造反功臣，自不用说；汉武帝果于屠戮大臣，也都是那

---

① 也有人主张《孝武本纪》非褚少孙所补，如张照、钱大昕，此处不深考，参《太史公书亡篇考》，载《余嘉锡论学杂著》，中华书局，1963 年。

② 刘向《别录》甚至直接用《史记》原文，参陈直《汉晋人对〈史记〉的传播及其评价》，载《中国史学史论文集（一）》，上海人民出版社，1980 年，第 236 页。

些涉及现实政治上反抗他,触犯法律,或执行政策不力的人。① 思想领域虽已提倡独尊儒术,但对"百家"并未在法律上给予打击。由于当时社会、政治、经济和文化条件的限制,统治者还没有来得及,或尚未感到有必要,要控制史学等意识形态领域,改变旧的秉笔直书传统,来维护自己的利益。试举一例:

《汉书》卷八〇《东平思王宇传》:宇上书求《太史公书》(东汉末始称《史记》),②王凤建议汉成帝予以拒绝,理由是:"《太史公书》,有战国从横权谲之谋,汉兴之初谋臣奇策,天官灾异,地形阨塞,皆不宜在诸侯王,不可予。"

这条史料可说明两个问题:首先王凤作为领尚书事和帮助成帝决策的辅政大臣,审查《史记》,对司马迁秉笔直书以往汉帝的错误、失策,不但和一般士大夫褚少孙、刘向等人一样,并不认为是"诽谤",而且竟然也没有从这个角度考虑如果此书落入诸侯王手中会带来什么危害。他关心的全是《史记》中一些外交权谋、军事策略、天变灾异以及与战争胜负关系密切的地形、关塞状况等史料记载,因为这些内容如被诸侯王了解,可能被利用来对抗汉中央。这是汉统治者审查史学著作,仅着眼于其与现实政治有无直接利害关系等具体内容的一个证明。至于史学作为一种意识形态,如总结历史经验教训等,将它们看成一种巩固统治的重要工具,进行控制和防范,则尚未提上议事日程。两汉史学不发达,这也是重要原因。③ 其次,东平王宇作为一个诸侯王,竟然连一部《史记》也得向皇帝求取,其书流传之少、影响之小可知。这在竹简、绢帛为书的时代,是可以理解的。恐怕这也是为什么统治者对控制史学意识形态未感

_____

① 司马迁之遭宫刑,并不是因为《史记》记太初以前的错误与失策,而是因为李陵问题。在汉武帝看来,这是犯了"诬罔"罪,"欲沮贰师(指大将李广利),为陵游说",见《资治通鉴》卷二一天汉二年条。

② 参陈直《汉晋人对〈史记〉的传播及其评价》,载《中国史学史论文集(一)》,第240页。又杨明照《太史公书称史记考》,载《学不已斋杂著》,上海古籍出版社,1985年。

③ 据《汉书》卷三〇《艺文志》,《七略》无"史学",每一"略"下的小类("种")中也没有。而王凤关心的权谋等内容,却有"诸子略""兵书略""数术略"包容之。由此可见,学术的发展与否,与统治集团是否重视,关系极大。

到很迫切，和纸张特别是印刷术流行的后代大不相同的一个原因。

通过王凤的指导思想，我们就不难看出，先秦秉笔直书的光荣传统为何在汉代仍然延续了。一句话，统治者还没有必要，也没有想到要改变这个传统。在这种政治环境和文化气氛中，《史记》自然不会被贬为"谤书"，而要褒为"实录"。由此我们还可联想到：当时司马迁"不虚美、不隐恶"，敢于实录，固是高尚史德，但要说需顶住多大政治压力，冒着多大杀身风险，则未必是事实。因为他和董狐、齐太史的情况不同。严格地说，董狐、齐太史的直笔并不仅是史官记事问题，而首先是直接在政治上与执政赵盾、崔杼对抗。赵盾弟赵穿杀晋灵公，崔杼杀齐庄公，董狐、齐太史立即斥为"弑君"，并"以示于朝"，这不是赤裸裸的现实政治斗争又是什么？遭到镇压，自不奇怪。至于赵盾宽容，崔杼中途罢手，是另有原因，这里不拟细论。古来有几个统治者肯放过现实政治斗争中与他对抗的人？但撰史书则有所不同。由于前述先秦两汉社会种种条件，对于历史上的是非功过，一般说是允许"实录"的。汉武帝刚死不久，盐铁会议上贤良、文学对他以往政策尖锐批评，就是明证（参《盐铁论》）。甚至当代皇帝的是非，只要事情已经过去，也可以"实录"。司马迁明明因为替李陵辩护，被看成现实政治上对抗武帝政策，犯诬罔罪，而遭宫刑，可是为什么在《报任少卿书》中还敢感情充沛地再次申述和坚持自己的观点，实即指责武帝措施失当呢？任少卿当时已是重犯，书信寄去，难道不怕有关官吏审查，送交武帝吗？恐怕就因为这已是历史上的是非，没有多少风险了。由此可以推定，《汲黯列传》敢于记汲黯指责汉武帝"内多欲而外施仁义"，当亦如此。既然汲黯当面批评，都安然无恙，则事后作为史事记下来，遭到打击的可能性自然极小。把这些"实录"的无畏精神估计过高，简单地与魏晋以后不同历史条件下，对某些问题不得已而曲笔阿世的史官相比，是未必公正的。

不但记述史事如此，即使在序、传论中评论史事，有所非议，也不会有什么风险。《平准书》末"太史公曰"，曾提到秦始皇"外攘夷狄，内兴功业，海内之士力耕不足粮饷，女子纺绩不足衣服。古者尝竭天下之资财以奉其上，犹自以为不足也"。这是《史记》诸传论中个别涉及可能对汉武帝政策有所非议的一个地方。人们爱引用这段话，企图证明司马迁将汉武帝与秦始皇等同，暗示其统治已濒临崩溃边缘，认为这就是对汉武帝内外政策的全面否定。

其实，其一，这段话的原意究竟为何，尚待探究。①

其二，纵使这段话确有批评汉武政策之意，也不意味着司马迁以此基本否定汉武，因当时上书以秦为鉴，已成惯例。《汉书》卷六四上《严助传》：淮南王安上书谏伐闽越，便举秦伐南越，"士卒劳倦"，促成"山东之难"（指陈胜起义），作为理由。书中还直接批评如坚持伐闽越，会导致"男子不得耕稼种树，妇人不得纺绩织纴……盗贼必起"。

《汉书》卷六四上《主父偃传》：主父偃上书谏伐匈奴，也以秦为鉴戒。称秦伐匈奴"暴兵露师，十有余年"，导致"男子疾耕，不足于粮饷；女子纺绩，不足于帷幕"。②

《汉书》卷六四下《严安传》：安上书谏开边，也以"秦祸北构于胡，南挂于越"，人民"苦不聊生"，"天下大畔"为鉴戒。还指责汉之开边，"非天下之长策"，只会"靡敝国家"。

对这些谏诤、批评，汉武帝态度为何？对前一上书是"上嘉淮南之意"；对后两上书是立即召见他们说："公皆安在，何相见之晚也。"既然直

---

① 有一可能，即此传论乃传序，因传论佚失，故后人移于传末，见《史记志疑》卷一六《平准书》后引明柯维骐《史记考要》说。如果这样，"外攘夷狄"云云这段话，只是叙述、批评秦朝之政，与汉武帝无涉。我以为柯说有可能性。第一，《平准书》一上来就说"汉兴，接秦之弊"云云，很突然，不像其他七《书》均先交代汉以前历史状况（《天官书》一上来虽记载星宿、天人感应，但在一千多字的大段传论中依然先交代历史然后叙述汉代，与《平准书》传论只讲历史，不涉及汉代，显然不同）。如传论为传序，正好使体例划一。第二，《平准书》在叙述汉承秦之弊后，接着说"于是为秦钱重难用，更令民铸钱"，可秦钱怎么重，无从得知。如传论为传序，则传论所说秦下币铜钱重半两，与正文正好相互衔接。第三，传论全文中心似乎在叙述历史上财政经济的一种规律：物盛则衰。它说："物盛则衰，时极而转，一质一文，终始之变也。"下面叙述汤武、齐、魏，皆隐含此意。于秦代在最后也说："事势之流，相激使然，曷足怪焉。"意思是秦统一货币等是"盛"，但事物发展，相互冲激，一定导致资财不足，而走向"衰"。所以在正文叙述汉武帝后期，也出现"物盛而衰，固其变也"的话。如果这一看法不错，则先叙述历史，然后落脚到汉代，文气方顺；正文中"物盛而衰"，也就容易理解了。第四，《汉书》卷二四《食货志》照抄《平准书》部分，正是将秦的这段话放在汉代之前，"物盛而衰，固其变也"，则在后。

② 《汉书》卷四五《伍被传》提到秦之暴政，也说"男子疾耕，不足于粮馈；女子纺绩，不足于盖形"（"粮馈"，《史记》卷一一八《淮南王安传》作"糟糠"）。可见，它们已成套语，不会给人多大刺激。

接上书将汉武与秦皇联系起来,都未被看成"诽谤",则司马迁在史书传论中几乎是照前人套语批评几句,又会有什么风险,又怎能是基本否定汉武帝?

以上琐碎考证和分析表明,在西汉,史官"直笔"传统和风气,弥漫于朝野上下,史书记事、评论都还比较自由,①既然如此,司马迁有什么必要,要在序、传论中言不由衷,弄虚作假呢?

由此可见,司马迁歌颂、肯定汉武,只能是发之肺腑的由衷之言。

二、关于《史记》的上述基本政治倾向,还有一条似乎很不利的史料,经常为人们援引。这就是在《自序》和《报任少卿书》中,司马迁举周文王、孔子、屈原、左丘、孙膑、吕不韦、韩非七人遭受挫折与打击,而发愤著书之例,来比喻自己为何要撰写《史记》。这不就是暗示,因李陵之祸,所以要通过著书,进行揭露、批判、发泄对汉武帝的怨气吗?何况汉明帝、魏明帝早已说司马迁因受宫刑,心怀不满,而"非贬孝武"。

然而事实并非如此。

司马迁所举七例,的确说到他们"意有所郁结"而"发愤"写作,可是仔细琢磨上下文,便可发现,其意仅在说明人只有遭到挫折、打击,处于逆境,其他上进、留名后世之路堵塞了,才会转而著书,以此发泄郁结之气,并借以留名后世。在《报任少卿书》中,司马迁且明确表达此意:"及如左丘明无目,孙子断足,终不可用,退论书策以舒其愤,思垂空文以自见。"所谓"垂空文",是对干一番事业而言,既已无目、断足,实事无法干了,所以不得不通过著书即"垂空文"来扬名后世。正因如此,所举七例,有五例其著书内容均与本人遭遇无关。他们只是想用"垂空文"来发泄暂时或永远不能干一番事业的内心郁结,实现自己的人生价值,而不是想在著作内容上向谁发泄怨气。如《周易》内容与文王拘押无关,《国语》内容与左丘失明无关,《孙膑兵法》内容与他被庞涓陷害无关,《吕览》内容与吕不韦流放无关,《孤愤》内容与韩非幽囚无关。只有两部著

---

① 虽然春秋公羊学的"为尊者讳"思想(见《春秋公羊传注疏》闵公元年)以后逐渐发展,并随统治者开始注意史学意识形态,而出现汉明帝对司马迁的批评,至东汉末又有王允断言《史记》为"谤书"(《后汉书》卷六〇下《蔡邕传》),但这是史学史上的一个规律,此处从略。

作内容与作者遭遇有点关系。《春秋》涉及陈国、蔡国,孔子受厄,也确由于陈、蔡大夫的包围,见《史记》卷四七《孔子世家》,但《春秋》并无向陈、蔡发泄怨气的意图和内容。《离骚》内容涉及放逐,但也不是向楚怀王发泄怨气,据《屈原列传》,其创作"盖自怨生也"。他依然"眷顾楚国,系心怀王"。所以以上七例,无论从整体言,或从个别言,全部不能成为司马迁以此暗示因受宫刑,而发愤撰写《史记》,"非贬孝武"的证据。它们仅仅能说明,司马迁受宫刑后很痛苦,觉得从此与古来士大夫的理想,出将入相,建功立业绝缘,只得像这七人一样,"思垂空文以自见"。而这正和他扬名后世的人生观,及位中书令"尊宠任职"的政治态度是一致的。

也正因此故,所举七例,史实并不都准确。崔述在《丰镐考信录》卷二曾全部予以驳斥(驳得并不全对,此处不拟涉及),古今不少学者也反复考辨,争长论短,他们盖未深思,以司马迁之博学,何至于一再疏舛呢?原来,古人撰写书信、序赞、发表议论,犹如诸子著书,中心只在阐明思想观点,而对所举事实则不甚经意。这和撰写史书,无论纪、传、表、书(志)都需仔细考证岁月、事实,是不同的。① 司马迁正是如此。他在《自序》和《报任少卿书》中,一心只在表述"思垂空文以自见",不得已而著《史记》的悲怆心情,至于所举比喻,史实有些出入,他是不会在意的。崔述批驳七例中之四例,史料根据就是《史记》列传正文的记载,因而他还奇怪,为什么司马迁要"自反"其说。殊不知这正好表明,在写《自序》和《报任少卿书》时,司马迁并没有把心思用在有关史实的使用确切与否上,因而我们今天应该把握的,不是别的,而只是他想借以表明的思想意图。东汉班固在《汉书》卷六二《司马迁传》论赞中说:"既陷极刑,幽而发愤,书亦信矣。迹其所以自伤悼,《小雅》巷伯之伦。"提巷伯,似着眼于司马迁受宫刑(因巷伯即宦者)。而"自伤悼",应对我们理解司马迁其

---

① 朱一新《无邪堂答问》卷四曰:"诸子书,发抒己意,往往借古事以申其说,年岁舛谬,事实颠倒,皆所不计。或且虚造故事……""若纪事之文出于史……则固不得如此也。"蒙文通《周代学术发展论略》也说:诸子虽也征引史事,"但其目的只是为了阐明其思想理论。以致常常出现用自己的思想、观点来把历史加以改造,而使它背离了历史的真实"。见《古学甄微》,巴蜀书社,1987 年,第 15 页。

所以坚持完成《史记》，有所启发。

至于汉明帝、魏明帝，虽然离司马迁比我们近得多，但时代和地位决定，他们恐怕未必认真读过《史记》，很可能是碰到几处记事，与当时流行不久的"为尊者讳"观点不合，便人云亦云，乱加评论而已。试看班固并不理会汉明帝评论而据以修改《司马迁传》，王肃当面驳斥魏明帝，指出《史记》是"实录"，而不是"非贬"。① 不亦可以了然了吗？

最后，要说明的是，认定《史记》基本政治倾向是旨在歌颂、肯定汉代统治者，并无损于它的辉煌。谁也无法否认司马迁是我国古代最杰出、最伟大的史学家、文学家。恩格斯高度赞扬 19 世纪文学家巴尔扎克是一位伟大的现实主义大师，但同时又指出他"在政治上是一个正统派（指保皇派）"。② 这种评价历史人物的方法，我们必须好好学习。何况在司马迁的时代，汉王朝正处在上升时期，与 19 世纪没落的波旁王朝不可同日而语！

---

① 《三国志》卷一三《王朗传附子肃传》。
② 《马克思恩格斯选集》第四卷，人民出版社，1972 年，第 462—463 页。

编后记

祝总斌先生是研究中国古代政治制度史、秦汉魏晋南北朝史的名家。他的著作《两汉魏晋南北朝宰相制度研究》由北京大学社出版，深受读者欢迎。此外，他还发表有上百万字的学术文章，论旨宏深，泽被学林。

2022 年 7 月，祝先生因病逝世后，我们征得先生哲嗣的同意，决定选编他具有代表性的学术文章，根据主题集为两册，分别拟题为《君臣之际：中国古代国家的政权与学术》《门阀时代：魏晋南北朝的政治与制度》，希望读者能由此了解祝先生"厚积薄发""精细读书""论从史出"的研究方法和学术风格。

文集所收文章发表时间跨度较大，格式不同。我们将原刊论文一律改为简体字，并参考中华书局 2009 年出版的《材不材斋史学丛稿》，最低限度地统一了格式。此外还核对引文，酌情补全出处，订正了以往编校中存在的若干错讹。为保存旧貌，所引论著一般不改用后出新版；古籍原未注出作者、页码的不再添加；作者对于少量引文的句读与通行本相比别有心得，亦不作更改。

为了编好文集，我们请教了曾亲炙祝先生学问的陈苏镇教授、叶炜教授，并得他们慨允，分别为两册文集撰写了导读。陈爽、陈侃理两位先生参与了文集的选目、拟题，英文书名由郭津嵩先生拟定。北大历史学系的研究生季昊亮、冯斌涛、徐铖、李逸飞、刘文滔、张景行诸君为校对文稿、统一格式付出了辛劳。在此，谨向他们表示感谢。

　　遗憾的是，我们已经没有机会再请祝先生审定文稿了。

　　由于选编时间紧凑，编者能力有限，错漏在所难免，还请读者指正。

编者

2023 年 7 月 10 日